Sprachsensibilität in Bildungsprozessen

Reihe herausgegeben von
Martin Butler, Oldenburg, Deutschland
Juliana Goschler, Oldenburg, Deutschland
Nanna Fuhrhop, Oldenburg, Deutschland
Ira Diethelm, Oldenburg, Deutschland
Vera Busse, Vechta, Deutschland

Welche Rolle spielt Sprache in Bildungsprozessen? Dieser Frage widmen sich die in der Reihe erscheinenden Arbeiten, die die Bedingungen, Formen und Effekte sprachlichen Handelns in Bildungskontexten in den Blick nehmen. Die Reihe versteht sich als Ort zur Initiierung eines interdisziplinären Dialogs fachdidaktischer, bildungswissenschaftlicher und fachwissenschaftlicher Perspektiven auf diesen Gegenstandsbereich, trägt durch ihren fächerübergreifenden Charakter dessen Multidimensionalität Rechnung und leistet so einen Beitrag zur Entwicklung von Bausteinen einer kritisch-reflexiven Sprachsensibilität in Bildungsprozessen.

Weitere Bände in der Reihe http://www.springer.com/series/16217

Martin Butler · Juliana Goschler
(Hrsg.)

Sprachsensibler Fachunterricht

Chancen und Herausforderungen aus interdisziplinärer Perspektive

Hrsg.
Martin Butler
Fakultät III: Sprach- und
Kulturwissenschaften
Carl von Ossietzky Universität Oldenburg
Oldenburg, Deutschland

Juliana Goschler
Fakultät III: Sprach- und
Kulturwissenschaften
Carl von Ossietzky Universität Oldenburg
Oldenburg, Deutschland

ISSN 2524-8081　　　　　　ISSN 2524-809X　(electronic)
Sprachsensibilität in Bildungsprozessen
ISBN 978-3-658-27167-1　　　ISBN 978-3-658-27168-8　(eBook)
https://doi.org/10.1007/978-3-658-27168-8

Die Deutsche Nationalbibliothek verzeichnet diese Publikation in der Deutschen National-
bibliografie; detaillierte bibliografische Daten sind im Internet über http://dnb.d-nb.de abrufbar.

© Springer Fachmedien Wiesbaden GmbH, ein Teil von Springer Nature 2019
Das Werk einschließlich aller seiner Teile ist urheberrechtlich geschützt. Jede Verwertung, die nicht ausdrücklich vom Urheberrechtsgesetz zugelassen ist, bedarf der vorherigen Zustimmung des Verlags. Das gilt insbesondere für Vervielfältigungen, Bearbeitungen, Übersetzungen, Mikroverfilmungen und die Einspeicherung und Verarbeitung in elektronischen Systemen.
Die Wiedergabe von allgemein beschreibenden Bezeichnungen, Marken, Unternehmensnamen etc. in diesem Werk bedeutet nicht, dass diese frei durch jedermann benutzt werden dürfen. Die Berechtigung zur Benutzung unterliegt, auch ohne gesonderten Hinweis hierzu, den Regeln des Markenrechts. Die Rechte des jeweiligen Zeicheninhabers sind zu beachten.
Der Verlag, die Autoren und die Herausgeber gehen davon aus, dass die Angaben und Informa-
tionen in diesem Werk zum Zeitpunkt der Veröffentlichung vollständig und korrekt sind. Weder der Verlag, noch die Autoren oder die Herausgeber übernehmen, ausdrücklich oder implizit, Gewähr für den Inhalt des Werkes, etwaige Fehler oder Äußerungen. Der Verlag bleibt im Hinblick auf geografische Zuordnungen und Gebietsbezeichnungen in veröffentlichten Karten und Institutionsadressen neutral.

Springer ist ein Imprint der eingetragenen Gesellschaft Springer Fachmedien Wiesbaden GmbH und ist ein Teil von Springer Nature.
Die Anschrift der Gesellschaft ist: Abraham-Lincoln-Str. 46, 65189 Wiesbaden, Germany

Zur Einleitung: Dimensionen der Sprachsensibilität im Fachunterricht – Perspektiven und Fragerichtungen

Seit einigen Jahren setzt sich in der Bildungsforschung, in Fachdidaktiken und in Schulen sowohl im Rahmen theoretischer Reflexion als auch durch die Erfahrungen der Praxis immer deutlicher die Erkenntnis durch, dass sprachliches und fachliches Lernen nicht voneinander zu trennen sind: Nicht nur, weil Sprache das zentrale Medium fachlicher Vermittlung ist, sondern auch, weil der Erwerb einer genuin sprachlichen Handlungsfähigkeit (im Fachkontext) als eines der übergeordneten Ziele des Fachunterrichts gilt. Insofern sind Vermittlung und Erwerb sprachlicher Fähigkeiten integraler Bestandteil eines jeden Fachunterrichts.

Zur Frage, wie der Fachunterricht zu einem geeigneten Ort zur Ausbildung dieser gemeinhin als wünschenswert und sinnvoll erachteten sprachlichen Handlungsfähigkeit wird, gibt es inzwischen eine teilweise schwer zu überschauende Vielzahl an Ansätzen, die von Strategien und Maßnahmen der Sensibilisierung von Lehrkräften bis hin zu konkreten Vorschlägen zur Unterrichtsgestaltung reichen – viele davon in Einzelinitiativen entwickelt und bisher kaum auf ihre Wirksamkeit überprüft. Diese unterschiedlichen Modelle und Methoden zum Erwerb und zur Vermittlung von Sprache im Fachunterricht werden zwar in ganz unterschiedlichen Kontexten und von verschiedenen Akteuren mit je spezifischen Zielsetzungen ins Spiel gebracht. Gemeinsam ist ihnen aber ihr Ausgangspunkt – der Befund nämlich, dass ein Teil der sehr ungleich auf verschiedene soziale Gruppen verteilten Bildungschancen und -erfolge trotz eines zumindest im Selbstverständnis auf Chancengleichheit ausgerichteten Schulsystems mit verschiedenen Herkünften und damit auch sprachlichen Hintergründen zusammenzuhängen scheint. Große Leistungsvergleichsstudien wie PISA, IGLU und TIMSS haben wiederholt deutlich gemacht, dass Herkunft und sozioökonomische Faktoren die Leistungen von Schüler/innen in Deutschland in der Tat signifikant beeinflussen. Auch wenn dieser Zusammenhang in den letzten Jahren etwas weniger signifikant ausgefallen ist, haben immer noch Schüler/innen aus sozioökonomisch „schwächer gestellten" Haushalten im Schnitt geringere Schul- und Bildungserfolge (Deutsches PISA-Konsortium 2001, Baumert & Schümer 2001, Klieme et. al. 2010, Stanat, Rauch und Segeritz 2010). Häufig wird angenommen, dass dies unter anderem (aber nicht ausschließlich) auf eine zumindest nach den Erfordernissen des Bildungssystems als ‚mangelhaft' eingestufte sprachliche Handlungsfähigkeit zurückzuführen ist. Nicht selten ist dieser ‚Mangel' vor allem mit dem Phänomen migrationsbedingter Mehrsprachigkeit korreliert worden. Diese (oder diese allein), so konnte jedoch gezeigt werden, ist allerdings nicht der entscheidende Faktor. Vielmehr lässt sich der ‚Mangel' an sprachlichen Fähigkeiten auf eine allgemein geringe Vertrautheit mit der sogenannten „Bildungssprache" zurückführen. Dabei handelt es sich um ein sprachliches Register, das charakteristisch für bildungsorientierte Medien und Bildungsinstitutionen und insbesondere in der Schule ist (Feilke 2012, Gogolin und Lange 2011, Habermas 1977) und dessen Beherrschung im Rahmen eines vor allem das Bildungssystem nach wie vor prägenden Integrationsimperativs als notwendige Voraussetzung für eine ‚erfolgreiche' Bildungskarriere gilt. So tragen bestimmte Bildungsaspirationen innerhalb von Familien oder Gruppen, abhängig vor allem von sozioökonomischer Stellung, aber auch Prozesse und Dynamiken struktureller Diskriminierung sowie nicht selten vorurteilsbehafteter Zuschreibungen in komplexer Interaktion dazu bei, die beschriebenen Unterschiede nicht zu nivellieren, sondern zuallererst hervorzubringen bzw. zu reproduzieren.

Unter anderem der „monolinguale Habitus" (Gogolin 1994) der Schule führt dazu, dass Schüler/innen entweder in die Kategorie „einsprachig deutsch" fallen, oder als „mehrsprachige" oder „DaZ-Schüler/innen" fast unvermeidlich als potenziell „problematisch" oder „Herausforderung" wahrgenommen werden. An diesem Mechanismus ändert auch die inzwischen dominante Fokussierung auf „Bildungssprache" nichts. Diese ist zwar geeignet, von der einseitigen Perspektive auf migrationsbedingte Mehrsprachigkeit als Kern eines ‚Problems' mit Sprache Abstand zu nehmen. Sie lässt aber in der Folge die Dichotomie zwischen „bildungsfernen" und „bildungsnahen" Schüler/innen als Ursache von ‚Problemen' und ungleich verteilter Bildungsteilhabe plausibel erscheinen – eine kausale Verknüpfung, die nicht weniger einseitig erscheint.

Sprache spielt in diesen Prozessen und Dynamiken der Produktion von Ungleichheit (eben auch im Fachunterricht) eine nicht zu unterschätzende Rolle, denn sie ermächtigt, weist zu, befugt, positioniert, stellt Grenzen und Zugehörigkeiten her und formt so als machtvolles Instrument das Bildungsgeschehen und dessen Subjekte. Für die Bedeutung sprachlicher Handlungsfähigkeit im Fachunterricht zu sensibilisieren heißt also auch, auf die sprachliche Modellierung von

Bildungsprozessen aufmerksam zu machen, auf die Momente der Ungleichheit, die nicht nur in Sprache gefasst, sondern vielerorts und nicht selten auch durch Sprache hervorgebracht werden.

So kann und sollte eine kritische Perspektive auf Sprache im Fachunterricht, die mit diesem Band auch angestrebt ist, nicht nur das Verhältnis von sprachlichen Fähigkeiten und Anforderungen in Bildungskontexten fokussieren, sondern auch die subjektivierenden Effekte sprachlichen Handelns im Fachunterricht in den Blick nehmen. Aus einer solchen erweiterten Perspektive ließe sich dann u. a. danach fragen, wie Sprache in konkreten Unterrichtssituationen, aber auch in Lehrplänen und ministerialen Vorgaben in Bildungsprozesse eingreift und diese steuert. Es ließe sich darüber nachdenken, welche differenzbildenden Adressierungen durch Sprachhandeln im Fachunterricht vorgenommen werden und welche Dynamiken des Aus- bzw. Einschlusses damit in Gang gesetzt werden. Nicht zuletzt ermöglichte dies auch eine Diskussion darüber, welche normativen Annahmen sich im Sprechen über ‚Fähigkeiten', ‚Anforderungen', ‚Mängel' und ‚Erfolge' verbergen (auch in einer solchen Einleitung), die trotz (oder gerade wegen) ihrer Latenz besonders wirkmächtig sind und individuelle Bildungsprozesse und deren Bewertung (mit)gestalten. Letztlich ginge es einer solchen erweiterten, d. h. über den Spracherwerb und die Sprachvermittlung im engeren Sinne hinausgehenden Sensibilisierung für die Bedeutsamkeit von Sprache im Fachunterricht auch um die Frage nach der Relevanz anderer, nichtsprachlicher Mittel der Kommunikation, deren Berücksichtigung eine oftmals (und nicht zuletzt auch den vorliegenden Band charakterisierende) logozentrische Perspektive erweitern könnte.

Für einen solchen Blick auf die Rolle von Sprache im Fachunterricht wären folgenden Fragen von zentraler Bedeutung:

1. Welche, auch verdeckten, sprachlichen Anforderungen und welche Möglichkeiten bringen Schule und insbesondere der Fachunterricht mit sich?
2. Welche Effekte hat das im Rahmen dieser Anforderungen und Möglichkeiten stattfindende Sprachhandeln auf die Bildungsprozesse der Beteiligten?
3. Wie lässt sich Unterricht gestalten, damit diese Anforderungen und Möglichkeiten selbst, d. h. deren normative Grundierung und subjektivierenden Effekte, zum Thema werden können?
4. Welche gesellschaftlichen und kulturellen Konstellationen führen dazu, dass bestimmte Spracherwerbsbiografien und sprachliche Hintergründe in Bildungskontexten „problematisch"/„aussichtsreich" werden?
5. Welche Ansätze sind wie wirksam im Hinblick auf eine Sensibilisierung für den Zusammenhang zwischen fachlichen und sprachlichen Leistungen, Schul- und allgemeinem Bildungserfolg; welche führen zu einer Verringerung der Unterschiede zwischen Schüler/innen mit unterschiedlichen sprachlichen/sozioökonomischen Hintergründen? Und welche reproduzieren diese Ungleichheiten?

Ziel des vorliegenden Sammelbandes ist es, einen ersten Beitrag zur Diskussion dieses Fragenkatalogs beizusteuern und unterschiedliche Dimensionen des Sprachhandelns aus verschiedenen Perspektiven – fachdidaktischen, sprach-, bildungs- und kulturwissenschaftlichen – genauer zu beleuchten. Vor dem Hintergrund dieses Anliegens sollen die sprachwissenschaftliche Perspektive mit ihrem Blick auf sprachliche Varietäten und ihre Besonderheiten, die sprachdidaktische Frage nach Erwerbsprozessen und Vermittlungsmöglichkeiten, der fachdidaktische Fokus auf den sprachlichen Aspekten fachlichen Lernens und Lehrens, die bildungswissenschaftliche Perspektive auf Bildungsprozesse und -institutionen und nicht zuletzt gesellschafts- und kulturwissenschaftliche Perspektiven auf Sprache als subjektivierendes Medium in Bildungsprozessen in diesem Band nicht nur nebeneinandergestellt, sondern zueinander in Beziehung gesetzt werden.

Der Band vereint auf diese Weise sehr unterschiedliche Perspektiven, die an der Universität Oldenburg in verschiedenen Fächern und Disziplinen auf die Problematik eines „sprachsensiblen Unterrichts" eingenommen werden. Es geht uns also um eine erste Bestandsaufnahme der einzelnen Diskurse zum Thema, die seit längerem innerhalb der Sprachwissenschaft, der Sprachdidaktik, der Fachdidaktiken der einzelnen Fächer und den Bildungs- und Kulturwissenschaften geführt werden. Möglicherweise gelingt es diesem Band mit dieser Bestandsaufnahme, bisherige Erkenntnisse und Ergebnisse in der Auseinandersetzung mit der Rolle von Sprache im Fachunterricht zu befragen und weiterzuentwickeln, zur Diskussion über neue Konzepte und Vorschläge anzuregen und auf diese Weise Anlass für einen weiterführenden Dialog über die Disziplinengrenzen hinweg zu sein. Er liefert weder ein „geschlossenes" Bild eines Teilaspekts sprachsensiblen Unterrichtens noch einen vollständigen Überblick über alle genannten Aspekte und Dimensionen des Sprachhandelns im Fachunterricht. Vielmehr sind die Beiträge als Momentaufnahmen disziplinärer Zugänge zu einem Gegenstand zu sehen, der sich erst im interdisziplinären Dialog zu konstituieren beginnt.

So stellt der Beitrag von *Vera Busse* aus pädagogischer Perspektive die Frage nach den gesellschaftlichen, kulturellen und institutionellen Konstellationen, die zu bestimmten Wahrnehmungen und Problemen mit „Mehrsprachigkeit" führen und skizziert Aufgaben und Lösungsansätze.

Die sprachwissenschaftlichen und sprachdidaktischen Beiträge von *Nanna Fuhrhop* und *Sarah Olthoff* sowie *Birgit Mesch* werfen einen detaillierten Blick auf grammatische und textliche Anforderungen im Unterricht: Fuhrhop und Olthoff fokussieren dabei auf die immer wieder als „Schwierigkeit" deklarierten Komposita in Lehrbuchtexten. Mesch diskutiert an einem konkreten Beispiel aus dem Literaturunterricht potentielle Schwierigkeiten des Textverständnisses sowie Möglichkeiten und Grenzen der „Vereinfachung" von literarischen Texten im Deutschunterricht.

Fragen nach den besonderen sprachlichen Anforderungen von Fachunterricht und Möglichkeiten und Grenzen „sprachsensibler" Vorgehensweisen stehen auch bei den fachdidaktischen Beiträgen von *Arne Saathoff, Nils Pancratz* und *Ira Diethelm* sowie *Sylvia Jahnke-Klein* und *Vera Busse* im Vordergrund. Saathoff, Pancratz und Diethelm beschäftigen sich mit ‚geeigneten' und ‚ungeeigneten' Metaphern im Informatikunterricht und stellen fest, dass der Einsatz solcher sprachlicher Mittel durch die Anknüpfung an Vorwissen zwar zunächst Lernprozesse im Sinne des Relational Reasoning anstoßen und unterstützen kann, dass jedoch eine ständige Reflexion über die Grenzen dieses Mittels ebenso erforderlich ist. Jahnke-Klein und Busse zeigen am Beispiel von Chemieunterricht, dass sogenannte kontextorientierte Ansätze im naturwissenschaftlichen Unterricht zwar die im engeren Sinne fachsprachlichen Herausforderungen reduzieren, aber gleichzeitig die allgemeinen bildungssprachlichen Anforderungen steigen lassen.

Marietta Campbell, *Katharina Dutz* und *Sarah Olthoff* bieten sozusagen eine Gegenperspektive dazu an, indem sie in ihrem Beitrag darüber nachdenken, inwiefern Handlungsorientierung im Technikunterricht überhaupt erst einen Zugang zum Spracherwerb schaffen kann – wie also Fachunterricht Sprachenlernen anstoßen und unterstützen kann, indem authentische und zu bewältigende kommunikative Situationen und Bedürfnisse geschaffen werden können.

Wie sprachliche und fachliche Fähigkeiten von Schüler/innen interagieren, diskutieren *Birte J. Specht* und *Lena Tokarski* anhand einer Studie zu Modellierungskompetenzen im Mathematikunterricht. Sie können zeigen, dass zwischen allgemeinen sprachlichen Kompetenzen und der Fähigkeit, komplexe Alltagsprobleme mathematisch in Teams zu bearbeiten, zumindest in der Tendenz ein Zusammenhang besteht.

Damit, wie bzw. wie effektiv Sprache und Kommunikation in Bildungsprozessen – hier besonders im Unterricht – konkret eingesetzt werden, beschäftigen sich die Beiträge von *Ira Diethelm* und *Timo Lampe*, *Janine Freckmann* und *Michael Komorek* sowie *Sinje Eichner*, *Max-Simon Kaestner* und *Dietmar von Reeken*. Diethelm und Lampe analysieren eine Informatikstunde und fokussieren dabei die Einführung und Verwendung von Fachtermini. Sie kommen zu dem Schluss, dass das Format des Lehrendenvortrags ohne besondere Sensibilität für die spezifischen fachsprachlichen Besonderheiten vergleichsweise ineffektiv werden kann. Auch Freckmann und Komorek konstatieren, dass ohne eine systematische Reflexion der sprachlichen und kommunikativen Impulse durch die Lehrkräfte (in diesem Fall angehende Physiklehrer/innen) es zwangsläufig zu einer Kollision von Lehrer/innen- und Schüler/innenvorstellungen und damit zu Missverständnissen im Unterrichtsgeschehen kommen muss. Eichner, Kaestner und von Reeken analysieren eine Geschichtsstunde und das darin bereits stattfindende „Scaffolding" zur Unterstützung historischen Begriffslernens. Sie stellen fest, dass das Konzept des Scaffolding sich zwar hierzu durchaus eignet, dass es jedoch noch deutlich weitergehender geschichtsdidaktischer Forschung bedarf, um die bisher zur Umsetzung gebrachten „Ansätze" im Sinne der Sensibilisierung für die Historizität von Begriffen produktiv weiter zu entwickeln.

Matthias Schierz und *Esther Serwe-Pandrick* werfen einen genauen Blick auf den Einsatz von Sprache im Sportunterricht und nehmen dabei eine subjektivierungstheoretische Perspektive ein. Sie zeigen, dass und wie Sprache zur moralischen Kommunikation und Subjektivierung eingesetzt wird und stellen zugleich fest, dass die im Fachunterricht regelmäßig etablierten Kommunikationsrahmen nahezu keine fachlich-reflexive Auseinandersetzung mit dem Unterrichtsthema ermöglichen. Auch dieser Beitrag macht die Komplexität des Sprachhandelns im Unterricht deutlich und verweist darauf, dass es allein durch intuitiven Sprachgebrauch der Lehrkräfte kaum gelingen kann, die intendierten Bildungsprozesse anzustoßen.

Die Beiträge von *Rahel Puffert* und *Juliane Heise* sowie von *Reinhard Schulz* gehen insofern über die Frage nach sprachlichen ‚Schwierigkeiten' und möglichen ‚Defiziten' hinaus, als sie die Funktion von Sprache und sprachlichen Handlungen im Bildungskontext an sich thematisieren. Puffert und Heise berichten von Erfahrungen mit „Sprachlosigkeit" durch die Veränderung der „Unterrichtssprache" und loten die Potenziale der Abwesenheit von Sprache für Kunsterfahrungen und Kunstunterricht aus.

Schulz diskutiert kritisch die Funktionen, Möglichkeiten und Beschränkungen verschiedener Formen von Sprache und Medien im Unterricht und spricht sich für einen Dialog jenseits disziplinärer Grenzen als conditio sine qua non für die multiperspektivische Untersuchung der „bildenden Dimension des Sprechens" aus.

Eine solche Multiperspektivität aufzuzeigen ist ein zentrales Anliegen dieses Bandes. Wie bereits angedeutet, bilden die hier versammelten Beiträge ein breites Spektrum an fachlichen Zugängen auf Sprache und Sprachsensibilität ab. Die Beobachtung, dass sich in dieser Zusammenstellung an manchen Stellen Berührungspunkte, an anderen Stellen Reibungen ergeben, nehmen wir als Anlass für ein Plädoyer dafür, dass die Reflexion und Diskussion eines für die Transformation des Bildungssystems angesichts aktueller gesellschaftlicher Herausforderungen zentralen Themas in der Tat nicht in einzelnen Fachtraditionen verharren sollte. Denn nur durch eine Öffnung und den systematischen interdisziplinären

Austausch wird es möglich sein, der Komplexität des Gegenstands „Sprachsensibilität in Bildungsprozessen" angemessen Rechnung zu tragen. Als Herausgeber/in hoffen wir, mit diesem in so mancher Hinsicht, aber im produktivsten Sinne „unvollständigen" Band einen Anstoß zu ebenjener Öffnung geben zu können.

Der vorliegende Band geht auf eine Initiative von Kolleg/innen unterschiedlicher Disziplinen an der Carl von Ossietzky Universität Oldenburg zurück, die sich schon vor einigen Jahren am Didaktischen Zentrum der Carl von Ossietzky Universität Oldenburg (DiZ) fächerübergreifend zum Thema „Sprachsensibilität" auszutauschen begannen. Federführend war dabei Nanna Fuhrhop als damalige Vizedirektorin für Forschung des DiZ, ein erstes Ergebnis dieser Zusammenarbeit war die Gründung der am DiZ angesiedelten Arbeitsstelle „Sprachsensibles Lehren & Lernen". Die Arbeitsstelle war Ausgangspunkt für die Konzeption des Bandes und Ort des fächerübergreifenden Austauschs der Beiträger/innen zur Profilierung des Themas. Bei ihnen möchten wir uns dafür – und nicht zuletzt auch für ihre Geduld mit den Herausgeber/innen – ganz herzlich bedanken. Wir bedanken uns ebenso herzlich bei den Mitarbeiter/innen des DiZ, die den Prozess der Entstehung und Fertigstellung des Manuskripts ermöglicht und begleitet haben, namentlich bei Julia Michaelis, Kerstin Ratzke und Ines Weßels sowie bei Hilke Fickenfrerichs, Nico Noltemeyer und Charlotte Büssing – ohne die tatkräftige logistische, redaktionelle und auch inhaltliche Unterstützung durch das DiZ wäre die Realisierung dieses Projekts so nicht möglich gewesen. Unser Dank gebührt zudem dem Springer-Verlag, der uns nicht nur die Publikation dieses Bandes ermöglicht, sondern das Thema zugleich durch die Initiierung einer Buchreihe zu „Sprachsensibilität in Bildungsprozessen" positioniert hat, deren Auftakt die vorliegende Publikation bildet.

Literatur

Baumert, J. und Schümer, G. 2001. Familiäre Lebensverhältnisse, Bildungsbeteiligung und Kompetenzerwerb. In *PISA 2000. Basiskompetenzen von Schülerinnen und Schülern im internationalen Vergleich*, Hrsg. Deutsches PISA-Konsortium, 323–407. Opladen: Leske & Budrich.

Deutsches PISA-Konsortium. 2001. *PISA 2000: Basiskompetenzen von Schülerinnen und Schülern im internationalen Vergleich*. Opladen: Leske & Budrich.

Feilke, H. 2012. Bildungssprachliche Kompetenzen – fördern und entwickeln. *Praxis Deutsch* 23/3: 4–13.

Gogolin, I. 1994. *Der monolinguale Habitus der multilingualen Schule*. Münster: Waxmann.

Gogolin, I. und Lange, I. 2011. Bildungssprache und Durchgängige Sprachbildung. In *Migration und schulischer Wandel: Mehrsprachigkeit*, Hrsg. S. Fürstenau und M. Gomolla, 107–127. Wiesbaden: VS-Verlag.

Habermas, J. 1977. Umgangssprache, Wissenschaftssprache, Bildungssprache. In *Jahrbuch der Max-Planck-Gesellschaft zur Förderung der Wissenschaften*, 36–51.

Klieme E., Artelt C., Hartig J., Jude N., Köller O., Prenzel M., Schneider W. und Stanat P. 2010. PISA 2000–2009: Bilanz der Veränderungen im Schulsystem. In *PISA 2009. Bilanz nach einem Jahrzehnt*, Hrsg. E. Klieme, C. Artelt, J. Hartig, N. Jude, O. Köller, M. Prenzel, W. Schneider und P. Stanat, 277–300. Münster: Waxmann.

Stanat P., Rauch D. und Segeritz M. 2010. Schülerinnen und Schüler mit Migrationshintergrund. In *PISA 2009. Bilanz nach einem Jahrzehnt*, Hrsg. E. Klieme, C. Artelt, J. Hartig, N. Jude, O. Köller, M. Prenzel, W. Schneider und P. Stanat, 200–230. Münster: Waxmann.

Inhaltsverzeichnis

Vera Busse
Umgang mit Mehrsprachigkeit und sprachsensibler Unterricht
aus pädagogischer Sicht: Ein einführender Überblick 1

Nanna Fuhrhop und Sarah Olthoff
Komposita als Herausforderung in Schulbuchtexten? 35

Birgit Mesch
Textuelles Parsen kohäsiver Strukturen im sprachsensiblen
Literaturunterricht 69

Arne Saathoff, Nils Pancratz und Ira Diethelm
Von Paketen, Klötzchen und Wolken – Auf der Suche nach
geeigneten Sprachbildern für den Informatikunterricht 101

Sylvia Jahnke-Klein und Vera Busse
Sprachsensibel unterrichten in den Naturwissenschaften –
Kontextorientierung als Lernhilfe oder zusätzliche Barriere? 115

*Marietta Campbell, Katharina Dutz, Jan Landherr
und Sarah Olthoff*
Handlungsorientierter Technikunterricht als Zugang zum
Spracherwerb 141

Birte J. Specht und Lena Tokarski
Mathematische Modellierung und Sprachkompetenz 163

Timo Lampe und Ira Diethelm
Transkriptanalyse einer Informatik-Unterrichtsstunde 203

Janine Freckmann und Michael Komorek
Sprachsensibles Handeln im Physikunterricht 221

Sinje Eichner, Max-Simon Kaestner und Dietmar von Reeken
„Ja, das ist auch so ein Begriff" – Zum Potential von Scaffolding
als Unterstützungsstrategie zur Begriffsbildung
im Geschichtsunterricht 239

Matthias Schierz und Esther Serwe-Pandrick
„Darf man nicht machen. Ist ein Foul" – Eine rekonstruktive
Fallstudie zur moralischen Kommunikation und
Subjektivierung im Sportunterricht 267

Rahel Puffert und Juliane Heise
„Język Şekilendirmek" Entzug von Sprachverstehen als Potential von Kunstunterricht 293

Reinhard Schulz
Sprechen und Erfahrung. Der Patient ‚Sprache'.
Stichworte zur digitalen (Un-)Kultur unserer Zeit 309

Umgang mit Mehrsprachigkeit und sprachsensibler Unterricht aus pädagogischer Sicht: Ein einführender Überblick

1. Einleitung

Wie ist mit Mehrsprachigkeit im Unterricht umzugehen? Was ist und was bedeutet eigentlich sprachsensibler Unterricht? Diese Fragen sind zu Gegenständen teils kontroverser Diskussionen avanciert. Der vorliegende Beitrag führt in das Thema ein und skizziert Anforderungen an unterrichtliches Handeln. Bildungs- und sprachwissenschaftliche Befunde belegen die Aktualität und Relevanz einer verstärkten Förderung unterrichtssprachlicher Kompetenzen (Kapitel 2). Unterschiedliche Bausteine der Sprachbildung, insbesondere der sprachsensible Unterrichtsansatz, der ein entsprechendes sprachdidaktisches Wissen der Lehrkräfte erfordert, werden vorgestellt (Kapitel 3). Eine einseitige Fokussierung auf die Förderung des Deutschen greift jedoch zu kurz; es wird diesbezüglich auf die Notwendigkeit der Wertschätzung und Anerkennung der lebensweltlichen Mehrsprachigkeit[1] der Lernenden auf institutioneller und unterrichtlicher Ebene hingewiesen. Hieran schließen sich vielfältige Fragen zu den Implikationen eines genuin sprachsensiblen Unterrichts an, wenn Mehrsprachigkeit zum Regelfall und damit zur Grundbedingung pädagogischen Handelns gerät. Entsprechende Einstellungen und die Fähigkeit zur kritischen Reflexion gewohnter Unterrichtspraktiken sind hierfür zentral (Kapitel 4). Abschließend werden Ergebnisse zusammengefasst und Desiderate formuliert (Kapitel 5).

---

[1] Lebensweltliche Mehrsprachigkeit wird hier definiert als das Aufwachsen mit mehreren Sprachen im familiären oder privaten Umfeld (Gogolin 2008a).

© Springer Fachmedien Wiesbaden GmbH, ein Teil von Springer Nature 2019
M. Butler und J. Goschler (Hrsg.), *Sprachsensibler Fachunterricht*, Sprachsensibilität in Bildungsprozessen, https://doi.org/10.1007/978-3-658-27168-8_1

2. Zur Relevanz einer verstärkten Förderung sprachlicher Kompetenzen in der Unterrichtssprache Deutsch

2.1 Bildungserfolg und unterrichtssprachliche Voraussetzungen

Leistungsdisparitäten zwischen Lernenden mit und ohne Migrationshintergrund sind durch die PISA-Studien hinlänglich beschrieben worden. Die ungleichen Bildungserfolge von Lernenden mit Migrationshintergrund in Deutschland sind folglich verstärkt in den Fokus der (öffentlichen und wissenschaftlichen) Diskussion gerückt (Artelt et al. 2001; OECD 2010; Ramm et al. 2004; Stanat und Christensen 2006; Walter 2009). Die Leistungsdisparitäten sind in manchen Ländern deutlich geringer ausgeprägt, denen es somit besser zu gelingen scheint, Bildungserfolge für Schüler/innen mit Migrationshintergrund zu ermöglichen. Besonderheiten sowie spezifische Herausforderungen des deutschen Bildungssystems wurden zum einen als mögliche Ursachen identifiziert (Teltemann 2015). Zum anderen wurde die Rolle der sprachlichen Voraussetzungen für Bildungserfolg und damit auch der Förderung der deutschen Sprache mehr Aufmerksamkeit geschenkt (Kempert et al. 2016). Zwar sind sozio-ökonomische Faktoren hinsichtlich der Leistungsdisparitäten zwischen Schüler/innen mit und ohne Migrationshintergrund zentral (Walter 2009), jedoch kann davon ausgegangen werden, dass ausreichende (unterrichts-)sprachliche Kenntnisse zum erfolgreichen Erwerb von fachlichen Kompetenzen vorauszusetzen sind. Der Gebrauch des Deutschen innerhalb der Familie steht im signifikanten Zusammenhang mit schulischem Kompetenzerwerb, selbst wenn der sozio-ökonomischen Hintergrund mit berücksichtigt wird (Ramm et al. 2004; Rauch et al 2016; Stanat 2006; Tarelli et al 2012).

Zahlreiche Studien belegen, dass der Erwerb der für die Schule benötigten Sprache, die Cummins (2008) als *cognitive academic language proficiency – CALP* bezeichnet, insgesamt wesentlich länger dauert als der Erwerb alltagssprachlicher Fähigkeiten, sogenannter *basic interpersonal communicative skills, BICS* (für eine Übersicht siehe Cummins 2000). Letztere eignen sich Kinder in der Regel sehr schnell an, wenn sie die Gelegenheit haben, die Sprache in ihrer Umgebung zu hören und zu sprechen. CALP-Fähigkeiten, die stärker an *literacy skills* und damit an schriftsprachlichen Fähigkeiten angelehnt sind, müssen hingegen über Jahre eingeübt werden. Sie stellen nicht nur eine besondere Herausforderung für Kinder dar, die die jeweilige Landessprache neu erlernen (z. B. Geflüchtete), sondern auch für Lernende, die gleichzeitig eine Sprache oder mehrere weitere Sprachen im familiären Umfeld erwerben und dadurch zwar in der Regel über BICS-Fähigkeiten verfügen, aber teilweise weniger reiche *literacy experience* (z. B. durch das elterliche Vorlesen) in der Landessprache sammeln. Da auch die Schüler/innen, die monolingual aufwachsen, durch die ab der Primarstufe einsetzende Beschulung einen zunehmend ausdifferenzierten Wortschatz sowie allgemein grammatikalisches Wissen erwerben, stehen mehrsprachige Kinder vor der Aufgabe, ein „sich bewegendes Ziel" einholen zu müssen (Cummins 2000, S. 36). Insgesamt kann also angenommen werden, dass die sprachlichen Voraussetzungen der Lernenden (bezogen auf die Kenntnisse der Unterrichtssprache) einen der Faktoren für die Entstehung (und Aufrechterhaltung) von Leistungsdisparitäten zwischen Schüler/innen mit und ohne Migrationshintergrund darstellt.

2.2. Multilinguale Sprachentwicklung

In öffentlichen Diskursen wird zuweilen geäußert, dass sich frühe Zweit- bzw. Mehrsprachigkeit negativ auf kognitive Fähigkeiten auswirke. Dem ist entgegenzuhalten, dass das Aufwachsen mit mehreren Sprachen weltweit eher die Regel als eine Ausnahme darstellt (Riehl 2014). Auch in Deutschland ist Einsprachigkeit kein ‚natürlicher Zustand', sondern eng mit der Durchsetzung nationalstaatlicher Interessen verwoben (Gogolin 2009), sodass die diesen Aussagen zugrunde liegende Wahrnehmung von Einsprachigkeit als Normalfall durchaus kritisch hinterfragt werden muss. Auch aus empirischer Sicht liegt keine Bestätigung dieser Annahmen vor (Cummins 2000); zwar ist der Forschungsstand (u. a. aus forschungsmethodischer Sicht) noch nicht zufriedenstellend, insgesamt ergibt sich jedoch kein negatives Bild (Kempert et al. 2016). Es zeigen sich teilweise sogar gewisse Vorteile der frühen Mehrsprachigkeit wie z. B. ein erhöhtes metalinguistisches Bewusstsein sowie etwas stärker ausgeprägte exekutive Fähigkeiten, wozu die selektive Aufmerksamkeit gehört (Bialystok 2001; Bialystok und Viswanathan 2009; für eine Kontroverse in Bezug auf exekutive Fähigkeiten siehe allerdings Duñabeitia et al. 2014). Einige neuere Studien legen ferner nahe, dass Zweisprachigkeit bei älteren Menschen Demenzprozesse verzögern kann (für eine Übersicht siehe Gold 2015). Für den schulischen Bereich scheint besonders relevant, dass sich positive Effekte für das Erlernen weiterer Sprachen zeigen (Brohy 2001; Cenoz 2003; Cenoz und Valencia 2008; Sanz 2000), was die gute Leistung hiesiger mehrsprachiger Schüler/innen im Fach Englisch erklären könnte (DESI 2006; Hesse et al. 2008). Von positiven Effekten für das Erlernen weiterer Sprachen kann insbesondere dann ausgegangen werden, wenn Schüler/innen biliterat sind, d. h. Lese- und Schreibfähigkeiten in beiden Sprachen vorliegen (vgl. z. B. auch Rauch 2014; Rauch et al. 2010; Swain et al. 1990).

Ein Blick in die Spracherwerbsforschung zeigt jedoch auch, dass es beim Erwerb von zwei oder mehreren Sprachen insgesamt eine etwas größere Variation als beim monolingualen Spracherwerb gibt, sowohl was die Kompetenz, als auch die Performanz (die Sprachverwendung) anbelangt. Individuelle Lernvoraussetzungen wie z. B. Arbeitsgedächtnis, Worterkennung, phonologisches Bewusstsein und Encodierungsfähigkeit scheinen sowohl für Kompetenz als auch Performanz eine etwas größere Rolle zu spielen (vgl. auch Dörnyei 2005; Dörnyei und Skehan 2003), was spezifische sprachliche Unterstützungsmaßnahmen erfordern kann (einen Überblick bietet Wang 2015). Dies bedeutet jedoch nicht gleichzeitig auch, dass Sprachentwicklungsstörungen vorliegen, die vermutlich genetischen Ursprungs sind und in der Regel in allen erworbenen Sprachen auftreten (Rothweiler 2013). Darüber hinaus spielen die Lernmotivation und Identitätsvorstellungen eine Rolle, auf die unter 4.2. noch näher eingegangen wird.

Zentral für die sprachliche Entwicklung in den jeweiligen Sprachen sind jedoch Expositionsdauer, Quantität, aber auch allgemeine Qualität des sprachlichen Inputs (Francis 2012; Pearson et al. 2008; Scheele et al. 2009). Sprachwissenschaftliche Studien weisen in Bezug auf die Qualität des sprachlichen Inputs auf die zentrale Rolle des Wortschatzes hin. So sind Leistungsunterschiede im Bereich Lesen, Schreiben und Hörverständnis bei Zweitsprachenlernenden zum großen Teil auf Unterschiede im Wortschatz zurückzuführen (Nation 2001; Stæhr 2008). Zieht man darüber hinaus in Betracht, dass zwei- bzw. mehrsprachig aufwachsende Kinder in der Regel über einen etwas kleineren Wortschatz in den jeweiligen Sprachen verfügen als ihre monolingualen Peers (Bialystok et al. 2010; Oller und Eilers 2002), mag es nicht überraschen, dass sich der Wortschatz bei mehrsprachigen Schüler/innen als wichtigerer Prädiktor für deren Lesekompetenz erweist als bei monolingualen Schüler/innen (Limbird und Stanat 2006; Verhoeven 2000).

Insgesamt scheint es auf der Grundlage der hier skizzierten Befunde zunächst einmal wichtig, das Aufwachsen mit mehreren Sprachen nicht als defizitär oder problematisch zu begreifen. Gleichzeitig gilt es, die kontinuierliche Bereitstellung eines qualitativ hochwertigen Sprachinputs in der Zielsprache über einen ausreichend langen Zeitraum sowie die zielgerichtete Unterstützung bei dem Erlernen unterrichtssprachlicher Kompetenzen, insbesondere auch in Bezug auf die Erweiterung des Wortschatzes, zu gewährleisten.

3. Förderung unterrichtssprachlicher Kompetenzen

Die Befunde der Schulleistungsstudien zeigen zwar, dass unterrichtssprachliche Kenntnisse im Zusammenhang mit dem erfolgreichen Erwerb fachlicher Kompetenzen stehen, jedoch kann aus den Ergebnissen nicht direkt abgeleitet werden, wie genau sprachliche Bildung im institutionellen Kontext Schule gestaltet werden muss, damit bessere Chancen für mehrsprachige Schüler/innen geschaffen werden können. Im Folgenden wird unter Bezugnahme auf Empfehlungen der OECD (2010) auf insgesamt vier Maßnahmen[2] eingegangen, die zur Förderung unterrichtssprachlicher Kompetenzen vielversprechend erscheinen.

Erstens die verstärkte *frühe Sprachförderung* im Kindergartenalter (OECD 2010, S. 46), die in Deutschland zunehmend in den Blickwinkel bildungspolitischer Anstrengungen und wissenschaftlicher Betrachtungen gelang (Früh 2011; Gogolin 2008b). Die frühe Sprachförderung erscheint nicht nur aus sprachwissenschaftlicher Sicht[3] (Ellis 2015; Singleton und Ryan 2004), sondern auch auf der Grundlage verschiedener bildungswissenschaftlicher Befunde vielversprechend (Becker 2010; Burger 2010; Buysse et al. 2014; Sylva et al. 2013). Entsprechende Befunde legen allerdings auch nahe, dass eine einfache Erhöhung der Angebote frühkindlicher Bildung zur Verbesserung von Bildungschancen nicht ausreichend sein dürfte, da der Betreuungsschlüssel sowie die allgemeine Quali-

---

[2] Nicht eingegangen werden kann an dieser Stelle auf strukturelle Benachteiligungen von Kindern mit Migrationshintergrund (zur institutionellen Diskriminierung siehe Gomolla und Radtke 2002) sowie bildungssystemische Überlegungen (vgl. hierzu z. B. Teltemann 2015).
[3] Wobei darauf hingewiesen werden muss, dass die Volksweisheit „je früher desto besser" zwar teilweise richtig ist, aber auch stark vereinfacht, da sich die Vorteile auf bestimmte Bereiche beziehen (z. B. auf die Phonologie); zudem erweist sich ein jüngeres Alter zwar beim ungesteuerten Spracherwerb als Vorteil, jedoch weniger beim gesteuerten Spracherwerb bzw. dem Fremdsprachenlernen.

tät des frühkindlichen Bildungsangebots eine zentrale Rolle in Bezug auf ihre Wirksamkeit spielen. Auch in Deutschland wird verstärkt auf frühkindliche Sprachförderprogramme gesetzt; die empirische Befundlage steht dabei allerdings noch am Anfang (vgl. auch Kempert et al. 2016).

Zweitens die Einführung *fest etablierter Sprachbildungsprogramme* mit klar definierten Zielen und Standards auf allen Ebenen des Schulsystems (OECD 2010, S. 47). Besonders relevant scheint diesbezüglich, dass die Sprachbildung durchgängig, d. h. alle Bildungsinstitutionen übergreifend, verankert ist und sprachliche Kompetenzen systematisch aufgebaut werden. Hervorzuheben ist in diesem Zusammenhang das in Hamburg unter der Schirmherrschaft der Forschungsgruppe um Gogolin entwickelte Sprachbildungsprojekt FÖRMIG (Förderung von Kindern und Jugendlichen mit Migrationshintergrund), das eine durchgängige, systematische und kumulative Entwicklung von sprachlichen Kompetenzen zum Ziel hat (für eine Übersicht siehe z. B. Gogolin 2013; Gogolin und Lange 2011) und bereits in unterschiedlichen Bundesländern erprobt wird (Heintze 2015; Honka 2013; Saalmann und Weber 2013; Salem et al. 2013).

An dritter Stelle und mit Punkt zwei eng verbunden ist die systematische Förderung akademischer Sprache und die stärkere *Integration inhaltlichen und sprachlichen Lernens* in den einzelnen Unterrichtsfächern (OECD 2010, S. 48). Die OECD macht hier auf die Gefahr aufmerksam, dass bei Schüler/innen mit Migrationshintergrund die Sprachunterstützung zu früh abgebrochen wird, wenn alltagssprachliche BIC-Fähigkeiten vorliegen, obwohl die für die Schule notwendigen CALP-Kompetenzen über Jahre systematisch aufgebaut werden müssten (vgl. auch Cummins 2000; Cummins 2008). Eine stärkere Integration sprachlicher und inhaltlicher Zielstellungen in den einzelnen Fächern könnte diesem Problem entgegenwirken.

Die OECD nutzt hierbei den Begriff des *Content and Language Integrated Learning* (CLIL), der im deutschsprachigen Raum allerdings in der Regel für die Vermittlung von Unterrichtsinhalten durch eine Fremdsprache verwendet wird. Im Unterschied zum fremdsprachlichen CLIL-Unterricht kann aber zumeist von vorhandenen alltagssprachlichen Fähigkeiten ausgegangen werden, da der Kontakt zur Zielsprache auch außerhalb des schulischen Kontexts besteht. Der sprachsensible Unterricht setzt an diesem Punkt an und hat das Ziel, inhaltliche mit sprachlichen Zielstellungen im Unterricht zu verbinden und so die systematische Förderung von CALP-Kompetenzen, die für die Anforderungen des spezifischen Faches notwendig sind, voranzutreiben (Gogolin und Lange 2011). In der deutschen Diskussion wird dabei auch von Bildungssprache gesprochen, die – in Abgrenzung zur Alltagssprache – definiert wird als das Register, mit dem in Bildungskontexten Wissen erworben wird (Gogolin und Duarte 2016, S. 483). Um Lehrkräften zu zeigen, wie bildungssprachliche Kompetenzen im Fachunterricht gezielt vermittelt und systematisch eingeübt werden können, sind in den letzten Jahren verschiedene Handbücher und didaktische Materialien veröffentlicht worden. Diese geben Anregungen zur Planung des sprachsensiblen Unterrichts (Thürmann und Vollmer 2011) sowie dazu, wie in unterschiedlichen Fächern die relevanten sprachlichen Mittel im Deutschen bereitgestellt und modelliert werden können, und wie der Fachunterricht so gestaltet werden kann, dass die Lernenden ausreichend Gelegenheiten haben, die zu erwerbenden Deutschkenntnisse aktiv einzusetzen und zu entwickeln (Beese et al. 2014; Brandt und Gogolin 2016; Hägi-Mead und Tajmel 2017; Leisen 2010, 2011a; Prediger und Özdil 2011). Hierbei fällt jedoch auf, dass sich die Fächer dem Thema sehr unterschiedlich annehmen; künstlerische und gesellschaftswissenschaftliche Fächer haben z. B. bislang weniger Aufmerksamkeit erfahren als naturwissenschaftlichmathematische Fächer (Prediger und Özdil 2011; Prediger und Wessel 2018).

An vierter Stelle ist die systematische *sprachdidaktische Weiterbildung der Lehrkräfte* zu nennen, die für die Förderung bildungssprachlicher Kompetenzen im Fachunterricht und damit für den Bildungserfolg von Schüler/innen mit Migrationshintergrund ebenfalls eine wichtige Rolle spielen dürfte (OECD 2010, S. 47). Auf die Wichtigkeit der Vermittlung relevanter Fähigkeiten zur Sprachdiagnostik und Sprachförderung in der Lehrer/innenbildung wird daher in der Literatur verstärkt aufmerksam gemacht (Baumann 2017; Becker-Mrotzek et al. 2012; Krüger-Potratz und Supik 2010). Hierzu gehört auch, dass Lehrer/innen Wissen zu sprachlichen Hürden erlangen (vgl. auch Eckhard 2008) und in sprachdidaktischen Methoden geschult werden, damit sie auf die individuellen Bedürfnisse der Schüler/innen entsprechend eingehen können. Zudem müssen Lehrkräfte mit Formen des sprachlichen Assessments und Feedbacks, angepasst an die individuellen Bedürfnisse der Lernenden, vertraut gemacht werden (siehe OECD 2010, S. 47), damit der individuelle Entwicklungsbedarf identifiziert und entsprechende Unterstützungsmaßnahmen umgesetzt werden können (Busse 2015; Ehlich 2007; zur Diagnostik vgl. z. B. Lengyel 2012).

4. Wertschätzung von Mehrsprachigkeit

4.1 Schulische Anerkennung lebensweltlicher Sprachen

Wenngleich die zuvor skizzierten Maßnahmen zur Förderung des Deutschen hilfreich zur Verbesserung der Situation mehrsprachig aufwachsender Lernender erscheinen, greift aus pädagogischer Sicht eine Sprachbildung im Sinne einer einseitigen Fokussierung auf die Förderung des Deutschen zu kurz und läuft zudem Gefahr, defizitäre Sichtweisen auf Mehrsprachigkeit zu begünstigen. Im bildungswissenschaftlichen Diskurs sind dabei u.a. die aus monolingualen Praktiken resultierenden Macht- und Dominanzverhältnisse mit Verweis auf Bourdieus kapital- und ökonomietheoretisches Sprachverständnis kritisch hervorgehoben worden (z. B. Fürstenau und Niedrig 2011; Mecheril und Quehl 2006). Im Sinne einer potenzialorientierten Vorgehensweise ist zu fragen, wie die Anerkennung und Wertschätzung lebensweltlicher Sprachen der Lernenden vorangetrieben werden kann. Diesbezüglich spielt auf schulischer Ebene die Förderung herkunfts- oder familiensprachlicher Kompetenzen eine Rolle. In einigen Ländern, wie z. B. in Kanada oder Schweden, ist die Förderung der Herkunfts- bzw. Familiensprache von mehrsprachigen Schüler/innen im Schulsystem fest verankert (vgl. auch Löser 2010). In Deutschland ist der Zugang zu entsprechenden Programmen je nach Bundesland (Altmayer 2009) und (Status der) Sprache (Schmitz und Olfert 2013) sehr unterschiedlich geregelt und insgesamt umstritten (Esser 2006; Hopf 2005). Kritisiert wird dabei vor allem, dass es keine ausreichenden empirischen Belege für eine positive Wirkung auf die Entwicklung im Deutschen gebe. Eine solche Aussage ist auf der Grundlage jetziger Studien tatsächlich nicht möglich (Kempert et al. 2016); für eine systematische Förderung der Herkunfts- bzw. Familiensprachen sprechen jedoch aus pädagogischer Sicht eine Vielzahl an Gründen, insbesondere die institutionelle Anerkennung der sprachlichen Ressourcen der Lernenden (vgl. z. B. Göbel und Buchwald 2017, S. 218ff.). Zudem kann auf europäische Sprachbildungsziele verwiesen werden, in denen die Förderung der Wertschätzung sprachlicher Vielfalt und die Entwicklung schriftsprachlicher Kompetenzen in zwei weiteren Sprachen zusätzlich zur Nationalsprache vorgesehen ist (siehe auch Council of Europe 2008). Das bislang herrschende Missverhältnis in Bezug auf die Darstellung und Vermittlung des Werts von Sprachen, die mit einem hohen sozialen und ökonomischen Prestige (wie z. B. das Englische) assoziiert werden, und der Anerkennung und Vermittlung des Werts der lebensweltlichen Sprachen von Schüler/innen, ist dabei bereits an verschiedenen Stellen kritisiert worden (vgl. auch Busse 2017b; Dirim et al. 2008; Krumm 2004; Liddicoat und Curnow 2014). Wird Mehrsprachigkeit an sich als Bildungswert in Einklang mit europäischen Bildungszielen anerkannt, dann müssten auch entsprechende institutionelle Angebote vorhanden sein, um vorhandene mündliche Sprachkenntnisse schriftsprachlich weiterzuentwickeln und in entsprechende Bildungszertifikate umzuwandeln.

4.2 Zur Rolle von Motivation und Identität beim Spracherwerb

Unabhängig von der Förderung herkunfts- bzw. familiensprachlicher Kompetenzen weisen empirische Befunde aus unterschiedlichen Kontexten darauf hin, dass die positive Anerkennung des sprachlichen Hintergrunds von Lernenden im regulären Unterricht für deren Lernerfolg eine Rolle spielen (Bishop und Berryman 2006; Bishop und Glynn 1999; Cummins 2013). An dieser Stelle soll auf motivationale und einstellungsbezogene Aspekte näher eingegangen werden, da deren Relevanz für das Erlernen von Zweitsprachen, insbesondere bezogen auf die anhaltende Auseinandersetzung mit einer Sprache, schon seit langem bekannt ist (Gardner und Lambert 1959, 1972). Eine Vielzahl an Studien belegt, dass Lernende, die motiviert sind, eine Sprache zu erlernen, positive Einstellungen gegenüber der unterrichtlichen Lernsituation haben, und sich durch Offenheit gegenüber der Sprecher/innengruppe auszeichnen und sich mit dieser identifizieren, auch über bessere Sprachkompetenzen verfügen (siehe die Meta-Analyse von Masgoret und Gardner 2003). Es kann ferner davon ausgegangen werden, dass sich Gefühle fehlender Wertschätzung bzw. Erfahrung von Ablehnung oder Ausgrenzung negativ auf die Identifikation mit einer Sprachgemeinschaft auswirken und damit die Motivation verringert, die Sprache dieser Gemeinschaft zu erlernen. Da Sprache ein wichtiger Bestandteil der Identität ist, kann eine fehlende Anerkennung der Herkunfts- oder Familiensprache auch als eine Abwertung der Person empfunden werden (z. B. Day 2002; Norton 2000). Fühlen sich Lernende durch die Abwertung lebensweltlicher Sprache(n) in ihrer Identität bedroht, kann dies die Identifikation mit der Minoritätensprache stärken und mit einer geringeren Motivation einhergehen, die als aufgezwungen erlebte

Sprache zu erlernen (vgl. auch Busse 2017a). Auch Herkunfts- oder Familiensprachen, die Lernende nur eingeschränkt praktizieren (können), mögen als emotional sehr bedeutsam wahrgenommen werden (Krumm 2009). Insgesamt sind damit nicht nur negative Sanktionierungen (oder sogar Verbote) lebensweltlicher Sprachen der Schüler/innen im schulischen Kontext kritisch zu hinterfragen, sondern zu überlegen, wie die Wertschätzung sprachlicher Vielfalt auf unterrichtlicher Ebene gezielt vermittelt werden kann.

4.3 Unterrichtliches Handeln

Trotz der intensiven didaktischen Auseinandersetzung liegt bislang keine allgemein anerkannte Definition des sprachsensiblen Unterrichts vor und Vorstellungen über die praktische Umsetzung sind dementsprechend unterschiedlich. So wird zwar an verschiedenen Stellen betont, dass die Wertschätzung und auch die Einbeziehung der sprachlichen Ressourcen der Schüler/innen als Grundvoraussetzung für eine gelingende Förderung bildungssprachlicher Fähigkeiten gesehen werden sollten (vgl. Brandt und Gogolin 2016; Gogolin et al. 2011), die didaktischen Handreichungen unterscheiden sich aber deutlich darin, ob und in welchem Maße diesbezüglich Anregungen gegeben werden. Kritisch hinterfragt werden müssten zudem eher kompensatorische Verständnisse des sprachsensiblen Unterrichts, z. B. als „Maßnahme zur Kompetenzförderung sprachschwacher Lerner mit und ohne Migrationshintergrund beim Sprechen, Lesen und Schreiben" (Leisen 2011b, S. 5). Es besteht hierdurch die Gefahr, dass eine defizitorientierte Sichtweise auf Mehrsprachigkeit entstehen könnte, die eben jenen „monolingualen Habitus" der Schule (Gogolin 2008a) bedient, den man eigentlich beheben möchte. Unter 2.2. wurde deutlich gemacht, dass Unterstützungsbedarf in Bezug auf den Erwerb von CALP-Fähigkeiten im Deutschen nicht mit Spracherwerbsstörungen gleichgesetzt werden sollte. Diesbezüglich ist darauf hinzuweisen, dass mehrsprachige Lernende häufig über komplexes Wissen in unterschiedlichen Sprachen verfügen, das das Kernwissen in einer Sprache übersteigt (Cook 2007). In der Mehrsprachigkeitsforschung wird daher häufig hervorgehoben, dass ein Unterrichtsansatz, der sich an monolingual Aufwachsenden als Maßstab kommunikativer Kompetenz orientiert, den mehrsprachig aufwachsenden Lernenden nicht gerecht wird (vgl. auch Cenoz und Gorter 2011; Grosjean 2010). Da monolingual Aufwachsende als Referenz- und Vergleichspunkt gesetzt sind, werden die jeweiligen Kompetenzen in den unterschiedlichen Sprachen als defizitär wahrgenommen. Um das Problem einer solchen Sichtweise zu veranschaulichen, bietet sich ein Vergleich mit dem Sport an: Wird der Erwerb zweier Sprachen mit Sportdisziplinen wie Hochsprung und Sprint gleichgesetzt, müssen mehrsprachig Aufwachsende springen und sprinten vereinbaren und werden dadurch mit der Zeit zu kompetenten Hürdenläufer/innen. Im Sport würde man die Leistung und Entwicklung von Hürdenläufer/innen jedoch nicht am Anforderungsprofil von Sprinter/innen oder Hochspringer/innen messen (Grosjean 1985; vgl. auch Jessner und Allgäuer-Hackl 2015).

Vorhandene sprachliche Kompetenzen, die über die Unterrichtssprache hinausgehen, können im traditionellen Unterricht in der Regel nicht eingebracht, geschweige denn für die Erschließung fachlicher Inhalte genutzt werden (für eine kritische Diskussion siehe Cummins 2000; García et al. 2017; García und Wei 2014). Dies erschwert eine angemessene Herangehensweise, insbesondere bei Lernenden, die bereits schriftsprachliche Kompetenzen in einer anderen Sprache erworben haben. Gleichzeitig können monolingual Aufwachsende von den sprachlichen Ressourcen ihrer Peers nicht profitieren. Um dem entgegenzuwirken, sind in den letzten Jahren diverse Anregungen für den Unterricht entwickelt worden. Hierzu gehören z. B. Konzepte zur Etablierung eines neuen Unterrichtsfachs, in dem zunächst die bewusste Wahrnehmung der lebensweltlichen Mehrsprachigkeit der Lernenden im Vordergrund steht, und dann die Förderung metalinguistischen Bewusstseins und Sprachlernstrategien durch komparative Übungen fokussiert wird (Reich und Krumm 2013). Darüber hinaus gibt es allgemeine didaktische Handreichungen, die Lehrkräften helfen, die Sprachenvielfalt im Klassenraum positiv sichtbar zu machen (z. B. Schader 2013), verschiedene Vorschläge zur Einbeziehung lebensweltlicher Sprachen im Fremdsprachen- oder Deutschunterricht (Bär 2009; Dirim 2003) sowie Vorschläge zur mehrsprachigen Leseförderung (Ilg et al. 2015). Eine Herausforderung besteht darin, lebensweltliche Sprachen auf sensible Weise einzubeziehen und sprachliche (kategoriale) Identitätszuschreibungen zu vermeiden, da diese auch Exklusionsprozesse fördern können.

In eigenen Arbeiten wurde beispielsweise in Bezug auf den Englischunterricht angeregt, das vorhandene hierarchische Verhältnis zwischen dem Englischen und anderen (Fremd- und Migrations-) Sprachen zu thematisieren und ein sogenanntes *plurilinguales Bildungs-Selbst* zu fördern (Busse 2017a, 2017b).

Letzteres bezieht sich auf Forschung zu sogenannten *possible selves* (Markus und Nurius 1986), also auf die Zukunft bezogene mögliche Selbstwahrnehmungen. Interventionsstudien im Bereich der Sozialpsychologie zeigen, dass die Stimulierung von *possible selves* in Form einer Förderung akademisch relevanter Zukunftsvorstellungen positive motivationale Effekte auf benachteiligte Jugendliche aus Minoritäten haben, Leistung steigern und Schulabsentismus verringern kann (z. B. Oyserman et al. 2002), wobei allerdings auf die Anerkennung bereits vorhandener sozialer Identitätsvorstellungen zu achten ist (Oyserman et al. 2006). In den letzten Jahren wird sich in der Sprachlernmotivationsforschung vermehrt mit sprachrelevanten *possible selves* beschäftigt, sogenannten idealen L2-Selbst, d. h. dass Sprachenlernende die Vorstellung einer zukünftigen Version ihres Selbst haben, die das kompetente Sprechen einer Fremd- oder Zweitsprache (L2) beinhaltet (Dörnyei 2005, 2009). Eine Vielzahl von empirischen Studien konnte dabei einen deutlichen Zusammenhang zwischen der Ausprägung des idealen L2-Selbst, Motivation sowie Leistung zeigen (z. B. Busse 2013; Csizér und Kormos 2009; Ryan 2009; Taguchi et al. 2009; Taylor et al. 2012). Zur Stärkung eines *ideal English self* wurden bereits didaktische Materialien entwickelt, die insbesondere auf eine affektive Stimulation setzen (Busse 2016; Hadfield und Dörnyei 2013). Diese könnten im Sinne eines idealen plurilingualen Bildungs-Selbst weiterentwickelt werden unter Einbezug des Deutschen, der lebensweltlichen Sprachen der Schüler/innen sowie weiterer schulischer Fremdsprachen. Wird zudem verstärkt deutlich gemacht, dass Mehrsprachigkeit eine wertvolle Ressource ist, die weltweit eher die Regel als die Ausnahme darstellt (vgl. den Interventionsansatz bei Lanvers et al. 2016), dann kann auch möglichen ungünstigen motivationalen Effekten entgegengewirkt werden, die sich ergeben, wenn sich Lernende durch die Abwertung lebensweltlicher Sprache(n) in ihrer Identität bedroht fühlen (Busse 2017b).

4.4 Einstellungen der Lehrkräfte

Aus den vorangegangenen Erkenntnissen wird bereits deutlich, dass der wertschätzende und ressourcenorientierte Umgang mit Mehrsprachigkeit im Unterricht nicht allein sprachdidaktisches Wissen, sondern insbesondere auch entsprechender Einstellungen der Lehrkräfte bedarf. Diese sind aber auch aus anderen Gründen relevant: So ist bekannt, dass sich Einstellungen und allgemeine Überzeugungen von Lehrkräften auf deren Lehre auswirken (vgl. z. B. Baumert und Kunter 2006; Pajares 1992). Wertschätzende Einstellungen gegenüber Diversität stehen dabei in einem positiven Zusammenhang mit der Fähigkeit, (eigene) Haltungen und Handlungspraktiken zu reflektieren, kritisch zu hinterfragen und ggf. zu modifizieren, sowie den Unterricht diversitätsbewusst zu gestalten (für eine Übersicht über relevante Befunde vgl. auch Busse und Göbel 2017). Auch Erwartungshaltungen von Lehrpersonen sind für unterrichtliches Handeln bedeutsam, denn sie können nicht nur das Bewertungsverhalten der Lehrkräfte, sondern auch die Leistungsfähigkeit der Lernenden beeinflussen (Hattie 2009). Lehrkräfte haben teilweise niedrigere Leistungserwartungen an Lernende mit niedrigerem sozioökonomischen Status und/oder aus ethnischen Minderheiten, die sich jedoch gerade bei diesen Lernenden besonders negativ auswirken und zu sogenannten selbsterfüllenden Prophezeiungen führen können (siehe die Metaanalysen von Jussim und Harber 2005; Tenenbaum und Ruck 2007). Aufgrund der Vielzahl an außer- und innereuropäischen Einzelstudien kann vermutet werden, dass solche negativen Erwartungseffekte auch bestimmte Lernendengruppen mit Migrationshintergrund im deutschsprachigen Raum betreffen (vgl. auch Alexander und Schofield 2006; Lorenz et al. 2016).

Stereotypisierungen im Sinne der Zuordnung von Lernenden zu leistungsschwachen Gruppen können bei Schüler/innen aus benachteiligten Gruppen, so z. B. auch bei ethnischen Minderheiten, zu einem Leistungsabfall führen (Steele und Aronson 1995). Dieser Prozess der Leistungsminderung aufgrund negativer Stereotypisierung wird *Stereotype Threat* genannt und ist inzwischen in einer Vielzahl von Studien bestätigt worden (z. B. Blascovich et al. 2001; Keller 2007; Spencer und Castano 2007, für eine deutsche Übersicht siehe auch Martiny und Götz, 2011). Weiterhin ist bekannt, dass angemessene Interaktionspraktiken, insbesondere Feedback, für Lernerfolg zentral sind (Hattie und Timperley 2007; vgl. auch Zierer et al. 2015). Verschiedene Studien weisen jedoch auf weniger Interaktion zwischen Lehrkräften und Lernenden aus Minoritäten hin, zudem erhalten diese Lernenden häufiger ein negatives Feedback der Lehrpersonen als ihre Peers, was sich auf ihre Lernentwicklung ungünstig auswirken kann (siehe die Metaanalyse von Cooper und Allen 1998). Die Schaffung angemessener Interaktionspraktiken und einer positiven Fehlerkultur (vgl. hierzu auch Busse 2015; Göbel und Hesse 2008; Vieluf und Göbel 2019; Meyer et al. 2006) erhält damit besondere Relevanz in mehrsprachigen Klassen.

5. Zusammenfassung und Desiderate

Ziel dieses Beitrags war es, einen einführenden Überblick über den Umgang mit Mehrsprachigkeit und den sprachsensiblen Unterricht zu geben sowie entsprechende Anforderungen an unterrichtliches Handeln zu skizzieren. Es wurde zunächst herausgestellt, dass das Aufwachsen mit mehreren Sprachen global gesehen den Normalfall darstellt, der an sich kein Hindernis für die Bewältigung schulischer Anforderungen darstellt. Es kann jedoch davon ausgegangen werden, dass Lernende, die über familiären bildungssprachlichen Input und Vertrautheit mit schriftsprachlichen Konventionen der Unterrichtssprache Deutsch verfügen, einen bildungsrelevanten Vorsprung gegenüber denjenigen Lernenden haben, die die Unterrichtssprache Deutsch im schulischen Kontext erst neu erlernen oder außerhalb der Schule nur alltagssprachlich verwenden. Da dies bereits eine Vielzahl an Lernenden betrifft, die in den nächsten Jahren noch weiter steigen wird, erscheinen frühzeitig einsetzende und durchgängige Sprachbildungsmaßnahmen zur Förderung des Deutschen sinnvoll sowie die Veränderung herkömmlichen Fachunterrichts im Sinne einer stärker sprachsensiblen Vorgehensweise. In den letzten Jahren wurden daher vielfältige Anstrengungen unternommen, entsprechende Sprachbildungsmaßnahmen durchzuführen. Bislang lässt sich allerdings ein Missverhältnis zwischen der wachsenden Anzahl dieser Maßnahmen und gesicherten Erkenntnissen bezüglich ihrer Wirksamkeit feststellen; diese Lücke gilt es zu schließen, um entsprechende Programme evidenzbasiert weiterzuentwickeln (vgl. auch Gogolin et al. 2011; Kempert et al. 2016, S. 210ff.).

Da fachliches und sprachliches Lernen nicht zu trennen sind, ist die Förderung unterrichtssprachlicher Kompetenzen als Aufgabe aller Fächer zu verstehen. Lehrkräfte benötigen dementsprechend diagnostische und sprachdidaktische Fähigkeiten. Viele Lehrende beklagen jedoch, dass sie über keine entsprechenden Kompetenzen verfügen und diesbezüglich keine universitäre Ausbildung erfahren haben (Becker-Mrotzek et al. 2012, S. 12). Ein Vergleich der formalen Verankerung der Sprachförderung im Lehramtsstudium in den unterschiedlichen Bundesländern (Baumann 2017; Baumann und Becker-Mrotzek 2014) zeigt tatsächlich große Unterschiede zwischen den einzelnen Ländern, wobei entsprechende Angebote in einigen Ländern nur für Lehramtsstudierende des Fachs Deutsch verpflichtend sind (vgl. auch Baumann 2017, S. 19). Hier sind also verstärkte Anstrengungen zu unternehmen, wenn ein sprachsensibler Unterrichtsansatz in der Breite umgesetzt werden soll. Aus pädagogischer Sicht besteht jedoch durch die zunehmende Fokussierung auf die Förderung des Deutschen die Gefahr, dass defizitäre Sichtweisen auf Mehrsprachigkeit begünstigt werden. Um diese zu überwinden und die Anerkennung und Wertschätzung von Mehrsprachigkeit im schulischen Kontext voranzutreiben, sind nicht nur Unterrichtsangebote zur Förderung herkunfts- bzw. familiensprachlicher Kompetenzen wünschenswert, sondern eine potenzialorientierte Vorgehensweise des regulären Fachunterrichts. In diesem Sinne ist eine gemeinsame Verständigung auf eine Begriffsdefinition des sprachsensiblen Unterrichts wesentlich. Es gilt zu klären, ob der sprachsensible Unterrichtsansatz, wie an manchen Stellen geäußert, als spezielle unterrichtliche Fördermaßnahme für ‚sprachschwache' Schüler/innen aufzufassen ist und damit einer kompensatorischen Logik folgt, oder ob der Ansatz in der Tat viel weiter zielt, nämlich den Anspruch hat, ein reflexives Verhältnis zum eigenen Unterricht zu schaffen, das konsequent von Diversität und Mehrsprachigkeit als Grundbedingung unterrichtlichen Handelns ausgeht. Wird letzteres angestrebt, sollte der wertschätzende Umgang mit Mehrsprachigkeit im Unterricht, die Einbindung lebensweltlicher Sprachen in den Unterricht, die Initiierung und Nutzung von Sprachtransfer- und Synergieeffekten sowie eine generell ressourcenorientierte Unterrichtsgestaltung vorangetrieben werden (vgl. auch Cummins 2005). Entsprechende Anregungen liegen bereits vor, konzentrieren sich allerdings überwiegend auf die sprachlichen Fächer und werden auch in diesen oftmals nicht umgesetzt (vgl. Göbel et al. 2010). Es mangelt zudem an Interventionen, die unterschiedliche Vorgehensweisen systematisch variieren und deren Wirksamkeit prüfen (vgl. auch Lengyel 2017). Betrachtet werden sollten dabei auch motivationale und einstellungsbezogene Effekte, da diese für den langfristigen Spracherwerb ausgesprochen relevant sind.

Die in diesem Kapitel dargestellten Überlegungen machen abschließend deutlich, dass der potenzialorientierte Umgang mit Mehrsprachigkeit im Unterricht auch entsprechender Einstellungen bedarf. Diese erhalten vor dem Hintergrund der hier skizzierten Befunde zu Erwartungseffekten, dem *Stereotype Threat* und negativer Interaktionspraktiken besondere Relevanz. Wertschätzende Einstellungen, die kritische Auseinandersetzung mit eigenem unterrichtlichen Handeln sowie entsprechende Fähigkeit zur Selbstreflexion bilden die Grundlage für den angemessenen Umgang mit Mehrsprachigkeit und einer potenzialorientierten Durchführung des sprachsensiblen Unterrichts.

Literatur

Alexander, K. und Schofield, J. W. (2006): Erwartungseffekte: Wie Lehrerverhalten schulische Leistungen beeinflusst. In: Schofield, H. J. (Hrsg.): *Migrationshintergrund, Minderheitenzugehörigkeit und Bildungserfolg: Forschungsergebnisse der pädagogischen, Entwicklungs- und Sozialpsychologie*. Band 9. Berlin: WZB, 47–6.

Altmayer, C. (2009): Mehrsprachigkeit und Schulerfolg – die europäische (deutsche) Perspektive. In: *Stellenbosch Papers in Linguistics PLUS 38*, 101–110. doi: 10.5842/38-0-47.

Artelt, C., Baumert, J., Klieme, E., Neubrand, M., Prenzel, M. und Schiefele, U. et al. (2001): *PISA 2000. Zusammenfassung zentraler Befunde*. Berlin: Max-Planck-Institut für Bildungsforschung.

Bär, M. (2009): *Förderung von Mehrsprachigkeit und Lernkompetenz: Fallstudien zu Interkomprehensionsunterricht mit Schülern der Klasse 8 bis 10*. Tübingen: Narr.

Baumann, B. (2017): Sprachförderung und Deutsch als Zweitsprache in der Lehrerbildung - ein deutschlandweiter Überblick. In: Becker-Mrotzek, M., Rosenberg, P., Schroeder, C.und Witte, A. (Hrsg.): Deutsch als Zweitsprache in der Lehrerbildung. Münster: Waxmann, 9–26.

Baumann, B. und Becker-Mrotzek, M. (2014): Sprachförderung und Deutsch als Zweitsprache an deutschen Schulen: Was leistet die Lehrerbildung? Überblick, Analyse und Handlungsempfehlung.
http://www.mercator-institut-sprachfoerderung.de/fileadmin/user_upload/Mercator-Institut_Was_leistet_die_Lehrerbildung_03.pdf. Zugriff am 18.07.2017.

Baumert, J. und Kunter, M. (2006): Stichwort: Professionelle Kompetenz von Lehrkräften. In: Zeitschrift für Erziehungswissenschaft 9 (4), 469–520. doi: 10.1007/s11618-006-016-2.

Becker-Mrotzek, M., Hentschel, B., Hippmann, K. und Linnemann, M. (2012): Sprachförderung in deutschen Schulen – die Sicht der Lehrinnen und Lehrer. Ergebnisse einer Umfrage unter Lehrerinnen und Lehrern. http://www.mercator-institut-sprachfoerderung.de/fileadmin/user_upload/Lehrerumfrage_Langfassung_final_30_05_03.pdf. Zugriff am 25.06.2017.

Becker, B. (2010): Wer profitiert mehr vom Kindergarten? Die Wirkung der Kindergartenbesuchsdauer und Ausstattungsqualität auf die Entwicklung des deutschen Wortschatzes bei deutschen und türkischen Kindern. In: *KZfSS Kölner Zeitschrift für Soziologie und Sozialpsychologie 62 (1)*, 139–163. doi: 10.1007/s11577-0-010-0090-5.

Beese, M., Benholz, C., Chlosta, C., Gürsoy, E., Hinrichs, B., Niederhaus, C. et al. (2014): *Sprachbildung in allen Unterrichtsfächern*. München: Klett-Langenscheidt.

Bialystok, E. (2001): *Bilingualism in development: Language, literacy, and cognition*. New York: Cambridge University Press.

Bialystok, E., Luk, G., Peets, K. F. und Yang, S. (2010): Receptive vocabulary differences in monolingual and bilingual children. In: *Bilingualism: Language and Cognition 13 (4)*, 525–531. doi: 10.1017/S1366728909990423.

Bialystok, E. und Viswanathan, M. (2009): Components of executive control with advantages for bilingual children in two cultures. In: *Cognition 112 (3)*, 494–500.

Bishop, R. und Berryman, M. (2006): *Culture speaks: Cultural relationships and classroom learning*. Aoteroa, New Zealand: Huia.

Bishop, R. und Glynn, T. (1999): *Culture counts: Changing power relations in education*. London: Dunmore Press.

Blascovich, J., Spencer, S., Quinn, D. und Steele, S. (2001): African Americans and high blood pressure: The role of stereotype threat. In: *Psychological Science 12 (3)*, 225–229. doi: 10.1111/1467-9280.00340.

Brandt, H. und Gogolin, I. (2016): *Sprachförderlicher Fachunterricht. Erfahrungen und Berichte*. Münster: Waxmann.

Brohy, C. (2001): Generic and/or specific advantages of bilingualism in a dynamic plurilingual situation: The case of French as official L3 in the school of Samedan (Switzerland). In: *International Journal of Bilingual Education and Bilingualism 4 (1)*, 38–49. doi: 10.1080/13670050108667717.

Burger, K. (2010): How does early childhood care and education affect cognitive development? An international review of the effects of early interventions for children from different social backgrounds. In: *Early Childhood Research Quarterly 25 (2)*, 140–165. doi: 10.1016/j.ecresq.2009.11.001.

Busse, V. (2013): An exploration of motivation and self-beliefs of first year students of German. In: *System 41 (2)*, 379–398. doi: 10.1016/j.system.2013.03.007.

Busse, V. (2015): Förderung von schriftsprachlichen Kompetenzen im Fremd- bzw. Zweitsprachenunterricht: Zum Verhältnis von Motivation und schriftlichem Feedback. In: *Zeitschrift für Interkulturellen Fremdsprachenunterricht 20 (1)*, 201–214.

Busse, V. (2016): Wer (und wie) möchte ich in der Zukunft sein? Förderung von sprachlichen Kompetenzen durch die Arbeit mit Possible Selves. In: *PRAXIS Fremdsprachenunterricht 2*, 5–8.

Busse, V. (2017a): Plurilingualism in Europe: Exploring attitudes towards English and other European languages among adolescents in Bulgaria, Germany, the Netherlands, and Spain. In: *The Modern Language Journal 101 (3)*, 566–582. doi: 10.1111.modl.12415.

Busse, V. (2017b): Zur Förderung positiver Einstellungen gegenüber sprachlicher Diversität als europäisches Bildungsziel: Status quo und Desiderate. *Zeitschrift für Fremdsprachenforschung 28 (1)*, 53–75.

Busse, V. und Göbel, K. (2017): Interkulturelle Kompetenz in der Lehrerinnen- und Lehrerbildung: Zum Stellenwert interkultureller Einstellungen als Grundlage relevanter Handlungskompetenzen. In: *Beiträge zur Lehrerinnen- und Lehrerbildung 35 (3)*, 427–437.

Busse, V., Peisner-Feinberg, E., Páez, M., Hammer, C. S. und Knowles, M. (2014): Effects of early education programs and practices on the development and learning of dual language learners: A review of the literature. In: *Early Childhood Research Quarterly 29 (4)*, 765–785. doi: 10.1016/j.ecresq.2013.08.004.

Cenoz, J. (2003): The additive effect of bilingualism and third language acquisition: A review. In: *International Journal of Bilingualism 7 (1)*, 71–88. doi: 10.1177/13670069030070010501

Cenoz, J. und Gorter, D. (2011): A holistic approach to multilingual education: Introduction. In: *The Modern Language Journal 95 (3)*, 339–343. doi: 10.1111/j.1540-4781.2011.01204.x.

Cenoz, J. und Valencia, J. F. (2008): Additive trilingualism: Evidence from the Basque country. In: *Applied Psycholinguist 15 (2)*, 195–207.

Cook, V. (2007): The goals of ELT: Reproducing native speakers or promoting multi-competence among second language users. In: Cummins. J. und Davison, C. (Hrsg.): *International handbook of English language teaching*. New York: Springer, 237–248.

Cooper, E. und Allen, M. (1998): A meta-analytic examination of the impact of student race on classroom interaction. In: *Communication Research Reports 15 (2)*, 151–161. doi: 10.1080.08824099809362109.

Council of Europe. (2008): *White paper on intercultural dialogue. "Living together as equals in dignity"*. http://www.coe.int/t/dg4/intercultural/source/white%20paper_final_revised_en.pdf. Zugriff am 16.06.2015.

Csizér, K. und Kormos, J. (2009): Learning experiences, selves and motivated learning behaviour: A comparative analysis of structural models for Hungarian secondary and university learners of English. In: Dörnyei, Z. und Ushioda, E. (Hrsg.): *Motivation, Language Identity and the L2 Self*. Bristol: Multilingual Matters, 98–119.

Cummins, J. (2000): *Language, power and pedagogy: Bilingual children in the crossfire*. Clevedon: Multilingual Matters.

Cummins, J. (2005): A proposal for action: Strategies for recognizing heritage language competence as a learning resource within the mainstream classroom. In: *The Modern Language Journal 89 (4)*, 585–592.

Cummins, J. (2008): BICS and CALP: Empirical and theoretical status of the distinction. In: Hornberger, H. N. (Hrsg.): *Encyclopedia of language and education*. Band 2. 5. Aufl. New York: Springer, 487–499.

Cummins, J. (2013): Immigrant students' academic achievement: Understanding the intersections between research, theory and policy. In: Gogolin, I., Lange, I., Michel, U. und Reich, H. H. (Hrsg.): *Herausforderung Bildungssprache – und wie man sie meistert*. Münster: Waxmann, 19–41.

Day, E. M. (2002): *Identity and the young English language learner*. Clevedon, UK: Multilingual Matters.

DESI. (2006): *Unterricht und Kompetenzerwerb in Deutsch und Englisch. Zentrale Befunde der Studie Deutsch Englisch Schülerleistungen International (DESI)*. Weinheim: Beltz.

Dirim, İ. (2003): Erstsprachen einbeziehen. In: Rösch, H. (Hrsg.): *Deutsch als Zweitsprache. Grundlagen, Übungsideen und Kopiervorlagen für die Sprachförderung*. Hannover: Schroedel, 54–56.

Dirim, İ., Hauenschild, K. und Lütje-Klose, B. (2008): Einführung: Ethnische Vielfalt und Mehrsprachigkeit an Schulen. In: Dirim, I., Hauenschild, K., Löser, J., Lütje-Klose, B. und Sievers, I. (Hrsg.): *Ethnische Vielfalt und Mehrsprachigkeit an Schulen - Beispiele aus verschiedenen nationalen Kontexten*. Frankfurt: Brandes und Apsel, 9–22.

Dörnyei, Z. (2005): *The psychology of the language learner: Individual differences in second language acquisition*. Mahwah, NJ: Lawrence Erlbaum.

Dörnyei, Z. (2009): The L2 motivational self system. In: Dörnyei, Z. und Ushioda, E. (Hrsg.): *Motivation, language identity and the L2 self*. Bristol: Multilingual Matters, 9–42.

Dörnyei, Z. und Skehan, P. (2003): Individual differences in second language learning: Advances in theory, research, and applications. In: Dörnyei, Z. (Hrsg.): *Attitudes, orientations and motivation in language learning*. Amsterdam: John Benjamins, 55–86.

Duñabeitia, J., Hernández, J., Antón, E., Macizo, P., Estévez, A. und Fuentes, L. et al. (2014): The inhibitory advantage in bilingual children revisited: myth or reality? In: *Experimental Psychology 61 (3)*, 234–251. doi: 10.1027/1618-3169/a000243.

Eckhard, A. G. (2008): *Sprache als Barriere für den schulischen Erfolg: Potentielle Schwierigkeiten beim Erwerb schulbezogener Sprache bei Kindern mit Migrationshintergrund*. Münster: Waxmann.

Ehlich, K. (2007): *Anforderungen an Verfahren der regelmäßigen Sprachstandsfeststellung als Grundlage für die frühe und individuelle Förderung von Kindern mit und ohne Migrationshintergrund*. Band 11. Bonn: Bundesministerium für Bildung und Forschung (BMBF).

Ellis, R. (2015): *Understanding second language acquisition*. 2 Aufl. Oxford: Oxford University Press.

Esser, H. (2006): *Sprache und Integration. Die sozialen Bedingungen und Folgen des Spracherwerbs von Migranten.* Frankfurt: Campus.

Francis, N. (2012): *Bilingual competence and bilingual proficiency in child development.* Cambridge, MS: The MIT Press.

Früh, S. (2011): *Eltern mit Migrationshintergrund in die Sprachbildung einbeziehen.* München: Deutsches Jugendinstitut e.V..

Fürstenau, S. und Niedrig, H. (2011): Die kultursoziologische Perspektive Pierre Bourdieus: Schule als sprachlicher Markt. In: Fürstenau, S. und Gomolla, M. (Hrsg.): *Migration und schulischer Wandel: Mehrsprachigkeit.* Wiesbaden: VS Verlag für Sozialwissenschaften, 69–87.

García, O., Ibarra Johnson, S. und Seltzer, K. (2017): *The Translanguaging classroom. Leveraging student bilingualism for learning.* Philadelphia: Caslon.

García, O. und Wie, L. (2014): *Translanguaging: Language, Bilingualism and Education.* New York: Palgrave Macmillan.

Gardner, R. C. und Lambert, W. E. (1959): Motivational variables in second language acquisition. In: *Canadian Journal of Psychology* 13 (4): 266–272.

Gardner, R. C. und Lambert, W. E. (1972): *Attitudes and motivation in second language learning.* Rowley, MA: Newbury House.

Göbel, K. und Buchwald, P. (2017): *Interkulturalität und Schule: Migration-Heterogenität-Bildung.* Stuttgart: UTB.

Göbel, K. und Hesse, H.-G. (2008): Vermittlung interkultureller Kompetenzen im Englischunterricht. In: DESI-Konsortium unter Leitung von Klieme, E.: *Unterricht und Kompetenzerwerb in Deutsch und Englisch. Ergebnisse der DESI-Studie.* Weinheim: Beltz, 398–410.

Göbel, K., Vieluf, S. und Hesse, H.-G. (2010): Die Sprachentransferunterstützung im Deutsch- und Englischunterricht bei Schülerinnen und Schülern unterschiedlicher Sprachlernerfahrung. In: Allemann-Ghionda, C., Stanat, P., Göbel, K. und Röhner, C. (Hrsg.): *Migration, Identität, Sprache und Bildungserfolg*. Weinheim: Beltz, 101–122.

Gogolin, I. (2008a): *Der monolinguale Habitus der multilingualen Schule*. 2. Aufl. Münster: Waxmann.

Gogolin, I. (2008b): Förderung von Kindern mit Migrationshintergrund im Elementarbereich. In: *Zeitschrift für Erziehungswissenschaft 11*, 79–90.

Gogolin, I. (2009): Streitfall Zweisprachigkeit – The Bilingualism Controversy: Les Préludes. In: Gogolin, I. und Neumann, U. (Hrsg.): *Streitfall Zweisprachigkeit – The Bilingualism Controversy*. Wiesbaden: VS Verlag für Sozialwissenschaften, 15–22.

Gogolin, I. (2013): Mehrsprachigkeit und bildungssprachliche Fähigkeiten. Zur Einführung in das Buch 'Herausforderung Bildungssprache – und wie man sie meistert'. In: Gogolin, I., Lange, I., Michel, U. und Reich, H. H.: *Herausforderung Bildungssprache – und wie man sie meistert*. Münster: Waxmann, 7–18.

Gogolin, I., Dirim, I., Klinger, T., Lange, I., Lengyel, D. und Michel, U. et al. (2011): *Förderung von Kindern und Jugendlichen mit Migrationshintergrund. FörMig. Bilanz und Perspektiven eines Modellprogramms*. Waxmann: Münster.

Gogolin, I. und Duarte, J. (2016): Bildungssprache. In: Kilian, J., Brouer, B. und Lüttenberg, D. (Hrsg.): *Handbuch Sprache in der Bildung*. Berlin: De Gruyter, 478–499.

Gogolin, I. und Lange, I. (2011): Bildungssprache und Durchgängige Sprachbildung. In: Fürstenau, S. und Gomolla, M. (Hrsg.): *Migration und schulischer Wandel: Mehrsprachigkeit*. Wiesbaden: VS Verlag für Sozialwissenschaften, 107–128.

Gogolin, I., Lange, I., Bainski, C., Heintze, A., Rutten, S. und Saalmann, W. (2011): *Durchgängige Sprachbildung. Qualitätsmerkmale für den Unterricht. Unter Mitarbeit von der FÖRMIG-AG Durchgängige Sprachbildung*. Münster: Waxmann.

Gold, B. T. (2015): Lifelong bilingualism and neural reserve against Alzheimer's disease: A review of findings and potential mechanisms. In: *Behavioural Brain Research 281*, 9–15. doi: 10.1016/j.bbr.2014.12.006.

Gomolla, M. und Radtke, F.-O. (2002): *Institutionelle Diskriminierung. Die Herstellung ethnischer Differenz in der Schule*. Opladen: Leske + Budrich.

Grosjean, F. (1985): The bilingual as a competent but specific speaker-hearer. In: *Journal of Multilingual and Multicultural Development 6 (6)*, 467–477. doi: 10.1080/01434632.1985.9994221.

Grosjean, F. (2010): *Bilingual: Life and reality*. Cambridge, MA: Harvard University Press.

Hadfield, J. und Dörnyei, Z. (2013): *Motivating learning*. Harlow: Longman.

Hägi-Mead, S. und Tajmel, T. (2017): *Sprachbewusste Unterrichtsplanung. Prinzipien, Methoden und Beispiele für die Umsetzung*. Münster: Waxmann.

Hattie, J. A. (2009): *Visible learning: A synthesis of over 800 meta-analyses relating to achievement*. New York: Routledge.

Hattie, J. A. und Timperley, H. (2007): The power of feedback. *Review of Educational Research 77 (1)*, 81–112. doi: 10.3102/003465430298487.

Heintze, A. (2015): Vom Nutzen eines Modellprogramms „FörMig" (Modellprogramm „Förderung von Kindern und Jugendlichen mit Migrationshintergrund") aus der Sicht eines an seiner Umsetzung Beteiligten. In: Dirim, I., Gogolin, I., Knorr, D., Krüger-Potratz, M., Lengyel, D., Reich, H. H.und Weiße, W. (Hrsg.): *Impulse für die Migrationsgesellschaft: Bildung, Politik und Religion*. Münster: Waxmann, 113–125.

Hesse, H. G., Göbel, K. und Hartig, J. (2008): Sprachliche Kompetenzen von mehrsprachigen Jugendlichen und Jugendlichen nicht-deutscher Erstsprache. In: Klieme, E. (Hrsg.): *Unterricht und Kompetenzerwerb in Deutsch und Englisch. Ergebnisse der DESI-Studie.* Weinheim u.a.: Beltz, 208–230.

Honka, T. (2013): FÖRMIG in NRW: Durch formative Evaluation zur Entwicklung einer durchgängigen Sprachbildung In: Salem, T., Neumann, U., Michel, U. und Dobutowitsch, F. (Hrsg.): *Netzwerke für durchgängige Sprachbildung 1: Grundlagen und Fallbeispiele.* Münster: Waxmann, 69–76.

Hopf, D. (2005): Zweisprachigkeit und Schulleistung bei Migrantenkindern. In: *Zeitschrift für Pädagogik 51 (2),* 236–251.

Ilg, A., Kutzelmann, S., Massler, U., Peter, K. und Theinert, K. (2015): Dramapädagogische Elemente im Leseförderprojekt "Mehrsprachiges Lesetheater" (MELT). In: *Scenario 2,* 42–62.

Jessner, U. und Allgäuer-Hackl, E. (2015): Mehrsprachigkeit aus einer dynamisch-komplexen Sicht oder warum sind Mehrsprachige nicht einsprachig in mehrfacher Ausführung? In: Allgäuer-Hackl, E., Brogan, K., Henning, U., Hufeisen, B.und Schlabach, J. (Hrsg.): *MehrSprachen? - PlurCur! Berichte aus der Forschung und Praxis zu Gesamtsprachencurricula.* Band 11. Baltsweiler: Schneider Verlag Hohengehren, 209-229.

Jussim, L. und Harber, K. D. (2005): Teacher expectations and self-fulfilling prophecies: Knowns and unknowns, resolved and unresolved controversies. In: *Personality and Social Psychology Review 9 (2),* 131–155. doi: 10.1207/ s15327957pspr0902_3.

Keller, J. (2007): Stereotype threat in classroom settings: The interactive effect of domain identification, task difficulty and stereotype threat on female students' maths performance. In: *British Journal of Educational Psychology 77 (2),* 323–338. doi: 10.1348/000709906X113662.

Kempert, S., Edele, A., Rauch, D., Wolf, K. M., Paetsch, J. und Darsow, A. et al. (2016): Die Rolle der Sprache für zuwanderungsbezogene Ungleichheiten im Bildungserfolg. In: Diehl, C., Hunkler, C. und Kristen, C. (Hrsg.): *Ethnische Ungleichheiten im Bildungsverlauf: Mechanismen, Befunde, Debatten*. Wiesbaden: Springer Fachmedien Wiesbaden, 157–241.

Krüger-Potratz, M. und Supik, L. (2010): Deutsch als Zweitsprache in der Lehrerbildung. In: Ahrenholz, B. und Oomen-Welke, I. (Hrsg.): *Deutsch als Zweitsprache (Deutschunterricht in Theorie und Praxis, DTP)*. Baltmannsweiler: Schneider Hohengehren, 153–166.

Krumm, H.-J. (2004): Von der additiven zur curricularen Mehrsprachigkeit. In: Bausch, K.-R., Königs, F. G. und Krumm, H.-J. (Hrsg.): *Mehrsprachigkeit im Fokus*. Tübingen: Gunter Narr, 105–120.

Krumm, H.-J. (2009): Die Bedeutung der Mehrsprachigkeit in den Identitätskonzepten von Migrantinnen und Migranten. In: Gogolin, I. und Neumann, U. (Hrsg.): *Streitfall Zweisprachigkeit – The Bilingualism Controversy*. Wiesbaden: VS Verlag für Sozialwissenschaften, 233–247.

Leisen, J. (2010): *Handbuch Sprachförderung im Fach*. Bonn: Varus.

Leisen, J. (2011a): Der sprachsensible Fachunterricht. In: *Betrifft: Lehrerausbildung und Schule 8*, 5–15.

Leisen, J. (2011b): *Handbuch Sprachförderung im Fach. Sprachsensibler Fachunterricht in der Praxis*. Bonn: Varus.

Lengyel, D. (2012): *Sprachstandsfeststellung bei mehrsprachigen Kindern im Elementarbereich*. München: Deutsches Jugendinstitut e.V..

Lengyel, D. (2017): Stichwort: Mehrsprachigkeitsforschung. In: *Zeitschrift für Erziehungswissenschaft 20 (2)*, 153–174. doi: 10.1007/s11618-017-0734-6.

Liddicoat, A. J. und Curnow, T. J. (2014): Students' home languages and the struggle for space in the curriculum. In: *International Journal of Multilingualism 11 (3)*, 273–288.

Limbird, C. K. und Stanat, P. (2006): Prädiktoren von Leseverständnis bei Kindern deutscher und türkischer Herkunftssprache: Ergebnisse einer Längsschnittstudie. In: Ittel, A. und Merkens, H. (Hrsg.): *Veränderungsmessung und Längsschnittstudien in der empirischen Erziehungswissenschaft*. Wiesbaden: VS Verlag für Sozialwissenschaften, 93–123.

Lorenz, G., Gentrup, S., Kristen, C., Stanat, P. und Kogan, I. (2016): Stereotype bei Lehrkräften? Eine Untersuchung systematisch verzerrter Lehrererwartungen. In: *KZfSS Kölner Zeitschrift für Soziologie und Sozialpsychologie 68 (1)*, 89–111. doi: 10.1007/s11577-015-0352-3.

Löser, J. M. (2010): *Der Umgang mit kultureller und sprachlicher Vielfalt an Schulen: ein Vergleich zwischen Kanada, Schweden und Deutschland*. Frankfurt am Main: Brandes & Apsel.

Markus, H. und Nurius, P. (1986): Possible selves. In: *American Psychologist 41 (9)*, 954–969. doi: 10.1037/0003-066X.41.9.954.

Martiny, S. E. und Götz, T. (2011): Stereotype Threat in Lern- und Leistungssituationen: Theoretische Ansätze, empirische Befunde und praktische Implikationen. In: Dresel, M. und Lämmle, L. (Hrsg.): *Motivation, Selbstregulation und Leistungsexzellenz*. Münster: LIT-Verlag, 153–178.

Masgoret, A.-M. und Gardner, R. C. (2003): Attitudes, motivation, and second language learning: A meta-analysis of studies conducted by Gardner and associates. In: Dörnyei, Z. (Hrsg.): *Attitudes, Orientations and Motivations in Language Learning*. Oxford: Blackwell, 167–210.

Mecheril, P. und Quehl, T. (2006): Sprache und Macht. Theoretische Facetten eines (migrations-)pädagogischen Zusammenhangs. In: Mecheril, P.und Quehl, T. (Hrsg.): *Die Macht der Sprachen. Englische Perspektiven auf die mehrsprachige Schule*. Münster: Waxmann, 355–381.

Meyer, L., Seidel, T. und Prenzel, M. (2006): Wenn Lernsituationen zu Leistungssituationen werden: Untersuchung zur Fehlerkultur in einer Videostudie. In: *Schweizerische Zeitschrift für Bildungswissenschaften 28 (1)*, 21–41.

Nation, I. S. P. (2001): *Learning vocabulary in another language*. Cambridge: Cambridge University Press.

Norton, B. (2000): *Identity and language learning: Gender, ethnicity, and educational change*. Harlow, England: Longman/Pearson.

OECD (2010): *Closing the gap for immigrant students. Policies, practice and performance*. http://www.keepeek.com/Digital-Asset-Management/oecd/education/closing-the-gap-for-immigrant-students_9789264075788-en#page50. Zugriff am 09.02.2017.

Oller, D. K. und Eilers, R. E. (2002): *Language and literacy in bilingual children*. Clevedon: Multilingual Matters.

Oyserman, D., Bybee, D., Terry, K. (2006): Possible selves and academic outcomes: How and when possible selves impel action. In: *Journal of Personality and Social Psychology 91 (1)*, 188–204. doi: 10.1037/0022-3514.91.1.188.

Oyserman, D., Terry, K. und Bybee, D. (2002): A possible selves intervention to enhance school involvement. In: *Journal of Adolescence 25 (3)*, 313–326. doi: 10.1006/jado.2002.0474.

Pajares, M. F. (1992): Teachers' beliefs and educational research: Cleaning up a messy construct. In: *Review of Educational Research 62 (3)*, 307–332. doi: 10.2307/1170741.

Pearson, B. Z., Fernandez, S. C., Lewedeg, V. und Oller, D. K. (2008): The relation of input factors to lexical learning by bilingual infants. In: *Applied Psycholinguistics 18 (1)*, 41–58. doi: 10.1017/S0142716400009863.

Prediger, S. und Özdil, E. (2011): *Mathematiklernen unter Bedingungen der Mehrsprachigkeit. Stand und Perspektiven der Forschung und Entwicklung in Deutschland*. Münster: Waxmann.

Prediger, S. und Wessel, L. (2018): Brauchen mehrsprachige Jugendliche eine andere fach- und sprachintegrierte Förderung als einsprachige? In: *Zeitschrift für Erziehungswissenschaft 21 (2)*, 361–382. doi: 10.1007/s11618-017-0785-8.

Ramm, C., Prenzel, M., Heidemeier, H. und Walter, O. (2004): Soziokulturelle Herkunft: Migration. In: Prenzel, M., Baumert, J., Blum, W., Lehmann, R., Leutner, D., Neubrand, M., Pekrun, R., Rolff, H.-G., Rost, J. und Schiefele U. (Hrsg.): *PISA 2003. Der Bildungsstand der Jugendlichen in Deutschland – Ergebnisse des zweiten internationalen Vergleichs*. Münster: Waxmann, 254–272.

Rauch, D. (2014): Effects of biliteracy on third language reading proficiency, the example of Turkish-German bilinguals. In: Grommes, P. und Hu, A. (Hrsg.): *Plurilingual education: Policies – practice – language development*. Amsterdam: Benjamins, 199–217.

Rauch, D., Jurecka, A. und Hesse, H.-G. (2010): Für den Drittspracherwerb zählt auch die Lesekompetenz in der Herkunftssprache. In: Allemann-Ghionda, C., Stanat, P., Göbel, K. und Röhner C. (Hrsg.): *Migration, Identität, Sprache und Bildungserfolg. Zeitschrift für Pädagogik 55*, 78–100.

Rauch, D., Mang, J., Härtig, H. und Haag, N. (2016): Naturwissenschaftliche Kompetenz von Schülerinnen und Schülern mit Zuwanderungshintergrund. In: Reiss, K., Sälzer, C., Schiepe-Tiska, A., Klieme, E. und Köller, O. (Hrsg.): *PISA 2015 – Eine Studie zwischen Kontinuität und Innovation*. Münster: Waxmann, 317–348.

Reich, H. H. und Krumm, H.-J. (2013): *Sprachbildung und Mehrsprachigkeit. Ein Curriculum zur Wahrnehmung und Bewältigung sprachlicher Vielfalt im Unterricht*. Münster: Waxmann.

Riehl, C. M. (2014): *Mehrsprachigkeit. Eine Einführung*. Darmstadt: Wissenschaftliche Buchgesellschaft.

Rothweiler, M. (2013): Spezifische Sprachentwicklungsstörungen bei mehrsprachigen Kindern. In: *Sprache Stimme Gehör 37 (4)*, 186–190. doi: 10.1055/s-0033-1358699.

Ryan, S. (2009): Self and identity in L2 motivation in Japan: the ideal L2 self and Japanese learners of English. In: Dörnyei, Z. und Ushioda, E. (Hrsg.): *Motivation, language identity and the L2 self*. Bristol: Multilingual Matters, 120–143.

Saalmann, W. und Weber, G. (2013): FÖRMIG-Sachsen: Vom Programm ins System. In: Salem, T., Neumann, U., Michel, U. und Dobutowitsch, F. (Hrsg.): *Netzwerke für durchgängige Sprachbildung 1: Grundlagen und Fallbeispiele*. Münster: Waxmann, 77–83.

Salem, T., Müller-Krätzschmar, M. und Heitmann, M. (2013): FÖRMIG - Hamburg: Auf dem Weg zu einer diagnosebasierten durchgängigen Sprachbildung am Übergang Elementar-/Primarbereich. In: Salem, T., Neumann, U., Michel, U.und Dobutowitsch, F. (Hrsg.): *Netzwerke für durchgängige Sprachbildung 1: Grundlagen und Fallbeispiele*. Münster: Waxmann, 49–56.

Sanz, C. (2000): Bilingual education enhances third language acquisition: Evidence from Catalonia. In: *Applied Psycholinguist 21 (1)*, 23–44. doi: 10.1017/S0142716400001028.

Schader, B. (2013): *Sprachenvielfalt als Chance. Handbuch für den Unterricht in mehrsprachigen Klassen*. Zürich: Orell Füssli.

Scheele, A. F., Leseman, P. P. M. und Mayo, A. Y. (2009): The home language environment of monolingual and bilingual children and their language proficiency. In: *Applied Psycholinguistics 31 (1)*, 117–140. doi: 10.1017/S0142716409990191.

Schmitz, A. und Olfert, H. (2013): Minderheitensprachen im deutschen Schulwesen. Eine Analyse der Implementierung allochthoner und autochthoner Sprachen. In: *Zeitschrift für Fremdsprachenforschung 24 (2)*, 203–227.

Singleton, D. und Ryan, L. (2004): *Language acquisition: The age factor*. 2. Aufl. Clevedon: Multilingual Matters.

Spencer, B. und Castano, E. (2007): Social class is dead. Long live social class! Stereotype threat among low socioeconomic status individuals. In: *Social Justice Research 20 (4)*, 418–432. doi: 10.1007/s11211-007-0047-7.

Stæhr, L. S. (2008): Vocabulary size and the skills of listening, reading and writing. In: *The Language Learning Journal 36 (2)*: 139–152. doi: 10.1080/09571730802389975.

Stanat, P. (2006): Disparitäten im schulischen Erfolg: Forschungsstand zur Rolle des Migrationshintergrunds. In: *Unterrichtswissenschaft 34 (2)*, 98–124.

Stanat, P. und Christensen, G. (2006): *Where immigrant students succeed – a comparative review of performance and engagement in PISA 2003*. Paris: Organisation for Economic Cooperation and Development.

Steele, C. M. und Aronson, J. (1995): Stereotype threat and the intellectual test performance of African Americans. In: *Journal of Personality and Social Psychology 69 (5)*, 797–811. doi: 10.1037/0022-3514.69.5.797.

Swain, M., Lapkin, S., Rowen, N. und Hart, D. (1990): The role of mother tongue literacy in third language learning. In: *Language, Culture and Curriculum 3 (1)*, 65–81. doi: 10.1080/07908319009525073.

Sylva, K., Sammons, P., Chan, S. L. L., Melhuish, E., Siraj-Blatchford, I. und Taggart, B. (2013): The effects of early experiences at home and pre-school on gains in English and mathematics in primary school: a multilevel study in England. In: *Zeitschrift für Erziehungswissenschaft 16 (2)*, 277–301. doi: 10.1007/s1618-013-0364-6.

Taguchi, T., Magid, M. und Papi, M. (2009): The L2 motivational self system among Japanese, Chinese and Iranian learners of English: a comparative study. In: Dörnyei, Z.und Ushioda, E. (Hrsg.): *Motivation, language identity and the L2 self*. Bristol: Multilingual Matters, 66–97.

Tarelli, I., Schwippert, K. und Stubbe, T. C. (2012): Mathematische und naturwissenschaftliche Kompetenzen von Schülerinnen und Schülern mit Migrationshintergrund. In: Bos, W., Wendt, H., Köller, O.und Selter, C. (Hrsg.): *TIMSS 2011: Mathematische und naturwissenschaftliche Kompetenzen von Grundschulkindern in Deutschland im internationalen Vergleich*. Münster: Waxmann, 247–267.

Taylor, F., Busse, V., Gagova, L., Marsden, E. und Roosken, B. (2012): *Identity in foreign language learning and teaching: Why listening to our students' and teachers' voices really matters*. http://www.teachingenglish.org.uk/publications/identity-foreign-language-learning-teaching-why-listening-our-students%E2%80%99-teachers%E2%80%99. Zugriff am 09.02.2017.

Teltemann, J. (2015): *Ungleichheit als System? Der Schulerfolg von Migranten im internationalen Vergleich*. Frankfurt: Campus.

Tenenbaum, H. R. und Ruck, M. D. (2007): Are teachers' expectations different for racial minority than for European American students? A meta-analysis. In: *Journal of Educational Psychology 99 (2)*, 253–273. doi: 10.1037/0022-0663.99.2.25 03.

Thürmann, E. und Vollmer, H. (2011): *Checkliste zu sprachlichen Aspekten des Fachunterrichts*. http://www.unterrichtsdiagnostik.info/media/files/Beobachtungsraster_Sprachsensibler_Fachunterricht.pdf. Zugriff am 08.09.2017.

Verhoeven, L. (2000): Components in early second language reading and spelling. In: *Scientific Studies of Reading 4 (4)*: 313–330. doi: 10.1207/S1532799XSSR0404_4.

Vieluf, S. und Göbel, K. (2019): Making intercultural learning in EFL lessons interesting – the role of teaching processes and individual learning prerequisites and their interactions. In: *Teaching and Teacher Education 79*, 1-16.

Walter, O. (2009): Herkunftsassoziierte Disparitäten im Lesen, der Mathematik und den Naturwissenschaften: ein Vergleich zwischen PISA 2000, PISA 2003 und PISA 2006. In: Prenzel, M. und Baumert, J. (Hrsg.): *Vertiefende Analysen zu PISA 2006: Zeitschrift für Erziehungswissenschaft.* Wiesbaden: VS Verlag für Sozialwissenschaften, 149–168.

Wang, X. (2015): *Understanding language and literarcy development. Diverse learners in the classroom.* Oxford: John Wiley and Sons.

Zierer, K., Busse, V., Otterspeer, L. und Wernke, S. (2015): Feedback in der Schule – Forschungsergebnisse. In: Buhren, C. und Gieseke, M. (Hrsg.): *Handbuch Feedback in der Schule.* Weinheim: Beltz, 31–50.

Komposita als Herausforderung in Schulbuchtexten?

Vorwort

Als Sprecherinnen und Sprecher des Deutschen sind wir permanent mit Komposita konfrontiert – wir können uns kaum einen Text ohne Komposita vorstellen (s. Abschnitt 2), und zwar sowohl altbekannte und lexikalisierte wie *Bundeskanzlerin, Bildungsminister* als auch neue wie beispielsweise *Jamaikaverhandlungen, Klimaziel, Migrationspolitik, CSU-Bedingung* (im Oktober 2017). Um diese Wörter zu verstehen, bedarf es sowohl einer Menge Weltwissen und Kontextwissen (für *Jamaikaverhandlungen* reicht es hier nicht, Jamaika als ein Land zu identifizieren, s. Abschnitt 2.1) als auch Wissen um sprachliche Strukturen, denn *Jamaikaverhandlungen* sind eine spezielle Art der Verhandlungen (s. Abschnitt 1.2).

Möglicherweise handelt es sich bei den Komposita aber auch um Fachwörter. So gelten Komposita als ein typisches Merkmal der Bildungssprache und der kompetente Umgang mit ihnen wird oft als Herausforderung für Schüler/innen eingestuft (vgl. u. a. Feilke 2012, S. 5; Leisen 2013, S. 50f; Schmölzer-Eibinger 2013, S. 26), obwohl sie im kindlichen Spracherwerb früh erworben werden (vgl. Dressler, Lettner und Korecky-Kröll 2010). Unterscheiden sich Komposita also in der Fach- und Bildungssprache von den Komposita in der Alltagssprache?

Dieser Aufsatz untersucht, warum möglicherweise Komposita in der Bildungssprache Verständnisprobleme bereiten können. In Abschnitt 2 wird die Komposition zunächst sprachwissenschaftlich beschrieben; sowohl in der Form als auch in der Bedeutung. In Abschnitt 3 wird gezeigt, wie normal es für alle Sprecher und Sprecherinnen des Deutschen ist, täglich mit neuen Komposita konfrontiert zu werden. Diese Wörter sind zum großen Teil okkasionell, das heißt sie werden gebildet, finden aber nicht wirklich Eingang in ein Wörterbuch oder ein mentales Lexikon. Sie ähneln in dieser Beziehung Sätzen – auch Sätze produzieren und analysieren wir, ohne sie auswendig zu lernen. In Abschnitt 4 gehen wir dann speziell auf die Kompositabildung im Fachwortschatz ein; hier geht es erstens um den Vergleich mit der Kompositabildung in der Alltagssprache und damit einhergehend zweitens um mögliche Schwierigkeiten bei der Rezeption von Fachwortkomposita; drittens betrachten wir die jeweilige Kontextualisierung der konkreten Beispiele und arbeiten viertens Stammtypen für eine mögliche Kategorisierung der Bestandteile von Komposita und damit einhergehend die Chancen des sprachsensiblen Umgangs mit ihnen heraus. Untersuchungen (z. B. von Niederhaus 2011) zeigen, dass Schulbücher von den Schüler/innen kaum genutzt werden. Ein erster Ansatz für eine bessere Verständlichkeit von Schulbuchtexten könnte ein anderer Umgang mit den hier dargestellten Stammtypen für Kompositionsbestandteile sein. Wird das Verständnis der stärker herausfordernden Bestandteile durch den Text gesichert, könnte womöglich auch das Textverständnis verbessert werden.

1. Komposita aus Sicht der Grammatiken

1.1 Formale Analysen

Komposita sind in einer ersten Annäherung Zusammensetzungen aus zwei oder mehr selbstständigen Wörtern oder Stämmen. Sie werden zunächst danach unterteilt, welcher Wortart sie insgesamt angehören. Dabei sind Komposita im Deutschen in den allermeisten Fällen rechtsköpfig. Das heißt für die Wortart des Kompositums, dass das gesamte Wort die Wortart des letzten Gliedes hat. So ist *Rotwein* ein Substantiv, während *weinrot* ein Adjektiv ist. Eine Ausnahme ist *barfuß*. Es handelt sich um ein Adjektiv, obwohl der rechte Bestandteil ein Substantiv ist. Unbestritten ist, dass es Substantiv- und Adjektivkomposita im Deutschen gibt (vgl. Eisenberg 2013, S. 217)[1]. Beschränken wir uns hierauf. Komposita können im Deutschen sehr lang sein, sie lassen sich aber auf binäre Strukturen zurückführen: So ist *Haustürschlüssel* binär zunächst in *Haustür* und *Schlüssel* zu zerlegen und nicht in *Haus* und *Türschlüssel*. Natürlich kann es auch beide Strukturen geben, aber sie führen zu unterschiedlichen Interpretationen: Das Wort *Schädelbasislektion* könnte aus *Schädelbasis* und *Lektion* zusammengesetzt sein – und zum Beispiel in einem Lehrbuch der Medizin die Lektion über den unteren Teil des Hirnschädels bezeichnen. Der Dichter Durs Grünbein (1991) meint hier aber mit Sicherheit *Schädel* und *Basislektion*, was für die Interpretation

---

[1] Es ist z. T. umstritten, ob es verbale Komposita gibt (zur Diskussion siehe z. B. Schlücker 2012, S. 12f). Bei trennbaren Verben entstehen die kompositionstypischen Eigenschaften allerdings nicht immer durch Komposition (vgl. Fuhrhop 2007).

(s. Abschnitt 1.2) wesentlich ist – also eine Basislektion für den Schädel; sicherlich spielt Durs Grünbein aber damit, dass man zunächst die andere Struktur erkennt oder zu erkennen meint. Wegen der zugrundeliegenden binären Struktur beschränken wir uns in dieser Erläuterung auf zweiteilige Komposita; der zweite Teil ist ja bereits auf Substantive und Adjektive eingeschränkt. Im Erstglied können verschiedene Wortarten stehen; dabei steht das Verb im Allgemeinen in Form des Stammes. In Tabelle 1 sind einige Beispiele für die Verknüpfung unterschiedlicher Wortarten in Erst- und Zweitglied aufgeführt.

Tab. 1: Unterteilung binärer Komposita im Deutschen nach der Wortart des Erst- und Zweitgliedes

		Zweitglied	
		Substantiv	Adjektiv
Erstglied	Substantiv	*Haustür*	*haushoch*
	Adjektiv	*Hochhaus*	*hellblau*
	Verb	*Backform*	*backfertig*
	Adverb	*Jetztzeit*	*linksrheinisch*
	Präposition	*Nebenfluss*	*zwischenmenschlich*
	Pronomen	*Ichform*	*ichbezogen*

1.2 Semantische Interpretation

Die Interpretation von Komposita hat eine lange Diskussionstradition – mitunter ist hier geradezu ein ‚Disziplinenstreit' entbrannt, nämlich darüber, ob Komposita eher morphologisch oder eher syntaktisch zu interpretieren sind (z. B. Ackema und Neeleman 2010). Das ist sowohl theoretisch als auch typologisch von Interesse, weil sich die Sprachen deutlich darin unterscheiden, ob sie Komposita bilden, wie sie sie bilden und welche Arten typisch sind.

Wir betrachten hier aber wesentlich das Deutsche und auch zunächst nur die Substantivkomposita. Gemeinhin geht man von vier Typen von Komposita aus: Zunächst wird unterteilt in Determinativkomposita und Nicht-Determinativkomposita. Bei den Determinativkomposita bestimmt das Erstglied das Zweitglied näher; wie die Bestimmung aussieht, bleibt sehr offen (vgl. Eisenberg 2013, S. 220; Donalies 2011, S. 38f). Eine *Haustür* ist beispielsweise eine bestimmte Art von Tür, ebenso wie eine *Holztür*. Hier gibt es eine Unterklasse – die Rektionskomposita. Typischerweise ist das Zweitglied von Rektionskomposita ein deverbales Substantiv, also vom Typ *Trinker, Bäcker, Beobachter* usw. von *trink(en), back(en), beobacht(en)*. Das Verhältnis von Erst- und Zweitglied ist bei Rektionskomposita spezifisch, nämlich eines, das sich aus der Rektion ableitet: *ein Biertrinker trinkt Bier, eine Kuchenbäcker backt Kuchen, ein Wetterbeobachter beobachtet das Wetter*. D. h., hier ist eine bestimmte Interpretation naheliegend (vgl. Eisenberg 2013, S. 222; Donalies 2011, S. 47). Sie ist aber auch nicht (immer) eindeutig, so faltet der *Zitronenfalter* keine Zitronen und eine *Expertenprüfung* kann die Prüfung der Experten (die Experten werden geprüft) oder durch die Experten (die Experten prüfen, Eisenberg 2013, S. 222) sein. Aber erstens ist bei den meisten Rektionskomposita das Erstglied das Patiens (also die Lesart ‚die Experten werden geprüft', so Barz 2016, S. 73), und zweitens ist auch die Expertenprüfung eine besondere Form der Prüfung, Rektionskomposita sind eben auch Determinativkomposita.

Bei den Nicht-Determinativkomposita unterscheidet man Kopulativkomposita und Bahuviri. Bei Kopulativkomposita handelt es sich um ein ‚Sowohl als auch' (*Fürstbischof*) oder ein ‚Weder noch' (*Schürzenkleid*) (Eisenberg 2013, S. 222). Daher sind Kopulativkomposita im Prinzip umkehrbar – so könnte *Baden-Württemberg* auch theoretisch *Württemberg-Baden* heißen, die Reihenfolge hat andere Gründe als die Interpretation zu unterstützen (zum Beispiel das Gesetz der wachsenden Glieder, Behaghel 1909, S. 139). Formal gehören beide Bestandteile von Kopulativkomposita der gleichen Wortart an (vgl. Donalies 2011, S. 65f.). In Auflistungen von Kompositatypen werden häufig die Bahuviri (vgl. Donalies 2011, S. 64; Paul 1920, S. 30) genannt (auch ‚Possessivkomposita' oder ‚exozentrische Komposita'): Sie verweisen auf etwas, was die Bestandteile nicht unmittelbar benennt – ein *Nashorn* bezeichnet beispielsweise kein spezifisches Horn, sondern ein Tier, welches ein Horn an der Nase hat (vgl. Donalies 2011, S. 64). Auch *Zitronenfalter* könnte man als ein solches Kompositum sehen. Typisch sind hier aber Personenbezeichnungen wie *Dreikäsehoch, Langfinger* oder *Ziegenbart*. Das Letztglied hilft hier nicht wirklich bei der Interpretation.

Würde man bezüglich der Beziehung zwischen den Bestandteilen eine Rangfolge der Interpretierbarkeit annehmen, wären die Kopulativkomposita die durchsichtigsten: Beide Glieder sind gleichrangig. Dann kämen die Rektionskomposita, dann die übrigen Determinativkomposita, am wenigsten durchsichtig wären die Bahuviri.

1.3 Neuere Thesen zur Interpretation von Komposita

In einer Untersuchung von Gaeta und Zeldes (2012, S. 203f.) zeigt sich, dass die Nicht-Determinativkomposita bei den Substantivkomposita mit 3% sehr selten sind, Rektionskomposita liegen bei 20%. Der überwiegende Teil, also 77%, sind Determinativkomposita, die keine Rektionskomposita sind. Von den überhaupt interpretierbaren sind diese die mit den ‚offensten' und damit auch vielseitigsten Interpretationen. Die Autoren untersuchen, inwieweit die Komposita parallel zu syntaktischen Strukturen aufgebaut sind. Dafür entwickeln sie eine Methodik: Sie überprüfen, ob *Glastür* und *Tür aus Glas* gleichermaßen frequent sind. Sie sind es nicht – damit zeigen Gaeta und Zeldes, dass auch Rektionskomposita keineswegs ‚verkürzte Syntax', sondern auch sie morphologisch zu interpretieren sind. Das heißt für die vorliegende Fragestellung, dass das Verhältnis zwischen Erst- und Zweitglied strukturell nicht abzuleiten ist: *Glastür, Haustür, Sicherheitstür, Panzertür, Designtür* sind sehr unterschiedlich zu interpretieren, bestehen aber strukturell aus zwei Substantiven; die Beziehung dieser beiden Substantive zueinander wird üblicherweise nicht verdeutlicht, außer so allgemein, dass das erste das zweite näher bestimme/modifiziere. Es gibt bestimmte strukturelle Wahrscheinlichkeiten, aber wenig explizite strukturelle Hinweise.

Häufig werden Komposita mit Phrasen verglichen. Das ist auch sinnvoll. Allerdings muss deutlich werden, zu welchem Zweck – ob zur Erklärung, zur Paraphrasierung oder zur Begründung der These, Komposita und Nominalphrasen seien gleichbedeutend. Dem ist nämlich nicht so; besonders deutlich ist das wohl an Adjektiv-Substantiv-Komposita zu sehen: Wenn man *Rotwein* schlichtweg als *roter Wein* interpretiert, stellt sich die Gegenfrage, warum ein *roter Pullover* nicht einfach ein *?Rotpullover*[2] ist. Der Unterschied ist hier, dass die Farben für Weine beschränkt sind und dass mit *Rotwein* genau gezeigt wird, dass diese Farbe für Weine klassifizierend ist. Bei den Adjektiv-Substantiv-Verbindungen finden sich aber auf der anderen Seite auch solche wie *grüner Daumen* – hier ist *grün* auch in einer sehr spezifischen Bedeutung gemeint und es ist scheinbar noch nicht gelungen, genau zu erfassen, warum diese Konstruktion nicht mit einem Kompositum *Gründaumen* bezeichnet wird (Klos 2011, S. 293). Es gibt also Übergangsbereiche, typisch für das Kompositum bleibt aber die Spezifik.

---

[2] Das Fragezeichen vor dem Begriff steht für fragliche Grammatikalität.

Versuchen wir Analoges für die Substantiv-Substantiv-Verbindungen: Eine *Teekanne* ist *eine Kanne für Tee*; *eine Kanne für Peter* aber keine *Peterkanne*. Die Präposition *für* lässt hier auch unterschiedliche Interpretationen zu. Dennoch enthalten Komposita weniger sprachliches Material als Phrasen (in *roter Wein* ist *rot* flektiert, in *Kanne für Tee* findet sich eine zusätzliche Präposition usw.) und damit potentiell weniger Information, die dann – so die These – für die Interpretation ‚fehlt' und anders deutlich werden muss; Komposita sind also weniger semantisch explizit (so auch Zürn 2013, S. 21), dafür aber strukturell ökonomischer.

Wie gesagt können auch Nominalphrasen (vereinzelt) benennen wie *grüner Daumen*. Klos (2011, S. 293) wirft die Frage auf, ob auch Nominalphrasen mit Präpositionalattribut als ‚Benennung' benutzt werden, also der Typ *Ministerium für Staatssicherheit*. Sie findet diese Konstruktionen als Benennung im Deutschen sehr selten, im Englischen zum Beispiel deutlich häufiger: *Ministry of Education* für *Bildungsministerium*. Für das Deutsche gilt tendenziell: Benennungen werden mit Komposita vorgenommen; dies gilt für vorhandene Komposita ebenso wie für neue. Aber nicht jedes Kompositum ist eine Benennung, sondern hat höchstens einen ‚Benennungsanteil'.

Die beiden genannten neueren Studien (Klos 2011, Zürn 2013) beschäftigen sich in verschiedener Hinsicht mit der Interpretation von Komposita. So untersucht Klos (2011) den ‚Kompositionalitätswert' (als „Wahrscheinlichkeit, dass Sprachbenutzer die Bedeutung eines ihnen unbekannten Kompositums erschließen können", Klos 2011, S. 272) experimentell bei neuen Komposita und widerlegt die Behauptung, dass Lexikalisierung Abbau von Kompositionalität sei, vielmehr verschwänden Möglichkeiten einer kompositionalen Dekodierung (vgl. Klos 2011, S. 272).

„Die Datenanalyse hat gezeigt, dass sich das heuristische Prinzip der Kompositionalität bei manchen Wortbildungsprodukten erfolgreicher anwenden lässt als bei anderen, d.h. manche Benennungseinheiten erlauben bei kompositionaler Dekodierung eher eine Errechenbarkeit ihrer Semantik als andere. Kompositionalität muss dementsprechend als graduelles Phänomen betrachtet werden, das keineswegs an Kategorien wie Okkasionalität und Lexikalisierung gebunden ist." (Klos 2011, S. 271)

Um zu diesem Ergebnis zu kommen, hat Klos (2011) neu gebildete Komposita mit einer bestimmten Bedeutung (zum Beispiel *Herdprämie*) untersucht. Sie fragt dabei auch, ob das Kompositum bereits bekannt ist und lässt es anschließend definieren. Sie zählt die Anzahl der Lesarten und stellt eine Skala auf: Abhängig von der Konkretheit der unmittelbaren Konstituenten, der Höhe des Bedeutungsumfangs der unmittelbaren Konstituenten, der Relationalität bzw. Rektionalität des Zweitgliedes und einer typischen thematischen Relation unterscheidet sich der Kompositionalitätswert (Klos 2011, S. 273). Die Stufen, die sie annimmt, sind letztlich gröber, es sind nur vier Stufen:

I. Rektionskomposita (*Zeitungsleser, Fußballfan*),
II. Zweitbestandteil monosem (*Turbo-Abi*),
III. Zweitbestandteil polysem (*Krebspersönlichkeit*),
IV. Wechsel zwischen determinativem und postdeterminativem Verhältnis (*Pflanzennachbar*).

Eine nichtnummerierte Stufe, die Klos (2011) thematisiert, betrifft die Komposita, die als Benennung funktionieren (z. B. *Kartoffelbrei, Rosthuhn*).

Klos (2011) kommt nach ihrer Untersuchung zu dem Schluss, dass neue Komposita (also sowohl für den Einzelnen unbekannte Komposita als auch neugebildete) wesentlich über die lexikalische Bedeutung der einzelnen Bestandteile erschlossen werden. Es werden Thesen dazu aufgestellt, wie sie interpretiert werden können. Ein interessantes Ergebnis ist, dass Versuchspersonen, die die Wörter kennen und solche, die sie nicht kennen, meistens auf sehr ähnliche Interpretationen kommen. Der Ko(n)text dient folglich wesentlich dazu, die Bedeutungsmöglichkeiten einzuschränken.

Zürn (2013) untersucht neugebildete Wörter aus der Wortwarte und zeigt, dass sehr viele Komposita auf Anhieb ‚richtig' verstanden werden, der Kontext in der Forschung bisher überschätzt wurde. Sie entwirft dabei Konvergenzmuster. Wenn sich für beide Begriffe ein Oberkonzept finden lässt (ihr Beispiel ist *Ampelmaut*, Oberbegriff *Straßenverkehr*), interpretieren die Protagonisten so, wie das Kompositum gemeint war (Konvergenzkomposita), ohne einen solchen Oberbegriff gibt es sehr viel mehr Spielraum (Divergenzkomposita), ihr Beispiel ist hier *Apfelgehör*. Andere Kriterien sind denen in Klos (2011) ähnlich, wie ‚konkretes Zweitglied' (Stufe II) oder ‚Zweitglied mit engem oder weitem Begriffsumfang' (Stufe II bzw. III).

2. Komposita in der Alltagssprache

Nach Klein (2013, S. 84) sind 90% der im Digitalen Wörterbuch der Deutschen Sprache befindlichen Wörter (4,3 Millionen Types, Flexionsformen wurden nicht extra gezählt) Komposita. Es geht wohlweislich um die Types und nicht um die Tokens: In keiner der Listen zu den häufigsten Wörtern im Deutschen (50 im Duden 2017, 100 bei Wikipedia 2017 usw.) ist ein Kompositum enthalten. Das heißt: Auf der einen Seite dürfte es kaum Texte ohne Komposita geben, auf der anderen Seite scheinen die Komposita sehr vielfältig zu sein. Damit ist auch zu vermuten, dass wir sehr häufig mit Komposita konfrontiert werden, die wir noch nicht kennen (können). Grundsätzlich kann ein ‚neues' Wort – also auch jenseits von Komposita – folgendes sein:
- ein für alle neues Wort, also ein Neologismus
- ein Wort, das im Rahmen des Spracherwerbs gelernt wird
- ein bisher unbekanntes Fachwort bzw. ein unbekanntes Wort der Bildungssprache
- ein ‚altes' und inzwischen ungebräuchliches Wort – häufig in der schönen Literatur oder in historischen Quellen im Geschichtsunterricht.

Theoretisch stehen nur Neologismen (noch) nicht im Wörterbuch; alle anderen sind theoretisch nachschlagbar, in mehrbändigen Wörterbüchern, in historischen Wörterbüchern, in Fachwörterbüchern. Allerdings erwarten wir viel häufiger, dass sich die Bedeutung des Wortes entweder aus dem Kontext erschließt, explizit erklärt wird oder nicht so wichtig ist. Sicherlich könnte auch das Internet genutzt werden: Aber gucken wir hier wörterbuchartig oder gucken wir, wie das Wort im Kontext benutzt wird? Beide Möglichkeiten sind vorhanden; was wie zielführend ist, dürfte eine interessante Frage sein.

2.1 Neue Komposita in der Alltagssprache

Die Annahme zur Präsenz neuer Komposita in alltagssprachlichen Texten kann anhand der Listen mit neuen Wörtern bestätigt werden: In ihnen sind sehr häufig Komposita enthalten. So sammelt Lothar Lemnitzer mit der Wortwarte (www.wortwarte.de) Neologismen, also ‚neue' Wörter. Gesammelt werden dabei nur Wörter mit einer neuen Form, also keine Neubedeutungen für bestehende Wörter. Auch das Neologismus-Wörterbuch (Herberg et al. 2012), also ein Wörterbuch, das nur Neologismen enthält, was andere Wörterbücher ja wie gesagt nicht tun, enthält viele Komposita – hier werden allerdings auch Anglizismen und insbesondere auch Wörter mit neuen Bedeutungen, wie *Seite* mit der Bedeutung „mit eigener Adresse versehener Teil einer Website" (Herberg et al. 2012, S. 300) gesammelt; es sind Neologismen der 90er Jahre, die Wortwarte beginnt im Jahr 2000. Eine grobe Zählung der Wortwarte unsererseits ergab, dass um die 200 Wörter im Monat aufgenommen werden. Im Dezember 2016 sind es zum Beispiel 214; davon sind 210 ‚Komposita', das heißt Wörter, die aus wenigstens zwei selbständigen Stämmen (z. B. *Backpommes*, *Kurzzeitmaut*) oder einem selbständigen Stamm und einem Konfix (z. B. *Elektrokrake*; ein Konfix ist typischerweise ein fremder Bestandteil, der stammähnlich, aber unselbstständig ist) bestehen. Zudem sind auch einige Durchkopplungen wie *Gute-Laune-Bundeswehr* zu finden. Lediglich vier der 214 neuen Wörter bestehen nicht aus wenigstens zwei Stämmen.[3]

Neue Komposita werden in der Regel kontextualisiert, das Verstehen wird also gesichert. In Abbildung 1 finden sich einige Beispiele für neue Wörter vom 26.12.2016, vollkommen willkürlich ausgewählt.

---

[3] *Proofler, Trumptard, Pengual, unhyggelig. Proofler* und *unhyggelig* sind klassische Derivationen mit nativen Affixen (*Proof-ler* wie *Wissenschaft-ler, Sport-ler; un-hyggel-ig*); *Trumptard* ist ein englischsprachiges Kompositum mit dem Slangwort *tard* (‚Vollidiot'); „Penguals sind Hatchimals, bei denen ein Pinguin im Ei steckt" (Wortwarte 20.12.2016), also eine Kontamination aus *Pinguin* und einem Teil aus *Hatchimal*.

Abdeck-Trick
Die Berliner Polizei warnt zudem vor verschiedenen Methoden, die Taschendiebe anwenden. Die nachfolgenden Tricks werden immer wieder bei potenziellen Opfern eingesetzt. Der **Abdeck-Trick**: Die Täter suchen Kneipen und Restaurants auf und treten an Gäste heran, die ihr Handy oder die Geldbörse vor sich abgelegt haben. Dabei halten sie etwa einen vermeintlichen Spendenaufruf oder einen Stadtplan über den Wertgegenstand, bitten um eine Spende oder eine Auskunft und stehlen dabei Handy oder Geldbeutel. (Wortwarte 26.12.2016, Der Tagesspiegel)

> In einem Kontext von Tricks wird der *Abdeck-Trick* explizit erklärt.

Dankbarkeitsforscher
Der Forscher glaubt nach einem Selbstversuch, dass Dankbarkeitstraining Negatives zwar nicht fortnimmt, es aber Krisen die Schärfe nehmen kann. Sein Kollege, der Brite Alex Wood, gilt weltweit als einer der renommiertesten **Dankbarkeitsforscher**. Er hat sich mit den negativen Seiten der Dankbarkeit beschäftigt, etwa ob sie den Blick für die Realität vernebeln und zu Passivität führen könne. (Wortwarte 26.12.2016, spiegel-online)

> In dem Artikel geht es um die psychologische Wirkung von Dankbarkeit – *Dankbarkeitsforscher* ist also gut kontextualisiert.

Farmtechnologien
An Bord des Schnelldampfers "Columbia" der Hamburg Amerika Linie wurde 1901 neben Omelette mit Kükenleber auch Nierensuppe sowie Hammelrücken garniert mit jungem Gemüse und Trüffelsoße serviert. Das Know-how der Einwanderer und der industrielle Fortschritt sorgten zur Jahrhundertwende für die Verbreitung neuer **Farmtechnologien** und Verarbeitungsweisen von Lebensmitteln. Der Einsatz von kommerziellen Düngemitteln hatte sich 1900 gegenüber 1890 verdoppelt; bis 1910 sollte er sich verdreifachen – eine Lebensmittelindustrie entstand, die nicht allen gleich gut schmeckte. (Wortwarte 26.12.2016, Der Spiegel)

> Hier wird das Wort nicht im Kontext eingeführt. Die einzelnen Bestandteile kommen nicht vor. Allerdings dürfte *neue Technologien* sehr geläufig sein.

Abb. 1: Beispiele für neue Komposita in der Wortwarte vom 26.12.2016

Häufig stehen die neuen Komposita nicht alleine, sondern in einer Reihe: So folgt dem *Abdeck-Trick* der *Antanztrick, Dankbarkeitsforscher* steht im Kontext von *Dankbarkeitstraining* und *Dankbarkeitsmuskel*. Einer der Bestandteile der neuen Komposita kann also oft als repräsentativ für den Kontext angesehen werden.

Am 16.8.2017 steht *Abfalltourist* in der Wortwarte. Was zum Beispiel könnte ein Abfalltourist sein?

- jemand, der seinen Abfall in der Nachbargemeinde ablegt
- jemand, der (bei einem Großereignis) Pfandflaschen aufsammelt
- jemand, der so lange reist, dass er selbst etwas lumpig und heruntergekommen aussieht
- die Kreuzfahrttouristen, die Venedig besuchen und nichts als Abfall zurücklassen (also zum Beispiel kein Geld dort ausgeben)
- ein ‚Abfallbesichtiger' – eine ‚wertende' Aussagen über jemanden, der aus der wertenden Sicht das ‚Falsche' angesehen hat
- ein Tourist, der sich für die Abfallbeseitigung anderer Länder interessiert
- jemand, der Elektroschrott (in Deutschland) kauft und im jeweiligen Heimatland verkauft (das ist die Bedeutung in dem Artikel vom 16.8.2017) „Sie füllen Container und Autos bis zum Anschlag mit gebrauchten Produkten aller Art. ‚Wir nennen sie **Abfalltouristen**'", (Wortwarte, 16.08.2017)

Die These von Verena Klos (2011) ist, dass diese Muster aktiviert werden, mit Hilfe des Kontextes die Interpretationsmöglichkeiten eingeschränkt werden. Aber auch bei usualisierten ist das möglich; sie werden wieder neu gedeutet, reinterpretiert (so kann ein *Zitronenfalter* eben jemand sein, der Zitronen faltet, um ein extremes Beispiel zu nennen).

2.2 Exemplarische Analyse eines Zeitungstextes

Nach der Betrachtung von explizit neuen Komposita betrachten wir im Folgenden einen beliebigen Zeitungstext und analysieren die Komposita, auch um einen Eindruck davon zu bekommen, wie alltäglich die Begegnung mit neuen Komposita ist. In Abbildung 2 ist ein kurzer Artikel (144 Wörter) aus der Süddeutschen Zeitung vom 16.8.2017 (www.sueddeutsche.de) abgebildet, in dem berichtet wird, dass Daniel Craig erneut James Bond spielt.

> **Lange hatte er sich gewehrt und gewunden, um dann doch zuzusagen: Daniel Craig wird zum fünften Mal als James Bond antreten.**
>
> Er macht es noch einmal. Daniel Craig wird wieder James Bond. Das bestätigte kein Geringerer als der Schauspieler selbst in der US-amerikanischen Sendung "The Late Show". Als Moderator Stephen Colbert ihn fragte, ob er noch einmal als 007 zu sehen sein würde, antwortete der Schauspieler schlicht: "Ja".
>
> **Es gab wilde Spekulationen um mögliche Craig-Nachfolger**
>
> Damit bereitete Craig den Mutmaßungen um seinen erneuten Antritt als Geheimagent ein Ende. Zwar zeichnete sich sein fünfter James Bond-Film seit einem Insider-Bericht der *New York Times* bereits ab, doch gab es auch wilde Spekulationen um mögliche Craig-Nachfolger.
>
> Nach seinem letzten Bond-Auftritt in "Spectre" 2015 hatte Craig wiederholt gesagt, nicht noch einmal die Rolle übernehmen zu wollen. Er würde sich eher die Pulsadern aufschneiden als erneut als 007 anzutreten, sagte er in einem Interview. Die Aussage relativierte er allerdings später wieder. Der nächste Bond-Teil mit Craig in der Hauptrolle soll im November 2019 in die Kinos kommen.

Abb. 2: Beispieltext aus der Süddeutschen Zeitung vom 16.08.2017, verfügbar unter: www.sueddeutsche.de

In dem Artikel finden sich folgende Substantiv- und Adjektivkomposita: *James-Bond-Film, Schauspieler, US-amerikanischen, Craig-Nachfolger, Geheimagent, Insider-Bericht, Bond-Auftritt, Pulsadern, Bond-Teil*, also acht Substantivkomposita, ein Adjektivkompositum; von den acht Substantivkomposita haben sieben ein substantivisches Erstglied und eines ein adjektivisches (*Geheimagent*). *Schauspieler, Geheimagent* sind konventionalisiert, die Wörter sind allgemein bekannt. Dennoch ist ein *Geheimagent* ein Agent und ein *Schauspieler* spielt auch – mit der besonderen Bedeutung von Theater spielen. Auch *Pulsadern* sind Adern, aber weiter kommt man mit der formal-semantischen Analyse kaum, sondern hier handelt es sich um bestimmte Adern. *US-amerikanischen* ist speziell – man würde ja kaum von *deutsch-europäischen, französisch-europäischen* usw. sprechen. Das liegt an dem speziellen Namen *USA* und ist eine Ableitung davon. *Craig-Nachfolger, Bond-Auftritt, Bond-Teil* könnten neue Komposita sein, die sich aus dem Kontextwissen und dem Weltwissen heraus erklären. In Cosmas II (W-Archiv der geschriebenen Sprache; https://www.ids-mannheim.de/cosmas2/) finden sich 8397 verschiedene Komposita mit dem

Zweitglied *-nachfolger* (auch *Bond-Nachfolger*). Das Muster ‚Eigenname' *-nachfolger* kommt häufig vor: *Baumann-Nachfolger, Barschel-Nachfolger, Ballack-Nachfolger, Beethoven-Nachfolger* usw. neben einer Reihe wie *Bauhaus-Nachfolger*. *Craig-Nachfolger* ist also gut durch Analogie zu verstehen. Mit *-Auftritt finden sich in Cosmas II 9395 Einträge, durchaus auch eine Reihe mit Eigennamen, also *Callas-Auftritt, Carreras-Auftritt, Chaplin-Auftritt, Chirac-Auftritt, Copperfield-Auftritt* usw. Die naheliegende Analyse dürfte zunächst sein: *ein Chaplin-Auftritt meint, dass Chaplin auftritt*. Das ist im vorliegenden Fall aber nicht gemeint, sondern *Bond-Auftritt (Nach seinem letzten Bond-Auftritt...*) meint, dass Craig ALS Bond auftritt und ähnelt so eher der Bildung *Clown-Auftritt*. Hier ist der vorliegende Kontext desambiguierend. Daneben gibt es Reihen wie *Net-Auftritt, Cebit-Auftritt*, der also vermutlich den Ort meint, und *34-Minuten-Auftritt*. Der Kontext des Artikels hilft, aus den vorhandenen Reihen die ‚passende' zu finden. Für *-Teil finden sich 45594 Einträge, es ist vielfältig; um *Bond-Teil* verstehen zu können, hilft hier das Wissen um die mögliche Reihe. In Cosmas II stehen mit allen drei Zweitbestandteilen sehr viele Bildungen. Für die hier besprochenen neu gebildeten Komposita werden analoge Reihen gefunden. Solche analogen Reihen sind vermutlich typisch für neu gebildete Komposita, die gut zu interpretieren sind.

3. Komposita in der Fach- und Bildungssprache

Fachbegriffe beziehen sich in der Regel auf ein komplexes fachliches Thema. Daher besteht kein Zweifel, dass Fachbegriffe eingeführt werden müssen und nicht erwartet werden kann, dass sie aus dem Kontext verstanden werden können. Im Rahmen der derzeitigen Diskussion um Bildungssprache und sprachsensiblen Fachunterricht tauchen immer wieder Listen mit spezifischen sprachlichen Merkmalen der Sprachregister auf. Schmölzer-Eibinger (2013, S. 26) bezeichnet beispielsweise Komposita als typisches Merkmal der Sprache im schulischen Kontext. Auch Feilke (2012, S. 5) führt Komposita als Beispiel für bildungssprachliche Mittel auf, die die ökonomische Darstellung komplexer Aussagen ermöglicht. Bildungssprachliche Komposita können aber zudem im alltagssprachlichen Kontext auftreten, in denen „sachlich komplexe Verhältnisse" dargestellt werden (ebd.). In jedem Fall kann Komposita eine verdichtende Funktion zugeschrieben werden (ebd., S. 8). Laut einer stichprobenartigen Analyse von H. Elsen (2009) sind in Fachtexten zweigliedrige Komposita, aber vor allem Determinativkomposita mit drei und sogar vier Gliedern zu finden, wie z. B. *Gewinnabführungsvertrag* und *Grundwasserspiegeldaten* (Elsen 2009, S. 64). Leisen (2013, S. 50f.) klassifiziert ebenfalls mehrgliedrige Komposita wie *Zylinderkopfmutter* als eine morphologische Besonderheit der Fachsprache. Die Verstehensprobleme mit morphologischen und syntaktischen Merkmalen der Fachsprache würden zustande kommen, „weil sie in der Alltagssprache selten oder nie vorkommen – und schon gar nicht in dieser Dichte" (Leisen 2013, S. 49). Diese Aussage ist jedoch für Komposita so generell nicht zutreffend. In Abschnitt 3 haben wir gezeigt, dass die Bildung neuer Komposita auch außerhalb der Fachsprache auftritt. Dennoch finden sich spezifische Fachwortkomposita, um die es im Folgenden geht. Zunächst ist auffällig, dass der Fachwortschatz häufig Wörter der Alltagssprache sehr spezifisch benutzt, wie z. B. *Unterseite* oder *Seitenflächen*, sie werden in den Beispieltexten nicht erklärt. Sie scheinen als bereits bekannt und damit interpretierbar eingestuft zu werden. Auch Bestandteile wie *Druck* und *Kraft* sind den Schüler/innen vermutlich aus dem Alltag bekannt, jedoch meist unter einer etwas anderen Bedeutung (z. B. *Leistungsdruck, Druckstelle, Körperkraft, Kraftstoff*). Im fachlichen Kontext sind sie hingegen semantisch auf die physikalischen Größen begrenzt.

Laut Kniffka und Roelcke (2016, S. 65) haben Komposita im Fachwortschatz nicht nur eine ökonomische Funktion, sondern auch eine differenzierende, da sie „die Benennung weiterer Details" ermöglichen. Aber auch nicht alle neuen bzw. unbekannten Wörter der Fachsprache sind Fachbegriffe. Roelcke (2015, S. 374) unterscheidet beispielsweise einen ‚intrafachlichen Fachwortschatz' von einem ‚interfachlichen', einem ‚extrafachlichen' und einem ‚nicht-fachlichen' Fachwortschatz. Dabei ist der intrafachliche der für ein Fach spezifische Wortschatz, während der interfachliche als fächerübergreifend angesehen werden kann, wie beispielsweise bei Begriffen wie *System* oder *Evaluation*. Der extrafachliche Fachwortschatz ist gewissermaßen ein ‚übertragener' Fachwortschatz, er nennt das Beispiel eines juristischen Fachwortschatzes in einem ansonsten biologischen Text zum Ökosystem.

Im Folgenden werden wir Komposita in ausgewählten Schulbüchern betrachten, und zwar insbesondere, wie sie eingeführt werden und wie sie genutzt werden. Die Untersuchung dient der Sensibilisierung, ob das Verständnis bereits im Text explizit gefördert wird oder die Betrachtung der sprachlichen Struktur im Unterricht explizit genutzt werden kann. Wenn Verständnisschwierigkeiten auftreten, kann das unterschiedliche Ursachen haben, eben zum Beispiel die unangemessene sprachliche Behandlung.

3.1 Analyse eines konkreten Schulbuchs

Im Folgenden werden zwei Seiten eines konkreten Schulbuchs analysiert. Wir haben uns für ein derzeit in Niedersachsen zugelassenes Biologiebuch für die Jahrgangsstufen 7 und 8 aus dem Schroedel-Verlag (Claßen und Roß 2016) entschieden. Es handelt sich um die ersten Seiten des ersten Kapitels. Eine solche Analyse könnte, wenn man sie ausweiten würde, der Bearbeitung der Frage dienen, wie viele der Komposita in den Schulbüchern eigentlich allgemeinsprachlich sind und wie viele fachsprachlich. In diesem Fall zeigt sich aber noch etwas anderes: Der neu eingeführte Begriff *Zelle* wird sogleich in Komposita verwendet.

Sämtliche Komposita der beiden Seiten sind hier aufgelistet; ein erster Versuch, sie der Allgemeinsprache oder der Fachsprache zuzuordnen, ist hier unternommen.

Tab. 2: *Analyse der Komposita auf S. 8 und 9 im Lehrwerk ‚Erlebnis' Biologie, für Klasse 7/8, differenzierende Ausgabe (Claßen und Roß 2016), n= 41*

	allgemeinsprachlich	‚Zwischenkategorie'	fachsprachlich
S. 8	Lebewesen	Wasserpflanze	Wasserpest
	Zoogeschäfte	Mundschleimhaut	Objektträger
	Trinkhalm	Methodenseiten	Deckgläschen
	Farbstoff	Millimeterpapier	Methylenblau
	Folienstück	Traubenzucker	Zellgröße
	Millimeter		Zellpräparat
	Bestandteilen		Pflanzenzelle
S. 9	Seifenblase	Grundsubstanz	Zellwand
	Abfallstoffe	Blütenblätter	Zellmembran
	Sonnenlicht	Steuerzentrale	Zellplasma
	mauerartig		Zellbestandteile
	Lebensvorgänge		Zellsaft
			(Chloroplasten)
			Blattgrünkörner
			Erbsubstanz
			Zellkern
			(Fotosynthese)
			Moospflanze
			Moosblattzellen
			Tierzelle
			Leberzelle

Die Zwischenkategorie kann feinklassifiziert werden: Sie beinhaltet sowohl Begriffe, die allgemein fachsprachlich, aber nicht speziell biologiefachsprachlich (*Steuerzentrale, Millimeterpapier, Grundsubstanz*) als auch solche, die zwar biologisch, aber auch allgemeinsprachlich (*Mundschleimhaut, Wasserpflanze, Blütenblätter*) sind. Das Wort *Traubenzucker* ist zwar allgemeinsprachlich, aber es wird hier ja sehr speziell verwendet.

Die fachsprachliche Reihe ist deutlich länger als die beiden anderen. Das liegt insbesondere an Seite 9, auf der Fachbegriffe eingeführt werden. Es ist aber

schon auffällig, dass hier Reihenbildung vorliegt, *Zelle* tritt sowohl als Erst- als auch als Zweitbestandteil auf:
- **Erstbestandteil:** *Zellgröße, Zellpräparat, Zellwand, Zellmembran, Zellplasma, Zellbestandteile, Zellsaft, Zellkern*
- **Zweitbestandteil:** *Pflanzenzelle, Moosblattzelle, Tierzelle, Leberzelle*

Damit sind elf der siebzehn (bzw. neunzehn) fachsprachlichen Komposita erfasst. Sie sind auch von der Bedeutungskonstruktion recht reihenbildend: Als Zweitbestandteil ist es in diesen Fällen immer eine *Zelle einer Pflanze, eines Moosblattes, eines Tieres, einer Leber*. Das müsste nicht so sein, so gibt es auch *Keimzellen, Neben- und Hauptzellen, Randzellen, Belegzellen* usw.. Die hier genannten sind einheitlich. Allerdings könnte die Schüler/innen hier das Nebeneinander von *tierischer Zelle* und *Tierzelle*, von *pflanzlicher Zelle* und *Pflanzenzelle* verwirren, zumal in der Reihe **lebrige Zelle*, **moosblättrige Zelle* nicht möglich sind.[4]

Auch bei *Zelle* als Erstglied findet sich Reihenbildung: Die *Zellgröße* dürfte die Größe einer Zelle sein, die *Zellwand* die Wand einer Zelle. Bei *Zellpräparat* hingegen geht das kaum auf; hier wurden Zellen präpariert, damit man sie mit dem Mikroskop angucken kann.[5] Die große Menge der fachsprachlichen Komposita ergibt sich hier durch Reihenbildung mit dem einzuführenden Gegenstand (*Zelle*). Es ist an und für sich interessant, dass der neu eingeführte Begriff sofort in Komposita eingeführt wird; es zeigt, wie normal und unauffällig Komposition im Deutschen zumindest für Fachleute ist. Für Schüler/innen ist das bisher nicht erforscht – eine sprachsensible Lehrkraft überprüft genau dieses und erläutert gegebenenfalls.

Betrachten wir aber die Komposita noch weiter, zunächst die undurchsichtigen bzw. nicht ganz durchsichtigen:
- *Wasserpest, Trinkhalm, Chloroplasten, Fotosynthese, Methylenblau*

Diese Wörter sind undurchsichtig, weil einer der Bestandteile in der vorliegenden Bedeutung undurchsichtig ist: *Wasserpest* ist eine Pflanze und keine Krank-

---

[4] In der sprachwissenschaftlichen Forschung wird immer wieder gefragt, was der Unterschied zwischen Phrasen und Komposita ist; die Frage ist keineswegs geklärt (s. auch Abschnitt 2.3).
[5] Bei einer Übersetzung ins Englische findet man sowohl *cell preparation* (das ist hier gemeint) als auch *cell product*; *Präparat* ist im Deutschen also potentiell doppeldeutig.

heit; *Pest* wird hier metaphorisch gebraucht. Auch *Trinkhalm* ist hier kaum zu verstehen, weil *Halm* metaphorisch genutzt wird; entweder kennen die Schüler/innen das Wort oder sie kennen *Strohhalm*; ohne die Analogie zu *Strohhalm* versteht man das Wort nicht. Die drei anderen sind Fachbegriffe, die zum Teil aus Fremdwörtern bestehen – *Chloroplasten* und *Fotosynthese* werden isoliert kaum als Kompositum verstanden; man kennt zwar *Foto* und *Synthese*, gerade *Foto* wird hier aber komplett anders benutzt als in alltagssprachlichen Kontexten. Bei *Methylenblau* steht im Text davor, dass es ein Farbstoff sei. Hier ist morphologisch noch besonders, dass *Blau* als Substantiv verwendet wird; während *blau* im Deutschen als Substantiv und Adjektiv verwendet werden kann, kann *Methylenblau* lediglich als Substantiv verwendet werden. Alle diese Begriffe müssen also explizit ge- und erklärt werden.

Die reihenbildenden und die nicht-durchsichtigen Komposita sind damit erläutert. Es bleiben folgende Komposita übrig:
– von den Wörtern in der Zwischenkategorie: *Wasserpflanze, Mundschleimhaut, Methodenseite, Millimeterpapier, Traubenzucker, Grundsubstanz, Blütenblätter, Steuerzentrale*
– von den Fachwörtern: *Objektträger, Deckgläschen, Blattgrünkörner, Moospflanze*.

Objektträger und *Deckgläschen* werden auf den folgenden Methodenseiten wieder aufgenommen. Die *Blattgrünkörner* werden als ‚Erklärung' für *Chloroplasten* eingesetzt. *Moospflanze* steht hier im Zusammenhang mit der *Moosblattzelle*.

Die meisten der auf der Doppelseite zu findenden Komposita sind zweigliedrig, folgende dreigliedrige finden sich:
– *Moosblattzelle, (Millimeterpapier), Blattgrünkörner, Zellbestandteile, Mundschleimhaut*

Alle dürften auch binär zu strukturieren sein: *Moosblatt|Zelle, Millimeter|Papier, Blattgrün|Körner, Zell|Bestandteile, Mund|Schleimhaut*. Die ersten drei sind damit linksverzweigend (links steht das komplexe Wort), die letzten beiden rechtsverzweigend. Beides kommt im Deutschen regelmäßig vor, interessant ist aber, dass diese binäre Unterteilung funktioniert: Komposita werden selber Gegenstand der Komposition. Dennoch sind die mehrgliedrigen relativ selten.

Die meisten Komposita sind Substantiv-Komposita, sie haben als Letztglied ein Substantiv und sind damit insgesamt Substantive. Das gilt für alle genannten, außer *mauerartig*. *Methylenblau* lässt sich auch als Substantiv-Kompositum verstehen, weil es *das Blau* gibt. Ähnlich kann auch *Blattgrün* in *Blattgrünkörner* interpretiert werden.

Die meisten haben auch substantivische Erstglieder, außer *Lebewesen, Steuerzentrale, Trinkhalm, Deckgläschen, Erbsubstanz*. Bei diesen sind die Erstglieder verbal, die *Steuerzentrale* ist die Zentrale, die steuert (verbal).

Als Besonderheit in den Substantiv-Substantiv-Komposita werden häufig Rektionskomposita genannt, die ein deverbales Zweitglied haben und ihre Rektion mitbringen; eindeutig ist das hier nur *Objektträger*, der ein Objekt trägt.

Betrachten wir nun noch die anderen Wörter, hier nur die Substantive: Wir zählen 41 Komposita, von denen 40 Substantive sind. Ansonsten kommen auf den zwei Seiten 34 Substantive vor (genuine Substantive, also weder *Präparieren* noch *Abgeschabte*): *Blättchen, Pinzette, Tropfen, Wasser* usw. Von diesen 34 kommen elf wiederum in den genannten Komposita vor, also *Wasser* sowohl in *Wasserpest* als auch in *Wasserpflanze*, *Pflanze* in *Wasserpflanze* und *Pflanzenzelle* usw. Von diesen elf Komposita sind wiederum sieben nicht allgemeinsprachlich. Diese Zahlen deuten an, dass die einfachen Substantive mit den Substantivkomposita gemeinsam ein dynamisches System bilden.

Das sind bisher theoretische Überlegungen. Überspitzt formuliert können wir aber eine Skala benennen, die mögliche Strategien bei der Rezeption abdeckt: Von der Möglichkeit, jedes Wort genau morphologisch zu analysieren, sich Interpretationen zu denken, die sowohl vom Weltwissen als auch vom Kontext gestützt werden, bis dahin, dass ein komplexes Wort gar nicht als komplex interpretiert wird. Das sind die Extreme, die gewählt werden können. Realistisch dürften sich die meisten konkreten Analysen auf der Skala irgendwo dazwischen befinden.

Aus der Leseforschung (Bangel 2017 gibt einen guten Überblick) wissen wir aber sehr gut, dass die Schüler/innen, die als starke Leser und Leserinnen gelten, das morphologische Dekodieren als Prozess benutzen, diejenigen, die als schwache Leser und Leserinnen gelten, darüber hinwegsehen. Wir haben gesehen, dass auf der Schulbuchdoppelseite knapp die Hälfte der vorgefundenen Substantive Komposita sind. Wenn über alle diese hinweggegangen wird, kann das Textverständnis erschwert werden.

3.2 Exemplarische Analysen von Komposita in Schulbuchtexten – Kontextualisierung und Erklärung

Im Folgenden werden einzelne, potenziell fachsprachliche Komposita aus Schulbuchtexten unterschiedlicher Fächer für die Sekundarstufe I exemplarisch analysiert. Wir beziehen hier sowohl native als auch fremde Begriffe mit ein. Es geht nicht darum, die Analyse der sprachlichen Struktur zum Selbstzweck zu erheben, sondern, davon ausgehend, zu überlegen, worin möglicherweise Schwierigkeiten stecken (können). Dabei gehen wir von Schüler/innen aus, die grundlegende Deutschkenntnisse besitzen und sich im Alltag entsprechend verständigen können. Es werden potenzielle Verständnisschwierigkeiten der Schüler/innen beim Umgang mit potenziell fachsprachlichen Komposita und ihrer Kontextualisierung in den Schulbüchern antizipiert. Ziel dabei ist nicht, die Schulbücher zu kritisieren, sondern zu versuchen, wiederkehrende Strukturen zu erkennen, die eine Kategorisierung der fachsprachlichen Komposita in Schulbuchtexten ermöglichen könnten. Die Komposita sind willkürlich herausgesucht.

Chromatinfäden (Biologie):
   „Im Zellkern befindet sich eine Substanz, die mit bestimmten Farbstoffen sehr gut färbbar ist. Daher wurde diese Substanz Chromatin (griech. chroma: Farbe) genannt. Das Chromatin besteht aus sehr langen, aber extrem dünnen Fäden."
   (Bley et al. 2008, S. 20)

Chromatin wird bereits damit eingeführt, dass es aus Fäden besteht. Insofern sollte das Kompositum an sich hier keine Probleme bereiten. Alltagssprachliche Reihen für *Fäden* sind allerdings eher *Bindfäden, Heftfaden, Nähfaden* („zum Binden, Heften, Nähen') neben *Leitfaden, Staubfaden* usw.; *Staubfaden* wäre dem Chromatinfaden am ähnlichsten.

Wurzelspitze (Biologie):
   „Möchte man Zellen untersuchen, die sich gerade teilen, sind Wurzelspitzen besonders gut geeignet: Wurzeln wachsen schließlich nur an den Spitzen."
   (Bley et al. 2008, S. 22)

Wurzelspitze – ist die Spitze der Wurzel, also ein Teil der Wurzel. Das scheint deutlich und entspricht durchaus einem alltäglichen Gebrauch (*Haarspitzen, Bleistiftspitze, Messerspitze, Nasenspitze*). Schwieriger im Verständnis dürfte der

Zusatz sein, dass Wurzeln nur an den Spitzen wachsen. Dafür braucht man ein Verständnis für das Wachstum einer Pflanze. Diese Verständnisschwierigkeit liegt aber nicht in dem Kompositum *Wurzelspitze*.

Einfachzucker, Traubenzucker und *Fruchtzucker* (Biologie):
> „Nahezu alle Kohlenhydrate in unserer Nahrung sind pflanzlicher Herkunft. Die Grundbausteine der Kohlenhydrate sind Einfachzucker, die Monosaccharide. Dazu gehören Traubenzucker (Glucose) und Fruchtzucker (Fructose)." (Bley et al. 2008, S. 38)

Drei Sorten von *Zucker* werden genannt: *Trauben-, Frucht-* und *Einfachzucker*; hier wird die Reihenbildung also konkret im Text gezeigt. Bei jedem dieser Zucker wird durch einen nachgestellten Begriff deutlich, dass es sich um chemische Fachbegriffe handelt. Während *Zucker* jeweils bekannt ist, sind die Erstglieder schwieriger. Aus dem Text sind *Trauben-* und *Fruchtzucker* kaum zu verstehen (sind Trauben keine Früchte?) und ausgerechnet der Begriff *Einfachzucker* wird dann der bildlichste, aber nur, wenn man ein Grundverständnis von chemischen Formeln hat. Der für Schüler/innen vermutlich naheliegende Versuch, die konkreten Benennungen sprachlich zu verstehen, ist an dieser Stelle wahrscheinlich wenig hilfreich, also führen die Begriffe sie ohne Erklärung in die Irre. Sinnvoll erschiene ein Hinweis bzw. eine Warnung, etwa ‚Der Begriff *Traubenzucker* benennt allerdings nicht etwa den Zucker von Trauben, sondern einen bestimmten Zuckertyp; lasst Euch durch diese Benennung nicht verwirren (ähnlich ist es mit den Begriffen Fruchtzucker und Einfachzucker)'.

Ablassbriefe, Ablasshandel (Geschichte):
– im Text:
> „Luther betonte zudem, dass sich die Menschen keinesfalls mit Spenden oder Ablassbriefen einen bequemen Weg in den Himmel kaufen konnten." (Derichs et al. 2012, S. 14)

– zusätzlich am Rand erklärt:
> „Ablassbriefe konnten die Gläubigen kaufen. Nach der Lehre der Kirche erlangten sie dadurch den Abbau von Sündenstrafen, die im Diesseits oder Jenseits abzubüßen waren. Den Erlös aus dem Ablasshandel nutzte der Papst für den Neubau der Peterskirche in Rom." (Derichs et al. 2012, S. 14)

Bevor Komposita verstanden werden können, müssen die einzelnen Begriffe verstanden sein. Wird *Ablass* hier erklärt? Beim *Ablass* wird den Leuten versprochen, dass sie für bestimmte Sünden keine Strafen zu erwarten haben, dafür bekommen sie als Bestätigung einen *Ablassbrief* – der Umstand, dass man für diesen Vorgang Geld zahlt, wird mit dem Begriff *Ablasshandel* bezeichnet. Das steht aber so in dem Text nicht drin; am nächsten kommt einer Erklärung noch die Formulierung vom *Abbau von Sündenstrafen*, dabei wird anstelle von *Ablass* von *Abbau* gesprochen, was wohl kaum beim Verständnis hilft. Sinnvoll wäre womöglich eine Erklärungskette: Sünden erlassen = Erlass von Sünden = Abbau von Sünden = Ablass.

Sprachlich gesehen ist *Ablass* eher abstrakt. Der Bestandteil *Brief* ist den Schüler/innen aus dem Alltag als konkreter und eigentlich in der Bedeutung enger Begriff bekannt. Aber hier geht es ja nicht um einen prototypischen Brief, sondern eher um eine Art Bescheinigung. Die Voraussetzung für das Verständnis von Komposita ist das Verständnis der einzelnen Bestandteile – nicht nur *Ablass*, sondern auch *Brief* müsste hier geklärt werden. Das geschieht aber nicht; hier sind Verständnisschwierigkeiten zu erwarten; eine sprachsensible Lehrkraft sollte beide Bestandteile explizit erklären.

Manufakturwaren (Geschichte):
„Die Europäer kauften die Menschen auf Sklavenmärkten an der Westküste Afrikas. Ihre afrikanischen und arabischen Handelspartner erhielten dafür Waffen, Alkohol, Metalle, Glasperlen oder Manufakturwaren aus Europa." (Derichs et al. 2012, S. 263)

Manufakturwaren wird erwähnt ohne Erklärung, das Wissen um den Begriff wird also vorausgesetzt. Die Aufzählung mit *Waffen, Alkohol, Metallen* und *Glasperlen* zeigt, dass auch Manufakturwaren Tauschwaren sind. Wesentlich ist aber doch, dass die Waren in Handarbeit erstellt wurden. Dies müsste erklärt werden. Der Textauszug stammt aus dem Kapitel 7 zur Kolonialisierung (Derichs et al. 2012, S. 260ff.); zu dieser Zeit war Handarbeit die gängige Produktionsweise und wurde nicht, wie es heutzutage der Fall ist, als Indiz hoher Qualität erachtet. Für das Textverständnis reicht das Verständnis des Begriffes daher nicht aus; die Schüler/innen brauchen zudem geschichtliches Vorwissen. Dieses könnten sie prinzipiell haben; die Industrialisierung wird bereits vorab, im Kapitel 3 des Geschichtsbuches (Derichs et al. 2012, S. 90ff.) thematisiert.

Ein Verweis auf das entsprechende Kapitel wäre dennoch sinnvoll und würde ein zusammenhängendes Geschichtsverständnis unterstützen.

Transfereinkommen (Wirtschaft):
„Dieses Einkommen wird ‚transferiert', d.h. übertragen. Der Staat überträgt z.b. auf die Bürger Einkommen wie Renten und Kindergeld oder Sozialleistungen wie das Arbeitslosengeld, das Krankengeld usw." (Eggert et al. 2013, S. 18)

Transfereinkommen wird über das Verb *transferieren* mit Übersetzung eingeführt. Der fremde Bestandteil wird sprachlich übersetzt und für das Kompositum insgesamt werden Beispiele genannt, geradezu eine vorbildliche Einführung.

Erwerbsarbeit:
„Durch Erwerbsarbeit beschaffen sich die Menschen das notwendige Geld für Nahrung, Kleidung, Wohnung und somit die Voraussetzung für ein menschenwürdiges Dasein. Der Beruf ist die wichtigste Einkommensquelle." (Eggert et al. 2013, S. 20)

Erwerbsarbeit scheint hier das zu sein, was alltagssprachlich auch einfach als *Arbeit* bezeichnet wird. Auf den ersten Blick scheint das Erstglied hier redundant. Eichinger (2000) meint, dass gerade diese ‚Explikativkomposita' (z. B. *Spielverlauf, Entwicklungsprozess*) in der Fachsprache häufig zu finden seien. Der Begriff selbst kann allerdings zur Reflexion über den Begriff *Arbeit* anregen; dann bekommt der Begriff als solcher eine differenzierende Funktion (Kniffka und Roelcke 2016, S. 65); alltagssprachlich findet sich *Hausarbeit, ehrenamtliche Arbeit* usw.. Es geht im obigen Textausschnitt ausschließlich um die Arbeit, mit der Geld *erworben* wird. Die Bestandteile lassen sich aber, wenn sie lexikalisch verstanden werden, zu einem Oberkonzept zuordnen und sollten daher verständlich sein. Es würde die Verständlichkeit erhöhen, nicht an einer Stelle vom *Erwerb* und an anderer vom *Beruf* zu schreiben.

Seriendruckfelder (Informatik):
„Einfacher geht es mit der Funktion ‚Seriendruck', mit der du Serienbriefe erstellen kannst. Du kannst damit die wechselnden Textstellen (wie Namen und Adressen) durch ‚Seriendruckfelder' ersetzen. Dabei handelt es sich um Platzhalter für die wechselnden Textstellen." (Buck et al. 2013, S. 24)

Der Begriff *Seriendruckfelder* wird durch die Anführungszeichen deutlich als Begriff eingeführt – es geht ja darum, genau dieses Wort in den Programmen zu finden. Damit ist die Benennungsfunktion besonders deutlich angezeigt. Allerdings wird das Kompositum auch indirekt erklärt – die vielen Einladungen sind eine *Serie* und dass man sie ausdrucken will, liegt auf der Hand. Der Begriff der *Felder* ist sicherlich informatikspezifisch – alles drei gute Ansatzpunkte, um Begriffe zu klären und ein Verständnis zu sichern.

3.3 Interpretation von Komposita des Bildungswortschatzes

Im Folgenden werden wir aus unseren Beobachtungen zu den Schulbüchern abstrahieren und sie mit Annahmen über die Interpretation von Komposita in Zusammenhang bringen und daraus eine Skala entwickeln, die Thesen darüber zulässt, wie schwer einzelne Komposita sind. Daraus ergeben sich auch Hinweise für die sprachsensible Lehrkraft: Wenn Schüler/innen bestimmte Zusammenhänge nicht verstehen, hat das häufig sprachliche Ursachen und wir benennen die potenziell sprachlichen Ursachen innerhalb der Komposition. Inwieweit ist ein Kompositum ein Fachwort, ist es im Kontext angemessen erläutert usw.?

Wir haben – ganz wie am Anfang – die Komposita im Textzusammenhang betrachtet. Der Textzusammenhang war immer derjenige, in dem die entsprechenden Begriffe eingeführt wurden. Voraussetzung aus der Kompositaforschung für die folgenden Ausführungen sind: Komposita bewegen sich auf einer Skala ZWISCHEN völlig transparenten Konstruktionen und reinen Benennungen; dabei werden die ‚Endpunkte' der Skala typischerweise nicht von Komposita besetzt (transparent wären Phrasen wie *roter Pullover*, eine reine Benennung ist *Franz*, Kompositabenennungen wie *Chiemsee* zeigen ja immerhin, dass es sich um einen See handelt). Abhängig von der Struktur liegt eine bestimmte Interpretation nahe: Kopulativkomposita sind die ‚durchsichtigsten', gefolgt von Rektionskomposita (s. oben, Abschnitt 2.1). Keine dieser beiden Strukturen sind in den genannten Komposita vertreten; es sind alles klassische Determinativkomposita; das entspricht aber durchaus einer normalen Verteilung, die häufigsten Komposita sind Determinativkomposita, die keine Rektionskomposita sind.

Wie gut ein Kompositum verstanden (oder erarbeitet) werden kann, kann mit folgenden Kriterien gemessen werden:

1. Bekanntheit der Bestandteile: Sind sie schon vorher (aus dem Alltag) bekannt oder werden sie eingeführt?
2. Werden die Bestandteile entsprechend der Bekanntheit genutzt oder liegt ein fachlicher Gebrauch oder metaphorischer Gebrauch vor?
3. Ist einer der Bestandteile fremd? Sind beide Bestandteile fremd?
4. Ist einer der Bestandteile reihenbildend?
5. Ist die Bedeutung aus dem Kontext erschließbar?

Weiter kann nach einem gemeinsamen Oberkonzept gefragt werden – wie Zürn (2013) ausgearbeitet hat. Wie handhabbar das für den Fachunterricht ist, überblicken wir noch nicht ganz, da ja häufig die Begriffe anders benutzt werden. Insofern versuchen wir hier nicht, das zu operationalisieren.

Bei mehr als zweigliedrigen Komposita ist es hilfreich, die Struktur aufzubrechen: So ist ein *Grundbauplan* als *Grund + Bauplan* zu lesen, eine *Weinbergschnecke* als *Weinberg + Schnecke*, *Blutkreislauf* als *Blut + Kreislauf* usw. (alle Beispiele Claßen und Roß 2016, S. 92f.).

Bei Verständnisschwierigkeiten ergibt sich aus diesen Fragen auch ein mögliches unterstützendes Vorgehen durch die Lehrkraft. Wichtig bleibt, immer den Benennungsanteil im Hinterkopf zu haben. So ist es zwar möglich, die Benennung der *Wasserpest* und der *Fotosynthese* zu thematisieren, aber das Verstehen der Benennung dient nicht unbedingt dem Verstehen des Sachverhalts. Zu verstehen, dass *Trauben-* und *Fruchtzucker* bestimmte Arten von *Zucker* sind, hingegen schon. Und bei *Ablassbriefe* ist es sicherlich sinnvoll, beide Bestandteile gut zu verstehen – *Ablass* als Begriff und *Brief* in der hier vorliegenden Verwendung. Weil es hier kein für alle Komposita gleichermaßen gültiges Rezept gibt, ist es enorm wichtig, dass die Lehrkraft diese Sprachsensibilität ausgebildet hat.

a. Bekannte Bestandteile

Bei den ‚bekannten Bestandteilen' wird angenommen, dass die Schüler/innen sie in dieser Form und Bedeutung aus alltagssprachlichen Kontexten kennen. Dabei muss danach unterschieden werden, ob diese Bestandteile in ihrer Interpretation eindeutig sind (*Fäden* in *Chromatinfäden*) oder nicht (*Druck* in *Seriendruck* in der Informatik vs. *Schweredruck* in der Physik).

b. Fremde Bestandteile

Oft handelt es sich bei den Bestandteilen von Komposita in Schulbüchern um Fachbegriffe, die fremd sind, wie z. B. *Chromatin, Chromosom, Chloroplasten, Erosion, Inflation, Manufaktur* oder *Transfer*. Typisch für das Deutsche ist, dass diese – soeben eingeführten – Fachbegriffe selbst Bestandteile von Komposita werden. Weder die Komposita noch die einzelnen Bestandteile kommen in der Regel im Alltag der Schüler/innen vor. Mitunter zeigt das Unverständnis der Komposita auch, dass das Verständnis der Bestandteile noch nicht gesichert ist.

c. Metaphorische Bestandteile

Nach ersten Beobachtungen ist es unabdingbar als dritte Kategorie die ‚metaphorischen Bestandteile' anzunehmen. Es handelt sich um jene Stämme, die den Schüler/innen in der Regel aus dem Alltag und/oder einem anderen Kontext bekannt sind, hier jedoch mit einer anderen Bedeutung versehen sind, z. B. *Trauben* in *Traubenzucker* (siehe 3.2.1) oder *Pest* in *Wasserpest*. Fehlt den Schüler/innen der Zugang zu dieser Metaphorik, werden sie die Wörter nicht ‚verstehen'. Lesestarke Schüler/innen, die den aktuellen Textkontext (vgl. Bangel 2017) beachten, bemerken diese Diskrepanz vermutlich und haben daher zumindest die Chance, ihre erste Interpretation zu revidieren, während leseschwache Schüler/innen zu sehr auf ihr Weltwissen zurückgreifen und eher Gefahr laufen, bei ihrer ursprünglichen Interpretation von *Pest* zu bleiben. Um der Ausbildung falscher Schüler/innenvorstellungen vorzubeugen, ergeben sich zwei Möglichkeiten: Man belässt es explizit bei der reinen Benennung oder man thematisiert die Metaphorik. In jedem Fall sollten diese metaphorischen Bestandteile in den Schulbuchtexten aufgegriffen und thematisiert werden, um das Leseverstehen zu sichern.

d. Reihenbildung

Oben wurde angedeutet, dass nach der Einführung von *Zelle* dieses Wort als Bestandteil in Komposita eingeht und hier zum Teil Reihen bildet: *Tierzelle, Pflanzenzelle, Moosblattzelle* (als Zweitbestandteil), *Zellkern, Zellmembran, Zellwand, Zellsaft* (als Erstbestandteil). Bei neu eingeführten Wörtern ist dies im Kontext zu überprüfen, in den Abbildungen 3 und 4 kommt dies nur indirekt vor – zum Beispiel in der Eindeutigkeit.

In Abbildung 3 wird graphisch dargestellt, wie sich Schwierigkeiten vermutlich addieren können. Die oben beschriebenen Stammtypen für Bestandteile in Komposita (bekannte, fremde und metaphorische Bestandteile) sind in gestrichelten Kästchen dargestellt. Bei der Kombination von Bestandteilen unterschiedlicher Typen verschiebt sich der Grad der Herausforderung bei der Interpretation durch die Leser/innen. In der Abbildung sind entsprechende Beispiele in den Kästchen auf den Verbindungslinien aufgeführt.

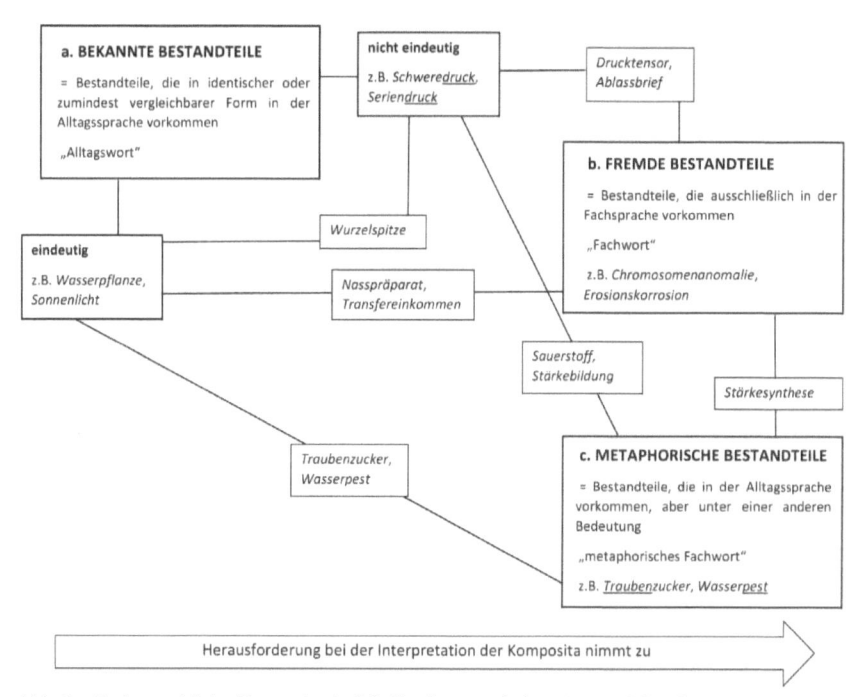

Abb. 3: *Fachsprachliche Komposita in Schulbüchern nach dem Anspruch bei der Interpretation der Bestandteile*

Notwendige Voraussetzung für das Verstehen von Komposita dürfte in der Regel das Verstehen der einzelnen Bestandteile sein. Inwieweit ein neues Kompositum im Fachwortschatz über die lexikalische Bedeutung der einzelnen Bestandteile erschlossen werden (nach Klos 2011) kann, und/oder die Schüler/innen für beide Bestandteile ein Oberkonzept identifizieren können (nach Zürn 2013), ist noch ungeklärt.

Für die bisherige, noch recht oberflächliche Analyse einzelner Komposita in Schulbüchern (siehe Abschnitt 3.2) hat sich gezeigt, dass nicht immer eine angemessene Kontextualisierung bzw. Erklärung der jeweiligen Bestandteile stattfindet. Bei aus dem Alltag bekannten und eindeutigen Bestandteilen kann ein entsprechendes Vorwissen bei den Schüler/innen vermutet werden, sodass eine ausbleibende Erklärung vermutlich kein Verständnisproblem darstellt. Bei allen anderen Bestandteilen müsste im Prinzip das Verständnis gesichert werden. Bei unseren ersten Beobachtungen hat sich allerdings gezeigt, dass sich lediglich zu den fremden Bestandteilen (und da auch nur zum Teil) explizite Erklärungen finden. Während beispielsweise *Chromatin* und *Transfer* erklärt werden, bleibt *Ablass* hingegen schwammig, *Manufaktur* wird gar nicht erklärt.

Als problematisch können die bekannten, aber uneindeutigen sowie die metaphorischen Bestandteile von fachsprachlichen Komposita angesehen werden. Sie stellen eine Herausforderung für die Schüler/innen dar. Bisher konnte allerdings beobachtet werden, dass sie in den Schulbüchern oft wie bereits bekannte und eindeutige Bestandteile behandelt und daher zum Teil nicht erklärt werden (siehe Abschnitt 3.2). Während die Bedeutung von *Seriendruck* aus dem Kontext erschlossen werden kann, kann das Verständnis von *Wurzelspitze* als nicht gesichert angesehen werden. Die metaphorischen Bestandteile nehmen eine Sonderposition ein. Wir vermuten, dass es sich bei Komposita mit metaphorischen Bestandteilen zum Teil um lexikalisierte Begriffe handelt (siehe Abschnitt 3.2.1 zum Begriff *Traubenzucker*), sodass eine explizite Erklärung der einzelnen Bestandteile das Verständnis eventuell sogar erschweren könnte.

Wir vermuten weiterhin, dass für die Herausforderungen, die sich bei der Interpretation der Komposita und ihrer Bestandteile ergeben, mehr sprachliche Unterstützung hilfreich wäre. Tatsächlich sind die metaphorischen Bestandteile in der Regel logisch und verständlich – allerdings meist nur unter der Voraussetzung, dass das dahinterstehende fachliche Konzept bereits verstanden wurde. Die eigentliche Funktion von Schulbuchtexten, die Vermittlung neuer fachlicher Inhalte, kann bei ausbleibender Erklärung folglich nur schwer erfüllt werden. An vielen Beispielen ist deutlich geworden, dass die Unterstützung durch die Lehrperson notwendig ist.

Hier ist es wie so oft im Lehrbetrieb: Es darf nicht das vorausgesetzt werden, was eigentlich erklärt werden soll. Gerade an den Begrifflichkeiten kann man das zum Teil zeigen. Die sprachsensible Lehrkraft sollte flexibel auf Verständnisschwierigkeiten der Schüler/innen reagieren – und gegebenenfalls die sprachlichen Interpretationshilfen wie die Strukturen nutzen.

In Anlehnung an Abbildung 3, die versucht, die Stammtypen gemäß ihrer potenziellen Herausforderung für Schüler/innen anzuordnen, wurden die Stammtypen in Abbildung 4 gemäß der bisher beobachteten Kontextualisierung bzw. Erklärung angeordnet. Die grau hinterlegten Kästchen entsprechen der Position in Abbildung 3 und zeigen daher den Umfang an Erklärung, der dem herausgestellten Grad der Herausforderung bei der Interpretation entsprechen würde. Es zeigt sich, dass die Stammtypen für die Bestandteile der Komposita in der Tendenz nach links verschoben sind. Dies wird durch die schwarzen Pfeile verdeutlicht.

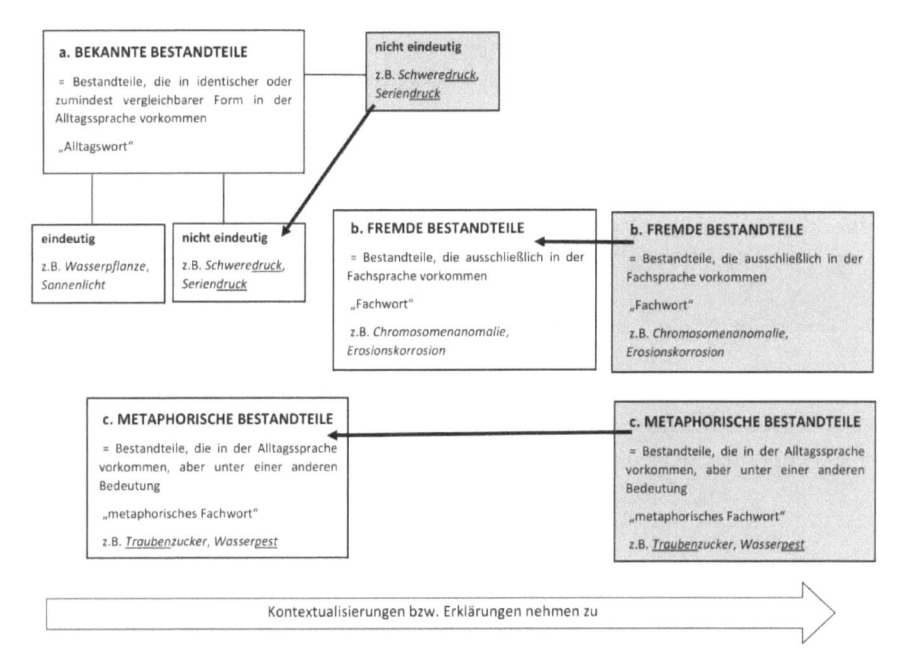

Abb. 4: Die Bestandteile fachsprachlicher Komposita nach dem bisher beobachteten Umfang an Erklärungen im Kontrast zu ihrem Anspruch bei der Interpretation

Die bekannten und eindeutigen Bestandteile, bei denen kein Erklärungsbedarf vermutet wird, werden nach unseren ersten Beobachtungen entsprechend in den Schulbüchern behandelt. Bei den bekannten, aber nicht eindeutigen, sowie bei den fremden Bestandteilen wird vermutet, dass die Diskrepanz zwischen Herausforderung und Kontextualisierung bzw. Erklärung gering, aber dennoch vorhanden ist. Bei diesen Stammtypen wären sprachliche Unterstützungsmaßnahmen vermutlich hilfreich, um das Verständnis bei den Schüler/innen zu sichern. Weiterhin wird vermutet, dass die metaphorischen Bestandteile ähnlich wie die bekannten und eindeutigen Bestandteile behandelt werden, wodurch sich eine größere Diskrepanz ergeben würde. Es könnte sein, dass die Bestandteile dieses Stammtyps großes Potenzial für Verständnisschwierigkeiten bergen.

Ein weiterer Punkt darf aber auch nicht unterschätzt werden: Wenn wir Sprachsensibilität in Seminaren an der Universität unterrichten, lassen wir durchaus mal alle Komposita herausschreiben, die in dem entsprechenden Textabschnitt vorkommen. Schon das ist häufig eine augenöffnende Übung: Welche Einzelbestandteile sind nicht deutlich? Welche Begriffe sind überhaupt erklärt? Wie sind sie erklärt? Also es geht nicht nur darum, den Schüler/innen die sprachliche Struktur näherzubringen, sondern manchmal ist der rein sprachliche Blick hilfreich zu verstehen, wieso ein Text nicht immer sofort verstanden wird. Sehr häufig ist das schon zu erkennen, dass mitunter die Einzelbestandteile gar nicht einzeln vorkommen.

4. Schlussfolgerungen und Ausblick

Die empirische Überprüfung der hier vorgelegten Überlegungen steht noch aus. In Abschnitt 3.2 wird ein relativ einfaches Forschungsdesign entworfen. Dennoch – und das zeigt die Bestätigung durch verschiedenste Fachlehrer/innen – sollte die Sprachsensibilität hier schon helfen. Wenn Schüler/innen Verständnisschwierigkeiten haben, dann kann es helfen, die entsprechenden Komposita zu hinterfragen. Als Hilfsmittel für die Lehrkraft dienen die Abbildung 3 und die Fragen zu Beginn von Abschnitt 4.3; aus diesen Fragen ergeben sich indirekt Handlungsanweisungen – das Potenzial von sehr durchsichtigen Komposita sollte genutzt werden, metaphorische Bedeutungen sollte man klären, die Benennungen sollte man als solche behandeln, die Reihenbildung sollte man nutzen

(*Zellkern, Zellmembran, Zellwand, Zellsaft* usw.). Außerdem sollte man bei allen Komposita die Memorierbarkeit nicht unterschätzen; selbst ein Name wie *Wasserpest* ist sehr gut zu behalten, wenn man die Benennung einmal verstanden hat, viel besser als ein undurchsichtiger Name!

Die beiden zitierten Dissertationen zu neugebildeten Komposita (Klos 2011, Zürn 2013) untersuchen, inwieweit von den Sprechern und Sprecherinnen unbekannte Komposita interpretiert werden. Da die Wörter in der Wortwarte durchaus eine spezifische Bedeutung haben (sie werden hier in einem bestimmten Sinne benutzt), kann man die Bedeutung hier abgleichen und gewissermaßen von ‚richtigen' Interpretationen sprechen. In diesem Sinne könnte man zum Beispiel Schüler/innen ‚belauschen', wie sie sich gegenseitig Komposita erklären oder sie, wie Klos (2011) es gemacht hat, regelrecht ‚befragen'. Anders als bei Klos wären die Komposita allerdings kontextualisiert. Auch das wäre ein gutes Untersuchungsdesign.

Literatur

Ackema, P. und Neeleman, A. (2010): The role of syntax and morphology in compounding. In: Scalise, S. und Vogel, I. (Hrsg.): *Cross-disciplinary issues in compounding*. Amsterdam u. a.: Benjamins, 21–36.

Bangel, M. (2018): *Wortbildungsstrukturen als Wegweiser beim Dekodieren. Eine empirische Untersuchung zum Erschließen komplexer Wörter in Jahrgang 5*. Wiesbaden: Springer Fachmedien.

Barz, I. (2016): Die Wortbildung. In: Dudenredaktion und A. Wöllstein (Hrsg.): *Duden. Die Grammatik*. 9. Aufl. Berlin: Dudenverlag, 644–774.

Behaghel, O. (1909): Beziehungen zwischen Umfang und Reihenfolge von Satzgliedern. In *Zeitschrift für Indogermanistik und historische Sprachwissenschaft 25*, 110–142.

Bley, A., Dieckmann, R., Eckerskorn, E., Freimann, T., Gräbe, G., Hampl, U. und Handschuh, P. (2008): *Fokus Biologie. Gymnasium 7/8*. Ausgabe N. Berlin: Cornelsen.

Buck, K., Haas, D., Jauering, D., Köhler, H., Nanz, U. und Tripodi, G. (2013): *Enter 2 Gymnasium. Informationstechnische Grundbildung für die Klassen 7-10.* Braunschweig: Schroedel.

Claßen, H. und Roß, A. (2016): *Erlebnis Biologie 2. Ein Lehr- und Arbeitsbuch, 7./8. Schuljahr, differenzierende Ausgabe.* Braunschweig: Schroedel.

Creizet, M. C. (2008): Zum Ausdruck von Aspektualität mittels nominaler Klassenkomposita im fachsprachlichen Bereich. In: Eichinger, L. M., Meliss, M. und Domínguez Vázquez, M. J. (Hrsg.): *Wortbildung heute. Tendenzen und Kontraste in der deutschen Gegenwartssprache.* Tübingen: Narr Francke Attempto, 75–90.

Derichs, J., Intemann, G., Graham, K., Machate, C., Pankratz, W., Schröfel, K. und Stiller , E. (2012): *denk/mal. Geschichte. 7/8 differenzierende Ausgabe.* Braunschweig: Schroedel.

Donalies, E. (2011): *Basiswissen Deutsche Wortbildung.* 2. Aufl. Tübingen: Narr Francke Attempto.

Dressler, W.U., Lettner, L.E. und Korecky-Kröll, K. (2010): First language acquisition of compounds: With special emphasis on early German child language. In: Scalise, S. und Vogel, I. (Hrsg.): *Cross-disciplinary issues in Compounding.* Amsterdam u. a.: Benjamins, 323–345.

Eggert, K., Friebel, S., Imhof, U., Kaminski, H., Koch, M., Raker, M., Reuter-Kaminski, O. und Schröder, R. (2013): *Praxis Wirtschaft 1, Differenzierende Ausgabe für Niedersachsen.* Braunschweig: Westermann.

Eichinger, L. M. (2000): *Deutsche Wortbildung. Eine Einführung.* Tübingen: Narr.

Eisenberg, P. (2013): *Das Wort. Grundriss der deutschen Grammatik.* 4. Aufl. Stuttgart: J.B. Metzler.

Elsen, H. (2009): Komplexe Komposita und Verwandtes. In: *Germanistische Mitteilungen: Zeitschrift für Deutsche Sprache, Literatur und Kultur 69*, 57–71.

Feilke, H. (2012): Bildungssprachliche Kompetenzen – fördern und entwickeln. In: *Praxis Deutsch 233*, 4–13.

Fuhrhop, N. (2007): Verbkomposita im Deutschen. In: Métrich, R. und Kauffer, M. (Hrsg.): *Verbale Wortbildung im Deutschen*. Tübingen: Stauffenburg, 49–58.

Gaeta, L. und Zeldes, A. (2012): Deutsche Komposita zwischen Syntax und Morphologie: Ein korpusbasierter Ansatz. In: Schlücker, B. und Gaeta, L. (Hrsg.): *Das Deutsche als kompositionsfreudige Sprache*. Berlin: de Gruyter, 197–217.

Grünbein, D. (1991): *Schädelbasislektion: Gedichte*. Frankfurt a.M.: Suhrkamp.

Herberg, D., Kinne, M. und Steffens, D. (2012): *Neuer Wortschatz. Neologismen der 90er Jahre im Deutschen*. Berlin: de Gruyter.

Klein, W. (2013): Von Reichtum und Armut des deutschen Wortschatzes. In: Deutsche Akademie für Sprache und Dichtung (Hrsg.): *Reichtum und Armut der deutschen Sprache*. Berlin: de Gruyter, 15–56.

Kniffka, G. und Roelcke, T. (2015): *Fachsprachenvermittlung im Unterricht*. Paderborn: Ferdinand Schöningh.

Leisen, J. (2013): *Handbuch Sprachförderung im Fach. Sprachsensibler Fachunterricht in der Praxis*. Stuttgart: Klett.

Lemnitzer, L.: www.wortwarte.de

Niederhaus, C. (2011): *Fachsprachlichkeit in Lehrbüchern. Korpuslinguistische Analysen von Fachtexten der beruflichen Bildung*. Münster: Waxmann.

Paul, H. (1920): *Deutsche Grammatik V: Wortbildungslehre*. Nachdruck Tübingen: Niemeyer 1968.

Pohl, T. (2017): Komplexität als Operationalisierungsdimension konzeptioneller Schriftlichkeit in Untersuchungen zum Unterrichtsdiskurs. In: Hennig, M. (Hrsg.): *Linguistische Komplexität – ein Phantom?*. Tübingen: Stauffenburg, 253–280.

Schlücker, B. (2012): Die deutsche Kompositionsfreudigkeit. Übersicht und Einführung. In: Schlücker, B. und Gaeta, L. (Hrsg.): *Das Deutsche als kompositionsfreudige Sprache*. Berlin: de Gruyter, 1–26.

Schmölzer-Eibinger, S. (2013): Sprache als Medium des Lernens im Fach. In: Becker-Mrotzek, M., Schramm, K., Thürmann, E. und Vollmer, H. J. (Hrsg.): *Sprache im Fach. Sprachlichkeit und fachliches Lernen, Fachdidaktische Forschungen*. Band. 3. Münster: Waxmann, 25–40.

Zürn, C. (2013): *Untersuchungen zur Semantik okkasioneller Nominalkomposita*. München: Grin.

Textuelles Parsen kohäsiver Strukturen im sprachsensiblen Literaturunterricht

1. Problemaufriss

„Für einen optimalen Leseprozess müssen die Lesekompetenz von Lesenden und Text optimal aufeinander abgestimmt sein" (Bredel und Maaß 2016, S. 138). Das gilt für kompetente Leser/innen wie für Leser/innen auf dem Weg dorthin. Dass es im Unterricht auf eine optimale ‚Passung' zwischen Lerngegenstand und Lernvoraussetzungen ankommt, dürfte ebenso konsensfähig sein - und das nicht erst seit der Fokussierung heterogener, integrativer und inklusiver Lernklassen, die die Entwicklung entsprechender differenzierender Lernangebote nach sich zog. Was wie ein Gemeinplatz anmutet, offenbart seine Brisanz in der konkreten Umsetzung – besonders mit Blick auf einen sprachsensibel gestalteten (Literatur)Unterricht. ‚Sprachsensibel' bezieht sich hier auf einen Umgang mit Literatur, der sprachliche Herausforderungen in literarischen Texten aufspürt und entsprechende Schwierigkeiten der Leser/innen antizipiert.

Leser/innen mit eingeschränkter Lesefähigkeit bereitet die Informationsentnahme große Schwierigkeiten. Oftmals scheitern sie „bei der Integration von im Text an verschiedenen Stellen aufzufindenden Informationen" (Klieme et al. 2010, S. 43). Das PISA-Konsortium stuft sie als „schwache Leserinnen und Leser" (ebd.) ein, die sich auf der untersten Stufe einer sechsstufig angelegten Kompetenzskala (ebd., S. 28) befinden.

In jüngster Zeit fokussiert die sprachdidaktisch motivierte Leseforschung vor allem hierarchie*niedrige* Leseprozesse wie *Buchstaben-Wort-* und *Satz*identifikation, welche auf das Verrechnen (= Parsen) lexikalischer und syntaktischer Strukturen zielen. Hierarchie*höhere* Prozesse betreffen die globale Kohärenzbildung, das Erkennen von Superstrukturen sowie die Identifizierung von Darstellungsstrategien (Rosebrock und Nix 2014, S. 15ff.) bzw. den Aufbau kohärenter Wissensstrukturen, das Erkennen der Autorintentionen und die Bewertung des Gelesenen (Christmann 2004, S. 420). Hier – so die Annahme – setze das eigentliche *Textverstehen* an. Es gilt als Domäne der Psycholinguistik bzw. der Literaturwissenschaft/-didaktik. Dabei kann angenommen werden, dass die „Verständlichkeitsforschung" (Bredel und Maaß 2016, S. 15, S. 117ff.) auf *Text*ebene ganz zentral auch den Kern sprachwissenschaftlich und sprachdidaktisch fundierter Forschung tangiert. Kohäsive und kohärenzstiftende sprachliche Mittel, die zur Textkonstitution beitragen, betreffen die Phorik, die Deixis und die Konnektivität. Einerseits unterstützen sie die textinduzierte Texterschließung, insofern sie bei ausgebildeter Lesefähigkeit Top-down- und Bottom-up-Prozesse initiieren, also textuelles Parsing steuern (Bredel und Pieper 2015, S. 210). Andererseits zeigen Forschungsergebnisse, dass textkohäsive wie -kohärente Mittel sich bei schwachen Leser/innen nicht zwingend positiv auf das Leseverstehen auswirken (Rothstein et al. 2014b; Becker und Musan 2014). Dieser Befund ist damit vereinbar, dass ausgerechnet additive und reduktive Verfahren, die für die Herstellung „Leichter Sprache" herangezogen werden, sich negativ auf die Textkohärenz auswirken (Bredel und Maaß 2016, S. 512). Verfahren zur Leseerleichterung kollidieren demnach mit Anforderungen zur Textstabilisierung (ebd.). Beides zusammengenommen erschwert die Auswahl, den Einsatz und die Adaption geeigneter Texte, die dem Lesekompetenzniveau der Schüler/innen entsprechen. Genau dies kennzeichnet einen sprachsensiblen Umgang mit Literatur, der sprachliche Anforderungen identifiziert, entsprechendes Scaffolding bereitstellt (vgl. Wildemann und Fornol 2016) und zu einem sprachorientierten wie sprachlich transparenten und u. U. sprachlich entlastenden (Literatur-)Unterricht führt (vgl. Riebling 2013, S. 166ff.).

Der Beitrag stellt zunächst eine Auswahl textkohäsiver Mittel und deren Rolle für textuelle Parsingprozesse vor. An einem ausgesuchten literarischen Beispiel zeigt er die diesbezügliche Komplexität eines Textes exemplarisch auf und entwickelt davon ausgehend Vorschläge für sprachlich sensibel gestaltete Komplexitätsreduzierungen, die es erlauben, den Aufbau der Textlesekompetenz mithilfe strukturbasierter Leseverfahren für Lernklassen mit heterogener Lesekompetenz zu unterstützen. Derartige Vorschläge betreffen aus sprachdidaktischer Perspektive bislang vorrangig die Wort- und Satzebene (Bredel und Pieper 2015, S. 211), auf Textebene stellen sie ein dringendes Desiderat dar.

2. Textuelles Parsen

2.1 Textlesen versus textuelles Parsen

In der gegenwärtigen Lesekompetenzdebatte stellt das Mehr-Ebenenmodell von Rosebrock und Nix (2014, S. 15) das wohl geläufigste Kompetenzmodell zum Lesen dar. Es inkludiert die Prozess-, die Subjekt- und die soziale Ebene. Die Prozessebene umfasst Teilprozesse, die sich auf das Wort-, Satz- und Textlesen beziehen. Textlesen in diesem Zusammenhang meint das Erfassen „unmittelbar aufeinanderfolgender Satzketten und deren Verknüpfung zu Texten" (Bredel und Pieper 2015, S. 187). Wenn hier vom textuellen Parsen statt vom Textlesen die Rede ist, so geht damit ein Perspektivwechsel einher. Anvisiert wird weniger die konstitutive Beschaffenheit eines Textes (offline) als vielmehr die Art und Weise, wie dessen strukturgebende Mittel den Leseprozess während des Lesens (online) steuern. Textuelles Parsen, verstanden als Fähigkeit, Satzfolgen zu Texteinheiten zu verrechnen (vgl. Bredel 2011, S. 26), dient der „thematische[n] Kontinuitätssicherung zwischen aufeinanderfolgenden Texteinheiten" (ebd., S. 28). Als Garant zur Sicherung des Textverstehens kommt ihm eine voraussetzungsreiche Rolle zu. Die Basis dafür bilden Textkohäsion und Textkohärenz.

2.2 Textkohäsion versus Textkohärenz

Zwei Verfahren der Textverknüpfung sind zentral, um die textinduzierte Steuerung des Lesers/der Leserin zu gewährleisten: die Kohäsions- und die Kohärenzbildung (Bredel und Pieper 2015, S. 203). Ihre Abgrenzung ist in der fachwissenschaftlichen Literatur nicht unumstritten (vgl. Lötscher 2006, S. 36). Herauskristallisiert hat sich eine prototypisierende Verwendung zur Unterscheidung oberflächen- und tiefenstruktureller Textzusammenhänge (ebd., S. 34). Von kohäsionsstiftenden Mitteln ist die Rede, wenn es um Textverknüpfungen geht, die den Textzusammenhang ausdrucksseitig an der Oberfläche signalisieren (Luginbühl und Pantli 2004, S. 255). Sie sind dem Rezipienten „in ihrer linearen Struktur [...] unmittelbar zugänglich" (Glück 2010, S. 340, Sp. 1). Kohärenzstiftend dagegen sind inhaltsseitig „semantisch-pragmatische Verknüpfungen der den sprachlichen Zeichen" zugrundeliegenden Satz-/Textinhalte, die das Ergebnis kognitiv vielschichtiger Prozesse der Textarbeit darstellen (ebd., S. 339, Sp. 2). Lötscher (2006, S. 34ff.) teilt kohäsive und kohärente Beziehungen danach ein, ob sie auf Satz- oder Textebene vorkommen: Kohäsion im Satz werde über grammatische Abhängigkeiten wie „morphologische Rektion (z. B. Person, Numerus), Kasus, Präpositionen oder Konnektoren hergestellt", Kohärenz im Satz über sogenannte „Funktor-Argument-Beziehungen". Kohäsion im Text sei mit Adjazenz gegeben, Kohärenz im Text werde inferenziell gestiftet. Üblicherweise den Kohäsionssignalen zugerechnete „Rekurrenzerscheinungen wie anaphorische Ketten oder Tempusformen" bezeichnet Lötscher (ebd., S. 36) als „Symptome von Kohärenz".

Während Lese- und dort literaturdidaktisch bemühte Konzepte meist um das tiefenstrukturelle Textverstehen kreisen, wird die Verarbeitung textkohäsiver Mittel implizit vorausgesetzt und vernachlässigt. Angeleitete Sinnkonstituierung, wie sie sich zuhauf in Lesebüchern niederschlägt, verlagert die Gewichtung der Text-Leser/in-Interaktion zugunsten der leser/innenseitigen und dort der semantisch-propositionalen Verarbeitung der Textinhalte. Sie schließt das extratextuelle Vor- und Weltwissen (*frames, scripts*) und die Inferenzkompetenz der Rezipient/innen ein.

Der Fokus liegt hier daher auf grammatischen Mitteln der Textverknüpfung und der textoberflächennahen Anweisungsstrukturen. Grammatik fungiert als „Steuerungsinstrument" für die Rezeption von Texten (vgl. Blühdorn et al. 2006, S. VIII). Das Befolgen textkohäsiver Anweisungen, das bei kompetenten Leser/innen in routinierten Prozeduren erfolgt, kann zur Optimierung tiefliegender Verarbeitungsprozesse, zu besserem Textverstehen, zur Steigerung von Lesetempo und Leseflüssigkeit beitragen. Erwartbar ist, dass textseitig auf kohäsiver Basis ausgelöste oberflächennahe Verarbeitungsprozesse leichter operationalisierbar sind als kohärenzbezogene kognitive Prozesse, die aus dem komplexen Wechselspiel zwischen Text- und Leser/innenwelt resultieren.

2.3 Leichte und komplexe kohäsive Anweisungsstrukturen

Zu den prominentesten kohäsiven Verweismitteln zählen **textphorische** (vgl. Kap. 2.3.1), **temporale** (vgl. Kap. 2.3.2) und **konnektive** (vgl. Kap. 2.3.3) Mittel. Alle drei bereiten primären Adressat/innen von Texten in *Leichter* Sprache, die Bredel und Maaß (2016, S. 143) gemäß PISA-Studie den schwachen Leser/innen der Lesekompetenzstufe I zuordnet (vgl. Kap. 1), besondere Probleme. Zu dieser sehr heterogenen Gruppe rechnen die Autorinnen ausdrücklich solche „Personen, deren Lesefähigkeit [...; B. M.] ohne Vorliegen einer Behinderung erheblich eingeschränkt ist" und denen die „sprachliche [...] und/oder referenzielle [...] Komplexität von Texten" Probleme bereitet (ebd., S. 140). Konträr zum normativen, defizitorientierten Verständnis Leichter Sprache artikulieren die Autorinnen Gesetzmäßigkeiten Leichter Sprache in einem regulativen, deskriptiven Format (ebd., S. 35ff.). Sie verstehen Leichte Sprache als reduzierte Varietät des Deutschen, die auf allen linguistischen Ebenen des Sprachsystems einen Gegenpol bildet zur komplex ausgebauten standardsprachlichen Varietät (vgl. ebd., S. 14). Zwischen beiden Polen herrscht ein breites Spektrum an Reduktionsvarietäten, das mithilfe der *Einfachen* Sprache gefasst wird (vgl. ebd., S. 527). Hierunter verstehen Bredel und Maaß ein „variables System" (ebd., S. 531), bei dem Reduktions- und Anreicherungsverfahren der Leichten Sprache je nach intendierter Leser/innenschaft dynamisch ausgeschöpft und angewandt werden. Dies ermöglicht Lehrpersonen eine behutsame, maßvolle, in diesem Sinne ‚sprachsensible' Vereinfachung schwierigerer Texte, die auch auf ästhetisch-poetische Wirkungen Rücksicht nimmt. Da die Vertextungspraxis Leichter und Einfacher Sprache Regeln bereithält, die Komplexität auch kohäsiver textueller Verweisstrukturen abzubauen, seien die maßgeblichen Kohäsionsmittel auf der Folie dieser Regeln, die einen für Sprache sensiblen Umgang mit ihnen im Literaturunterricht erlauben, beschrieben.

2.3.1 Textphorik

Textphorische Mittel sichern innertextuell Referenzidentität (Ko-Referenz) zwischen Ausdrücken, die auf denselben außertextuellen Referenten Bezug nehmen. Derartige Verweise können vorwärts- (kataphorisch) oder rückwärtsgewandt (anaphorisch) sein und unterschiedliche Formen annehmen: Sprachimmanente NP-Anaphern, Pro-Formen, lexikalische Wiederaufnahmen (Rekurrenzen) oder Paraphrasierungen weisen die/den Leserin/Leser an, textintern (endogen) entsprechende Verknüpfungen herzustellen.

Zentral textkonstitutiv sind **Pronomina** (vgl. Harweg 1968). Sie beteiligen sich im Vergleich zu anderen grammatischen Mitteln (Konnektoren, Tempora) am stärksten an der Textualitätssicherung (Bredel und Maaß 2016, S. 534). Dies gilt speziell für drittpersonige, phorische Personalpronomina. Über die Bildung sog. „Referenzketten" (vgl. Thurmair 2003) sichern sie bei thematischer Progression

Themenkonstanz. Zur geschlossenen Klasse der Funktionswörter gehörend, erfüllen sie vorwiegend syntaktisch-strukturelle Funktionen. Ihr Formenbestand ist relativ beschränkt und teils synkretisch (z. B. *sie*: Nom Sg fem vs. *sie*: Nom Pl mask/neutr/fem). Sie sind recht kurz (*sie, ihr*) und frequent und in obliquen Kasus gut an der Vokalgespanntheitsmarkierung <*ih*> erkennbar (*ihm, ihr, ihn, ...*). Dennoch gilt ihre Verarbeitung als voraussetzungsreich, was für schwache Leser/innen zur Lesehürde werden kann. Als prototypische Verweiswörter können sie in beide Richtungen und über verschiedene Distanzen hinweg verweisen (Bredel und Maaß 2016, S. 510; vgl. Tab. 1):

Tab. 1: Verweisoptionen von Pronomina

	Pronomina			
in Leserichtung	+	−	+	−
nahe zu Ante-/Postzedens	+	+	−	−

Am anspruchsvollsten sind Verweise über größere Distanzen und entgegen der Leserichtung: Das vorangehende Bezugswort (Antezedens) muss im Gedächtnis aktiviert bleiben, andernfalls wird ein Suchlauf entgegen der Leserichtung gestartet. Vorausverweise auf nachfolgende Bezugswörter („Postzedenten") erlauben den Beibehalt der Leserichtung und wirken als „Priming" (vgl. ebd., S. 511). Pronominale Auflösungen erfordern nicht nur konzeptionelles, sondern vor allem syntaktisches Wissen (vgl. ebd.): Pronomen und Referent verhalten sich „genus- und numerus-kongruent" (Schroeder 2007, S. 26). Oft ist es allein „das Genus des Pronomens, das den richtigen Bezug möglich macht" (Eisenberg 2013/II, S. 139), was so viel heißt, dass „die Genuszugehörigkeit mit ausgewertet" (Bredel und Maaß 2016, S. 328) und die Genuszuweisung sicher beherrscht werden muss. Denn „[i]n seiner textverweisenden und damit die Kohärenz von Texten sichernden Funktion kann die Bedeutung des Genus kaum überschätzt werden" (Eisenberg 2013/II, S. 140). Gerade bei der Genusdetermination spielen jedoch viele Faktoren zusammen, sodass Lerner/innen vor einer komplexen Erwerbsaufgabe stehen (für DaZ vgl. Montanari 2010, 2012; für DaF vgl. Mesch 2013). Dies hat Effekte auf die Fähigkeit zur Genusauswertung und die Fähigkeit, pronominale Verweise in Texten aufzulösen. Fälschliche Identifikationen von Bezugswort und Verweiswort können die Verarbeitung der thematischen Progression empfindlich stören.

2.3.2 Tempus

Tempora stellen zeitliche Bezüge extratextuell zwischen Zeitpunkten, innertextuell zwischen einzelnen Textpassagen her. Tempuskonstanz und Tempuswechsel regulieren die Abfolge von Ereignissen und sequenzieren sie. Stets handelt es sich um eine „grammatikalisierte Wiedergabe von Zeitbezügen" (Glück 2010, S. 703, Sp. 1), sodass der Tempusgebrauch als Mittel zur Herstellung von Kohäsivität angesehen wird (vgl. Rothstein et al. 2014a). Für literarische, speziell narrative Texte konstitutiv sind das epische Präteritum (Hamburger 1953, 1994), auch das epische Präsens (Petersen 1992, 1993). Beide Tempora lassen sich morphologisch gut „durch die An-/Abwesenheit des *t*-Markers im Finitum" unterscheiden (Bredel und Töpler 2007, S. 837). Präsentische Tempora weisen im finiten Verb keine *t*-Markierung auf (*lache*), präteritale Tempora dagegen schon (*lachte*). Formen der ersten Tempusgruppe werden auf dem Hintergrund eines für Sprecher (S) und Hörer (H) gemeinsamen Wahrnehmungsraums ausgewertet, die der zweiten verweisen auf einen fiktionalen Vorstellungsraum (vgl. ebd., S. 846), weshalb das Präteritum fiktionalitätsanzeigend ist (Hamburger, 1953). Abweichender Tempusgebrauch erfüllt narrative (z. B. Figurenrede im Präsens) oder stilistische Funktionen.

Bislang wenig beforscht ist der Einfluss, den Tempora (und Temporaladverbien) als Kohäsionsmarker auf das Lesen haben (vgl. Rothstein et al. 2014b, Schmitz et al. 2016). Interessanterweise nutzen gerade schwächere Leser/innen kohäsive Tempussignale weniger gut als stärkere (vgl. Schmitz et al. 2016, S. 8). Dies gilt vermutlich umso mehr für die Auswertung der als markiert geltenden präteritalen *t*-Formen. Jedenfalls ist das für die Studie von Schmitz et al. (2016, S. 7) anzunehmen, bei der ca. 40% der 57 Probanden/innen aus einer 9. Jahrgangsklasse, vor die Wahl zweier präteritaler Texte gestellt, sich jeweils für den weniger kohäsiven Text entschieden. Insofern markierte Formen schwerer auszuwerten sind als unmarkierte, erleichtern präsentische Temporaformen sprachliches Verstehen (Bredel und Maaß 2016, S. 325).

2.3.3 Konnektive

Konnektive (auch: Konnektoren) werden unterschiedlich gefasst. Pasch et al. (2003) zählen dazu **Kon-/Subjunktionen**, zweistellige **(Satz-)Adverbien** (Präpositional-/Pronominaladverbien) und **Konnektivpartikeln** (Volodina 2015, S. 131). Kennzeichnend für Konnektoren ist ihre „quer zu den tradierten Wortarten"[1] liegende Klassifikation und ihre satz- und textverknüpfende Funktion (Glück und Rödel 2016, S. 356, Sp. 2). Diese hängt eng mit ihrem syntaktischen Verhalten zusammen. Pasch et al. (2003, S. 348) unterscheiden Konnektoren danach, ob sie in fester (nicht-konnektintegrierbar) oder variabler (konnektintegrierbar) Position auftreten, was „in etwa der traditionellen Gegenüberstellung von Konjunktionen einerseits und Adverbien und Partikeln" andererseits gleichkommt (Volodina 2015, S. 132).

Konjunktionen wie **Subjunktionen** stellen Beziehungen zwischen Sätzen und Satzteilen her. Sie leisten so einen wesentlichen Beitrag zur Herstellung von Kohäsion (Glück und Rödel 2016, S. 354, Sp. 1f.). Während *Kon*junktionen Lexeme, Wortgruppen oder (Teil)Sätze koordinieren, ordnen *Sub*junktionen Teilsätze anderen (Teil)Sätzen unter (ebd.). Nach Bamberger und Vanecek (1984, S. 40, Sp. 2) sind koordinierte Sätze (Satzreihen) einfacher zu verstehen als Sätze mit Subordination (Satzgefüge). Die mit Kon-/Subjunktionen gegebene Ausbuchstabierung semantischer Relationen wirkt leseerleichternd (Bredel und Maaß 2016, S. 391; Bamberger und Vanecek 1984, S. 40, Sp. 2), sodass Verbindungen mit (syndetisch) ihnen leichter zu verarbeiten sind als solche ohne (asyndetisch). Nicht Kon-/Subjunktionen sind u. U. schwer verständlich, sondern die durch sie eingeleiteten syntaktischen Konstruktionen (vgl. Bredel und Maaß 2016, S. 383ff.).

Mit **Konjunktionen** koordinierte Sätze sind also leichter zu verarbeiten denn solche mit impliziter Verknüpfungsrelation (vgl. Bredel und Maaß 2016, S. 415). Satzreihen können in Einzelsätze aufgelöst werden. Die Konjunkte werden dann satzextern verknüpft und unter einer gemeinsamen Einordnungsinstanz verrechnet (vgl. ebd., S. 404). Satzexterne Koordinationsstrukturen mit Konjunktion scheinen einfacher zu verarbeiten zu sein als satzinterne, weshalb Letztere in Leichter Sprache nicht lizenziert sind (ebd., S. 403, 410; vgl. Tab. 2). Satzinterne

---

[1] http://hypermedia.ids-mannheim.de/call/public/sysgram.ansicht?v_-typ=d&v_id=1183. Zugriff am 14.12.2017.

Koordinationen enthalten oft leseerschwerende Tilgungen (*er kam, er sah und er siegte*). Werden diese aufgehoben, sind satzinterne Koordinationen u. U. einfacher zu verarbeiten als satzexterne mit Tilgung (*Er kam. Und er sah. Und er siegte*). Hier weist der Punkt den/die Leser/in an, die syntaktische Verrechnung abzubrechen und den Arbeitsspeicher zu leeren. Die anschließende Konjunktion fordert ihn dagegen auf, auf vorherige syntaktische Informationen zurückzugreifen, was einen Widerspruch erzeugt:

Tab. 2: Typen von Koordinationsstrukturen

	+ Tilgung	– Tilgung
satz*in*terne Koordination	Es fiel zur Erde und [–] zerbrach.	Es fiel zur Erde und es zerbrach.
satz*ex*terne Koordination	Es fiel zur Erde. Und [–] zerbrach.	Es fiel zur Erde. Und es zerbrach.

Und gilt als unmarkierter, additiver, exklusives oder inklusives *oder* als unmarkierter, disjunktiver Verknüpfer. Von den adversativen Konjunktoren bezeichnet Breindl (2004, S. 220) *aber* zwar als „prototypischen Kontrastmarker", dennoch gilt er als komplexester Konjunktor überhaupt (Bredel und Maaß 2016, S. 406). Dies liegt daran, dass *aber* einen Gegensatz oder eine Einschränkung gegenüber einer vorab erzeugten Erwartungshaltung ausdrückt (Peschel 2015, S. 157). In Leichter Sprache sind an Konjunktionen sonst nur noch komparatives *wie/als* und kausales *denn* angemessen (Bredel und Maaß 2016, S. 405ff.).

Subjunktionen leiten ergänzende Subjekt- und Objektsätze (*dass, ob, w-*Sätze) oder adverbiale Nebensätze ein. Sie etablieren Satzgefüge und signalisieren sie zugleich. Je tiefer die syntaktische Einbettungsstruktur ist, umso schwieriger ist die Auswertung. Leichte Sprache vermeidet Nebensatzstrukturen (Bredel und Maaß 2016, S. 401), sodass Subjunktionen entfallen und mit ihnen die Anzeige semantischer Relationen. Stattdessen werden Ersatzkonstruktionen kreiert, die häufig *d*-Konnektoren (*deswegen*) enthalten (ebd.).

Satzadverbien wie Bredel und Maaß (2016, S. 375) sie verstehen, sind für einen sprachsensiblen Umgang insofern relevant, als mit ihnen „das Fehlen bestimmter grammatischer Konstruktionen der Standardsprache kompensiert werden kann". Dies betrifft vor allem diejenigen mit *d*-Element. Präpositional- bzw. Pronominaladverbien wie *dafür, davor* oder *daraus* finden für textdeiktische

Verweise Verwendung (ebd., S. 379). Treten Adverbien oder Konnektivpartikel – Konjunktionaladverbien wie *also* oder *folglich* eingeschlossen – als Pro-Adverbien auf und werden sie relational gebraucht (Duden 2009, S. 572), gilt wie für die Pronomina (s. o.), dass Verweise in Leserichtung sprachlich einfacher zu verarbeiten sind als solche in entgegengesetzter Leserichtung.

Der Einfluss des Zusammenspiels kohäsiver Mittel auf lokaler wie globaler Ebene auf das Leseverständnis ist weitgehend unerforscht (Rothstein et al. 2014b). Wenn auch nicht empirisch, so zumindest theoretisch fundiert lassen sich Anreicherungspräferenzen ausmachen, nach denen sprachliche Mittel, die in Leichter Sprache vermieden, in Einfacher Sprache zugelassen werden (Bredel und Maaß 2016, S. 325). Pronomina (s. 2.3.1 Textphorik), die sich im Vergleich zu anderen grammatischen Mitteln gravierend an der Textualitätssicherung beteiligen, sollten relativ früh eingeführt werden. Präteritale Formen (vgl. Kap. 2.3.2) oder konjunktionale Konnektoren (vgl. Kap. 2.3.3) betreffen vorrangig ökonomische und/oder ästhetische Faktoren, sodass deren Zulassung weniger dringlich erscheint.

3. Textuelles Parsen im sprachsensiblen Literaturunterricht – Ein literarisches Textbeispiel

Die folgenden Abschnitte veranschaulichen an einem Textbeispiel, vor welche Aufgaben textkohäsive Anweisungsstrukturen ihre Leser/innen stellen. Sie demonstrieren, wie anspruchsvoll es sein kann, textuelle Direktiven zu beachten und auszuwerten. Diesbezügliche Anforderungen von Texten sind kompetenten Leser/innen zumeist nicht präsent, insofern deren Leseprozesse automatisiert ablaufen. Eine sprachsensible Lesedidaktik dagegen verpflichtet sich, die Komplexität textueller Strukturen sowie die Leistungen, die diese ihren Leser/innen abverlangt, gegenwärtig zu halten.

Bewusst wird hier ein literarästhetischer Text ausgewählt, da einschlägige Large-Scale-Studien zur Lesekompetenz wie PISA vor allem expositorische Texte betreffen. Auch kreisen bisherige Bemühungen um sprachsensiblen Unterricht vorrangig um fachliche Texte des Fachunterrichts (Leisen 2017[2], Wilde-

---

[2] Vgl. auch: http://www.sprachsensiblerfachunterricht.de/. Zugriff am 11.12.2017.

mann und Fornol 2016). Literaturunterricht als sprachsensibler Fachunterricht wird erst jüngst in den Blick genommen (Frickel und Kagelmann 2016, Brüggemann und Mesch i. Vorb.). Literaturdidaktische Abhandlungen zur Schwierigkeit literarischer, speziell narrativer Texte blenden die sprachliche Seite nicht aus (Frickel 2010, 2014; Frickel und Filla 2013). Doch mit dem Fokus auf die Analyse von Lexikon und Metaphorik (Leubner und Saupe 2017, S. 241) erscheint die syntaktisch-textuelle Analyse so unterrepräsentiert, dass sprachliche Herausforderungen und Hürden für weniger kompetente Leser/innen oft übersehen werden.

3.1 Der alte Großvater und der Enkel (KHM, 78)

Der hier ausgewählte Text „Der alte Großvater und der Enkel" (vgl. (1) Kap. 3.1.2) ist ein Märchen der Gebrüder Grimm (1857). Es erzählt von einem Großvater, der wegen seiner senilen Manieren von der Tischgemeinschaft der Familie ausgeschlossen wird. Dies veranlasst den Enkel, den künftigen Ausschluss der eigenen Eltern vorzubereiten, was diese wiederum dazu bewegt, den Großvater zu re-integrieren. Das Märchen wird gerne in Lesebüchern und dort unter parabolischen Texten angeführt. Auf den ersten Blick handelt es sich, veraltete lexikalische Ausdrücke und Wendungen wie *Heller, Tröglein* oder *alsofort* ausgenommen, um einen leicht verständlichen Text, der dem sprachlichen Anforderungsniveau der Sekundarstufe I zu entsprechen scheint.

3.1.1 Textschwierigkeit aus literaturdidaktischer Sicht

Ziehen wir zum Ermitteln der Textschwierigkeit die von Leubner und Saupe (2008, S. 236ff.) angeführten Kriterien heran, so liegt auf Handlungsebene eine recht eindeutige Komplikations- und Auflösungsstruktur vor: „*Was machst du da?*" (Wende), „*Da sahen sich Mann und Frau ... an, fingen an zu weinen...*" (Klimax), „*...holten alsofort den alten Großvater an den Tisch...*" (Auflösung). Die Auflösung ist eindeutig positiv („*...ließen ihn von nun an immer mitessen...*"), es kommt eine Komplikationshandlung vor, die sich aus nur einer Figurensicht zusammensetzt (*Mann und Frau* gemeinsam); das der Komplikation zugrundeliegende Gut (*Integration in* vs. *Exklusion aus Familiengemeinschaft*) ist bedingt abstrakt, spezielles sprach-/literaturhistorisches Wissen ist nicht zwingend erforderlich. Die Figurenkonzeption ist einfach (*Drei-Generationen-*

Familie), die Figureninformation zuverlässig. Die Figuren sind eindimensional, teils stabil, teils dynamisch gestaltet, insofern ihre Merkmale sich verändern (*Frau und Mann*). Was narrationsspezifische Darstellungsverfahren anbelangt, so liegt ein extradiegetisch-heterodiegetischer Erzählertyp (Genette 1998) vor, der zuverlässig, eindeutig und auktorial mit Nullfokalisierung erzählt. Die Zeitgestaltung ist vorwiegend chronologisch, zeitraffende und zeitdeckende Phasen wechseln sich entsprechend der narrativen Gewichtung der erzählten Geschehnisse ab: „*Einmal auch konnten seine zitterigen Hände* ..." (zeitdeckend); „ *... da kaufte sie ihm ein hölzernes Schüsselchen für ein paar Heller, daraus mußte er nun essen*" (zeitraffend). In puncto Sprache kommen weder zahlreiche „veraltete/ungebräuchliche Wörter", „innovative sprachliche Bilder" (Metaphern) noch „in hohem Maße" Satzbauverstöße vor (Leubner/Saupe 2008, S. 241). Außergewöhnlich komplex dünkt auch der Satzbau prima facie nicht. Die Sätze sind zwar nicht kurz, doch muten die Einbettungsstrukturen vorwiegend koordinierter Aussagesätze mit V2-Stellung nicht tief an. Weiter differenzieren Leubner und Saupe (ebd.) die sprachliche Analyse nicht. Auch auf den zweiten Blick gelangt man in summa zur Gesamteinschätzung, der Text sei hinsichtlich seines sprachlichen Anforderungsniveaus für die Sekundarstufe I angemessen.

3.1.2 Textschwierigkeit aus sprachsensibler Sicht (textuelles Parsen kohäsiver Strukturen)

Ein ganz anderes Bild entsteht, wenn man die kohäsiven Verweisstrukturen dechiffriert. Die Darstellung beschränkt sich auf textphorische, temporale und konnektive Verweise. Wie in Kap. 2.3 gezeigt, handelt es sich dabei vornehmlich um Funktionswörter (Synsemantika), die im Gegensatz zu Inhaltswörtern (Autosemantika) „keine eigenständige lexikalische", sondern „abstrakte grammatische Bedeutungen tragen und primär syntakt.-strukturelle Funktionen erfüllen" (Glück und Rödel 2016, S. 216, Sp. 1). Von den 230 Wörtern sind dies mindestens die Hälfte, wenn man Artikel, Pronomina, Konjunktionen, Präpositional-/Konjunktionaladverbien (*davon, dazu, daraus; deswegen, auch*) mit einrechnet und Adverbien wie *nun*, Hilfs- und Modalverben sowie die Negationspartikel *nicht* ausklammert, die zumeist hinzugerechnet werden (ebd., Bredel und Maaß 2016, S. 375ff.). Dies lässt erwarten, dass wir es mit einem äußerst komplexen Zusammenspiel textkohäsiver Verweisstrukturen zu tun haben.

(1)

[Der alte Großvater]₁ und [der Enkel]₅[3] (Grimm, 1857)

1   Es war einmal [ein steinalter Mann]₁, [dem]₁ waren die Augen trüb geworden, die Ohren taub, und die Knie zitterten [ihm]₁. Wenn er nun bei Tische saß und den Löffel kaum halten konnte, schüttete [er]₁ Suppe auf das Tischtuch, und es floß [ihm]₁ auch etwas wieder aus dem Mund. [Sein]₁ [Sohn]₂ und [dessen]₂ [Frau]₃
5   ekelten sich davor, und deswegen mußte [sich]₁ [der alte Großvater]₁ endlich hinter den Ofen in die Ecke setzen, und [sie]₄ gaben [ihm]₁ [sein]₁ Essen in [ein irdenes Schüsselchen]₇ und noch dazu nicht einmal satt; da sah [er]₁ betrübt nach dem Tisch, und die Augen wurden [ihm]₁ naß. Einmal auch konnten [seine]₁ zitterigen Hände [das Schüsselchen]₇ nicht fest halten, [es]₇ fiel zur Erde und zerbrach. [Die
10 junge Frau]₃ schalt, [er]₁ sagte aber nichts und seufzte nur. Da kaufte [sie]₃ [ihm]₁ ein hölzernes Schüsselchen für ein paar Heller, daraus mußte [er]₁ nun essen. Wie [sie]₆ da so sitzen, so trägt [der kleine Enkel]₅ von vier Jahren auf der Erde kleine Brettlein zusammen. 'Was machst [du]₅ da?' fragte [der Vater]₂. '[Ich]₅ mache ein Tröglein,' antwortete [das Kind]₅, 'daraus sollen [Vater]₂ und [Mutter]₃ essen, wenn
15 [ich]₅ groß bin.' Da sahen sich [Mann]₂ und [Frau]₃ eine Weile an, fiengen endlich an zu weinen, holten alsofort [den alten Großvater]₁ an den Tisch und ließen [ihn]₁ von nun an immer mit essen, sagten auch nichts, wenn [er]₁ ein wenig verschüttete.

Textphorik: Vor allem zu den vier Handlungsträgern *Großvater* (21x), *Sohn* (5x), *Schwiegertochter* (5x) und *Enkelkind* (6x) werden Referenzketten variabler Länge und Distanz konstruiert, besetzt mit Verweistypen in vorwiegend rückwärtsgewandter Verweisrichtung; aber auch Gegenstände werden verkettet, vgl. (2). Auffällig ist das formgleiche, funktionsdifferente (synkretische) *sie*, mit dem ganz unterschiedliche Referentengruppen aufgenommen werden (ebd.). Mit [*sie*]₆ kommt die einzige Katapher vor, die potenziell auf den *Enkel* vorausweist und ihn so prominent setzt. Die Frequenz der Bezüge dagegen macht den *Großvater* salient. Er tritt von Zeile 1 bis 11 und 16 bis 17 fast in jedem Teilsatz auf. Auf ihn wird mit Abstand am häufigsten referiert, sodass seine Figur maßgeblich für thematische Konstanz sorgt. Das Relativpronomen *dem* (Z. 1) leitet einen nicht-restriktiven Nebensatz mit abweichender V2- statt VL-Stellung auf. VL-Relativsätze sind nicht leicht zu verarbeiten (Bredel und Maaß 2016, S. 387.). Ebenfalls sprachlich herausfordernd ist die partielle Rekurrenz von *irdenes Schüsselchen* (Z. 6/7) und *hölzernes Schüsselchen* (Z. 11); beide zielen gerade

---

[3] **Legende**: [*Großvater*]₁, [*Sohn*]₂, [*Schwiegertochter*]₃, [*Sohn und Schwiegertochter*]₄, [*Enkelkind*]₅, [alle]₆, [Schüsselchen]₇, Konnektoren, RS im Original.

nicht auf dasselbe Referenzobjekt; *ein hölzernes Schüsselchen* und *ein Tröglein* (Z. 14) ebenfalls nicht, doch das wiederholte Präpositionaladverb *daraus* (Z. 14) verknüpft beide miteinander, sodass die Konnotation von *Trog* auf *hölzernes Schüsselchen* transferiert wird. Leseerschwerend wirkt das dreimalige Auftreten von *es* in jeweils unterschiedlicher Funktion als Vorfeld-*es* (*es war einmal*, Z. 1; *es floß*, Z. 3) und als phorisches Pronomen *es* (*es fiel zur Erde*, Z. 9). Nur im letzten Fall bezieht es sich auf *Schüsselchen*.

(2)

Der alte Großvater	→ *der/n alte/n Großvater*	identische Rekurrenz
	→ *ein steinalter Mann*	explizite NP-Anapher
	→ *dem, er, ihm/n, sein/e, sich*	pronominale Anapher
Sohn	→ *dessen*	pronominale Anapher
	→ *der Vater*	explizite NP-Anapher
Frau	→ *die junge Frau*	explizite NP-Anapher
	→ *sie*	pronominale Anapher
Sohn und dessen Frau	→ *sie*	pronominale Anapher
	→ *Mann und Frau*	explizite NP-Anapher
Großvater, Sohn, Frau, der kleine Enkel	→ *sie*	pronominale Anapher/ Katapher (*der kleine Enkel*)
der kleine Enkel	→ *du, ich*	pronominale Anapher
	→ *das Kind*	explizite NP-Anapher
ein irdenes Schüsselchen	→ *Schüsselchen*	identische Rekurrenz
	→ *es*	pronominale Anapher
ein hölzernes Schüsselchen	→ *daraus*	proadverbiale Anapher
ein Tröglein	→ *daraus*	proadverbiale Anapher

Tempus: Der Text verwendet mit dem epischen Präteritum eine synthetische, *t*-markierte Tempusform, was für einen höheren Verarbeitungsaufwand sorgt: Synthetische sind im Gegensatz zu analytischen Formen morphologisch intransparent, markierte gegenüber unmarkierten komplex (Bredel und Maaß 2016,

S. 179, S. 298, S. 524). Dreimal markiert Tempuswechsel die Figurenrede: im eröffnenden Dialogpart des *Vaters* („*Was machst du da?*") und im Respons des Kindes, der durch einen Begleitsatz unterbrochen ist („*Ich mache ein Tröglein"*, *antwortete das Kind, „daraus sollen..."*). Auf die natürliche Chronologie wurde schon in Kap. 3.1.1 hingewiesen: Zeitlich vorangehende Ereignisse stehen vor zeitlich folgenden. Gleichzeitigkeit tritt als temporale Relation ebenfalls auf (s.u. zu *wenn, wie*).

Konnektive: *Und* ist mit seiner 14-fachen Nennung mit Abstand der häufigste Konnektor. Es koordiniert Sätze (*...und die Knie zitterten ihm*) wie Nicht-Sätze (*Sein Sohn und dessen Frau...*). Die Konnekte müssen einer gemeinsamen Einordnungsinstanz untergeordnet werden, was eine kognitive Herausforderung darstellt, vgl. (3):

(3)

Beispiel	Gemeinsame Einordnungsinstanz
Der alte Großvater und der Enkel	Familienangehörige (3 Generationen)
Sein Sohn und dessen Frau	Kindstatus (Sohn/Schwiegertochter)
Mann und Frau	Eheleute
Vater und Mutter	Eltern

In Kap. 2.3.3 hatten wir gezeigt, dass satzinterne Koordinationen und solche mit Tilgung schwer zu verarbeiten sind. Tatsächlich weisen gut ein Drittel aller *und*-Verknüpfungen Koordinationsellipsen auf, darüber hinaus gibt es elliptische Konstruktionen in asyndetischen Reihungen, vgl. (4):

(4)

+ syndetisch + Tilgung	Wenn er nun bei Tische saß und ~~er~~ den Löffel kaum halten konnte ... ... sie gaben ihm sein Essen in ein irdenes Schüsselchen und ~~sie gaben ihm sein Essen~~ noch dazu nicht einmal satt... ... es fiel zur Erde und ~~es~~ zerbrach. er sagte aber nichts und ~~er~~ seufzte nur Da sahen sich Mann und Frau eine Weile an ... und ~~Mann und Frau~~ ließen ihn ...
– syndetisch + Tilgung	...dem waren die Augen trüb geworden, ~~dem waren~~ die Ohren taub ~~geworden~~ Da sahen sich Mann und Frau eine Weile an, ~~Mann und Frau~~ fingen endlich an zu weinen, ~~Mann und Frau~~ holten alsofort den alten Großvater an den Tisch ..., ~~Mann und Frau~~ sagten auch nichts ...

Das komplexe adversative *aber* (Z. 10) (vgl. Kap. 2.3.3) kommt als Konnektor nur einmal vor. Es verweist auf den vorangehenden Teilsatz *Die junge Frau schalt, er sagte aber nichts ...* . Ferner finden sich die adverbiale Nebensätze einleitenden Subjunktoren *wenn* (3x) und *wie* (1x) (vgl. 5):

(5)

wenn	Wenn er nun bei Tische saß ... , schüttete er ... ... daraus sollen ... essen, wenn ich groß bin. ... sagten auch nichts, wenn er ein wenig verschüttete.
wie	Wie sie da so sitzen, so trägt der kleine Enkel ... kleine Brettlein zusammen.

Nebensätze können vereinfachend in Einzelsätze aufgelöst werden, was sich beim konditionalen *wenn* als besonderes Erfordernis erweist. Die Auflösung in Teilsätze lässt jenen, der die Bedingung enthält, als faktisch erscheinen, vgl. (6):

(6) *Daraus sollen Vater und Mutter essen, wenn ich groß bin.*
Daraus sollen Vater und Mutter essen. *Ich bin groß.

Bredel und Maaß (2016, S. 392) nehmen für Bedingungs-Konsequenz-Verhältnisse wie in (7) Paraphrasierungen wie (7´) und (7´´) vor, wobei sie (7´´) wegen der Nähe zu V1-Koniditional-Sätzen (*Saß er bei Tisch, ...*) präferieren:

(7) *Wenn er ... bei Tische saß ..., schüttete er ... auf das Tischtuch.*
(7´) *Er saß nun bei Tisch? Dann schüttete er Suppe auf das Tischtuch.*
(7´´) *Saß er nun bei Tisch? Dann schüttete er Suppe auf das Tischtuch.*

Das temporale *Wie* zeigt eine weitere Nebensatzkonstruktion an, vgl. (8). Der mit *wie* bezeichnete Sachverhalt markiert den Beginn des Zeitintervalls, in dem der zusätzlich verknüpfte Sachverhalt gilt.[4] Temporal zu deuten sind auch die Konnektive *nun, alsofort* und *da*. *Nun* (3x) bezeichnet umgekehrt, dass die mit dem zusätzlich verknüpften Sachverhalt gegebene Situierung die zeitliche Basis liefert für den mit *nun* einsetzenden, vgl. (9). *Da* verweist 3x temporal, vgl. (10), und 2x räumlich, vgl. (10´).[5]

---

[4] http://hypermedia.ids-mannheim.de/call/public/gramwb.ansicht?v_app=g&v_kat=gramm&v_buchstabe=W&v_id=2250. Zugriff am 15.12.2017.
[5] Vgl. http://hypermedia.ids-mannheim.de/call/public/gramwb.ansicht?v_app=g&v_kat=gramm&v_buchstabe=D&v_id=1986. Zugriff am 15.12.2017.

(8)	*Wie* sie da so sitzen, so trägt der kleine Enkel ... auf der Erde kleine Brettlein zusammen.
(9)	Es war einmal ein steinalter Mann, dem waren die Augen trüb geworden .... Wenn er <u>nun</u> ... Da ... kaufte sie ihm ein hölzernes Schüsselchen ..., daraus mußte er <u>nun</u> essen. ... holten <u>alsofort</u> den alten Großvater an den Tisch und ließen ihn von <u>nun</u> an ... mitessen...
(10)	... nicht einmal satt; <u>da</u> sah er betrübt nach dem Tisch ... ... er sagte aber nichts und seufzte nur. <u>Da</u> kaufte sie ihm ein hölzernes Schüsselchen ... ... "daraus sollen Vater und Mutter essen ...." <u>Da</u> sahen sich Mann und Frau eine Weile an...
(10´)	Wie sie <u>da</u> so sitzen ... "Was machst du <u>da</u>?"

Ferner enthält der Text die Fokuspartikel *auch* (vgl. (11)) sowie die als Komplemente verwendete Pronominaladverbien *davor* und *daraus* (vgl. (12)) und in kausaler Funktion *deswegen* (vgl. (13)).

(11)	... es floß ihm <u>auch</u> etwas wieder aus dem Mund. Einmal <u>auch</u> konnten seine zitterigen Hände das Schüsselchen nicht festhalten... ... sagten <u>auch</u> nichts, wenn er ein wenig verschüttete.
(12)	... es floß ... etwas ... aus dem Mund. Sein Sohn und dessen Frau ekelten sich <u>davor</u> ... Da kaufte sie ihm ein hölzernes Schüsselchen ..., <u>daraus</u> mußte er nun essen. "Ich mache ein Tröglein", antwortete das Kind, "<u>daraus</u> sollen Vater und Mutter essen...
(13)	... ekelten sich davor, und <u>deswegen</u> mußte sich der alte Großvater endlich hinter den Ofen in die Ecke setzen ...

Auch „impliziert, dass es zur fokussierten Konstituente typgleiche Alternativen gibt"[6], auf die der Sachverhalt ebenso zutrifft. Diese sind im Kontext leser/innenseitig aufzufinden. *Davor* und *daraus* leiten die Suche nach sprachlichen Kontexten ein, auf die sie rückverweisen.

Der/Die Leser/in ist angehalten, alle vorangehend genannten Bezüge korrekt auszuwerten, um den Text richtig zu verstehen. Wie komplex diese Aufgabe

---

[6] http://hypermedia.ids-mannheim.de/call/public/gramwb.ansicht?v_app=g&v_kat=gramm&v_buchstabe=A&v_id=1615. Zugriff am 16.12.2017.

ist, wird deutlich, wenn man sich vor Augen hält, dass die kohäsiven Mittel bisher nur isoliert betrachtet wurden. Ihr Zusammenwirken ist nicht einmal annähernd erforscht (vgl. Kap. 2.3.3). Zudem wurde nur ein Ausschnitt von ihnen vorgestellt. Ausgeblendet wurden Determinative (Artikel). Unberücksichtigt blieben auch Inhaltswörter, deren semantische Relationen kognitiv zu rekonstruieren sind (vgl. z. B.: *Großvater, Vater, Mutter = Kind*-Perspektive; *Sohn, Schwiegertochter, Enkel = Großvater*-Perspektive; *Kind = Vater/Mutter*-Perspektive). Dies geschieht nicht ohne Grund, denn die Literatur zur sprachlichen Vereinfachung von Texten vernachlässigt mit den Funktionswörtern genau diejenigen Wörter, die bei ausbleibender oder fehlgeleiteter Auswertungsprozedur „weit gravierendere Auswirkungen auf das Gesamtverstehen haben als […; B. M.] einzelne […] Inhaltswörter" (Bredel und Maaß 2016, S. 345). Deshalb sollen im folgenden Abschnitt *dies*bezüglich leseerleichternde Textvarianten vorgestellt werden, die im Sinne eines Scaffoldings den Unterricht textuell anreichern und helfen, sich in einem sprachsensiblen Literaturunterricht schrittweise dem Original anzunähern.

3.2 Textvarianten – sprachsensibel gestaltet

Auf der Grundlage linguistisch fundierter Verfahren aus der Übersetzungspraxis Leichter/Einfacher-Sprache-Texte (vgl. Kap. 2.3) seien nun zwei Textvarianten vorgestellt, welche das Märchen aus Kap. 3.1.2 (vgl. (1)) einmal in leichter (14´), einmal in einfacher (14´´) Sprachvarietät wiedergeben. Zur besseren Vergleichbarkeit sei nochmals der Originaltext (14) angeführt. Wie in Kap. 2.3 dargelegt, handelt es sich beide Male um Reduktionsvarietäten, wobei die Regeln zur Erzeugung Leichter Sprache restriktiv, die der Einfachen Sprache variabel und mit Blick auf den/die Leser/in adaptiv einsetzbar sind, sodass Texte in Einfacher Sprache für den sprachsensiblen Literaturunterricht im Klassenverband geeignet sind. Die Bearbeitung der Texte konzentriert sich auf die in Kap. 2.3. vorgestellten Kohäsionsmittel: **Phorik** (speziell phorische Pronomina), **Tempus** und **Konnexion**. Alle weiteren lexikalischen, morphologischen, syntaktischen und semantischen Anforderungen bleiben für die Bearbeitung unberücksichtigt. Variante I (VI-LS) enthält den Leichte-Sprache-Text, Variante II (VII-ES) den entsprechenden Einfache-Sprache-Text.

(14) Ausgangstext in Standardsprache	(14´) Leichte-Sprache-Variante VI-LS in Bezug auf Phorik, Tempus und Konnexion	(14´´) Einfache-Sprache-Variante VII-ES in Bezug auf Phorik, Tempus und Konnexion
Der alte Großvater und der Enkel. (Grimm) Es war einmal ein steinalter Mann, dem waren die Augen trüb geworden, die Ohren taub, und die Knie zitterten ihm. Wenn er nun bei Tische saß und den Löffel kaum halten konnte, schüttete er Suppe auf das Tischtuch, und es floß ihm auch etwas wieder aus dem Mund. Sein Sohn und dessen Frau ekelten sich davor, und deswegen mußte sich der alte Großvater endlich hinter den Ofen in die Ecke setzen, und sie gaben ihm sein Essen in ein irdenes Schüsselchen und noch dazu nicht einmal satt; da sah er betrübt nach dem Tisch, und die Augen wurden ihm naß. Einmal auch konnten seine zitterigen Hände das Schüsselchen nicht fest halten, es fiel zur Erde und zerbrach. Die junge Frau schalt, er sagte aber nichts und seufzte nur. Da	Es war einmal. So fangen Märchen an. Ein Märchen ist eine sehr alte Geschichte. Dieses Märchen heißt: Der alte Großvater und der Enkel. Das Märchen geht so. Einem steinalten Großvater sind die Augen trüb geworden. Und dem Großvater sind die Ohren taub geworden. Und die Knie vom Großvater zittern. Sitzt der Großvater bei Tische? Dann kann der Großvater den Löffel kaum halten. Und der Großvater schüttet Suppe auf das Tischtuch. Es fließt dem Großvater auch etwas wieder aus dem Mund. Der Sohn vom Großvater und die Frau vom Sohn ekeln sich davor und deswegen muß der alte Großvater endlich hinter dem Ofen in der Ecke sitzen. Und der Sohn und die Frau geben dem Großvater das Essen für den Großvater in ein irdenes Schüsselchen. Der Sohn und die Frau geben dem Großvater das Essen noch dazu nicht einmal satt. Da sieht der Großvater betrübt nach dem Tisch. Und die Augen werden dem Großvater naß. Einmal auch können die zitterigen Hände vom Großvater das Schüsselchen nicht festhalten. Das Schüsselchen fällt zur Erde. Und das Schüsselchen zerbricht. Die junge Frau schilt, der Großvater sagt aber nichts. Der Großvater seufzt nur. Da kauft die junge Frau	Der alte Großvater und der Enkel (Grimm) Es war einmal ein steinalter Großvater. Die Augen waren ihm trüb geworden. Und die Ohren waren ihm taub geworden. Und die Knie zitterten ihm. Wenn er nun bei Tische saß, konnte er den Löffel kaum halten. Er schüttete Suppe auf das Tischtuch. Und es floß ihm auch etwas wieder aus dem Mund. Der Sohn des Großvaters und die Frau vom Sohn ekelten sich davor. Und deswegen mußte sich der alte Großvater endlich hinter den Ofen in die Ecke setzen. Und der Sohn und seine Frau gaben dem Großvater sein Essen in ein irdenes Schüsselchen. Der Sohn und die Frau gaben dem Großvater sein Essen noch dazu nicht einmal satt. Da sah er betrübt nach dem Tisch. Und die Augen wurden dem Großvater naß. Einmal auch konnten seine zitterigen Hände das Schüsselchen nicht festhalten, es fiel zur Erde. Und es zerbrach. Die junge Frau schalt, er sagte aber nichts. Und er seufzte nur. Da kaufte sie ihm

| kaufte sie ihm ein hölzernes Schüsselchen für ein paar Heller, daraus mußte er nun essen. Wie sie da so sitzen, so trägt der kleine Enkel von vier Jahren auf der Erde kleine Brettlein zusammen. 'Was machst du da?' fragte der Vater. 'Ich mache ein Tröglein,' antwortete das Kind, 'daraus sollen Vater und Mutter essen, wenn ich groß bin.' Da sahen sich Mann und Frau eine Weile an, fiengen endlich an zu weinen, holten alsofort den alten Großvater an den Tisch und ließen ihn von nun an immer mit essen, sagten auch nichts, wenn er ein wenig verschüttete. | dem Großvater ein hölzernes Schüsselchen für ein paar Heller, daraus muß der Großvater nun essen. Der Großvater, der Sohn und die Frau sitzen da so. Da trägt der kleine Enkel von vier Jahren auf der Erde kleine Brettlein zusammen. "Was machst du da?" fragt der Sohn. "Ich mache ein Tröglein", antwortet der Enkel, "daraus sollen der Sohn und die Frau essen, wenn ich groß bin." Da sehen sich der Sohn und die Frau eine Weile an. Der Sohn und die Frau fangen endlich an zu weinen. Der Sohn und die Frau holen alsofort den alten Großvater an den Tisch. Der Sohn und die Frau lassen den Großvater von nun an immer mitessen. Der Großvater verschüttet ein wenig? Der Sohn und die Frau sagen dann nichts. | ein hölzernes Schüsselchen für ein paar Heller, daraus mußte er nun essen. Wie Großvater, Sohn und die Frau da so sitzen, so trägt der kleine Enkel von vier Jahren auf der Erde kleine Brettlein zusammen. "Was machst du da?" fragte der Sohn. "Ich mache ein Tröglein", antwortete der Enkel, "daraus sollen der Sohn und die Frau essen, wenn ich groß bin." Da sahen sich der Sohn und die Frau eine Weile an. Sie fingen endlich an zu weinen. Sie holten alsofort den alten Großvater an den Tisch. Und sie ließen den Großvater von nun an immer mitessen. Der Sohn und die Frau sagten auch nichts, wenn der Großvater ein wenig verschüttete. |

VI-LS (14´): Die Auflösung pronominaler Bezüge ist wie in Kap. 2.3.1 dargelegt äußert voraussetzungsreich, weswegen Leichte Sprache sie durch identische Rekurrenz (*Der Großvater* → *der Großvater*) substituiert. Der Vorteil: Die Orientierung auf das vorangehende/nachfolgende Bezugswort entfällt. Der Referent kann ohne kognitiven Mehraufwand über den wieder aufgenommenen Ausdruck aktualisiert werden (Bredel und Maaß 2016, S. 370f.). Der Nachteil: Gerade dies ist der Textkohärenz abträglich, wie VI-LS (14´) eindrücklich demonstriert – ein Dilemma, das in Leichter Sprache nicht auflösbar ist.

Das Präteritum, *t*-markiert, synthetisch komplex und daher morphologisch intransparent, entfällt (vgl. Kap. 2.3.2). Damit entfällt zugleich dessen Funktion, Fiktionalität anzuzeigen (vgl. *Es war einmal...*). Dies muss textanreichernd geschehen (*Dies ist ein Märchen...*), um den Text im Präsens entfalten zu können (Bredel und Maaß 2016, S. 444). Mit dem Wegfall des Präteritums entfällt auch der Kontrast zwischen präteritaler Erzählwiedergabe und präsentischer Figurenrede. Insofern diese im Originaltext zusätzlich über Redezeichen gekennzeichnet ist, tangiert dieser Eingriff die Textualität nicht sonderlich.

Was die Konnektive anbelangt, so wurde in Kap. 2.3.3 berichtet, dass syndetische Verbindungen leichter zu verarbeiten seien als asyndetische. Textvariante VI-LS koordiniert Reihungen mit *und* statt mit Komma. Durch die lexikalische Wiederaufnahme entfällt das Auffinden gemeinsamer Einordnungsinstanzen koordinierter Ausdrücke, vgl. (3). Sonst präferiert der Text aus in Kap. 2.3.3 dargelegten Gründen satzexterne Koordinationsstrukturen ohne Tilgung. Subjunktoren und die mit ihnen eingeleiteten Nebensatzstrukturen entfallen bei der Auflösung in Einzelsätze. Aus dem mit *wie* eingeleiteten Temporalsatz mit VL-Struktur wird ein V2-Satz. Der Anschlusssatz nimmt mit dem die V2-Konstruktion wahrenden Konnektiv *da* den temporalen Bezug wieder auf. Der mit *wenn* eingeleitete Konditionalsatz wird analog zu (7´´) als Fragesatz formuliert.

VII-ES (14´´): Wie in Kap. 2.3. beschrieben, handelt es sich bei Einfacher Sprache um eine weniger reglementierte und dynamischere Sprachvarietät. Auf der Folie der Leichte-Sprache-Version (VI-LS, (14´)) kann man die Einfache-Sprache-Version (VII-ES, (14´´)) generieren, indem man in Leichte Sprache nicht erlaubte sprachliche Mittel behutsam zulässt. Auf diese Weise angereicherte Texte erlauben eine graduelle Anpassung an das Lesekompetenzniveau der Leser/innenschaft. Denkbar ist, heterogenen Lerngruppen diverse Einfache-Sprache-Versionen darzubieten, sodass eine optimale, weil auf das individuelle Lesevermögen der Leseklientel abgestimmte Textpassung erfolgen kann. Neben der „Orientierung an der [konkreten; B.M.] Leserschaft", kann man zur Erzeugung eines ver*einfach*ten Textes auch die „Sprach- und Texteigenschaften" ins Visier nehmen (Bredel und Maaß 2016, S. 531). Bredel und Maaß (ebd., S. 532) schlagen vor, sich bei der Überlegung, in welcher Reihenfolge sprachliche Mittel zuzulassen sind, an der textkohärenzstiftenden, ökonomischen und ästhetischen Dimension auszurichten. Demnach lässt VII-ES *eindeutig* auflösbare drittpersonige Personalpronomina wieder zu, da sie erheblich zur Textualisierung und zur ästhetischen Wirkung des Textes beitragen. Nicht formuliert wurde demnach bspw. *Es floß ihm [dem Großvater] auch etwas wieder aus dem Mund. Sein Sohn* ..., da *sein* auf *Mund* wie *Großvater* beziehbar, also nicht eindeutig wäre. Präteritum und Subjunktoren sind aus textästhetischen und textökonomischen Motiven ebenfalls wieder vorhanden, Satzreihungen und satzinterne Koordinationen mit

Tilgung dagegen nicht. Schließlich wird aus ästhetischen Gründen der Genitiv zugelassen. Er wird für die Desambiguierung der *sein*-Konstruktion in (15) benötigt, wobei auch die *von*-Paraphrasierung benötigt wird (15´), um eine Doppelung der Genitiv-Attribuierung (15´´) bzw. eine ambige Pronominalisierung (15´´´) zu vermeiden:

(15)   *... es floß ihm auch etwas wieder aus dem Mund. Sein Sohn und dessen Frau ekelten sich ...*
(15´) *Der Sohn des Großvaters und die Frau vom Sohn*
(15´´) **Der Sohn des Großvaters und die Frau des Sohnes.*
(15´´´) **Der Sohn des Großvaters und dessen/seine Frau.*

Was die Verweisrichtungen anbelangt, so wurden die rückbezüglichen Verweise beibehalten. Weitere Änderungen betrafen die Anpassung an die heute gültige Rechtschreibung.

3.3 Sprachsensibler Umgang mit Textanweisungsstrukturen im (Literatur-) Unterricht

An dieser Stelle sei auf ein Problem hingewiesen, das grundsätzlich mit der Veränderung literarischer Originale und deren Bearbeitung mithilfe Leichter oder Einfacher Sprache auftritt. Eingriffe in Originaltexte stellen eine Provokation dar und nicht selten führt dies zur Stigmatisierung der veränderten Texte und/oder ihrer Adressaten/innen. Doch sind die adaptierten Texte keine Zieltexte. Sie sind vielmehr Mittel zum Zweck und liefern Zusatzangebote, um Leser/innen mit unterschiedlichem Lesevermögen Texte darzubieten, die ihrem jeweiligen Sprachniveau entsprechen. Auch die schwächsten Leser/innen können so an Textwelten partizipieren, die ihnen andernfalls u. U. verwehrt blieben. Auch werden Leser/innen mit Lesebehinderung und Leseschwäche nicht in eins gesetzt, schon gar nicht, wenn man, wie hier geschehen, Leichte-Sprache-Texte und Einfache-Sprache-Texte kombiniert. Vielmehr gilt es, das Potenzial sprachlicher Textbearbeitungen zu erkennen und mit Blick auf die jeweiligen Lerner/innen zu nutzen:

„An einer positiven Wahrnehmung Leichter [und Einfacher; B. M.] Sprache muss aktiv gearbeitet werden. [...] Wichtigstes Instrument für eine erhöhte Akzeptanz Leichter [und Einfacher; B. M.] Sprache ist aber eine Professionalisierung der Textpraxis, die darauf abzielt, hochwertige, regelkonforme und funktionale Texte vorlegen zu können, sowie eine klare Bestimmung ihres Anspruchs, der auf die Bereitstellung von Zusatzangeboten und nicht auf die Einebnung der sprachlichen Vielfalt abzielt." (Bredel und Maaß 2016, S. 55f.)

So verstanden können in einem inklusiven Unterricht die in Kap. 3.2 vorgestellten Textvarianten verwendet und weitere Versionen entwickelt werden, um die Anforderungen auf Textebene an die Kompetenzen der Leser/innen möglichst individuell anzupassen. Selbstverständlich können auch nicht-sprachliche Verfahren angewandt werden, um leseförderliche kohäsive Bezüge herzustellen. Analog zur Aufbereitung von Fibeltexten wäre es z. B. denkbar, die Figuren einer Handlung über Ikons oder Symbole zu präsentieren, vgl. (16). Man umginge damit die schwierige Auflösung pronominaler Verkettungen; gleichzeitig vergibt man die Chance, die mit dem literarischen Text gegebenen Pronominalisierungen zu erwerben.

(16)

„Der alte Großvater und der Enkel" (Auszug mit Symbolen für Figuren)
🯅 und 🯆 ekelten sich davor, und deswegen mußte sich 🯅 endlich hinter den Ofen in die Ecke setzen, und 🯅 🯆 gaben 🯅 das Essen in ein irdenes Schüsselchen [...]. Wie 🯅 🯆 🯅 da so sitzen, so trägt 🯅 von vier Jahren auf der Erde kleine Brettlein zusammen.

Eine Möglichkeit, das Lesen textkohäsiver Strukturen anzubahnen, ohne auf Pronomen zu verzichten, besteht darin, pronominale Bezüge und Bezugsnominale durch farbige Markierungen und Verbindungslinien hervorzuheben, vgl. (17)[7].

---

[7] Wenige Beispiele, die kohäsive Strukturen visualisieren, finden sich in einer Fibel, die Leseanfänger/innen mit nicht-deutscher Herkunftssprache adressiert (Jeuk et al. 2014, S. 50, S. 58, S. 62)

(17)

> Der alte Großvater und der Enkel (Grimm) (Auszug)
>
> Es war einmal ein steinalter Mann,
>
> dem waren die Augen trüb geworden, die Ohren taub,
>
> und die Knie zitterten ihm.
>
> Wenn er nun bei Tische saß [...]

Sicher lassen sich noch weitere Beispiele finden, die methodisch sprachsensibel auf die Herausforderungen textuellen Parsens antworten.

4. Fazit/Ausblick

Ein Anliegen des Beitrags ist es, sprachtheoretisch fundiert und an einem konkreten literarischen Text zu veranschaulichen, wie komplex textkohäsive Verknüpfungen zu parsen sind. Dies gilt selbst für augenscheinlich einfache und kindertümlich anmutende Texte wie Märchen, hier „Der alte Großvater und der Enkel" von den Gebrüdern Grimm.

Derzeit kursierende Verfahren zur Überprüfung der Perzipierbarkeit und Verständlichkeit von Texten und zur Bestimmung ihrer Schwierigkeit verkennen das teils verdeckte Anforderungsniveau der Texte, indem sie komplexe kohäsive Verweisstrukturen ausblenden. Dies gilt ohnehin für quantitative Verfahren wie z. B. den von Björnsson (1968) entwickelten Lesbarkeitsindex, dies gilt auch für sehr ambitionierte qualitative Verfahren meist literaturdidaktischen Ursprungs, welche sprachliche Aspekte nicht hinreichend genug berücksichtigen. Hier den Blick zu schärfen, wäre eine von vielen Aufgaben, die eine sprachsensibel gestaltete Literaturvermittlung zu erfüllen hat.

Gelingt dies, so steht man vor der nächsten Herausforderung, zu entscheiden, wie man mit den sprachlichen Anforderungen der Texte umzugehen gedenkt. Eine Möglichkeit besteht darin, die Texte zu bearbeiten und sie hinsichtlich der auf Textebene angesiedelten Prozessierungen zu vereinfachen – nicht, um sie als Zieltexte zu verwenden, sondern um mit ihnen den Weg zum Original zu bahnen. Dabei sollte deutlich geworden sein, dass vereinfachende, reduktive Verfahren paradoxerweise über additive Verfahren kompensiert werden, sodass die Texte insgesamt expandieren (vgl. (14), (14´) und (14´´)). Gerade die Textexpansion schafft nun mit Blick auf die Adressaten/innen vereinfachter Lektüre erneut Probleme. Trotz mehr oder weniger minder vorhandener Lesekompetenz sind sie angehalten, zwar leichtere, jedoch auch längere Texte zu lesen. Das Dilemma ist kaum auflösbar. Die Leseerleichterung auf lokal-kohäsiver hat negative Auswirkungen auf global-kohärenter Ebene. Die Explizierung semantischer Relationen, die durch den Wegfall von Subjunktionen notwendig werden, oder die ausdrückliche Darstellung textfunktionaler Bestimmungen, die den Wegfall des fiktionalitätsanzeigenden epischen Präteritums auffangen, sind der Textualität als solcher abträglich. Ob und wie vorgenommene textuelle Komplexitätsreduzierungen auch empirisch leseerleichternd wirken, stellt ein dringliches Forschungsdesiderat dar.

Literatur

Bamberger, R. und Vanecek. E. (1984): *Lesen, Verstehen, Lernen, Schreiben. Die Schwierigkeitsstufen von Texten in deutscher Sprache.* Frankfurt a. M.: Diesterweg.

Becker, A. und Musan, R. (2014): Leseverstehen von Sachtexten: Wie Schüler Kohärenzrelationen erkennen. In: Averintseva-Klisch, M. und Peschel, C. (Hrsg.): *Aspekte der Informationsstruktur für die Schule.* Buchreihe *Thema Sprache – Wissenschaft für den Unterricht.* Band 12. Baltmannsweiler: Schneider Hohengehren, 129-154.

Björnsson, C. H. (1968): *Lesbarkeit durch Lix.* Stockholm: Pedagogiskt Centrum.

Blühdorn, H., Breindl, E. und Waßner, U. H. (2006): Vorwort. In: Blühdorn, H., Breindl, E. und Waßner, U. H. (Hrsg.): *Text – Verstehen. Grammatik und darüber hinaus*. Berlin, New York: de Gruyter, VII-XV.

Bredel, U. (2011): *Interpunktion*. In: Meibauer, J. und Steinbach, M. (Hrsg.): *Kurze Einführungen in die germanistische Linguistik (KEGLI)*. Band 11. Heidelberg: Winter.

Bredel, U. und Maaß, C. (2016): *Leichte Sprache. Theoretische Grundlagen. Orientierung für die Praxis*. Berlin: Dudenverlag.

Bredel, U. und Pieper, I. (2015): *Integrative Deutschdidaktik*. Paderborn: Ferdinand Schöningh.

Bredel, U. und Töpler, C. (2007): Das Verb. In: Hoffmann, L. (Hrsg.): *Handbuch der Wortarten*. Berlin et al.: de Gruyter, 823–901.

Breindl, E. (2004): Kontrastkonnektoren: Einleitung. In: Blühdorn, H., Breindl, E. und Waßner, U. H. (Hrsg.): *Brücken schlagen. Grundlagen der Konnektorensemantik*. Berlin, New York: de Gruyter, 215–224.

Brüggemann, J. und Mesch, B. (i. Vorb.): *Sprache als Herausforderung – Literatur als Ziel: Sprachsensible Zugänge zu Kinder- und Jugendliteratur*. Voraussichtlich in: Baltmannsweiler: Schneider.

Christmann, U. (2014): Lesen. In: Mangold, R., Vorderer. P. und Bente, G. (Hrsg.): *Lehrbuch der Medienpsychologie*. Göttingen u. a.: Hogrefe, 419–442.

Duden. (2009): *Die Grammatik*. 8., überarb. Aufl. Hrsg. von der Dudenredaktion. Mannheim, Leipzig, Wien, Zürich: Dudenverlag.

Eisenberg, P. (2013): *Grundriss der dt. Grammatik*. 4., aktual. u. überarb. Aufl. Band II: *Der Satz*; unter Mitarb. v. Rolf Thieroff. Stuttgart et al.: Metzler.

Frickel, D. A. (2010): Textschwierigkeit als Parameter im Prozess literarischen Textverstehens. Erörtert am Beispiel Kleiner Prosa. In: Rupp, G. und Boelmann, J. (Hrsg.): *Aspekte literarischen Lernens. Junge Forschung in der Deutschdidaktik*. Berlin: Lit, 113–128.

Frickel, D. A. (2014): Literarische Textschwierigkeit interpretieren: Didaktische Analyse(kompetenzen) von Lehrkräften und ihre Voraussetzungen. In: *German as a Foreign Language no.2*. http://www.gfl-journal.de/2-2014/Frickel.pdf. Zugriff am 13. Oktober 2017.

Frickel, D. A. und Filla, M. (2013): Textschwierigkeit ʼinterpretierenʼ – Dimensionen und Problemgrößen bei der Einschätzung der Textschwierigkeit literarischer Texte. In: Frickel, D. A. und Boelmann, J. M. (Hrsg.): *Literatur lesen lernen. Festschrift für Gerhard Rupp*. Frankfurt a. M.: Lang, 105–134.

Frickel, D. A. und Kagelmann, A. (2016): *Der inklusive Blick. Die Literaturdidaktik und ein neues Paradigma*. Frankfurt a. M., Bern u. a.: Lang.

Genette, G. (1998): *Die Erzählung*. Aus dem Französischen von Andreas Knop. München: Fink.

Glück, H. (2010): *Metzler Lexikon Sprache*. 4., aktual. u. überarb. Aufl. Stuttgart, Weimar: Metzler.

Glück, H. und Rödel, M. (2016): *Metzler Lexikon Sprache*. 5., aktual. u. überarb. Aufl. Stuttgart: J.B. Metzler.

Grimm, J. und W. (1857): Der alte Großvater und der Enkel. In: Brüder Grimm: *Kinder- und Haus-Märchen*. Band 1. Große Ausgabe. 7. Aufl. Ausgabe letzter Hand. Göttingen: Dietrich, 398. Online unter: https://de.wikisource.org/w/index.php?title=Seite:Kinder_und_Hausm%C3%A4rchen_(Grimm)_1857_I_398.jpg&oldid=2883005. Zugriff am 17.12.2017.

Hamburger, K. (1953): Das epische Präteritum. In: *Deutsche Vierteljahrsschrift für Literaturwissenschaft und Geistesgeschichte 27*, 329–357.

Hamburger, K. (1994 [1957]): *Die Logik der Dichtung*. 4., Aufl. Stuttgart: Klett-Cotta.

Harweg, R. (1968): *Pronomina und Textkonstitution*. 1. Aufl. München: Fink.

Jeuk, S., Sinemus A. und Strozyk, K. (2014): *Der die das, Sprache und Lesen 1: Basisbuch*. Berlin: Cornelsen.

Klieme, E., Artelt, C., Hartig, J., Jude, N., Köller, O., Prenzel, M., Schneider, W. und Stanat, P. (2010): *PISA 2009. Bilanz nach einem Jahrzehnt*. Münster u. a.: Waxmann. http://www.pedocs.de/volltexte/2011/3539/pdf/Klieme_et.Al_Bilanz _ D_A.pdf. Zugriff am 27.11.2017.

Leisen, J. (2017): *Handbuch Fortbildung Sprachförderung im Fach: Sprachsensibler Fachunterricht in der Praxis*. Stuttgart: Ernst Klett Sprachen.

Leubner, M. und Saupe, A. ([1]2008, [2]2016), [3]2017): *Textverstehen im Literaturunterricht und Aufgaben*. Baltmannsweiler: Schneider Hohengehren.

Luginbühl, M. und Pantli, A.-K. (2004): Textlinguistik. In: Linke, A., Nussbaumer, M. und Portmann, P. R. (Hrsg.): *Studienbuch Linguistik*. 5., erw. Aufl. Tübingen: Niemeyer, 241–292.

Lötscher, A. (2006): Die Formen der Sprache und die Prozesse des Verstehens. Textverstehen aus grammatischer Sicht. In: Blühdorn, H., Breindl, E. und Waßner, U. H. (Hrsg.): *Text – Verstehen. Grammatik und darüber hinaus*. Berlin, New York: de Gruyter, 19–45.

Mesch, B. (2013): 'Das andere Geschlecht' – Neue und alte Wege gen Genus in DaZ/DaF. In: *Estudios Filológicos Alemanes. Revista del Grupo de Investigación. Filología Alemana*. Vol. 26. 325–336.

Montanari, E. (2010): *Kindliche Mehrsprachigkeit. Determination und Genus*. Münster, New York, München, Berlin: Waxmann.

Montanari, E. (2012): Genuserwerb im Diskurs in der zweiten Sprache. In: Ahrenholz, B. und Knapp, W. (Hrsg.): *Sprachstand erheben – Spracherwerb erforschen*. Freiburg i. Br.: Fillibach, 17–33.

Pasch, R., Brauße, U., Breindl E. und Waßner, U. H. (2003): Handbuch der deutschen Konnektoren. Linguistische Grundlagen der Beschreibung und syntaktische Merkmale der deutschen Satzverknüpfer (Konjunktionen, Satzadverbien und Partikeln). In: Eichinger, L. M. und A. Linke (Hrsg.): Buchreihe *Schriften des Instituts für Deutsche Sprache herausgegeben im Auftrag des Instituts für Deutsche Sprache 9*. Berlin, New York: de Gruyter.

Peschel, C. (2015): Zur Rolle adversativer Konnektoren bei Informationsstruktur und Textkohärenz in Schülertexten. In: Wöllstein, A. (Hrsg.): *Das topologische Modell für die Schule*. Buchreihe *Thema Sprache - Wissenschaft für den Unterricht*. Band 19. Baltmannsweiler: Schneider Hohengehren, 149–170.

Petersen, J. H. (1992): Erzählen im Präsens. *Euphorion*. Band 86. 65–89.

Petersen, J. H. (1993): *Erzählsysteme. Eine Poetik epischer Texte*. Stuttgart et al.: Metzler.

Riebling, L. (2013): *Sprachbildung im naturwissenschaftlichen Unterricht. Eine Studie im Kontext migrationsbedingter sprachlicher Heterogenität*. Münster u. a.: Waxmann.

Rosebrock, C. und Nix, D. (2014): *Grundlagen der Lesedidaktik und der systematischen schulischen Leseförderung*. 7., überarb. u. erw. Aufl. Baltmannsweiler: Schneider Hohengehren.

Rothstein, B., Kröger-Bidlo, H., Gräsel, C. und Rupp, G. (2014a): Überlegungen zur Messung des Kohäsionsgrads von Texten. In: *Linguistische Berichte 237*, 37–56.

Rothstein, B., Kröger-Bidlo, H., Schmitz, A., Gräsel, C. und Rupp, G. (2014b): Desiderata zur Erforschung des Einflusses von Kohäsion auf das Leseverständnis. In: Averintseva-Klisch, M. und Peschel, C. (Hrsg.): *Aspekte der Informationsstruktur für die Schule.*, Buchreihe *Thema Sprache – Wissenschaft für den Unterricht.* Band 12. Baltmannsweiler: Schneider Hohengehren.

Schmitz, A., Schuttkowski, C., Rothstein, B., Gräsel, C. (2016): *Textkohäsion und deren Bedeutung für das Textverständnis: Wie reagieren Lernende auf temporale Kohäsion am Beispiel eines Sachtextes?* http://www.forumlecture.ch/myUploadData/files/2016_2_Schmitz_et_al.pdf. Zugriff am 04.12.2017.

Schroeder, S. (2007): *Interaktion gedächtnis- und erklärungs-basierter Verarbeitungsprozesse bei der pronominalen Auflösung. Analyse der Effekte von Impliziten Kausalitäts- und Gender-Informationen durch die Modellierung von Reaktionszeitverteilungen.* http://kups.ub.uni-koeln.de/2245. Zugriff am 02.12.2017.

Thurmair, M. (2003): Referenzketten im Text: Pronominalisierungen, Nicht-Pronominalisierungen und Renominalisierungen. In: Thurmair, M. und Willkop, E.-M. (Hrsg.): *„Am Anfang war der Text: 10 Jahre "Textgrammatik der deutschen Sprache".* Regensburg: Iudicium-Verl, 197–219.

Volodina, A. (2015): Satzverknüpfungen von der Grammatiktheorie zum Schulunterricht. In: Wöllstein, A. (Hrsg.): *Das topologische Modell für die Schule. Thema Sprache - Wissenschaft für den Unterricht.* Band 19. Baltmannsweiler: Schneider Hohengehren, 127–148.

Wildemann, A. und Fornol, S. (2016): *Sprachsensibel unterrichten in der Grundschule: Anregungen für den Deutsch-, Mathematik- und Sachunterricht.* Seelze: Kallmeyer.

Von Paketen, Klötzchen und Wolken – Auf der Suche nach geeigneten Sprachbildern für den Informatikunterricht

1. Einleitung

Kinder und Jugendliche nutzen digitale Medien tagtäglich (vgl. Medienpädagogischer Forschungsverbund Südwest 2016), doch im internationalen Vergleich steht es schlecht um die Computer- und informationsbezogenen Kompetenzen von deutschen Schüler/innen (Bos et al. 2014). Zahlreiche fachdidaktische Untersuchungen befassen sich wissenschaftlich mit auftretenden Fehlvorstellungen von Lernenden. Während ein besonders ausführlich untersuchtes Gebiet dabei Untersuchungen zu Schüler/innenvorstellungen zum Aufbau und zur Funktionsweise des Internets betrifft (bspw. Diethelm und Zumbrägel 2010, Dinet und Kitajima 2011, Seifert et al. 2013), sind fachsprachliche Untersuchungen zu diesen Zusammenhängen bislang rar. Doch grade in der Verwendung von Metaphern, die die Vorerfahrungen und Vorstellungen der Lernenden aufgreifen, steckt ein großes Potenzial für Lernprozesse. Schließlich ist „Lernen immer *Umlernen*" (Kattmann 2015, S. 11) und erfolgt stets auf der Grundlage des bereits Gelernten (vgl. ebd., S. 11).

In der durchgeführten Studie sollen die Vorkenntnisse und Vorstellungen von Schüler/innen bezüglich informatischer Sachverhalte, die insbesondere alltägliche Aktivitäten im Internet betreffen, untersucht werden. Das Erkenntnisinteresse liegt darin, Rückschlüsse auf die von Lernenden verwendeten Formen des *Relational Reasoning* (vgl. Kap. 2.1) zu ermitteln, indem der Gebrauch von sprachlichen Konstrukten wie Vergleichen mit bereits bekannten Sachverhalten oder konkreten Abgrenzungen von nicht zutreffenden Konzepten untersucht werden. Diese *Analogien*, die sich *Metaphern* bedienen, werden im Rahmen dieser Untersuchung hinsichtlich ihrer Eignung für den Gebrauch im informatischen Unterricht untersucht, in dem sie anschließend genutzt werden können, um komplexe Sachverhalte mithilfe von analogen Sprachbildern zu verdeutlichen.

Die Forschungsfrage lautet dabei, inwieweit sich Schüler/innen informatische Inhalte im Unterricht mithilfe des *Relational Reasoning* im Allgemeinen und mithilfe von *Analogien* im Speziellen erschließen. Zur Untersuchung dieser Fragestellung wird im folgenden Kapitel 2 zunächst auf theoretische Grundlagen

© Springer Fachmedien Wiesbaden GmbH, ein Teil von Springer Nature 2019
M. Butler und J. Goschler (Hrsg.), *Sprachsensibler Fachunterricht*, Sprachsensibilität in Bildungsprozessen, https://doi.org/10.1007/978-3-658-27168-8_4

eingegangen, bevor die Durchführung der Untersuchung sowie deren Auswertung vorgestellt wird (Kap. 3) und die gefundenen Metaphern hinsichtlich ihrer Eignung für die unterrichtliche Verwendung diskutiert werden (Kap. 4).

2. Explikation des theoretischen Hintergrunds

Die kognitive Analyse technologischer Objekte, vor allem solcher die neuartig und unbekannt sind, bietet Kindern und Jugendlichen die Möglichkeit, vergleichend zu begründen (Jablansky et al. 2015, S. 3). Dabei wenden Schüler/innen sogenanntes *Relational Reasoning*[1] (vgl. Kap. 2.1), also die Fähigkeit, sinnvolle Muster in einem Strom an Informationen zu erkennen, an. Am häufigsten tritt dabei eine Verdeutlichung komplexer Sachverhalte mithilfe von analogen Sprachbildern (*Metaphern*, vgl. Kap. 2.1.1) auf.

2.1 Relational Reasoning

Relational Reasoning[2] Strategien sind kognitive Vorgänge, die gezielt auf das Erkennen oder Ableiten sinnvoller Beziehungen oder Muster zwischen und innerhalb mehrerer Informationen, die sonst scheinbar in keinem Zusammenhang stehen, angewandt werden (vgl. Alexander und The Disciplined Reading and Learning Research Laboratory 2012, S. 272). Dazu zählt auch das Wahrnehmen von Beziehungen zwischen Objekten, Ideen oder Situationen. Aufgrund ihrer Natur erfordern die Strategien des *Relational Reasoning*, dass sich Individuen in tiefgreifenderer Art und Weise mit der Verarbeitung von Informationen beschäftigen, als es typischerweise der Fall ist (vgl. Stephens 2006). Außerdem wirken diese Strategien der Tendenz entgegen, Informationen nur in Teilen oder auf isolierte Art und Weise zu behandeln und erhöhen die Wahrscheinlichkeit der Entwicklung von mehr Grundwissen (vgl. van Gog et al. 2004). *Relational Reasoning* Strategien fördern text-, aufgaben- und domänenübergreifendes Denken und begünstigen damit den Wissenstransfer von einer bestimmten Situation

---

[1] Relational Reasoning wurde in den letzten Jahren von einer Forschergruppe von der Universität in Maryland, Neuseeland, unter Leitung von Patricia Alexander untersucht.

[2] Der Begriff des *Relational Reasoning* kann grob als „vergleichendes Begründen" übersetzt werden.

oder einem Kontext in eine/n andere/n (vgl. Bereby-Meyer und Kaplan 2005). Weil sie in ihren vielen Ausprägungen die Berücksichtigung der Eigenschaften bzw. die Merkmale von Informationen benötigen, haben *Relational Reasoning* Strategien das Potenzial, die Aufmerksamkeits- und Wahrnehmungsfähigkeit von Schüler/innen zu erhöhen (vgl. Dunbar und Fugelsang 2005).

Im Folgenden werden die vier *Relational Reasoning* Strategien beschrieben, die im Rahmen dieser Arbeit hinsichtlich ihrer Verwendung bei der Erklärung der Funktionsweise des Internets durch Schüler/innen untersucht werden.

2.1.1 Analogie

Von den vier *Relational Reasoning* Strategien ist die *Analogie* diejenige, die bislang am ausführlichsten empirisch untersucht wurde. In der Forschungsgemeinschaft gibt es eine Fraktion, die die *Analogie* als Grundlage für die Begriffsbildung und den Wissenstransfer betrachtet (vgl. Alexander und Murphy 1998, Salomon und Perkins 1989). Grundsätzlich beschreibt die *Analogie* das Erkennen von beziehungsmäßigen Ähnlichkeiten zwischen zwei scheinbar ungleichartigen Ideen, Objekten oder Ereignissen. Das Anwenden von *Analogien* beinhaltet die Anstrengung bzw. die Bemühung, sinnvolle Assoziationen oder Beziehungen zwischen Objekten oder Ereignissen, die zunächst unähnlich erscheinen, zu konstruieren (vgl. Alexander und The Disciplined Reading and Learning Research Laboratory 2012, S. 272). *Analogisches* Begründen hat sich als eine wichtige Fähigkeit für Expert/innen in Bereichen der Wissenschaft erwiesen. Außerdem ist es maßgeblich an Prozessen des Wissenstransfers beteiligt (vgl. Dumas et al. 2013, S. 395). Die Fähigkeit, mit Hilfe von *Analogien* zu begründen, ist für Lernprozesse z. B. im Bereich der sprachlichen Bildung oder Mathematik nachweislich von großer Bedeutung. *Analogisches* Denken ist auch von wesentlicher Bedeutung für das Verständnis von Sprache und die Organisation des Gedächtnisses (vgl. ebd., S. 395). Zum Beispiel, wenn jemand das menschliche Herz als eine Pumpe beschreibt oder Ähnlichkeiten zwischen dem Vietnam- und dem Afghanistankrieg feststellt, sind dies Anzeichen für *Analogien* (vgl. Alexander et al., S. 2).

2.1.2 Anomalie

Anders als bei der *Analogie* geht es bei der *Anomalie* nicht nur darum, ein Muster aus einer Menge von Objekten, Ideen oder Situationen zu erkennen, sondern auch einen Bruch innerhalb dieses Musters festzustellen. Insbesondere stellen *Anomalien* eine Abweichung von einer erwarteten Regel dar (vgl. Alexander et al. 2016, S. 2). Innerhalb der Literatur zu kognitiven Prozessen wird die *Anomalie* damit verbunden, Inkonsistenzen im Denken zu identifizieren und wird als Katalysator für Konzeptänderungen erachtet (vgl. ebd., S. 2). Eine *Anomalie* kann jedes Ereignis oder Objekt sein, das ungewöhnlich oder unerwartet ist. Das Erkennen von *anomalen* Sachverhalten wird seit fast einem Jahrhundert als Test für Intelligenz genutzt, vor allem bei Kindern (vgl. Dumas et al. 2013, S. 395). Es hat sich gezeigt, dass das Auseinandersetzen mit *Anomalien* von entscheidender Bedeutung für konzeptionelle Änderungen ist und dass Individuen in erster Linie während des Prozesses der Auflösung von *Anomalien* ihre eigenen impliziten Annahmen und logische Fehler verstehen (vgl. ebd., S. 395). Einige Theoretiker/innen sind der Meinung, dass das Erkennen von *Anomalien* der wichtigste Fortschritt in der Wissenschaft ist. Ferner könnte das Denken in *Anomalien* unerlässlich für die Bewertung von Widersprüchen sein, während mit mehreren Texten gearbeitet wird (vgl. ebd., S. 395).

2.1.3 Antinomie

Die *Antinomie* ermöglicht es der/dem Denkenden zu verstehen, was etwas ist, indem ermittelt wird, was es nicht ist. Eine *Antinomie* ist ein paradoxes Konzept, da für einen Sachverhalt zwei oder mehr Ideen akzeptiert werden, die widersprüchlich erscheinen (vgl. Dumas et al. 2013, S. 395). Infolgedessen kann eine *Antinomie* auch mehrere Eigenschaften besitzen, die sich gegenseitig ausschließen. Durch das Erkennen und Auflösen des dabei entstehenden Paradoxons können die sich widersprechenden Eigenschaften unter dem Konstrukt der *Antinomie* zusammengebracht werden (vgl. ebd., S. 395). Sie beschreibt daher eine Art gegenseitiger Exklusivität und ist daran beteiligt, die Unterscheidung zwischen verschiedenen Begriffskategorien und das Paradoxon, das entsteht, wenn sie zusammengebracht werden, zu verstehen (vgl. Alexander und The Disciplined Reading and Learning Research Laboratory 2012, S. 273). D. h., Ideen oder Konzepte, die in Zusammenhang gebracht werden, erscheinen zunächst unvereinbar, so wie theoretische Modelle oder konzeptionelle Kategorien, die völlig unterschiedlich sind (vgl. Dumas et al. 2013, S. 395). Beispielsweise kann die Idee, dass die menschliche Entwicklung gleichzeitig von der Individualität des Kindes und durch soziale Prozesse angetrieben wird, als *antinomiebasiertes* Paradoxon angesehen werden (vgl. ebd. S. 395).

2.1.4 Antithese

Die *Antithese* ist die direkte gegenteilige Beziehung zwischen zwei mentalen Repräsentationen. Die Fähigkeit, *antithetisch* zu denken, ist wichtig für die Argumentation und Überzeugung, besonders in Bezug auf Konzeptänderungen durch widerlegende Texte (vgl. Dumas et al. 2013, S. 396). Die *Antithese* beschreibt die Existenz von relationalen Gegensätzen oder stellt die beiden Enden eines Kontinuums dar (vgl. Alexander et al. 2016, S. 2). Obwohl gegensätzliche Vergleiche, wie die *Antinomie*, widersprüchliche Informationen beinhalten, ist der Kontrast bei der *Antithese* deutlich schärfer (vgl. ebd., S. 273). Die offensichtlichen Gegensätze schließen sich gegenseitig aus und werden somit in einer Entweder-Oder-Beziehung betrachtet. *Antithetisches* Begründen ist von zentraler Bedeutung für die Argumentation und bei der Überzeugungsarbeit und wird als eine der primären Formen angesehen, in denen menschliche Sprache und Denken organisiert ist (vgl. Dumas et al. 2013, S. 396). Erörterungen und Gegenschriften, in denen zwei Seiten eines Arguments entwickelt werden, um dann eine davon systematisch zu demontieren, stützten sich bspw. stark auf dem Prinzip von These und Antithese (vgl. Alexander und The Disciplined Reading and Learning Research Laboratory 2012, S. 273). Insgesamt erfordert die *Antithese*, dass Schüler/innen widersprüchliche Perspektiven oder Belegquellen erkennen und in Einklang bringen (vgl. ebd., S. 2).

3. Vorgehen bei der Durchführung und Auswertung der Interviews

Im Rahmen dieser Sekundäranalyse wurden elf Partnerinterviews ausgewertet, die mit insgesamt 23 Schüler/innen gehalten wurden (Zumbrägel 2010). Die Interviews, die mit Schüler/innen aus den Jahrgangsstufen 7 und 8 an zwei niedersächsischen Haupt- und Realschulen durchgeführt wurden, dauerten dabei jeweils zwischen 30 und 40 Minuten.

Die Datenanalyse erfolgt mithilfe der qualitativen Inhaltsanalyse nach Mayring (2015), um eine systematisierte und überprüfbare Methodik zur Interpretation des vorliegenden Datenmaterials zu gewährleisten. Das Vorgehen kann als hermeneutisch bezeichnet werden, da das Datenmaterial in Form von Interviews systematisch interpretiert bzw. erklärend ausgelegt wird. Dabei wird sich auf eine eher kleine Stichprobengröße beschränkt, die jedoch detailliert und umfassend analysiert wird. Der Analysevorgang erfolgt dabei bewusst wenig strukturiert, damit auch unerwartete Befunde aufgedeckt werden können (vgl. Bortz und Döring 2016, S. 184). Im Zentrum steht einerseits der Erkenntnisgewinn für die Wissenschaft der Didaktik der Informatik; andererseits werden auch Anregungen und Möglichkeiten für die Praxis im informatischen Unterricht diskutiert, jedoch steht der praktische Nutzen nicht im Fokus dieser Untersuchung, da er nicht hinreichend untersucht ist. Weiterführende Studien könnten den erfolgreichen Einsatz geeigneter Metaphern zur Versinnbildlichung komplexer informatischer Sachverhalte im Unterricht sichtbarer machen.

Um die elf Interviews hinsichtlich genutzter Formen des *Relational Reasoning* zu analysieren wurde die Software MAXQDA verwendet. Das dabei herangezogene Kategoriensystem entsprang direkt aus den vier Formen des *Relational Reasonings* (Analogie, Anomalie, Antinomie und Antithese). In einem iterativen Prozess wurde das Material Zeile für Zeile gesichtet und entsprechende Textstellen mit den angelegten Kodierungen versehen. Auffällig ist hierbei, dass die Schüler/innen zur Erklärung fast ausschließlich *Analogien* als Sprachbilder heranzogen, indem sie einen unbekannten Sachverhalt bzw. eine unbekannte Funktionsweise des Internets mit einem ihnen vertrauten Sachverhalt verglichen. Im Zuge dieses Vergleichens wurde in allen Fällen ein sprachliches Bild (*Metapher*) verwendet. Diese Tatsache gab Anlass dazu, das Kategoriensystem dahingehend zu verändern, dass für die Hauptkategorie *Analogie* Unterkategorien zu den konkreten Metaphern angelegt wurden. In einer weiteren Materialdurchsicht konnten die bereits markierten Analogien den konkreten Metaphern zugeordnet werden.

4. Zusammenfassung der Ergebnisse

Die Auswertung der Interviews ergab, dass die 23 Schüler/innen zur Erklärung der Funktionsweise des Internets keine einzigen Antinomien und Antithesen verwendet haben. Antithetische und antinomiebasierte Aussagen spielten bei der Beschreibung der eigenen Vorstellung somit keine Rolle. Bedeutsamer für die Erklärung von informatischen Zusammenhängen sind hingegen Analogien, die sich in den für diese Untersuchung herangezogenen Interviews ausnahmslos durch das Heranziehen metaphorischer Vergleiche auszeichnen. So wurden insgesamt 29 verschiedene Metaphern gefunden, von denen im Folgenden einige ausgewählte vorgestellt werden sollen, die sich gut für eine Verwendung im informatischen Fachunterricht eignen.

4.1 Paketierung

Die Paketierung von Daten ist grundlegend für die Datenübertragung in Netzwerken. Hierfür könnte die Klötzchen-Metapher genutzt werden. Die Idee, Datenpakete als Klötzchen darzustellen, entspricht dem Konzept des TCP/IP-Protokolls jedoch nur rudimentär. Die Lehrkraft sollte in jedem Fall darauf eingehen, wie die Klötzchen nach der Übermittlung wieder zusammengesetzt werden. Hierbei muss ebenfalls auf den Kopfdatensatz, den sogenannten Header, eingegangen werden. Damit die Metapher nicht zu komplex wird, sollte es ausreichen, dem Header lediglich die Nummerierung der einzelnen Fragmente zuzuschreiben. Der Kopfdatensatz könnte beispielsweise als Aufkleber auf dem Klötzchen beschrieben werden, mithilfe dessen das *Reassembling*, das Zusammensetzen der kleinen Pakete zu einem großen, beim Empfänger gelingen kann. Als Beispiel könnte hier eine Bilddatei genutzt werden, die Klötzchen für Klötzchen übertragen wird und anhand der Nummern in der richtigen Reihenfolge wieder zusammengesetzt wird, bis das Bild beim Empfänger sichtbar wird.

4.2 Geschwindigkeit

Um die Unterschiede bezüglich der Geschwindigkeit bei der allgemeinen Datenübermittlung zu erklären, eignen sich zwei sehr ähnliche Metaphern genutzt werden. Zum einen kann, auf niedrigem Abstraktionsniveau, der Vergleich zu einer Gesprächssituation gezogen werden. Hierbei wird beispielsweise ein Server vermenschlicht, mit dem mehrere Gesprächspartner (*Clients*) gleichzeitig reden möchten. Die Gesprächspartner können entweder die Internetnutzer selbst sein oder die Computer, die von den Nutzern bedient werden. Stellen nun sehr viele *Clients* gleichzeitig Anfragen an den Server, kann dieser die eintreffenden Befehle nicht mehr ausreichend verarbeiten. Analog dazu kann ein Mensch nicht mehreren Personen, die gleichzeitig auf ihn einreden, zuhören. Bei der Kommunikation gehen also Informationen verloren und es kann kein vernünftiges Gespräch zustande kommen. Diesen Aspekt greift die Multitasking-Metapher ebenfalls auf, jedoch setzt sie eine höhere Abstraktionsfähigkeit der Schüler/innen voraus, denn zunächst muss das Prinzip des Multitaskings verinnerlicht werden, um diese Analogie zu verstehen. Neben der Erklärung, warum es zu Schwankungen oder Abbrüchen der Datenübertragung zum Beispiel beim Laden eines YouTube-Videos kommt, können die beiden Metaphern auch verwendet werden, um das Prinzip gezielter DDoS-Attacken[3] zu versinnbildlichen.

4.3 Streaming

Damit Schüler/innen eine Vorstellung davon bekommen, welche Vorgänge vor und nach dem Anschauen eines Videos bei einer Streaming-Plattform wie YouTube von Statten gehen, können die Metapher der Festplatte, des Kopierers und des Kurzzeitgedächtnisses herangezogen werden. Zunächst muss der Upload eines Videos erfolgen, damit überhaupt ein Medium zur Verfügung steht. Hier kommen die Kopierer- und die Festplatten-Metapher ins Spiel. YouTube fungiert dabei zunächst als Kopierer, da beim Hochladen nie die Quelldatei selbst, sondern immer eine Kopie verwendet wird. An dieser Stelle wird deutlich, dass der Kopiervorgang bei jeglicher Übertragung von Dateien stattfindet, sei es der Dateianhang einer E-Mail, der Upload eines Videos oder der Download einer Installationsdatei; es wird immer eine Kopie der Originaldatei erstellt und die Originaldatei verbleibt an ihrem Speicherort.

Wird jetzt die Kopie des Videos hochgeladen, nimmt das Streaming-Portal die Funktion einer sinnbildlich riesengroßen Festplatte ein. Ein Video, welches zuvor lediglich lokal beim Besitzer verfügbar war, soll nach dem Upload in glei-

---

[3] Bei einer Distributed-Denial-of-Service (DDoS) Attacke führen Angreifer gezielt eine Nichtverfügbarkeit eines Servers herbei, indem sie sie mit Anfragen überfordern.

cher Weise für Nutzer des Internets verfügbar gemacht werden. Daher ist es logisch im Rahmen der Festplatten-Metapher, Streaming-Portale als riesige Online-Festplatten zu bezeichnen. Schaut man ein Video über eine Streaming-Plattform, so kommt wieder die Kopierer-Metapher zum Einsatz, da natürlich nicht die Originaldatei zum Nutzer übertragen wird. Soll nun beschrieben werden, was nach dem Schauen mit dem Video geschieht, kann ein Vergleich mit dem Kurzzeitgedächtnis gezogen werden. Diese Analogie verdeutlicht, dass ein Video zunächst in einen temporären Speicher des Abspielgeräts geladen werden muss. Dieser temporäre Speicher fungiert in dieser Analogie als Kurzzeitgedächtnis, das die Videodaten sofort löscht bzw. vergisst, sobald beispielsweise der Browser geschlossen wird.

4.4 Aufbau des Internets

Der Aufbau des Internets kann mit zwei sehr umfassenden Metaphern erläutert werden. Die bisher genannten Metaphern waren stets Analogien für einzelne Sachverhalte. Natürlich decken die Männchen- und die Post-Metapher nicht alle Aspekte und Funktionen des Internets ab, sind aber durchaus geeignet, um zumindest eine bildliche Vorstellung der Struktur des Internets zu vermitteln. In den Interviews wurden diese Vergleiche genutzt, um lediglich Teilaspekte der Funktionsweise des Internets zu erklären. Dies ist der Tatsache geschuldet, dass nach Vorstellungen über bestimmte Vorgänge, beispielsweise E-Mail-Versand, gefragt wurde. Dementsprechend zogen die Schüler/innen diese Metaphern heran, um den abgefragten Teilaspekt zu erklären. Die Post-Metapher kann aber nicht nur zur Versinnbildlichung des E-Mail-Verkehrs herangezogen werden, sondern lässt sich auch zur Beschreibung der grundlegenden Funktionsweise des Internets nutzen.

Die Datenübertragung zwischen Teilnehmern im Internet erfolgt über ein Medium, beispielsweise ein LAN-Kabel. Ein solches Kabel muss gewisse Merkmale aufweisen, damit die Übertragung gelingen kann. Zum einen werden zwei Drähte benötigt, einer für die Hin- und einer für die Rückleitung. Durch Veränderung des Spannungspegels können Bitfolgen über das Medium transportiert werden. Eine Bitfolge ist eine Einheit aus acht Bits und wird als Byte bezeichnet. Mehrere Bytes stellen ein (Daten-)Paket dar, deren Aufbau durch das verwendete Protokoll bestimmt wird. Unter anderem enthält das Paket auch den

Absender und den Adressaten des Datenpakets. Auf Grundlage dieser Tatsache soll das Post-system und im Speziellen das Abholen und Ausliefern eines Postpakets als Metapher für die Datenübertragung im Internet dienen. Ausgehend davon, dass die Infrastruktur eines Landes als Basis für die Vernetzung im Internet betrachtet wird, wären Städte die sogenannten Metropolitan Area Networks (MAN). Die Stadtteile wiederrum wären Wide Area Networks (WAN) und eine Straße würde die Funktion des Local Area Networks (LAN) übernehmen. In diesen Straßen stehen Häuser mit eindeutigen Hausnummern, analog zu den IP-Adressen der Informatiksysteme in einem Netzwerk. Möchte ein Bewohner eines Hauses mit einem anderen Menschen in dem Land bzw. im Internet kommunizieren, wird zuerst ein Paket vom Absender gepackt. Dieser schreibt seine Adresse und die des Adressaten auf das Paket. Manchmal sind die Sachen bzw. Daten, die verschickt werden sollen, auch zu groß für ein Paket und müssen auf mehrere aufgeteilt werden. In diesem Fall werden die Pakete noch mit einer Nummer versehen, damit der Empfänger die Reihenfolge der Pakete kennt. Da insgesamt sehr viele Pakete verschickt werden, gibt es auch sehr viele Postboten, die die Pakete abholen und an die Empfänger ausliefern. Der Adressat nimmt das Paket/die Pakete an und quittiert den Empfang.

5. Fazit

Die Beobachtungen lassen den Schluss zu, dass viele Schüler/innen vermutlich erst im Laufe der Interviews Analogien entwickelten, was auf gewisse Kreativität und kognitive Abstraktionsfähigkeit schließen lässt. Einige Vergleiche waren dabei nicht immer stimmig, da sie nicht den tatsächlichen Sachverhalt abbildeten. Andere sprachliche Bilder, wie die Post- und die Männchen-Metaphern, wurden hingegen häufiger und in mehreren Interviews genannt. Dies lässt darauf schließen, dass Lehrkräfte bereits analoge Sachverhalte heranziehen, um informatische Konzepte zu vermitteln.

Die Tatsache, dass keinerlei Antinomien und Antithesen ermittelt werden konnten, ist wahrscheinlich dadurch zu begründen, dass die Datenerhebung ursprünglich zu einer anderen Fragestellung entstand. Antithetische und antinomiebasierte Aussagen wären denkbar gewesen, spielen bei der Beschreibung der eigenen Vorstellungen jedoch offensichtlich eine eher nachrangige Rolle.

Aus den Ergebnissen dieser Untersuchung können Informatik-Lehrkräfte einen Nutzen ziehen, indem sie die genannten Metaphern als Grundlage für die Unterrichtsplanung heranziehen. Entsprechend der Interviewaussagen lässt sich Unterricht planen, der an die Vorstellungen der Schüler/innen anschließt. Dabei eignen sich Metaphern insbesondere für den Unterrichtseinstieg oder zur bildlichen Darstellung von komplexen informatischen Sachverhalten, die zum ersten Mal behandelt werden. An dieser Stelle ist wichtig zu erwähnen, dass Metaphern in der Informatik lediglich dazu dienen, die Komplexität eines informatischen Konzepts durch eine den Schüler/innen vertraute Analogie zu reduzieren. Auf Grundlage dieser Versinnbildlichung muss dann wiederum der Bezug zu der tatsächlichen wissenschaftlichen Sichtweise hergestellt werden. Dieser Vorgang birgt einerseits Gefahren, wenn sich die Lernenden womöglich nicht ausreichend von einer Metapher distanzieren können und beispielsweise weiterhin die Struktur des Internets durch Männchen in Postautos beschreiben. Andererseits birgt der Einsatz geeigneter Metaphern durchaus Potenzial, Schüler/innen eine Hilfestellung bzw. ein Gedankengerüst zu bieten, um die wissenschaftliche Sicht bzw. das tatsächliche informatische Konzept zu durchdringen. Hierbei spielt die Verwendung der Sprache eine entscheidende Rolle. Während Metaphern naturgemäß innerhalb des alltagssprachlichen Bereiches verbleiben, ist es dringend erforderlich, beim Übergang in die wissenschaftliche Perspektive die Terminologie der Fachsprache zu vermitteln. Die Bedeutungsverschiebungen von Begriffen – wenn die alltagssprachliche Bedeutung durch eine fachsprachliche Bedeutung verändert wird – müssen sorgfältig geplant und durchgeführt werden. Metaphern können dazu dienen ein bestimmtes informatisches Konzept abzubilden und sind somit zur Vermittlung von Konzeptwissen geeignet.

Um eine Übersicht der kognitiven Abstraktionsfähigkeit zu erhalten, könnten Lehrkräfte ihre Schüler/innen einerseits konkret befragen, welche informatischen Analogien ihnen bereits geläufig sind; andererseits könnten sie sich nach den Vorstellungen der Lernenden von bestimmten informatischen Konzepten erkundigen. Dadurch ergeben sich wohlmöglich neue Metaphern, die sich als besonders geeignet zur Versinnbildlichung komplexer Sachverhalte herausstellen. Solche Befragungen wären zudem sinnvoll, damit Lehrkräfte wissen, welche Metaphern ihre Schüler/innen kennen und nutzen, um im Unterricht besser auf ihre Aussagen einzugehen und so ihre Lernprozesse fördern zu können.

Literatur

Alexander, P.A. und The Disciplined Reading and Learning Research Laboratory. (2012): Reading Into the Future: Competence for the 21st Century. In: *Educational Psychologist 47*, 259–280.

Alexander, P. A, Jablansky, S., Singer, L.M. und Dumas, D. (2016): Relational Reasoning: What We Know and Why It Matters. In: *Policy Insights from the Behavioral and Brain Sciences 3 (1)*, 36–44.

Alexander, P. A. und Murphy, P. K. (1998): The research base for APA's learner-centered principles. In: Lambert, N. M. und McCombs, B. L. (Hrsg.): *Issues in school reform: A sampler of psychological perspectives on learner-centered schools*. Washington, DC: American Psychological Association, 25–60.

Bortz, J. und Döring, N. (2016): *Forschungsmethoden und Evaluation in den Sozial- und Humanwissenschaften*. 5. Aufl. Heidelberg: Springer-Verlag.

Bos, W., Eickelmann, B., Gerick, J., Goldhammer, F., Schaumburg, H., Schwippert, K., Senkbeil, M., Schulz-Zander, R. und Wendt, H. (2014): *ICILS 2013 – Computer- und informationsbezogene Kompetenzen von Schülerinnen und Schülern in der 8. Jahrgangsstufe im internationalen Vergleich*. Münster: Waxmann.

Bereby-Meyer, Y. und Kaplan, A. (2005): Motivational influences on transfer of problem-solving strategies. In: *Contemporary Educational Psychology 30*, 1–22.

Diethelm, I. und Zumbrägel, S. (2010): Wie funktioniert eigentlich das Internet? - Empirische Untersuchung von Schülervorstellungen. In: Diethelm, I., Dörge, C., Hildebrandt, C. und Schulte, C. (Hrsg.): *Didaktik der Informatik. Möglichkeiten empirischer Forschungsmethoden und Perspektiven der Fachdidaktik*. Volume P-168. Bonn: Gesellschaft für Informatik, 33–44.

Dinet, J. und Kitajima, M. (2011): "Draw me the Web": impact of mental model of the web on information search performance of young users. In: Riveill, M. (Hrsg.): *ACM International Conference Proceeding Series 3*, 1–7.

Dumas, D., Alexander, P. A. und Grossnickle, E. M. (2013): Relational reasoning and its manifestations in the educational context: A systematic review of the literature. In: *Educational Psychology Review 25*, 391–427.

Dunbar, K. und Fugelsang, J. (2005): Scientific thinking and reasoning. In: Holyoak, K. J. und Morrison, R. (Hrsg.): *Cambridge handbook of thinking and reasoning.* New York, NY: Cambridge University Press, 705–726.

Jablansky, S., Alexander, P. A., Dumas, D. und Compton, V. J. (2015): Developmental Differences in Relational Reasoning Among Primary and Secondary School Students. In: *Journal of Educational Psychology 108 (4),* 592–608.

Kattmann, U. (2015): Lernhindernisse erkennen, Lernchancen ergreifen. Zum Umgang mit Alltagsvorstellungen im Biologieunterricht. In: Kattmann, U. (Hrsg.): *Schüler besser verstehen. Alltagsvorstellungen im Biologieunterricht.* Halbergmoos: Aulis, 11–21.

Mayring, P. (2015): *Qualitative Inhaltsanalyse - Grundlagen und Techniken.* 12. Aufl. Weinheim und Basel: Beltz.

Medienpädagogischer Forschungsverbund Südwest. (2016): *JIM-Studie 2016. Jugend, Information, (Multi-) Media.* www.mpfs.de/fileadmin/files/Studien/JIM/ 2016/JIM_Studie_2016.pdf Zugriff am 20.08.2017.

Salomon, G. und Perkins, D. N. (1989): Rocky roads to transfer: Rethinking mechanisms of a neglected phenomenon. In: *Educational Psychologist 24,* 113–142.

Seifert, O., Sauck, T., Schwarzbach, M., Lerch, C., Weinert, M. und Knobelsdorf, M. (2013): „Ich glaube, Google ist so was wie eine Vorhalle des Internets" - Erste Ergebnisse einer qualitativen Untersuchung von Schülervorstellungen von der Suchmaschine Google. In: *INFOS 2013: Informatik erweitert Horizonte - 15. GI-Fachtagung Informatik und Schule,* 45–56.

Stephens, A. C. (2006): Equivalence and relational thinking: Preservice elementary teachers? Awareness of opportunities and misconceptions. In: *Journal of Mathematics Teacher Education 9,* 249–278.

van Gog, T., Paas, F. und van Merriënboer, J. J. G. (2004): Process-oriented worked examples: Improving transfer performance through enhanced understanding. In: *Instructional Science 32*, 83–98.

Zumbrägel, S. (2010): *Empirische Erhebung von Schülervorstellungen zur Funktionsweise des Internets.* Masterarbeit, Oldenburg: Universität Oldenburg.

Sprachsensibel unterrichten in den Naturwissenschaften – Kontextorientierung als Lernhilfe oder zusätzliche Barriere?

1. Einleitung

Der naturwissenschaftliche Unterricht, insbesondere die ‚harten' Naturwissenschaften Physik und Chemie, gelten bei Schüler/innen häufig als besonders anspruchsvoll. Daher fällt es teilweise schwer, genügend Lernende für diese eher unbeliebten Fächer[1] zu begeistern und damit dem Fachkräftemangel im MINT-Bereich[2] zu verringern. Dies trifft in ganz besonderem Maße auf die Mädchen zu, die diesen Bereich wegen seiner Konnotation als männliche Domäne meiden (siehe dazu Jahnke-Klein 2010, 2014; Fruböse 2010; Herwartz-Emden, Schurt und Waburg 2012; Merzyn 2008). Die fehlende Auseinandersetzung mit naturwissenschaftlichem Wissen ist jedoch nicht nur ein Problem für den Industriestandort Deutschland, sondern ein gesamtgesellschaftliches Problem. Mit Naturwissenschaften und den darauf basierenden Technologien müssen sich nicht nur Naturwissenschaftler/innen und Ingenieur/innen auskennen, sondern alle, die sachkundige Entscheidungen in Bezug auf viele kontrovers diskutierte Themen zu treffen haben – von Ernährungsfragen über Abfallentsorgungsprobleme und Gentechnik bis hin zu den Folgen der Erderwärmung (OECD 2016, S. 19).

Internationale Vergleichsstudien um den Jahrtausendwechsel wie TIMSS (Baumert et al. 1997) und PISA (Deutsches PISA-Konsortium 2001, PISA Konsortium Deutschland 2004) haben gezeigt, dass die meisten Schüler/innen nicht in der Lage sind, ihr im naturwissenschaftlichen Unterricht erworbenes Wissen auf reale Problemstellungen und Alltagssituationen zu übertragen. So lagen in der ersten PISA-Studie im Jahr 2000 die Naturwissenschaftsleistungen der deutschen Schüler/innen deutlich unter dem Durchschnitt der OECD-Staaten. Es wurde bemängelt, dass die Jugendlichen in Deutschland nicht das naturwissenschaftliche Verständnis erlangen, das in vielen anderen Industrienationen erzielt wird. Als eine Ursache wurde der herkömmliche naturwissenschaftliche Unter-

---

[1] Die Unbeliebtheit des Physik- und Chemieunterrichts wurde in vielen Studien nachgewiesen und bezieht sich auf alle Schulformen und Altersstufen (s. dazu Fruböse 2010; Haag und Götz 2012; Merzyn 2008).
[2] MINT steht für Mathematik, Informatik, Naturwissenschaften und Technik.

© Springer Fachmedien Wiesbaden GmbH, ein Teil von Springer Nature 2019
M. Butler und J. Goschler (Hrsg.), *Sprachsensibler Fachunterricht*, Sprachsensibilität in Bildungsprozessen, https://doi.org/10.1007/978-3-658-27168-8_5

richt benannt, der zu wenig problem- und anwendungsorientiert angelegt sei. Dementsprechend kam die Forderung auf, den Unterricht problemorientiert zu gestalten und durch fachübergreifende und fächerverbindende Ansätze auf interessante Anwendungen zu beziehen (Deutsches PISA-Konsortium 2001, S. 243ff.). Vorschläge dazu lagen bereits vor und wurden in der ersten Dekade des 21. Jahrhunderts weiterentwickelt. Seitdem hat die sogenannte Kontextorientierung, d. h. die Orientierung an lebensnahen Kontexten, einen beispiellosen Siegeszug im naturwissenschaftlichen Unterricht geführt.

Im Folgenden soll zunächst auf die Entwicklung des Konzepts der Kontextorientierung eingegangen werden. Hierbei wird deutlich gemacht, dass sie große Chancen bietet insbesondere auch in Bezug auf die Förderung von Mädchen. Gleichzeitig stellt eine stärkere Kontextorientierung aber auch einige bildungssprachliche Anforderungen. Dies könnte für Lernende eine Hürde darstellen, die sich noch die Grundlagen der Unterrichtssprache aneignen müssen (z. B. für Kinder von Geflüchteten), und für Lernende, die mehrsprachig aufwachsen und im Vergleich zu ihren einsprachigen Peers über weniger Input in der Unterrichtssprache verfügen. Auf der Grundlage einer Analyse ausgewählter Sequenzen aus älteren und neueren Lehrwerken in der Chemie möchte der folgende Artikel exemplarisch die sprachlichen Herausforderungen in den unterschiedlichen Ansätzen vergleichen. Abschließend soll überlegt werden, welche Konsequenzen hieraus für die Praxis gezogen werden können.

2. Kontextorientierung im naturwissenschaftlichen Unterricht

Kontextorientierter Naturwissenschaftsunterricht orientiert sich am Konzept der naturwissenschaftlichen Grundbildung (*Scientific Literacy*), das auch den PISA-Studien zugrunde liegt. Im *Literacy-Konzept* wird davon ausgegangen, dass in der Wissensgesellschaft die Menge und die Komplexität des für den Beruf und die gesellschaftliche Teilhabe benötigten Wissens so groß geworden ist, dass einzelne Menschen nur noch über einen Bruchteil dieses Wissens verfügen können. Deshalb gewinnen die Fähigkeit zum Wissenserwerb und zum lebenslangen Lernen immer mehr an Bedeutung (PISA-Konsortium 2004, S. 111).

„Naturwissenschaftliche Grundbildung wird definiert als die Fähigkeit, sich mit naturwissenschaftlichen Themen und Ideen als reflektierender Bürger auseinanderzusetzen. Eine Person, die über eine naturwissenschaftliche Grundbildung verfügt, ist bereit, sich argumentativ mit Naturwissenschaften und Technologie auseinanderzusetzen. Dies erfordert die Kompetenzen, Phänomene naturwissenschaftlich zu erklären, naturwissenschaftliche Forschung zu bewerten und naturwissenschaftliche Untersuchungen zu planen sowie Daten und Evidenz naturwissenschaftlich zu interpretieren." (OECD 2016, S. 32)

Naturwissenschaftliche Grundbildung ermöglicht die Teilhabe an einer von Naturwissenschaft und Technik geprägten Kultur und beinhaltet u. a. das Vorhandensein von Vorstellungen über die Beziehungen zwischen Naturwissenschaft, Technik und Gesellschaft. Das Deutsche PISA-Konsortium (2001, S. 195) spricht vom „Verständnis des ‚Unternehmens Naturwissenschaft' im sozialen, ökonomischen und ökologischen Kontext". Kontextorientierter Naturwissenschaftsunterricht stellt vielfältige Bezüge zu anderen Wissenschaftsdisziplinen und zum alltäglichen Leben her und ist damit in viel stärkerem Maße fächerübergreifend als der herkömmliche Naturwissenschaftsunterricht.

Doch wie sah der herkömmliche Naturwissenschaftsunterricht überhaupt aus? Insbesondere die Lehrpläne und Lehrbücher für die Gymnasien waren lange Zeit gleichsam abbildhaft an der Fachsystematik orientiert. Da Physik und Chemie zu den systematisiertesten und historisch traditionsreichsten Wissenschaften gehören, stellt sich das Kondensat jahrhundertelanger Forschungstätigkeit in diesen Disziplinen für den Laien eher schwer verständlich dar (Mikelskis 2006, S. 32). Auch die jeweilige Fachsprache basiert auf Regeln und Konventionen, die sich im Laufe der Wissenschaftsgeschichte entwickelt und als brauchbar erwiesen haben. Fachbegriffe, Symbole, Formeln und Reaktionsgleichungen gelten weltweit und erlauben damit internationale Kommunikation. Bei der Verständigung zwischen Expert/innen und Laien muss die Fachsprache jedoch decodiert werden. Verständnishürden entstehen dabei u. a. durch Synonyme (‚Kohlendioxid' oder ‚Kohlenstoffdioxid'?) und Homonyme, gleiche Begriffe mit verschiedenen Bedeutungen in Alltags- und Fachsprache (Parchmann und Bernholt 2013, S. 242). In der Alltagssprache versteht man zum Beispiel unter dem Begriff ‚Niederschlag' normalerweise Regen, in der chemischen Fachsprache dagegen einen ausfallenden Feststoff in einer Flüssigkeit, der sich am Boden des Gefäßes sammelt (Busch und Ralle 2013, S. 281).

Außer den Fachbegriffen sind es typische Konstruktionen und Gestaltungsmerkmale des Satzbaus und Sprachstils, die die Fachsprache so schwer verständlich machen. Diese kommen in der Alltagssprache kaum vor und sind insbesondere durch den damit verbundenen unpersönlichen neutralen Stil für den Laien wenig ansprechend (s. dazu z. B. Leisen 2005; 2013; Rincke 2010; Starauschek 2006). Der Sprachstil ergibt sich aus dem Anspruch fachlich korrekt zu sein.

„Naturwissenschaftler tendieren dazu, Bedeutungsunschärfe von Sätzen und Begriffen grundsätzlich negativ zu bewerten. Für Lehrerinnen und Lehrer naturwissenschaftlicher Fächer steckt ein Stück professioneller Identität in dem Bewußtsein (sic), ein Fach zu vertreten, dessen Inhalte nicht mühsam über semantische Klippen einer Sprache erklommen werden müssen, deren Unzulänglichkeit auch in endlosen Erörterungen und Diskussionen nicht überwunden werden kann."
(Muckenfuß 1995, S. 246f.)

Es überrascht daher wenig, dass sich viele Schüler/innen von dem herkömmlichen, ausschließlich an der Fachsystematik orientierten, Unterricht nicht angesprochen fühlten.

Kritik an einem solchen Unterricht äußerte bereits in den 1960er Jahren der bekannte Naturwissenschaftsdidaktiker Martin Wagenschein. Er setzte dieser Form des Lehrgangs eine Unterrichtskonzeption entgegen, die mit den Begriffen ‚genetisch', ‚sokratisch' und ‚exemplarisch' verbunden ist. Anhand von exemplarisch ausgewählten Themenkreisen sollten naturwissenschaftliche Sachverhalte dem genetischen Prinzip folgend gemeinsam mit den Schüler/innen im sokratischen Gespräch entwickelt werden (s. dazu Wagenschein 1968). Die Fachsprache steht nach Wagenschein erst am Ende des Erkenntnisprozesses:

„Die Muttersprache ist die Sprache des Verstehens, die Fachsprache besiegelt es, als Sprache des Verstandenen." (Wagenschein 1980, S. 135)

Wagenschein ging davon aus, dass Fachunterricht, der nur fachwissenschaftlich bleibt, „zwar schulen, aber nicht bilden" (Wagenschein 1968, S. 47) kann. Mit dem Begriff des Exemplarischen stellte er dem einen fächerübergreifenden Ansatz gegenüber, der als Vorläufer der Kontextorientierung betrachtet werden kann.

Erste Ansätze zur Loslösung von der Fachorientierung zugunsten von fächerübergreifendem Naturwissenschaftsunterricht gab es in den 1970er Jahren im Zuge der allgemeinen Bildungsreform und der Einrichtung von Gesamtschulen.

In den 1990er Jahren setzten sich fächerübergreifende Ansätze in größerem Maßstab durch, da in vielen Bundesländern das vom Institut für Pädagogik der Naturwissenschaften (IPN) entwickelte PING-Projekt[3] aufgegriffen wurde. Dieses Konzept für fächerübergreifenden naturwissenschaftlichen Unterricht verfolgte das Ziel, naturverträgliches und menschengerechtes Handeln zu fördern, und beeinflusste in vielen Bundesländern die Lehrplan- und Standardentwicklung maßgeblich (Mikelskis 2006, S. 15ff.). Auch die in den 1990er Jahren vielbeachteten Publikationen von Labudde (1993, *Erlebniswelt Physik*) und von Muckenfuß (1995, *Lernen im sinnstiftenden Kontext*) gaben der Physikdidaktik neue Impulse und waren Wegbereiter der zunehmenden Kontextorientierung im naturwissenschaftlichen Unterricht.

2.1 Die Projekte ‚Chemie im Kontext' und ‚Physik im Kontext'

Die Kontextorientierung bekam in den 2000er Jahren durch die vom IPN in Kiel koordinierten und inzwischen abgeschlossenen Projekte ‚Chemie im Kontext' (ChiK), ‚Physik im Kontext' (PiKo) und ‚Biologie im Kontext' (BiK) eine noch viel größere Bedeutung.[4] Auslöser und Vorbild für die Entwicklung dieser Projekte waren die positiven Erfahrungen, die man im anglo-amerikanischen Raum mit kontextorientiertem Naturwissenschaftsunterricht gemacht hatte (Parchmann et al. 2001, S. 2). Dort wurden Kurse entwickelt, die sich nicht an der wissenschaftlichen Fachsystematik orientieren, sondern an forschungsrelevanten und lebensweltlichen Themengebieten. Diese waren so miteinander vernetzt, dass die notwendigen fachimmanenten Inhalte kontextgebunden strukturiert und vermittelt werden konnten. Für den Chemieunterricht dienten vor allem der *Salters Chemistry Course* aus Großbritannien und *Chemistry in Community* aus den USA als Orientierung (Huntemann, Paschmann, Parchmann und Ralle 1999, S. 191). Ansätze, Kontexte explizit zur Strukturierung von Physikunterricht zu nutzen, fand man im US-amerikanischen *Harvard Project Physics*, im niederländischen Project *Leerpakketontwikkeling Natuurkunde* und ebenfalls in Projekten der englischen Salters-Gruppe. Auch die sogenannte STS-Bewegung zielte darauf

---

[3] Die ausführliche Projektbezeichnung lautete: ‚Praxis integrierter naturwissenschaftlicher Grundbildung'.
[4] Seit 2008 gibt es auch noch das Projekt ‚Informatik im Kontext' (IniK), das sich an den anderen Kontextprojekten orientiert, aber inzwischen ein eigenständiges Profil entwickelt hat. Im Folgenden wird nur auf ‚Chemie im Kontext' und ‚Physik im Kontext' eingegangen.

ab, naturwissenschaftliche Inhalte und Kompetenzen (*Science*) mit technischen (*Technology*) und gesellschaftlichen Aspekten (*Society*) zu verknüpfen (Nawrath und Komorek 2013, S. 234).

Maßgeblich für die theoretische Fundierung der vom IPN koordinierten Kontext-Projekte waren auch Theorien aus dem Bereich der Lehr-Lern-Forschung, insbesondere das *Situated Learning*. Hierbei wird davon ausgegangen, dass Wissen immer situativ erworben wird, also an eine konkrete Lernsituation gebunden ist. Je näher diese an einer späteren Anwendungssituation ist, umso leichter gelingt der spätere Transfer. Eine stärkere Integration von alltagsrelevanten Themen erhöht demnach die Anwendbarkeit des Wissens. Für einen Transfer ist es allerdings notwendig, grundlegendes Wissen aus einer Lernsituation zu abstrahieren und in verschiedenen Zusammenhängen neu anzuwenden, um ein situationsunabhängiges Wissensfundament zu entwickeln (Parchmann et al. 2001, S. 2). Da in den o. g. Kontextprojekten von einem konstruktivistischen Lernansatz ausgegangen wird, also angenommen wird, dass Lernende ihr Wissen selbst konstruieren und dieser Vorgang auf dem vorhandenen Wissen aufbaut, ist es auch notwendig, die Vorerfahrungen der Schüler/innen stärker als bisher zu berücksichtigen. Außerdem müssen unterschiedliche Wege des Zugangs zu einem bestimmten Inhalt eröffnet werden; die Kontext-Projekte sind deshalb durch eine Vielfalt an Unterrichtsmethoden und sehr viel Eigentätigkeit und Selbstverantwortung gekennzeichnet (ebd. S. 3ff.).

Aufbauend auf diesen konzeptuellen Überlegungen haben in fast allen Bundesländern erfahrene Naturwissenschaftslehrkräfte in regionalen Arbeitsgruppen zusammen mit Personen aus dem Bereich der Lehrer/innenbildung und der Schulaufsicht neue kontextorientierte Unterrichtseinheiten entwickelt und im Unterricht erprobt. Unterstützt und angeleitet wurden sie dabei von Wissenschaftler/innen verschiedener Universitäten (u. a. der Carl von Ossietzky Universität Oldenburg[5]), die auch die Begleitforschung übernommen haben. Als Kontexte wurden abgegrenzte Themen mit einem deutlichen Bezug zur Alltagswelt der Schüler/innen ausgewählt (z. B. ‚Energy-Drinks', ‚Mit dem Wasserstoffauto in die Zukunft', ‚Säuren in der Speisekammer', ‚Klima, Ozean und Kohlenstoffdioxid'), die die Sinnhaftigkeit der Beschäftigung mit der jeweiligen Natur-

---

[5] Beteiligt waren die Oldenburger Physikdidaktik (Komorek u. a.), Chemiedidaktik (Parchmann u. a.) sowie Biologiedidaktik (Hößle u. a.).

wissenschaft aufzeigen und fächerübergreifendes Arbeiten erfordern. Um die Anschlussfähigkeit des Wissens zu gewährleisten, wurden die innerhalb der Beschäftigung mit den Kontexten erworbenen Fachinhalte zu Basiskonzepten (z. B. dem ‚Stoff-Teilchen-Konzept' in der Chemie) verknüpft. Im Laufe der Jahre ist eine Vielzahl an kontextorientierten Unterrichtseinheiten entwickelt worden, die über Unterrichtsmaterialien, Schulbücher und Lehrer/innenfortbildungen Einzug in den Schulalltag gefunden haben. Der Frage, inwieweit ein solches Vorgehen lernwirksamer und motivationsförderlicher ist als der traditionelle Ansatz, wurde in verschiedenen Studien nachgegangen. Es gibt allerdings bis heute kaum Forschungsarbeiten, die mögliche sprachliche Herausforderungen des Vorgehens untersuchen. Dies soll im Folgenden gezeigt werden.

2.2 Kontextorientierter Unterricht: Potenziale und mögliche Herausforderungen

Die Wirksamkeit des kontextorientierten Unterrichts wird bereits seit mehreren Jahren im internationalen Bereich erforscht. In einer Metaanalyse von 61 Studien aus den USA, dem Vereinigten Königreich, Kanada und den Niederlanden konnte gezeigt werden, dass alle Schüler/innen (sowohl Mädchen als auch Jungen, Leistungsstarke wie Leistungsschwache) ein stärkeres Interesse an Naturwissenschaften haben, wenn sie kontextorientiert bzw. nach dem Science-Technology-Society-Ansatz unterrichtet werden (Lubben et al. 2005). Diese Konzeptionen scheinen daher u. a. auch für die Förderung von Mädchen vielversprechend, da Mädchen – insbesondere in Deutschland – ein signifikant geringeres Interesse an Naturwissenschaften aufweisen (Merzyn 2008; PISA-Konsortium Deutschland 2007; Prenzel et al. 2013; OECD 2016). Bereits in den 1990er Jahren konnte aufgezeigt werden, dass Anwendungen der Physik in der Medizin oder im Umweltschutz für die Schülerinnen der Mittelstufe interessanter sind als Anwendungen in den üblichen, eher männlich konnotierten Kontexten. Es ist beispielsweise für sie wissenswerter, etwas über eine Pumpe zu erfahren, die als künstliches Herz Blut pumpt, als sich mit einer Erdölpumpe zu befassen (Häusler und Hoffmann 1990, 1995). Berger (2002) konnte für die Oberstufe aufzeigen, dass die Standardthemen „Wellen" und „Röntgenstrahlen" durch die Einbettung in medizinische Kontexte (hier „Ultraschalldiagnostik" und „Röntgen-Computertomographie") für alle Schüler/innen, besonders aber für Schülerinnen mit unterdurchschnittlichem Fachinteresse, deutlich interessanter sind. Auch die PISA-

Studie aus dem Jahr 2015 bestätigt das besondere Interesse von Mädchen an medizinischen Kontexten (z. B. „Wie Naturwissenschaften uns helfen können, Krankheiten zu verhindern"), während die klassischen Themenbereiche „Bewegung und Kräfte (z. B. Geschwindigkeit, Reibung, Magnetismus, Schwerkraft)" und „Energie und ihre Umwandlung (z. B. Konservierung, chemische Reaktionen)" vor allem Jungen interessieren (OECD 2016, S. 40f., 139ff.). Kontextorientierung wird daher – unter der Voraussetzung, dass die richtigen Kontexte gewählt werden – vermehrt als Mittel gesehen, um mehr Mädchen für den MINT-Bereich zu gewinnen (s. dazu Jahnke-Klein 2014; Frank 1998; Herwartz-Emden et al. 2012; Martignon 2010).

Während der positive Einfluss von Kontextualisierung auf affektive Aspekte des Physiklernens unumstritten ist, sind eindeutige Aussagen über die Lernwirksamkeit auf der Grundlage bisheriger Forschungen allerdings kaum möglich (Nawrath und Komorek 2013, S. 234). Zu diesem Ergebnis kommen auch Taasoobshirazi und Carr (2008) in ihrer breit angelegten Metaanalyse. Es lässt sich nur schwer testen, ob Lernerfolge auf Kontextorientierung oder andere Faktoren des Unterrichts zurückgeführt werden können. Außerdem ist das Ausmaß, in dem der Kontext den Unterricht strukturiert, bei den verschiedenen Ansätzen zur Kontextorientierung sehr unterschiedlich. Der fachsystematisch-kontextorientierte Unterricht geht von der Sachstruktur aus, um dann gezielt Anwendungs- oder Alltagsbeispiele zu thematisieren, an denen die fachlichen Inhalte verdeutlicht werden. Beim kontextstrukturiertem Unterricht (wie in den Projekten ChiK, PiKo und BiK) bilden Kontexte die Ausgangspunkte der Strukturierung. Dieser Ansatz erfordert stringente Überlegungen zur Dekontextualisierung, bei der man sich vom Kontext löst, um zu allgemeinen Erkenntnissen, Begriffen oder Prinzipien zu gelangen (Nawrath und Komorek 2013, S. 239). Es handelt sich hier um sehr unterschiedliche Formen der Kontextorientierung, deren Lernwirksamkeit sehr unterschiedlich sein kann.

Auch die PISA-Studie aus dem Jahr 2015 lässt keine Rückschlüsse auf die Wirksamkeit kontextorientierten Unterrichts zu. Deutschland liegt jetzt zwar mit 509 Punkten in den Naturwissenschaften deutlich über dem Mittelwert, es konnte aber keine Leistungssteigerung im Vergleich zum Jahr 2006 festgestellt werden. Durch die Einführung eines neuen computerbasierten Testverfahrens lassen sich die ermittelten Werte allerdings auch nicht direkt miteinander vergleichen (OECD 2016).

Unklar ist darüber hinaus, inwieweit der kontextorientierte Unterricht aufgrund der stärkeren kontextuellen und damit sprachlichen Einbettung neue Herausforderungen mit sich bringt – zumindest für Schüler/innen, die das Deutsche gerade erst erlernen oder die mit mehreren Sprachen aufwachsen. So weisen beispielsweise Gogolin und Duarte (2016, S. 479) darauf hin, dass der spezifische schulische Sprachgebrauch ein tragender Faktor für den Wissenserwerb von Schüler/innen darstellt. Mit der Erarbeitung von Fachinhalten sind stets sprachliche Herausforderungen verbunden, da der Unterricht und dafür verwendete Lehrmaterialien auf Bildungssprache zurückgreifen (Gogolin und Lange 2011; Pineker-Fischer 2017; Wildemann und Fornol 2016).

Bildungssprache unterscheidet sich grundsätzlich von der Alltagssprache der Schüler/innen. Sie wird erziehungswissenschaftlich definiert als das Register, mit dem in Bildungskontexten Wissen erworben wird (Gogolin und Duarte 2016, S. 483). Sie bezieht sich auf komplexe, abstrakte Inhalte, die prägnanter Formulierungen bedürfen, um von allen Gesprächsbeteiligten verstanden werden zu können, und setzt somit kognitive Bemühungen voraus. Bildungssprache umfasst zwar auch fachsprachliche Begriffe, die für das Beschreiben von naturwissenschaftlichen Vorgängen notwendig sind (Gogolin und Lange 2011, S. 112), aber hierzu gehören auch andere lexikalisch-semantische Merkmale wie z. B. bildungssprachliche Komposita sowie morpho-syntaktische Merkmale wie Satzgefüge, Passivgebrauch, Passivsatzformen oder Proformen (Gogolin und Duarte 2016, S. 489f.). Wenngleich bislang noch nicht ausreichend empirisch abgesichert ist, welche sprachlichen Konstruktionen im Speziellen DaZ-Schüler/innen besondere Schwierigkeiten bereiten (vgl. hierzu Eckhard 2008), liegt es nahe, dass diese bildungssprachlichen Merkmale für Schüler/innen herausfordernd sein können, deren sprachliche Kompetenzen nicht ausreichend ausgebildet sind. So zeigen Studien, dass bildungssprachliche Texte insgesamt größere Schwierigkeiten als alltagssprachliche Texte bereiten (Heppt 2016) und empirische Untersuchungen aus dem Mathematikunterricht belegen, dass die sprachlichen Voraussetzungen für die Lernleistung eine entscheidende Rolle spielen (Prediger und Özdil 2011; Prediger et al. 2015). Auch die Schulleistungsstudien machen darauf aufmerksam, dass selbst unter Kontrolle des sozio-ökonomischen Status ausreichende (landes-)sprachliche Kenntnisse für schulischen Erfolg eine wichtige Rolle spielen (Ramm et al. 2004; Stanat 2006; Tarelli et al. 2012). Die Analysen der Daten der PISA-Studie 2015 bestätigen diese Befunde, wobei im Einklang mit vorherigen Studien gezeigt werden konnte, dass die Familiensprache der Schüler/innen im signifikanten Zusammenhang mit naturwissenschaftlichem Kompetenzerwerb steht (Rauch et al. 2016). Es erscheint daher sinnvoll, mögliche bildungssprachliche Herausforderungen in den Blick zu nehmen, die sich aus einer kontextorientierten Vorgehensweise im naturwissenschaftlichen Unterricht ergeben.

3. Eine exemplarische Schulbuchanalyse – Vorgehensweise

Im Folgenden soll exemplarisch für das Fach Chemie untersucht werden, welche sprachlichen Anforderungen der herkömmliche naturwissenschaftliche Unterricht im Vergleich zum kontextorientierten Unterricht stellt. Es wird davon ausgegangen, dass der kontextorientierte Unterricht geringere fachsprachliche Anforderungen stellt. Möglicherweise gibt es jedoch aufgrund der kontextuellen Einbettung bildungssprachliche Herausforderungen, die im herkömmlichen naturwissenschaftlichen Unterricht eine geringere Rolle spielen. Da Schulbücher wichtige Werkzeuge des Unterrichts sind und Lehrkräfte in der Regel mit dem an ihrer Schule eingeführten Lehrwerk arbeiten (Girwidz 2015, S. 219f.), wird in diesem Beitrag eine stichprobenartige Schulbuchanalyse durchgeführt, um dieser These nachzugehen.

Es wurden drei Lehrwerke der gymnasialen Oberstufe für die Analyse ausgewählt: Das Buch „Organische Chemie" aus dem Schroedel Verlag (1981) ist wie viele ältere Lehrwerke ausschließlich an der Fachsystematik orientiert. Das Buch „Chemie heute" aus dem Schroedel Verlag (2009) steht für eine an der Fachsystematik orientierte Kontextorientierung und das Buch „Chemie im Kontext" aus dem Cornelsen Verlag (2006) ist kontextstrukturiert. Betrachtet wurde die Einführung der Stoffgruppe der Alkohole.

Ausgezählt wurden die Seitenzahlen, die absolute Anzahl der verwendeten Fachtermini, die Anzahl der vorkommenden Summenformeln und Strukturformeln, die Anzahl der verwendeten IUPAC-Namen[6] organischer Stoffe (wie z. B. 2-Methyl-2-propanol) sowie die Anzahl vorkommender Stoffe in IUPAC-Nomenklatur, die Anzahl an bildungssprachlichen Komposita und an komplexen Satzgefügen, die Anzahl unpersönlicher Konstruktionen und umfänglicher Attribute sowie die Anzahl an illustrativen Bildern.

---

[6] IUPAC steht für 'International Union of Pure and Applied Chemistry'. Die von der IUPAC entwickelte Nomenklatur dient der weltweiten Kommunikation innerhalb der Chemie.

4. Ergebnisse

Insgesamt zeigt die Analyse der drei ausgewählten Lehrwerke (s. Tab. 1), dass die Einführung in die Stoffgruppe der Alkohole in den neueren kontextorientierten Lehrwerken deutlich länger ist als in dem älteren, fachsystematisch orientierten Lehrbuch (7 bzw. 11 Seiten im Vergleich zu 2 Seiten). Auffällig ist auch, dass die Anzahl der Fachtermini pro Seite in den neueren Lehrwerken viel geringer ist als in dem älteren Lehrwerk. Insbesondere in dem kontextstrukturierten Lehrwerk von Cornelsen („Chemie im Kontext") ist dieser Unterschied sehr augenfällig (25 zu 168 pro Seite). Das Gleiche gilt für die Anzahl der Summen- und Strukturformeln sowie für die vorkommenden IUPAC-Namen organischer Stoffe. Es kommen auch insgesamt weniger Stoffklassen in den neueren Lehrwerken vor. Dementsprechend müssten die kontextorientierten Bücher für die Schüler/innen leichter verständlich sein.

Bei der Analyse der bildungssprachlichen Elemente fällt jedoch auf, dass insbesondere in Bezug auf die Anzahl an bildungssprachlichen Komposita ein deutlicher Anstieg im kontextstrukturierten Lehrwerk von Cornelsen zu verzeichnen ist (22,5 pro Seite im Vergleich zu 12 pro Seite im fachsystematisch orientierten Lehrbuch). Hierzu gehören z. B. „Weinherstellung", „Gärungsbehälter" und „Reinzuchthefen" (vgl. Cornelsen 2006, S. 12). Bei dem fachsystematisch-kontextorientierten Buch aus dem Schroedel Verlag (Chemie heute SII) ist die Anzahl der bildungssprachlichen Komposita pro Seite leicht geringer (9,7 pro Seite), jedoch ist auch hier die absolute Zahl aufgrund der höheren Seitenzahl größer (68 im Vergleich zu 24 im fachsystematisch strukturiertem Buch). Beispiele sind „Computertechnik", „Blutalkoholspiegel" und „eingeschränktes Gesichtsfeld" (vgl. Schroedel 2009, S. 302 sowie 307).

Tab. 1: *Einführung der Stoffgruppe der Alkohole in Lehrwerken der gymnasialen Oberstufe (ohne Reaktionen der Alkohole, Versuche und Aufgaben): Darstellung der Wortebene*

	Organische Chemie (1981, S. 88–89)	Chemie heute, S II (2009, S. 301–307)	Chemie im Kontext S II (2006, S. 11–21)
Seitenanzahl	2	7	11
Fachtermini[7] ges. / pro S.	336 / 168	660 / 94,2	275 / 25
Summenformeln ges. / pro S.	16 / 8	2 / 0,3	0 / 0
Strukturformeln ges. / pro S.	16 / 8	6 / 0,9	0 / 0
IUPAC-Namen[8] ges. / pro S.	45 / 22,5	66 / 9,4	66 / 6
Stoffe in IUPAC-Nomenklatur[9] ges. / pro S.	18 / 9	22 / 3,1	11 / 1
Bildungssprachliche Komposita ges. / pro S.	24 / 12	68 / 9,7	248 / 22,5

Auf der Satzebene ist die Anzahl an unpersönlichen Konstruktionen im kontextstrukturierten Lehrbuch geringer als im fachsystematisch ausgerichteten Buch. Die Komplexität der Satzgefüge bleibt in dem fachsystematisch ausgerichteten und fachsystematisch-kontextorientierten Lehrwerk von Schroedel gleich, sie ist etwas höher im kontextstrukturierten Lehrwerk (s. Tab. 2). Beispiele sind: „Der

---

[7] Gezählt wurde die absolute Häufigkeit der vorkommenden naturwissenschaftlichen Fachbegriffe (z. B. IR-Spektroskopie), Stoffnamen (z. B. Propanol-2), Struktur- und Summenformeln sowie Stoffklassen (z. B. Alkanole). Stehende Begriffe, die aus zwei Fachwörtern zusammengesetzt sind (wie z. B. „nucleophile Substitution"), wurden als zwei Fachtermini gezählt, Kurzschreibweisen wie z. B. OH-Gruppe dagegen als ein Fachterminus.

[8] Gezählt wurde die absolute Häufigkeit der vorkommenden IUPAC-Namen organischer Stoffe. Etwas ungenauere Bezeichnungen wie Propanol (handelt es sich um Propanol-1 oder Propanol-2?) wurden gezählt, übergeordnete Begriffe wie Alkanole wurden nicht gezählt.

[9] Gezählt wurde die Anzahl der verschiedenen organischen Stoffe, deren Namen in IUPAC-Nomenklatur angegeben wurde. Jeder Stoff wurde nur einmal gezählt, auch bei mehrmaligem Vorkommen.

Jungwein wird filtriert und zentrifugiert, um Hefe und Trübstoffe zu entfernen" (Cornelsen 2006, S. 12); „Der Umstand, dass Rotwein die Aktivität dieser Blutplättchen vermindert, war Forschern schon länger bekannt" (Cornelsen 2006, S. 13) und „Im Haushalt begegnen wir Ethanol im ‚Brennspiritus', der aufgrund abstoßend riechender und gesundheitsschädlicher Zusätze ungenießbar ist" (Schroedel 2009, S. 306). Zudem ist auch eine höhere Zahl an umfänglichen Attributen zu finden, z. B. „den frisch geernteten Trauben" oder „den zusätzlich mit Rotwein ernährten Versuchstieren" (Cornelsen 2006, S. 12f.).

Insgesamt zeigen sich also in dem kontextstrukturierten Lehrwerk trotz einer geringeren Dichte an Fachtermini recht hohe bildungssprachliche Anforderungen. Dies entspricht unseren anfänglichen Annahmen.

Tab. 2: *Einführung der Stoffgruppe der Alkohole in Lehrwerken der gymnasialen Oberstufe (ohne Reaktionen der Alkohole, Versuche und Aufgaben): Darstellung der Satzebene*

	Organische Chemie (1981, S. 88–89)	Chemie heute S II (2009, S. 301–307)	Chemie im Kontext S II (2006, S. 11–21)
Anzahl an komplexen Satzgefügen ges. / pro S.	11 / 5,5	39 / 5,6	99 / 9
• Konjunktionalsätze	5 / 2,5	16 / 2,3	39 / 3,5
• Relativsätze	6 / 3	8 / 1,1	24 / 2,2
• erweiterte Infinitive	0 / 0	4 / 0,6	9 / 0,8
• andere	0 / 0	11 / 1,6	27 / 2,5
Unpersönliche Konstruktionen ges. / pro S.	30 / 15	48 / 8	102 / 9,3
• man	6 / 3	16 / 2,3	5 / 0,5
• Passiv	23 / 11,5	30 / 4,3	94 / 8,5
• Passivumschreibung	1 / 0,5	2 / 0,3	3 / 0,27
Umfängliche Attribute ges. / pro S.	16 / 8	85 / 12,1	96 / 8,7
• Adjektivreihung	4 / 2	9 / 1,3	8 / 0,7
• Substantivgruppe	12 / 6	76 / 10,9	88 / 8

Es ist zwar auch festzustellen, dass in den neueren Lehrwerken deutlich mehr illustrative Bilder zu finden sind, die das Verständnis erleichtern könnten. Im untersuchten Ausschnitt des kontextstrukturierten Buches aus dem Cornelsen Verlag befinden sich z. B. 17 illustrative Bilder, während es in dem fachsystematisch strukturierten Buch aus dem Schroedel Verlag keinerlei illustrative Bilder gibt. Problematisch in Bezug auf die verwendeten illustrativen Bilder ist jedoch, dass in den meisten Fällen eine recht große Text-Bild-Schere festzustellen ist. So wird z. B. zur Veranschaulichung dafür, dass Alkohol in Kosmetika enthalten ist, ein Foto von einem sich rasierenden Mann gezeigt. Der Begriff „Kosmetik" lässt sich also durch das Bild nicht ohne weiteres erschließen.

5. Fazit

Die Analysen der hier ausgewählten Chemielehrwerke können zwar nicht generalisiert werden, sie verdeutlichen aber einige sprachliche Unterschiede zwischen dem traditionellen naturwissenschaftlichen Unterricht und dem stärker kontextorientierten naturwissenschaftlichen Unterricht. So stellt der traditionelle naturwissenschaftliche Unterricht hohe fachliche Anforderungen; er vermittelt maximale Information bei minimalem Text durch die Formel- und Symbolsprache der Naturwissenschaften. Gleichzeitig ist festzuhalten, dass die Formel- und Symbolsprache weltweit verständlich ist und Kommunikation über Ländergrenzen hinweg ermöglicht. In den modernen kontextorientieren Lehrwerken sinken die fachsprachlichen Ansprüche; dies gilt in besonderem Maße für das kontextstrukturierte Buch („Chemie im Kontext SII", Cornelsen Verlag). Die geringe Dichte an fachsprachlichen Elementen mag gerade für diejenigen Lernenden eine Entlastung sein, die noch unsicher im Bereich der Fachsprache sind. Möglicherweise wird der kontextorientierte Unterricht auch deshalb von vielen Lernenden als motivierend empfunden. Gleichzeitig steigen allerdings die allgemeinen bildungssprachlichen Anforderungen. Dies könnte für Lernende, die die Unterrichtssprache neu erwerben, noch eine zusätzliche kognitive Belastung[10] darstellen. Einschränkend muss berücksichtigt werden, dass im Rahmen dieser explorativen Studie nicht überprüft wurde, welche der erwähnten bildungssprachlichen Elemente für diese Schüler/innen tatsächlich eine Herausforderung darstellen. Dies müsste in Folgestudien untersucht werden.

---

[10] Nach der auf Sweller zurückgehenden Cognitive Load Theorie findet Lernen nur statt, wenn das Arbeitsgedächtnis nicht überlastet wird. Es muss genügend freie Kapazität für ein aktives Operieren vorhanden sein. Das Lernarrangement sollte dementsprechend die Kapazität des Arbeitsgedächtnisses möglichst wenig beanspruchen (Sweller 1994). Verschiedene Effekte können zu einer Reduzierung der kognitiven Belastung beitragen. Dazu gehören u. a. der Effekt von ausgearbeiteten Lösungsbeispielen, der Aufgabenergänzungseffekt und der Aufmerksamkeitsteilungseffekt (Wellenreuther 2011, S. 16ff.).

Der Verzicht auf die komprimierte Fachsprache zugunsten einer kontextorientierten Einbettung ist jedoch auch noch unter einem anderen Aspekt problematisch: Jedes Fach nimmt eine bestimmte Perspektive auf die Welt ein, einen „Modus der Weltbegegnung".[11] Durch die verschiedenen, in unterschiedlichen historischen Kontexten entstandenen Schulfächer werden unterschiedliche Zugänge zur Welt eröffnet, die in ihrer Gesamtheit zur Bildung beitragen sollen. Die Schulfächer nehmen Bezug auf eine oder mehrere wissenschaftliche Disziplinen, die sich in ihren Modi der Weltbegegnung unterscheiden. Dadurch gibt es Unterschiede im Lernen in den verschiedenen Schulfächern. Diese müssen jeweils eine Sachlogik, aber auch eine spezifische Erschließungslogik der Welt vermitteln. Es geht also nicht nur um fachliches Lernen, sondern auch um Lernen über das Fach (Schmit 2010, S. 237ff.). Schulfächer sind zwar keine Abbildungen wissenschaftlicher Disziplinen, nehmen aber eine Mittlerrolle zwischen Lebenswelt und Wissenschaften ein. Das Denken im Unterricht hat sich an dem Anspruch der Sachen zu bewähren (Kiper und Mischke 2009, S. 131). In den Naturwissenschaften geht es nach Baumert vor allem um den Modus des „instrumentellen Umgang[s] mit der belebten und unbelebten Umwelt" (Baumert 2003, S. 216). Die Fachsprache, vor allem die Formel- und Symbolsprache der Naturwissenschaften, ist essentieller Bestandteil dieses Modus. Ein Verzicht auf naturwissenschaftliche Fachsprache bedeutet unweigerlich, dass den Schüler/innen dieser Blick auf die Welt vorenthalten wird. Dementsprechend „ist der Erwerb der Fachsprache sowohl Ziel des Fachunterrichts als auch Voraussetzung für erfolgreiches Weiterlernen im Fach" (Sumfleth, Kobow, Tunali und Walpuski 2013, S. 255).

Die als Folge der schlechten PISA-Ergebnisse eingeführten nationalen Bildungsstandards für die naturwissenschaftlichen Fächer definieren einen eigenen Kompetenzbereich „Kommunikation", in dem es darum geht „Informationen sach- und fachbezogen" (KMK 2005, S. 6) zu erschließen und auszutauschen (Sumfleth et al. 2013, S. 256ff.). Im Chemieunterricht sollen die Schüler/innen zum Beispiel „chemische Sachverhalte unter Verwendung der Fachsprache und/oder mit Hilfe von Modellen und Darstellungen" (KMK 2005, S. 12) beschreiben, veranschaulichen oder erklären. Außerdem sollen sie Zusammenhänge zwischen chemischen Sachverhalten und Alltagserscheinungen herstellen und

---

[11] Diese Bezeichnung geht auf Baumert (2003) zurück.

dabei Fachsprache in Alltagssprache übersetzen und umgekehrt (ebd.). Fachsprachliche Kompetenz kann sich wiederum „nur auf der Basis eines angemessenen Fachwissens entwickeln, aus dem heraus die Fachsprachlichkeit erst ihre Sinnbedeutung erhält" (Busch und Ralle 2013, S. 281).

Der fachsystematisch-kontextorientierte Unterricht bietet unserer Ansicht nach die Chance, die fachlichen und fachsprachlichen Ansprüche mit der positiven motivationalen Wirkung vielfältiger ansprechender Kontexte auszusöhnen – wenn gleichzeitig das Bewusstsein über die veränderten sprachlichen Anforderungen des kontextorientierten naturwissenschaftlichen Unterrichts gestärkt wird.

6. Pädagogische Implikationen

In Bezug auf pädagogische Implikationen ist sicherlich über neue Ansätze des Erwerbs der naturwissenschaftlichen Fachsprache nachzudenken: So könnte man die chemische Formelsprache als einen eigenen Lerngegenstand betrachten, der für das Lernen und Kommunizieren in und über Chemie unverzichtbar ist und die Regeln der chemischen Formelsprache getrennt von der inhaltlichen Erschließung der Verbindungen einführen. Üblicherweise werden die ersten Formeldarstellungen in Zusammenhang mit der inhaltlichen Ermittlung der Zusammensetzung chemischer Verbindungen eingeführt. Hierbei müssen die Lernenden Fach- und Sprachkonzepte gleichzeitig erwerben. Der oftmals aus der Praxis berichtete Abfall von Motivation und Leistung in diesem Unterrichtsthema deutet darauf hin, dass es eine erhebliche kognitive Überlastung gibt. Diese lässt sich vermeiden, wenn die Symbolsprache vorab eingeführt wird, auch wenn die Bedeutung der Formeln zunächst nicht gänzlich bekannt ist (Parchmann und Bernholt 2013, S. 249). Konkrete Anregungen für den Erwerb der chemischen Formelsprache geben Bernholt et al. (2012).

Hier gibt es aber auch deutliche Grenzen, da Fachbegriffe im naturwissenschaftlichen Unterricht nicht dauerhaft wie Vokabeln gelernt werden können, ohne dass gleichzeitig eine Sinnstellung erfolgt. Die alleinige korrekte Benennung von Fachbegriffen kann zu Verständnisillusionen bei den Schüler/innen führen und die Lehrperson kann daraus ebenfalls nicht ableiten, ob der fachliche Inhalt wirklich verstanden wurde (Busch und Ralle 2013, S. 281f.). Letztendlich ist „speaking chemistry" (Markic et al. 2013, S. 131) untrennbar mit dem

Erlernen von Fachwissen verbunden und unterscheidet sich damit vom Fremdsprachenlernen, bei dem neue Begriffe für bereits bekannte Phänomene erlernt werden (ebd.). Die Diskussion um die Einführung der Formelsprache getrennt von der inhaltlichen Erschließung wird daher sehr kontrovers geführt (Parchmann und Bernholt 2013, S. 249) und bringt unserer Ansicht nach nur in den unteren Klassenstufen Vorteile mit sich. Von daher ist nach weiteren Wegen der kognitiven Entlastung zu suchen – vor allem durch die pädagogische Gestaltung des Unterrichts und der Lernmaterialien. Davon profitieren alle Schüler/innen, in ganz besonderem Maße aber diejenigen, die das Fachwissen, die Fachsprache und die deutsche Sprache gleichzeitig erlernen müssen. Dazu werden im Folgenden einige Anregungen gegeben.

Bei der Gestaltung von Schulbüchern sollte auf eine deutliche optische Trennung von Kontexten und unverzichtbaren, in Formeln und Symbolen verdichteten, Wissensinhalten geachtet werden. Dies würde die motivationsfördernde Kontextorientierung sowohl mit den fachlichen und fachsprachlichen Ansprüchen als auch mit den sprachlichen Anforderungen, die sich Deutschlernenden stellen, in Einklang bringen. Dazu sollten farblich gekennzeichnete Kästen mit den Wissenskernen, Merksätzen, Formeln etc. eingefügt werden. Darüber hinaus könnten als *Exkurs* markierte Felder eingefügt werden, die Kontexte enthalten, die man lesen kann, aber nicht muss. Diese könnten in Hypertexten eventuell noch weiter ausgeführt werden. Es besteht auch die Möglichkeit, die Kontexte in Hypertexten noch einmal in ‚Leichter Sprache'[12] oder in mehreren anderen Sprachen (Englisch, Arabisch, Türkisch, ...) zur Verfügung zu stellen. Zum Schulbuch gehörige Hypertexte bieten hier vielfältige Differenzierungsmöglichkeiten. Wünschenswert wäre darüber hinaus, dass die zum Schulbuch gehörende Website Arbeitsblätter auf verschiedenen sprachlichen und fachlichen Niveaus zur Verfügung stellt.

Hilfreich wären auch übersichtliche Zusammenfassungen der Inhalte am Ende eines Kapitels, die in gut verständlicher Sprache formuliert sind und sich ausschließlich auf den fachwissenschaftlichen Kern beziehen und damit

---

[12] Unter ‚Leichter Sprache' versteht man eine Sprache, die leichter verständlich ist und Menschen mit Lernschwierigkeiten, mit Beeinträchtigungen oder geringen Deutschkenntnissen Teilhabe ermöglicht. Leichte Sprache ist u. a. gekennzeichnet durch kurze Wörter und kurze Sätze, den Verzicht auf Abkürzungen und Fremdwörter, durch das Erklären von schweren Wörtern, den Verzicht auf Konjunktive und eine persönliche Ansprache der Leser/innen (siehe dazu auch den Beitrag von Birgit Mesch in diesem Band).

dekontextualisieren. Die neu erlernten fachsprachlichen Begriffe sollten hier noch einmal in einer Übersicht erklärt und ggf. von der Alltagssprache abgegrenzt werden (z. B. bei den Begriffen ‚Stoff' oder ‚Reaktion'). Checklisten (‚Teste dein Wissen') und eine Übersicht über die neu erworbenen Kompetenzen am Ende eines Kapitels, die in einigen Lehrwerken bereits genutzt werden, sind ebenfalls hilfreich. Hierbei sollte aber darauf geachtet werden, dass die Vermittlung fachlicher Anforderungen nicht durch sprachliche Anforderungen (z. B. komplexe Syntax) erschwert wird.

Übersichtlich gestaltete Abbildungen und Graphiken tragen in besonderem Maße dazu bei, chemische Sachverhalte zu vermitteln, ohne sprachlich zu überlasten.[13] Die hier durchgeführte Analyse der Lehrwerke zeigt allerdings, dass Abbildungen in den kontextorientierten Lehrwerken teilweise rein illustrativen Zwecken dienen und wenig mit dem fachlichen Inhalt zu tun haben. Gerade Sprachlernenden wird der Zugang durch eine sehr große Text-Bild-Schere erschwert. Dazu müsste verstärkt der sich aus der *Cognitive-Load-Theorie* ergebende „Aufmerksamkeitsteilungseffekt" beachtet werden, d. h. die abwechselnde Konzentration auf Text und Abbildung sollte bei schwierigem Lehrmaterial vermieden werden. Stattdessen sollten Beschriftungen in Abbildungen eingebunden und zu einem Text gehörige Graphiken in den Text integriert werden. So müssen die Lerner/innen nicht mehr mit ihrer Aufmerksamkeit zwischen Text und Bild hin- und herspringen (Wellenreuther 2011, S. 26). Auch eine zu kleine Schrift, wie sie in vielen Lehrwerken zu finden ist, kann das Arbeitsgedächtnis unnötig belasten und sollte vermieden werden.

Ausführliche Beschriftungen von Abbildungen sind sinnvoll, da sie den zur Beschreibung der Abbildung notwendigen Wortschatz mitliefern. In den hier untersuchten Lehrwerken wurden jedoch die Begriffe nicht mit den entsprechenden Artikeln aufgeführt, was für Sprachlernende eine weitere Herausforderung darstellt. Es fehlten zum großen Teil auch Wortlisten (mit Artikeln) und Kästen, in denen die Fachbegriffe mit Erklärung aufgeführt werden, die jedoch sehr hilfreich wären – sowohl für den Erwerb der Fachsprache als auch der deutschen

---

[13] Es sei an dieser Stelle auf den von Bruner begründeten lerntheoretischen Dreischritt „enaktiv – ikonisch – symbolisch" (EIS) verwiesen. Dabei wird davon ausgegangen, dass sich abstraktes, begriffliches („symbolisches") Wissen aus auf konkreten oder vorgestellten Handlungen basierendem („enaktiven") Wissen über den Zwischenschritt des abbildbaren („ikonischen") Wissens sukzessive konstruieren lässt (Bruner et al. 1971).

Bildungssprache. Formulierungshilfen (z. B. für die Anfertigung von Versuchsprotokollen) und Operatorenlisten wurden ebenfalls nicht angeboten, wären jedoch für ein sprachsensibles Vorgehen notwendig. Insgesamt würden Lehrwerke damit den unterschiedlichen Bedürfnissen der Chemielernenden besser gerecht werden.

Literatur

Asselborn, W., Jäckel, M. und Risch, K. T. (2009): *Chemie heute SII*. Hannover: Schroedel.

Baumert, J. (2003): Transparenz und Verantwortung. In: Killius, N., Kluge, J. und Reisch, L. (Hrsg.): *Die Zukunft der Bildung*. Frankfurt a.M.: Suhrkamp, 213–228.

Baumert, J., Lehmann, R., Lehrke, M., Schmitz, B., Clausen, M., Hosenfeld, I. et al. (1997): *TIMSS - Mathematisch-naturwissenschaftlicher Unterricht im internationalen Vergleich : deskriptive Befunde*. Opladen: Leske und Budrich.

Berger, R. (2002): Einfluss kontextorientierten Physikunterrichts auf Interesse und Leistung in der Sekundarstufe II. In: *Zeitschrift für Didaktik der Naturwissenschaften 8*, 119–132.

Bernholt, S., Fischer, I., Heuer, S., Taskin, V., Martens, J. und Parchmann, I. (2012): Die chemische Formelsprache – (un-)vermeidbare Hürden auf dem Weg zu einer Verständnisentwicklung? In: *Chemkon 19 (4)*, 171–178.

Bruner, J. S., Olver, R. R. und Greenfield, P. M. (1971): *Studien zur kognitiven Entwicklung – eine kooperative Untersuchung am „Center for Cognitive Studies" der Harvard-Universität*. Stuttgart: Klett.

Busch, H. und Ralle, B. (2013): Diagnostik und Förderung fachsprachlicher Kompetenzen im Chemieunterricht. In: Becker-Mrotzek, M., Schramm, K., Thürmann, E. und Vollmer, H.J. (Hrsg.): *Sprache im Fach. Sprachlichkeit und fachliches Lernen*. Münster u. a.: Waxmann, 277–294.

Demuth, R., Parchmann, I. und Ralle, B. (2006): *Chemie im Kontext. Sekundarstufe II*. Berlin: Cornelsen.

Deutsches PISA-Konsortium (Hrsg.). (2001): *PISA 2000. Basiskompetenzen von Schülerinnen und Schülern im internationalen Vergleich*. Opladen: Leske und Budrich.

Eckhard, A. G. (2008): *Sprache als Barriere für den schulischen Erfolg: Potentielle Schwierigkeiten beim Erwerb schulbezogener Sprache bei Kindern mit Migrationshintergrund*. Münster: Waxmann.

Frank, E. (1998): Mädchen und Physikunterricht. In: *Der mathematische und naturwissenschaftliche Unterricht 51 (4)*, 237–240.

Fruböse, C. (2010): Der ungeliebte Physikunterricht. In: *Der mathematische und naturwissenschaftliche Unterricht 63 (7)*, 388–392.

Girwidz, R. (2015): Medien im Physikunterricht. In: Kircher, E., Girwidz, R. und Häußler, P. (Hrsg.): *Physikdidaktik. Theorie und Praxis*. 3. Aufl. Berlin: Springer, 193–245.

Gogolin, I. und Lange, I. (2011): Bildungssprache und Durchgängige Sprachbildung. In: Fürstenau, S. und Gomolla, M. (Hrsg.): *Migration und schulischer Wandel: Mehrsprachigkeit*. Wiesbaden: VS Verlag für Sozialwissenschaften, 107–127.

Gogolin, I. und Duarte, J. (2016): Bildungssprache. In: Kilian, J., Brouër, B. und Lüttenberg, D. (Hrsg.): *Handbuch Sprache in der Bildung. Handbücher Sprachwissen*. Bd. 21. Berlin: De Gruyter, 478–499.

Haag, L. und Götz, T. (2012): Mathe ist schwierig und Deutsch aktuell: Vergleichende Studie zur Charakterisierung von Schulfächern aus Schülersicht. In: *Psychologie in Erziehung und Unterricht 59 (1)*, 32–46.

Häusler, P. und Hoffmann, L. (1990): Wie Physikunterricht auch für Mädchen interessant werden kann. In: *Naturwissenschaften im Unterricht – Physik 1*, 12–18.

Häusler, P. und Hoffmann, L. (1995): Physikunterricht – an den Interessen von Mädchen und Jungen orientiert. In: *Unterrichtswissenschaft 23 (2)*, 107–126.

Heppt, B. (2016): Verständnis von Bildungssprache bei Kindern mit deutscher und nicht-deutscher Familiensprache. Dissertation. Humboldt-Universität zu Berlin, Lebenswissenschaftliche Fakultät.

Herwartz-Emden, L., Schurt, V. und Waburg, W. (2012): *Mädchen und Jungen in Schule und Unterricht*. Stuttgart: Kohlhammer.

Huntemann, H., Paschmann, A., Parchmann, I. und Ralle, B. (1999): Chemie im Kontext – ein neues Konzept für den Chemieunterricht? Darstellung einer kontextorientierten Konzeption für den 11. Jahrgang. In: *Chemkon 6 (4)*, 191–196.

Jahnke-Klein, S. (2010): Mädchen und Naturwissenschaften. In: Matzner, M. und Wyrobnik, I. (Hrsg.): *Handbuch Mädchen-Pädagogik*. Weinheim und Basel: Beltz, 242–255.

Jahnke-Klein, S. (2014): Benötigen wir eine geschlechtsspezifische Pädagogik in den MINT-Fächern? Ein Überblick über die Debatte und den Forschungsstand. In: Theurer, C., Seidenbiedel, C. und Budde, J. (Hrsg.): *Lernen und Geschlecht*. Bd. 22. Immenhausen: Prolog-Verlag, 46–67.

Kiper, H. und Mischke, W. (2009): *Unterrichtsplanung*. Weinheim/Basel: Beltz.

KMK (2005): Bildungsstandards im Fach Chemie für den mittleren Schulabschluss. Beschluss der Kultusministerkonferenz vom 16.12.2004. http://db2.nibis.de/1db/cuvo/datei/bs_ms_kmk_chemie.pdf. Zugriff am 25.06.2018.

Labudde, P. (1993): *Erlebniswelt Physik*. Bonn: Dümmler.

Leisen, J. (2005): Muss ich jetzt auch noch Sprache unterrichten? – Sprache und Physikunterricht. In: *Unterricht Physik 3*, 4–9.

Leisen, J. (2013): *Handbuch Sprachförderung im Fach – Sprachsensibler Fachunterricht in der Praxis*. Stuttgart: Klett.

Lubben, F., Bennett, J., Hogarth, S. und Robinson, A. (2005): *A systematic review of the effects of context-based and Science-Technology-Society (STS) approaches in the teaching of secondary science on boys and girls, and on lower-ability pupils.* London: EPPI-Centre, Social Science Research Unit, Institute of Education.

Markic, S., Broggy, J. und Childs, P. (2013): How to deal with linguistic issues in chemistry classes. In: Hofstein, A. und Eilks, I. (Hrsg.): *Teaching Chemistry – A Studybook. A Practical Guide and Textbook for Student Teachers, Teacher Trainees and Teachers.* Rotterdam: Sense Publishers, 127–152.

Martignon, L. (2010): Mädchen und Mathematik. In: Matzner, M. und Wyrobnik, I. (Hrsg.): *Handbuch Mädchen-Pädagogik.* Weinheim: Beltz, 220–232.

Merzyn, G. (2008): *Naturwissenschaften, Mathematik, Technik – immer unbeliebter? Die Konkurrenz von Schulfächern um das Interesse der Jugend im Spiegel vielfältiger Untersuchungen.* Baltmannsweiler: Schneider Verlag Hohengehren.

Mikelskis, H. F. (2006): Physikunterricht als Beitrag zur Bewältigung gesellschaftlicher Schlüsselprobleme. In: Mikelskis, H.F. (Hrsg.): *Physikdidaktik. Praxishandbuch für die Sekundarstufe I und II.* Berlin: Cornelsen Scriptor, 11–38.

Muckenfuß, H. (1995): *Lernen im sinnstiftenden Kontext. Entwurf einer zeitgemäßen Didaktik des Physikunterrichts.* Berlin: Cornelsen.

Nawrath, D. und Komorek, M. (2013): Kontextorientierung aus Sicht von Physiklehrkräften. In: *Zeitschrift für Didaktik der Naturwissenschaften 19*, 233–257.

OECD (2016): *PISA 2015 Ergebnisse (Band I): Exzellenz und Chancengerechtigkeit in der Bildung.* Bielefeld: W. Bertelsmann Verlag. doi: 10.3278/6004573w.

Parchmann, I., Demuth, R., Ralle, B., Paschmann, A. und Huntemann, H. (2001): Chemie im Kontext – Begründung und Realisierung eines Lernens in sinnstiftenden Kontexten. In: *Praxis der Naturwissenschaften - Chemie in der Schule 50 (1),* 2–7.

Parchmann, I. und Bernholt, S. (2013): In, mit und über Chemie kommunizieren – Chancen und Herausforderungen von Kommunikationsprozessen im Chemieunterricht. In: Becker-Mrotzek, M., Schramm, K., Thürmann, E. und Vollmer, H. J. (Hrsg.): *Sprache im Fach. Sprachlichkeit und fachliches Lernen.* Münster u. a.: Waxmann, 241–253.

Pineker-Fischer, A. (2017): *Sprach- und Fachlernen im naturwissenschaftlichen Unterricht. Umgang von Lehrpersonen in soziokulturell heterogenen Klassen mit Bildungssprache.* Wiesbaden: Springer VS.

PISA-Konsortium Deutschland (Hrsg.) (2004): *PISA 2003. Der Bildungsstand der Jugendlichen in Deutschland – Ergebnisse des zweiten internationalen Vergleichs.* Münster u. a.: Waxmann.

PISA-Konsortium Deutschland (Hrsg.) (2007): *PISA 2006. Die Ergebnisse der dritten internationalen Vergleichsstudie.* Münster u. a.: Waxmann.

Prediger, S. und Özdil, E. (2011): *Mathematiklernen unter Bedingungen der Mehrsprachigkeit. Stand und Perspektiven der Forschung und Entwicklung in Deutschland.* Münster: Waxmann.

Prediger, S., Wilhelm, N., Büchter, A., Gürsoy, E. und Benholz, C. (2015): Sprachkompetenz und Mathematikleistung – Empirische Untersuchung sprachlich bedingter Hürden in den Zentralen Prüfungen 10. In: *Journal für Mathematik-Didaktik 36 (1),* 77–104.

Prenzel, M., Sälzer, C., Klieme, E. und Köller, O. (2013): *PISA 2012. Fortschritte und Herausforderungen in Deutschland.* Münster u. a.: Waxmann.

Ramm, C., Prenzel, M., Heidemeier, H. und Walter, O. (2004): Soziokulturelle Herkunft: Migration. In: PISA-Konsortium Deutschland (Hrsg.): *PISA 2003. Der Bildungsstand der Jugendlichen in Deutschland – Ergebnisse des zweiten internationalen Vergleichs,* , 254–272. Münster: Waxmann.

Rauch, D. P., Mang, J., Härtig, H. und Haag, N. (2016): Naturwissenschaftliche Kompetenz von Schülerinnen und Schülern mit Zuwanderungshintergrund. In: Reiss, K., Sälzer, C., Schiepe-Tiska, A., Klieme, E. und Köller, O. (Hrsg.): *PISA 2015 - Eine Studie zwischen Kontinuität und Innovation.* Münster: Waxmann, 317–348.

Rincke, K. (2010): Von der Alltagssprache zur Fachsprache – Bruch oder schrittweiser Übergang? In: Fenkhart, G., Zeitlinger, E. und Lembens, A. (Hrsg.): *Sprache, Mathematik und Naturwissenschaften.* ide-extra Band 16. Innsbruck: Studien Verlag, 47–62.

Risch, K. und Seitz, H. (1981): *Organische Chemie.* Hannover: Schroedel.

Schmit, S. (2010): Modi der Weltbegegnung als Denkrahmen der Unterrichtsfächer – über das Verstehen fachlicher Operationen aus einer Metaperspektive. In: Kiper, H., Meints, W., Peters, S., Schlump, S. und Schmit, S. (Hrsg.): *Lernaufgaben und Lernmaterialien im kompetenzorientierten Unterricht.* Stuttgart: Kohlhammer, 237–250.

Stanat, P. (2006): Disparitäten im schulischen Erfolg: Forschungsstand zur Rolle des Migrationshintergrunds. In: *Unterrichtswissenschaft 34 (2),* 98–124.

Starauschek, E. (2006): Zur Rolle der Sprache beim Lernen von Physik. In: Michelskis, H.F. (Hrsg.): *Physikdidaktik. Praxishandbuch für die Sekundarstufe I und II.* Berlin: Cornelsen Scriptor, 183–196.

Sumfleth, E., Kobow, I., Tunali, N. und Walpuski, M. (2013): Fachkommunikation im Chemieunterricht. In: Becker-Mrotzek, M., Schramm, K., Thürmann, E. und Vollmer, H. J. (Hrsg.): *Sprache im Fach. Sprachlichkeit und fachliches Lernen.* Münster u. a.: Waxmann, 255–276.

Sweller, J. (1994): Cognitive load theory, learning difficulty and instructional design. In: *Learning and Instruction 4*, 295–312.

Taasoobshirazi, G. und Carr, M. (2008): A review and critique of context-based physics instruction and assessment. In: *Educational Research Review 3*, 155–167.

Tarelli, I., Schwippert, K. und Stubbe, T. C. (2012): Mathematische und naturwissenschaftliche Kompetenzen von Schülerinnen und Schülern mit Migrationshintergrund. In: Bos, W., Wendt, H., Köller, O. und Selter, C. (Hrsg.): *TIMSS 2011: Mathematische und naturwissenschaftliche Kompetenzen von Grundschulkindern in Deutschland im internationalen Vergleich*. Münster: Waxmann, 155–167.

Wagenschein, M. (1968): *Verstehen lehren. Genetisch – Sokratisch – Exemplarisch*. Weinheim u. a.: Beltz.

Wagenschein, M. (1980): *Naturphänomene sehen und verstehen. Genetische Lehrgänge*. Stuttgart: Klett.

Wellenreuther, M. (2011): *Forschungsbasierte Schulpädagogik*. 2. Aufl. Baltmannsweiler: Schneider Verlag Hohengehren.

Wildemann, A. und Fornol, A. (2016): *Sprachsensibel unterrichten in der Grundschule. Anregungen für den Deutsch-, Mathematik- und Sachunterricht*. Seelze: Klett Kallmeyer.

Handlungsorientierter Technikunterricht als Zugang zum Spracherwerb

1. Junge Flüchtlinge in Deutschland

Laut aktuellem Migrationsbericht des Bundesamts für Migration und Flüchtlinge (BAMF) hat die Zuwanderung nach Deutschland in den vergangenen zehn Jahren kontinuierlich zugenommen (Bundesamt für Migration und Flüchtlinge 2016, S. 9). Neben verschiedenen Zuwanderer/innengruppen wie EU-Binnenmigrierenden, Erwerbsmigrierenden und Spätaussiedelnden ist seit 2008 ein deutlicher Anstieg von Menschen zu verzeichnen, die einen Antrag auf Asyl gestellt haben (genaue Zahlen: Bundesamt für Migration und Flüchtlinge 2016, S. 52ff.).

Eine Analyse des BAMF weist aus, dass von den Migrant/innen, die zwischen 2013 und 2016 in Deutschland eingereist sind, ca. 34% lateinisch alphabetisiert sind, 51% waren Zweitschriftlernende (d. h. in nicht-lateinischem Schriftsystem alphabetisiert) und 15% Erstschriftlernende (d. h. in keinem Schriftsystem alphabetisiert). Darüber hinaus waren „bei der Einreise in allen drei Gruppen weder schriftliche noch mündliche Deutschkenntnisse in nennenswertem Ausmaß vorhanden." (Forschungszentrum Migration, Integration und Asyl des Bundesamtes für Migration und Flüchtlinge 2018, S. 1). Weil ein großer Anteil derjenigen, die einen Asylantrag gestellt haben, Kinder oder Jugendliche sind – von Januar 2015 bis Oktober 2017 ca. 474.000 Kinder und Jugendliche unter 18 Jahren, darunter ca. 72.000 Jugendliche zwischen 16 und 18 Jahren (vgl. Bundesamt für Migration und Flüchtlinge 2015, 2016 sowie 2017) – steht das schulische Bildungssystem vor der Aufgabe, ihnen eine Chance auf Bildung und Integration zu bieten.

Auch wenn die Frage der Integration von Zugewanderten derzeit auf politischer und wissenschaftlicher Ebene höchst kontrovers diskutiert wird, stellt sich in der Praxis die Frage nach geeigneten, wissenschaftlich fundierten Methoden zur Unterstützung des (Zweit-)Spracherwerbs, aber auch – insbesondere für jugendliche Zugewanderte in der Identitätsfindungsphase – die Möglichkeiten zur Gestaltung ihrer Bildungsbiografie und zur Absolvierung eines Schulabschlusses. Schulabschlüsse sind Indikatoren für den Bildungsstand und stellen eine fundamentale Voraussetzung für den Zugang zu Ausbildungsplätzen bzw. weiterführenden Schulen dar.

„Fehlende Bildungsabschlüsse und Qualifikationen beeinflussen nicht nur die Arbeitsmarktperspektiven und die Einkommenssituation der Betroffenen, sondern auch ihren sozialen Status, ihre Integration in die Gesellschaft, ihre Lebenszufriedenheit sowie ihren Gesundheitszustand." (Institut der deutschen Wirtschaft 2017, S. 58)

Im Kurzbericht des Instituts für Arbeitsmarkt- und Berufsforschung (IAB) wurde festgestellt, dass „[d]ie Bildungs- und Erwerbsbiografien von Menschen aus solchen Ländern, in denen der Zugang zu Bildung sowie eine geregelte Erwerbstätigkeit bis vor kurzem noch möglich waren, [...] deutlich günstiger [sind] als die Biografien von Menschen, die aus langjährigen Kriegs- und Krisenregionen geflüchtet sind" (Brücker, Fendel, Kunert, Mangold, Siegert und Schupp 2016b, S. 4). Die Stichprobe beinhaltet zwar ausschließlich Personen ab dem 18. Lebensjahr und die Aussagen des Berichts sind aufgrund der Stichprobengröße keinesfalls zu verallgemeinern, dennoch trifft die Heterogenität der Bildungshintergründe vermutlich auch auf Jugendliche unter 18 Jahren zu. Die Zahlen des Bildungsberichts aus dem Jahr 2016 zeigen weiterhin, dass wesentlich mehr Eltern der unter 20-Jährigen mit Migrationshintergrund (der Wert umfasst also nicht nur Geflüchtete) keinen Schul- und Berufsabschluss haben als Eltern ohne Migrationshintergrund. 6 bis 12% der Eltern mit Migrationshintergrund haben gerade einmal eine schulische Ausbildung auf Grundschulniveau absolviert. Eltern mit Migrationshintergrund sind laut Bericht zudem häufiger erwerbslos und beziehen im Durchschnitt weniger Einkommen. Daher scheint das Risiko eines ausbleibenden Bildungserfolgs für Schüler/innen mit Migrationshintergrund erhöht zu sein (Autorengruppe Bildungsberichterstattung 2016, S. 168). Gogolin und Lange konstatieren diesbezüglich: „Verlierer sind [...] vor allem die Kinder und Jugendlichen, die eine andere Erstsprache als Deutsch sprechen und deren sozioökonomischer Hintergrund niedrig ist." (Gogolin und Lange 2011, S. 109).

Da die Lernumgebung einen großen Einfluss auf die Motivation und das Lernen hat, ist nicht nur die Entwicklung von Bildungskonzepten relevant, sondern auch die Etablierung von Lernumgebungen, in denen Wertschätzung vermittelt sowie das Selbstwertgefühl der Schüler/innen gestärkt wird und in denen die oben genannten Faktoren Berücksichtigung finden. Daraus resultiert die Frage, welche formellen und informellen Bildungsangebote geeignet sind, um diesen Prozess zu befördern und das Bedürfnis nach Autonomie und Kompetenz sowie ein Mindestmaß an sozialer Eingebundenheit zu befriedigen (vgl. Krapp und Ryan 2002, S. 72).

In diesem Beitrag soll daher ein handlungs- und produktorientiertes Konzept vorgestellt und diskutiert werden, das neben dem Erwerb wesentlicher Sprachkompetenzen Selbstwirksamkeitserfahrungen ermöglicht und die Resilienz der Schüler/innen stärken soll. Dieser Aspekt ist zentral, weil die Erfahrungen, die die Kinder und Jugendlichen in dem aufnehmenden Land machen, für ihre Zukunft eine entscheidende Rolle spielen können.

2. Sprache im Fachunterricht Technik

In formellen und informellen Bildungsprozessen, für das Erlangen von Bildungsabschlüssen sowie für den Zugang zu beruflichen Perspektiven sind Sprachkompetenzen grundlegend und Hauptursache für schulische Leistungsunterschiede (vgl. u. a. Bos, et al. 2012; Diehl et al. 2016, S. 24; Gogolin 2009; Gogolin und Lange 2011). Auch geflüchtete Menschen artikulieren, dass sie den Erwerb der deutschen Sprache als fundamental für den Zugang zu Bildung und zum Arbeitsmarkt ansehen (vgl. Brücker et al. 2016a, S. 32). Darüber hinaus ist der Erwerb der Landessprache Voraussetzung für die Alltagskommunikation und damit für eine soziale Integration und emotionale Identifikation mit dem aufnehmenden Land (vgl. Esser 2016, S. 6f.). Maßnahmen zur Sprachförderung sind folglich ein zentrales Element der Integration und wurden dementsprechend in den vergangenen Jahren deutlich ausgeweitet (vgl. Roche 2016, S. 181ff.). Insbesondere für ältere Jugendliche spielt noch ein weiterer Aspekt eine entscheidende Rolle: Sie müssen sich innerhalb kürzester Zeit nicht nur die Sprache und basale kulturelle Kenntnisse aneignen, sondern darüber hinaus fachliche und berufsbezogene Kompetenzen erlangen, die Voraussetzung für die Absolvierung einer beruflichen Ausbildung sind.

Um am Unterricht partizipieren zu können, werden sprachliche Fähigkeiten benötigt.

„Sprache wird in jedem Fachunterricht als ein Werkzeug genutzt. Die fachlichen Inhalte werden in und durch Sprache vermittelt und erworben: Mithilfe der Sprache werden die Sachverhalte präsentiert, beschrieben und erklärt. Durch die Sprache zeigen auch die Schüler_innen, inwiefern sie die Fachinhalte verstanden haben." (Michalak et al. 2015, S. 9)

Zudem sind sprachliche Kompetenzen der Schüler/innen im Unterricht essentiell, „da sich fachliches Wissen im Zusammenspiel von fachlichem und kommunikativem Handeln entwickelt" (Grießhaber 2013, S. 59). Im schulischen Kontext reicht die Beherrschung grundsätzlicher sprachlicher Fähigkeiten jedoch nicht aus, es wird zudem ein kompetenter Umgang mit bildungs- und fachsprachlichen Registern erwartet. Dies scheint eine potenzielle Herausforderung für alle Schüler/innen darzustellen, weshalb in den letzten Jahren zunehmend die Förderung fachsprachlicher Kompetenzen im Fachunterricht bzw. ein sprachsensibler Fachunterricht eingefordert wurde (vgl. u. a. Becker-Mrotzek et al. 2013; Feilke 2012; Gogolin und Lange 2011; Leisen 2013; Schmölzer-Eibinger 2013). Dabei geht es in erster Linie um die Ausbildung fach- und bildungssprachlicher Kompetenzen, die immanent mit den fachlichen Kompetenzen verwoben sind. Für die Neuzugewanderten kann die Notwendigkeit des grundlegenden Spracherwerbs und der gleichzeitigen Einführung des bildungs- und fachsprachlichen Registers eine zusätzliche Herausforderung darstellen (vgl. Gogolin und Lange 2011, S. 122; Grießhaber 2013, S. 59). Allerdings kann aus dieser Situation auch eine Chance entstehen: Da das Fachvokabular, die fachtypischen Sprachgebrauchsformen und Textsorten zunächst für alle neu sind, sind alle Schüler/innen im Fachunterricht gewissermaßen auch Sprachenlernende.

„Technik prägt unsere Gesellschaft in allen Bereichen und bildet heute einen bedeutenden Teil unserer kulturellen Identität." (Niedersächsisches Kultusministerium 2012, S. 5)

Aufgabe des Technikunterrichts ist es daher u. a., neben der beruflichen Orientierung handwerklich-technische Fertigkeiten zu vermitteln und Themen der Techniknutzung und -anwendung aufzugreifen (vgl. Niedersächsisches Kultusministerium 2010, S. 8; Niedersächsisches Kultusministerium 2012, S 6). Viele dieser

Aspekte werden im Technikunterricht handlungsorientiert unterrichtet. Daher bietet es sich an, über handwerkliche Tätigkeiten weitgehend sprachungebundene Selbstwirksamkeitserfahrungen mit einem handlungsorientierten Spracherwerb und der Ausbildung handwerklich-technischer sowie berufsbezogener Kompetenzen zu kombinieren.

Für die eigenständige Herstellung eines Produktes im Technikunterricht sind handwerkliches Können, fachliches Wissen sowie (fach-)sprachliches Verständnis erforderlich. In den niedersächsischen Kerncurricula[1], die zur Orientierung bei der Unterrichtsplanung und -gestaltung dienen, spiegelt sich dieses Zusammenspiel von Kompetenzen bereits im Handlungsbereich 1 „Arbeiten und Produzieren" wider. Dieser kann als Voraussetzung für die weiteren Handlungsbereiche angesehen werden, die in die Themenfelder „Sicheres Arbeiten mit Werkzeugen und Maschinen", „Planen, Konstruieren und Herstellen" und „Technisches Zeichnen" gegliedert sind (vgl. Niedersächsisches Kultusministerium 2010, S. 9; Niedersächsisches Kultusministerium 2012, S. 8).

Um einen systematischen Kompetenzaufbau zu ermöglichen, müssen sowohl die handwerklich-technischen als auch die mit dem Prozess verbundenen (fach-)sprachlichen Herausforderungen angemessen sein. Die fachspezifische Sprache lässt sich an den Sprachstand der Lernenden anpassen, indem einerseits zunächst die Komplexität der Satzstruktur umgestaltet und andererseits das Fachvokabular in angemessenem Umfang und in Abhängigkeit von dessen inhaltlicher Relevanz eingeführt wird. Da der kompetente Umgang mit der jeweiligen Fachsprache aber auch ein wesentliches Ziel des Unterrichts darstellt, muss eine Abwägung zwischen den fachsprachlich korrekten Bezeichnungen und allgemeineren (Ober-) Begriffen erfolgen. Binder verweist in diesem Zusammenhang auf Seiler (1985) und Quasthoff (2003), wenn er in der Phase des Begriffsaufbaus für ein gewisses Maß an Vagheit plädiert. „Die Offenheit eines Begriffs erhöht [...] die Trefferquote bei Kommunikationspartnern und steigert die Wahrscheinlichkeit, dass sich die Person erfolgreich ausdrücken kann"(Binder 2014, S. 73). Auch Leisen konstatiert: „Dabei formulieren vage Begriffe nicht minderwertig, sondern schülergemäß und die Kommunikation gelingt nicht trotz, sondern wegen der Vagheit der Begriffe." (Leisen 2015, S. 226). Grundsätzlich sollte

---

[1] Die Fokussierung auf die niedersächsischen Kerncurricula erfolgt allein aufgrund der Erprobung der von uns entwickelten Methoden und Materialien im entsprechenden Bundesland.

eher randständiges Fachvokabular nicht in den Fokus des Unterrichts gerückt werden. Beispielsweise können die Herausforderungen der Fachsprache potenziell reduziert werden, indem Oberbegriffe zunächst als ausreichend präzise akzeptiert werden.

In einigen Fällen ist es möglich, Fachvokabular durch allgemeinere Vokabeln zu ersetzen. Beispielsweise kann in einer Anleitung zum Schöpfen von Papier auf das Fachvokabular teilweise verzichtet werden:

> „Tauche das *Schöpfsieb* mit dem *Schöpfrahmen* in die *Bütte* mit der *Pulpe*."

Hier könnte der (korrekte) Begriff *Schöpfsieb* durch den Oberbegriff *Sieb* ersetzt werden, ohne den Inhalt der Anweisung zu schmälern oder abzuändern. Ebenso ließe sich das Wort *Bütte* durch *Wanne* ersetzen. Beim *Schöpfrahmen* wäre auch die Bezeichnung *Rahmen* denkbar. Eine notwendige Präzisierung würde sich sicherlich durch den Kontext ergeben. Allerdings scheint hier die Gefahr einer Verwechslung mit z. B. *Webrahmen, Bilderrahmen* o. ä. größer als beim *Sieb*. Die Vokabel *Pulpe* ist hingegen nicht zu umgehen. Die Verwendung eines eventuell aus dem Alltag bekannten Synonyms wie z. B. *Brei* wäre hier zu unpräzise und inhaltlich sogar falsch.

Der folgende Satz hingegen zeigt, dass bei der Anweisung zum Ausbau eines Vorderrades beim Fahrrad weniger anspruchsvolle Synonyme für spezifisches Fachvokabular gefunden werden können, ohne den Sinn der Anweisung zu ändern. Die Fachbegriffe müssen eingeführt werden, damit der Satz sinnvoll ist und verstanden werden kann.

> „Schraube die *Mutter* an dem Vorderrad mit dem *Ringschlüssel* ab. Löse mit dem *Mantelheber* den *Mantel* von der *Felge*."

Die zwei Sätze stammen aus einer Bauanleitung oder Arbeitsanweisung, weshalb beide im Imperativ stehen.

Es könnten hier auch syntaktische Alternativen im Indikativ gefunden werden, wie folgende Sätze zeigen:

> a. „Man schraubt die Mutter an dem Vorderrad mit dem Ringschlüssel ab."
> b. „Du schraubst die Mutter an dem Vorderrad mit dem Ringschlüssel ab."
> c. „Wir schrauben die Mutter an dem Vorderrad mit dem Ringschlüssel an."

Dabei ist jedoch einerseits fraglich, welche dieser Alternativen tatsächlich eine sprachliche Entlastung darstellen, andererseits ist der sukzessive Aufbau der (fachspezifischen) Sprachkompetenz der Schüler/innen fundamental. Der Technikunterricht sowie technische Berufe erfordern die sprachliche Rezeption von Anleitungen und da diese in der Regel im Imperativ formuliert sind, sollten die Lernenden an diesen Modus herangeführt werden.

Da auch im Technikunterricht die fachspezifische Sprache untrennbar mit den fachlichen Inhalten verwoben ist, kann die Aneignung fachsprachlicher Kompetenzen nur in Verbindung mit der Aneignung fachlicher Kompetenzen erfolgen. Daher sollte im Unterricht immer auch die Vermittlung der fachspezifischen Sprache mitbedacht werden.

Im Technikunterricht werden in der Regel elementare alltagssprachliche Kompetenzen vorausgesetzt, die in Sprachlernklassen jedoch parallel zu fachsprachlichen Kompetenzen erworben werden müssen. „Erst dieses grundlegende sprachliche Handlungsrepertoire ermöglicht es den Schüler/innen, fachliches Wissen und Können in der Sprache des Unterrichts zu entwickeln" (Michalak et al. 2015, S. 13). Die von uns entwickelten Unterrichtsmaterialien sind darauf ausgerichtet, dass sowohl der grundlegende als auch der fachspezifische Spracherwerb und zugleich eine basale Vorbereitung auf eine Ausbildung in einem handwerklich-technischen Beruf gefördert werden können.

Zu den handwerklich-technischen Grundlagen gehören beispielsweise der Aufbau fachübergreifender Konzepte wie die Fähigkeit des Schätzens von Maßen und das konkrete Messen, die Kenntnis von Winkelmaßen sowie die Kompetenz, technische Zeichnungen lesen zu können. Die Relevanz der Aneignung dieser Kompetenzen wird durch die Arbeit an praktischen Projekten besonders deutlich. Bei dem vergleichsweise einfachen Bau eines Holzkästchens kommen beispielsweise nicht nur mathematische Kenntnisse der Algebra, sondern auch der Geometrie zum Einsatz: Ohne die Grundrechenarten und Kenntnisse des Winkelmaßes sowie der Flächenberechnung kann die Aufgabe nicht erfüllt werden. Das Lesen einer Bauanleitung gelingt zudem nur mit nicht unerheblichen, spezifischen Lesefertigkeiten. Die Durchführungsplanung ist abhängig von der Aneignung von Kompetenzen im Gebrauch der Werkzeuge, die implizites Wissen einschließen. Die Handhabung einer Feile oder Säge kann nur sehr bedingt aus kognitiv abgespeicherten und sprachlich rekonstruierten Informationen in eine neue Handlung transferiert werden. Nicht zuletzt bedarf es der Kompetenz, die Handlungsschritte nicht nur in der richtigen Reihenfolge, sondern auch in einer Maßgenauigkeit auszuführen, dass die Halbzeuge (= bearbeitete Bauteile nach einem Teilschritt) als Voraussetzung für den nächsten Schritt geeignet sind. Bei der Endfertigung lassen sich mühelos chemische oder mechanische Fragestellungen ausmachen, die ebenfalls nicht ohne Grundkenntnisse in den jeweiligen Bereichen zu beantworten sind.

Trotz der umfassenden Kompetenzen, die für die erfolgreiche Partizipation am Technikunterricht benötigt werden, ermöglicht die materielle Arbeit mit bzw. an einem Gegenstand zugleich deiktische Verweise und damit die Möglichkeit einer nicht-sprachlichen Kommunikation oder auch der Kontextualisierung der sprachlichen Kommunikation. Dies kann eine potenzielle Unterstützung für sprachschwache Schüler/innen sein. „Begriffsbildungsprozesse [können] ihren Ausgang immer wieder von konkreten Handlungsvollzügen nehmen." (Gudjons 2014, S. 56.). Der Aufbau des Vokabulars findet über die Handlung mit dem Objekt und durch das Begreifen statt, das wesentlich für das Erfassen der Wortbedeutung ist (vgl. Hölscher et al. 2006, S. 15). Die Verknüpfung von Wissensinhalten, die im semantischen Gedächtnis eingespeichert und konsolidiert werden sollen, erhalten durch die Handlung einen engen Bezug zu der Situation, in der sie relevant sind. Sprachliche Anteile der Handlung, die durch Instruktionen den Prozess begleiten, werden ebenfalls mit der entsprechenden Situation verknüpft und abgespeichert. Storch und Tschacher sprechen in diesem Zusammenhang von der ‚Verkörperung' von Wissen und weisen damit auf neurobiologische Befunde hin, die zeigen, dass jede Informationsverarbeitung im Gehirn immer auch den Körper einbindet. „Jedes Wort, jeder Satz, jede Idee, die dem Gehirn als Input gegeben werden, lösen in körperbezogenen neuronalen Netzwerken Aktivitäten aus, die die Bedeutung der abstrakten sprachlichen Inhalte begründen." (Storch und Tschacher 2016, S. 42). Dieses Phänomen betrifft nicht nur Verben der Bewegung, die entsprechende Aktivitäten im motorischen Kortex auslösen, sondern auch Worte, die den olfaktorischen Kortex aktivieren, wenn beispielsweise das Wort *Zimt* Erwähnung findet. Die Bedeutung der themenspezifischen Worte ist in der Aktivierung sensomotorischer Schleifen repräsentiert. Es ist davon auszugehen, dass die Nutzung von Sprache und abstrakten Zeichen zumindest teilweise im körperlichen, weitgehend unbewussten Erleben wiederholt oder begleitet wird (vgl. Storch und Tschacher 2016, S. 42). Dieser Vorgang wird begleitet von einer vielfältigen Verknüpfung der sprachlichen

Aktivität mit Erinnerungs- bzw. Assoziationsinhalten, die erlebt, beobachtet oder vorgestellt sein können. Das Gehirn speichert diese Inhalte und Erlebnisse nicht abstrakt ab, sondern in einem „Als-ob-Modus" körperlicher Aktivitäten und Wahrnehmungen. „In allen neuronalen Prozessen, die kognitiven Prozessen zur Seite gestellt sind, steckt eine körperliche, sensomotorische Basis" (Storch und Tschacher 2016, S. 44). Aus diesen Befunden lässt sich weiterführend ableiten, dass es sinnvoll sein kann, den Zweitspracherwerb in ein multisensorisches Erleben einzubetten, um implizite sowie explizite emotionale, kognitive und sensorische Wahrnehmungen maximal zu verknüpfen.

Der Zugang zur Sprache im handlungs- und produktorientierten Technikunterricht kann erleichtert werden, weil diese keine Bedingung für Kommunikation darstellt, sondern durch die Handlung bzw. das Produkt sukzessiv angereichert und ausdifferenziert wird. Da die Produkt- bzw. Handlungsorientierung zunächst im Vordergrund steht, kann insbesondere in der ersten Phase der sprachlichen Orientierung eine nicht ausschließlich sprachliche Kommunikation dazu beitragen, Selbstwirksamkeitsüberzeugungen positiv zu beeinflussen und intrinsische Anteile der Motivation zu fördern, weil die Sinnhaftigkeit des Tuns und die Selbstwirksamkeit in den Vordergrund treten können (vgl. Gudjons, 2014, S. 58ff.).

Zudem bietet der Technikunterricht die Möglichkeit, explizite und implizite handwerklich-technische Kompetenzen zu verknüpfen und so den Spracherwerb zu unterstützen. Möller (1987) und Spitzer (2004) belegen, dass sensorische und motorische Aktivitäten von großer Bedeutung für die Entwicklung intellektueller Leistungen sind. Durch die Aktivierung sensorischer Reize (des Tastens, Schmeckens, Hörens und Sehens) werden Energiepotenziale freigesetzt, die die Aktivierungslage des Großhirns beeinflussten. Die Einbindung dieser verschiedenen Sinneskanäle bewirkt eine multidimensionale Kodierung der Informationen in den der Sinneseindrücke entsprechenden Gehirnarealen.

3. Das Konzept des handlungsorientierten Zugangs zum Spracherwerb im Technikunterricht

Ein handlungsorientierter Zugang zum Zweitspracherwerb im Technikunterricht verknüpft das technische Handeln mit dem (Fach-)Spracherwerb und strebt kommunikative Kompetenz[2] an: Die Schüler/innen sollen nicht nur grammatische Kompetenz erwerben, sondern auch befähigt werden, kompetent, situationsabhängig und funktional zu kommunizieren. Daher orientiert sich das Konzept an dem kommunikativen Ansatz der Fremdsprachendidaktik nach Johnson und Johnson (1998) und dem Konzept des sprachsensiblen Fachunterrichts nach Leisen (2013) und folgt folgenden Grundprinzipien:

1. Der Sprachgebrauch wird an die Kommunikationssituation angepasst. Eine angemessene Kommunikation im Technikunterricht erfordert ein gewisses Maß an Fachsprachlichkeit. Daher kann die Sprache nicht immer vereinfacht werden, wie auch die Beispiele in Kapitel 2 zeigen. Die fachsprachliche Kompetenz soll jedoch systematisch und in Abhängigkeit von den fachlichen Inhalten aufgebaut werden.
2. Die Sprache wird nicht zum Selbstzweck gelernt, sondern gemeinsam mit den fachlichen Inhalten erworben und funktional genutzt.
3. Es sollen möglichst viele Wahrnehmungssysteme in die jeweilige Handlung einbezogen werden. Hierzu gehören das grundlegende Orientierungssystem, das auditive System, das haptische sowie das visuelle System (vgl. Gibson 1973, S. 75). Je mehr Systeme in eine Handlung eingebunden sind, desto größer ist die Redundanz, weil jedes Wahrnehmungssystem Informationen über den Gegenstand oder die Handlung aufnehmen kann. Auch wenn die wahrgenommenen Reize unterschiedlicher Natur sind, so tragen sie äquivalente Reizinformationen in sich, die zusammengenommen den Gegenstand oder das Ereignis repräsentieren (vgl. Gibson 1973, S. 82).

Besonders zu Beginn des Zweitspracherwerbs ist davon auszugehen, dass das propositionale Denken zunächst noch in der Muttersprache erfolgt. Die sukzessive Ablösung und der Aufbau der Zweitsprache soll über haptische, ikonische,

---

[2] Der Begriff *Kommunikative Kompetenz* geht auf Hymes (1971) zurück und entwickelte sich laut Kniffka und Siebert-Ott (2009, S. 91) im Rahmen eines Paradigmenwechsels in der Fremdsprachendidaktik.

auditive und olfaktorische Wahrnehmungssysteme unterstützt werden (vgl. Betzold GmbH 2017). Um die Wahrnehmungskanäle sowie die damit verbundenen Prozesse in ihren differenten Zugängen effektiv nutzen zu können, bedienen sich die im Folgenden dargestellten Materialien verschiedener Medien, die ihre Entsprechung in den Wahrnehmungssystemen haben. Medien werden in diesem Zusammenhang als den Sinnesmodalitäten zugeordnete Unterstützungssysteme verstanden, zu denen nicht nur Laptop, Video oder Beamer gehören, sondern alle Medien, die Informationen übertragen, also auch die Lehrkraft (vgl. Weidenmann 2006, S. 426f.).

Die Lehrkraft bereitet jeden Arbeitsschritt zunächst sprachlich binnendifferenziert auf. Dies geschieht unter anderem über die Baustufentafel bzw. die Bauanleitung, aus denen jeder Arbeitsschritt zunächst aktiv gelesen und im Anschluss inhaltlich geklärt wird. Im Unterricht wird jeder Schritt zunächst durch die Lehrkraft vor der gesamten Gruppe vorgeführt. Die Beobachtung dieses Vorgangs soll bei den Lernenden visuelle Kodierungen auslösen. Zudem soll er (mehr oder weniger vollständig) im ikonischen Gedächtnis gespeichert werden. Darüber hinaus werden z. T. motorische Kodierungen vorgenommen, indem Bewegungen spontan und weitgehend unbewusst nachvollzogen werden. Der Reproduktionsprozess, der sich anschließt, wenn die Lernenden den Ablauf innerlich nachvollziehen und im Anschluss tatsächlich ausführen, mündet in die Fehlerrückmeldung, die auf zwei Arten erfolgen kann. Die Lehrkraft korrigiert, indem sie entweder typische Fehler macht und kontrastierend den korrekten Ablauf erneut zeigt (vgl. Steiner 2006, S. 158) oder die/der Ausführende erkennt seinen Fehler im Bewegungs- oder Handlungsergebnis selber. Untersuchungen im Bereich des Sports haben gezeigt, dass Rückmeldungen des Trainers im Zusammenhang mit Bewegungsabläufen mit denen der/des Lernenden interferieren und den Lernerfolg bis zur Wirkungslosigkeit reduzieren können (vgl. Steiner 2006, S. 154). Auf den Technikunterricht übertragen heißt dies, dass es u. U. sinnvoll sein könnte, gerade im Werkzeuggebrauch Fehler im Sinne von *trial and error* (in Grenzen) zuzulassen. Die begleitenden Medien sollen einerseits bei der selbstständigen Erarbeitung und Durchdringung des Arbeitsprozesses multisensorische Zugänge bieten, andererseits auf der Metaebene die Lernenden darauf vorbereiten, sich selbstständig Problemlösekompetenzen anzueignen.

Wenn die Lernenden sich der Herstellung des Produktes widmen, muss der Spracherwerb in allen Phasen als selbstverständlicher Teil des Prozesses gezielt und systematisch in den Unterricht implementiert werden. Geschieht dies nicht und wird der sprachliche Anteil im Unterricht vernachlässigt, verfehlen die Materialien ihre Wirkung, gerade weil ein produktorientierter Unterricht durch die Möglichkeit des Lernens am Modell auch (fast) ohne Sprache erfolgen kann.

Um die Lernenden sukzessiv an ein eigenständiges und selbstreflexives Arbeiten heranzuführen, müssen sie zunächst systematisch in den Gebrauch der Medien und Materialien eingeführt werden und lernen, sich aktiv und eigenständig die notwendigen Informationen mit Hilfe der bereitgestellten Informationssysteme zu beschaffen. Die Lehrkraft soll nach der Einführung nur dann gefragt werden, wenn die Orientierung an den zur Verfügung gestellten Hilfsmitteln oder der Austausch mit anderen Lernenden nicht zielführend ist. Indem die Schüler/innen lernen, sich selbstständig zu orientieren, entlasten sie die Lehrkraft und erwerben eine Autonomie, die sie in berufsbildenden Prozessen als Schlüsselkompetenz benötigen. Die Lehrkraft hat nach der Einführung den Freiraum, einzelne Lernende intensiver zu betreuen und die Möglichkeit, neben fachlichen auch pädagogische Aufgaben zu erfüllen. Im Folgenden werden die von uns verwendeten Medien und Materialien dargestellt und ihre potenziell unterstützenden Eigenschaften auf Zweitspracherwerb erläutert.

3.1 Werkstück und Werkzeug

Mit der Herstellung eines Produktes wird in erster Linie das haptische Wahrnehmungssystem angeregt. Gibson hat auf die besondere Rolle der Haptik für das Erleben und den Unterschied zu anderen Sinnesorganen hingewiesen:

> „Im Gegensatz zu anderen Wahrnehmungssystemen umfasst das haptische System den ganzen Körper, die meisten seiner Teile und seine ganze Oberfläche. Die Extremitäten sind Sinnesorgane, die der Erkundung dienen, aber sie sind ebenso Ausführungsorgane; das heißt, die Ausrüstung für das *Haben von Erlebnissen* ist anatomisch identisch mit der Ausrüstung für das *Tun*. Diese Kombination findet sich weder beim Seh- noch beim Hörsystem. Wir können Dinge mit den Augen erkunden, aber damit verändern wir die Umwelt nicht; mit den Händen können wir jedoch die Umwelt zugleich erkunden *und* verändern." (Gibson 1973, S. 134)

Beim Werkzeuggebrauch werden die Wahrnehmungssysteme auf mannigfache Weise miteinander verknüpft. Bestimmte Wahrnehmungen können nur vom haptischen System (z. B. das Gewicht), andere nur vom visuellen System (z. B. Farben), dritte nur über das olfaktorische System (Gerüche) registriert werden. Dem Ineinandergreifen der Wahrnehmungssysteme kommt beim Hantieren mit Werkzeugen und Materialien eine besondere Bedeutung zu, wenn die zweitsprachlich verinnerlichten Handlungsabläufe in ein komplexes und bedeutsames neuronales Netz eingebunden werden.

Olfaktorische Eindrücke und Erinnerungen sind schwer zu beschreiben, weil die neuronale Vernetzung zum Erinnerungszentrum im Vergleich zum Sprachzentrum ausgeprägter ist. Daher lösen olfaktorische Reize unmittelbar Erinnerungen aus, die emotional besetzt sind (vgl. Lexikon der Psychologie 2000). Im Bereich des handwerklich-technischen Umfeldes spielen olfaktorische Wahrnehmungen eine große Rolle, weil viele Arbeiten den Geruchssinn einerseits stimulieren und andererseits Informationen über Prozesse oder Materialien liefern. Bei der Verknüpfung von Geruch und Erinnerung sowie damit verbundene Emotionen werden viele verschiedene Zentren im Gehirn aktiviert. Hatt und Dee gehen davon aus, dass der Geruchssinn nicht auf die Nase beschränkt ist, sondern vielmehr als Wahrnehmungssystem chemischer Reize im weitesten Sinn betrachtet werden muss (vgl. Hatt und Dee 2010).

3.2 Anybookreader

Für Lernende, die nicht, nur unzureichend oder in einem anderen Schriftsystem alphabetisiert wurden, kann ein auditiver Zugang zur Sprache sinnvoll sein. Aber auch für diejenigen, die Probleme mit der Aussprache haben oder diese verbessern möchten, bietet sich dieser Zugang an, denn schon „als Kind lernt der Mensch, den Fluß der eigenen Lautgebung über das Gehör zu kontrollieren" (Gibson 1973, S. 129).

Zur Förderung der auditiven Wahrnehmung und Reproduktion kommen *Anybookreader* (vgl. Betzold GmbH 2017) zum Einsatz. Diese ‚Vorlesestifte' können mit den entsprechenden Wörtern, Wortkombinationen oder Arbeitsanweisungen besprochen werden. Die Sprachdatei wird anschließend mit einem Code verknüpft, der sich auf einem selbstklebenden Sticker befindet. Die Wiedergabe erfolgt, indem der Stift mit dem Code der Sprachaufnahme verknüpft wird. Die auf den Baustufentafeln verschriftlichten Arbeitsanleitungen wurden also zusätzlich in medial mündlicher Sprache fixiert und die entsprechenden

Code-Sticker an der Baustufentafel angebracht. Die Schüler/innen können sich anschließend mit dem *Anybookreader* die Arbeitsschritte auditiv wiedergeben lassen. Aber nicht nur auf der Baustufentafel werden Sprachaufnahmen angeboten. Sie können auch dazu dienen, Werkzeuge zu benennen und Memory-Spiele oder Bauanleitungen auditiv zu begleiten. Weil im Unterricht die Möglichkeit der sprachlichen Anwendung in der Regel gering ist, bietet sich der Einsatz des *Anybookreaders* an, um die für den Spracherwerb notwendige Wiederholung zu ermöglichen. Die Lernenden können sich die Aussprache fachlicher Termini und Texte unabhängig von der Lehrkraft jederzeit abrufen, repetieren und auch die eigene Aussprache mit der Vorgabe vergleichen.

3.3 Baustufentafeln

Die von uns erstellten Baustufentafeln verknüpfen haptische, ikonische, schriftsprachliche und auditive Repräsentationen: Auf Platten wird der Fertigungsablauf des technischen Artefakts in Teilprozessen präsentiert. Zu den jeweiligen Stufen des Entstehungsprozesses werden sogenannte Halbzeuge aufgebracht. Eine Baustufentafel zum Thema ‚Tablett' zeigt beispielsweise die verschiedenen Teilschritte vom Zusägen des Holzes über das Zusammenleimen der Holzteile bis zum fertigen Artefakt. Jeder Teilprozess wird um schriftliche und auditive Arbeitsanweisungen ergänzt, die in Abhängigkeit vom sprachlichen Niveau formuliert sind. Da die Baustufentafel lediglich die Grobstruktur der Produktionsstufen abbildet, dienen auch die schriftsprachlichen und auditiven Ergänzungen hier einem Überblick über den gesamten Handlungsablauf. Die redundante Darbietung von Bild und Text soll das Textverständnis sowie die Assoziationen zwischen Gegenstand oder Prozess und Begriff verbessern. Die Vorliebe für Bilder gegenüber dem Text ist unabhängig vom (Zweit-)Spracherwerb empirisch belegt (vgl. Weidenmann 2006, S. 446). Den Lernenden wird folglich eine unterstützende Methode für die sprachliche Aneignung an die Hand gegeben, gleichzeitig aber auch die Möglichkeit eröffnet, sich die notwendigen Fachinformationen für den nächsten Arbeitsschritt unabhängig vom Text nur aus dem Bild abzuleiten. Die Baustufentafel ist aufgrund der Mischform von Medien geeignet, den Handlungsbogen zu jedem Zeitpunkt verfügbar zu machen. Für die Lernenden ist ein 1:1-Vergleichsmodell der jeweiligen Teilschritte insbesondere dann wichtig, wenn das Konzept von Maßstäben oder die Kenntnis von Winkel-

Gradzahlen (noch) nicht etabliert ist. Das 3D-Modell der Zwischenschritte erleichtert nicht nur die Vorstellung, sondern dient auch dem Abgleich der geleisteten Arbeit mit dem Modell und so der Etablierung der Selbstreflexion, die im handlungsorientierten Unterricht Teil der Reflexions- und Korrekturschleifen ist.

3.4 Bauanleitungen

Neben der Baustufentafel können die Lernenden eine *Step-by-Step*-Bauanleitung nutzen, um die Schritte zur Fertigung des technischen Artefakts nachzuvollziehen. Die Bauanleitungen bestehen aus einer detaillierten Bildabfolge sowie einer dazugehörigen binnendifferenzierten schriftlichen Arbeitsanweisung. Bilder und Texte können sich in diesem Format ergänzen oder redundant Verwendung finden. Dabei ist es sinnvoll, zunächst die redundante Form zu wählen, da der implizite Verweis des Textes auf das Bild das Textverständnis unterstützen kann (vgl. Weidenmann 2006, S. 447). Der Text sollte in räumlicher Nähe zum Bild stehen und zugleich mit dem Bild präsentiert werden. Insbesondere Lernende mit geringem Vorwissen können von der Kombination profitieren (vgl. Weidenmann 2006, S. 448). Die Bauanleitungen können bei der Vorbereitung des jeweils anstehenden Arbeitsschrittes, beim Aufbau des fachsprachlichen Wortschatzes sowie bei der Schulung der Lesekompetenz Unterstützung bieten. Darüber hinaus stellt die Bauanleitung ein unverzichtbares Medium zur selbstständigen Erarbeitung bzw. Orientierung dar.

Zusätzlich werden Anleitungen für den Gebrauch verschiedener Werkzeuge sowie Mess- und Lehrinstrumente bereitgestellt. Wenn fundamentale Kompetenzen wie der Umgang mit Lineal oder Winkel nicht oder nur unzureichend beherrscht werden, müssen in der Regel auch Basiskompetenzen wie bspw. das Umrechnen von Einheiten geübt werden. Arbeitsblätter für den Erwerb dieser metafachlichen Kompetenzen, die basal für den Technikunterricht sind, können als Begleitmaterial zur Verfügung gestellt werden.

3.5 Arbeitsblätter

Zur Sicherung der erworbenen fachlichen und fachsprachlichen Kompetenzen dienen Arbeitsblätter mit Lückentexten. Die Lückentexte orientieren sich direkt an den Arbeitsschritten auf den Baustufentafeln und werden in vier Niveaustufen mit Abbildungen der Arbeitsschritte zur Verfügung gestellt. Niveaustufe I formuliert den Text auf der Baustufentafel mit geringen Auslassungen. Auf Niveaustufe II und III müssen deutlich mehr Auslassungen von den Schüler/innen ergänzt werden. In Niveaustufe IV sollen die Arbeitsschritte frei formuliert werden. Die Niveaustufe wählen die Schüler/innen eigenständig.

3.6 Video-Tutorials

Video-Tutorials können ergänzend eingesetzt werden. Sie visualisieren den Vorgang, fügen aber auch auditive Komponenten hinzu. Dieser multisensorische Zugang soll im handlungsorientierten Unterricht die Ausführung von Arbeitsschritten unterstützen, die sich sprachlich nicht oder schlecht repräsentieren lassen, weil bspw. in der Handhabung von Werkzeugen eher implizite Formen des Wissens im Vordergrund stehen. Durch sprachliche Anweisungen kann in diesem Fall aber der Spracherwerb unterstützt werden. In den Videos sollte allerdings auf alle ablenkenden Details verzichtet werden (vgl. Weidenmann 2006, S. 448). Tutorials sollten nur in Handlungsschritten und für die Einführung in den Werkzeuggebrauch eingesetzt werden, die für den Herstellungsprozess unabdingbar sind, um eine Konkurrenz zu den schriftsprachlichen und auditiven Anweisungen zu vermeiden.

4. Fazit

Der Prozess der Herstellung eines Produktes stellt den Kern der Handlung im Technikunterricht dar. Die Handlung umfasst aber nicht nur die manuelle Arbeit, sondern setzt sich aus dem Planungsprozess, den zu der Ausführung gehörenden theoretischen Inhalten, aus der in rekursiven Schleifen verlaufenden Prozesskontrolle sowie der Reflexion der Ergebnisse zusammen. Im handlungs- und produktorientierten Technikunterricht bildet der Arbeitsablauf den ‚roten Faden', der durch Erfahrungswissen im Umgang mit Werkzeugen und Materialien, durch begriffliches Regelwissen, (fach-)sprachliche Elemente sowie grammatische Strukturen angereichert wird. Unsere Erfahrungen mit Lernenden in diversen Sprachlernklassen haben gezeigt, dass ein handlungs- und produktorientierter Zugang angemessen zu sein scheint, um für die Kinder und Jugendlichen im Rahmen ihres Zweitspracherwerbs nicht nur ein bestimmtes Maß an Selbstwirksamkeitserfahrungen zu ermöglichen, sondern zudem einen motivational ansprechenden Fach- und Sprachunterricht einzurichten. Im prozeduralen, weitgehend sprachungebundenen Feld wird das Fähigkeitsselbstkonzept der Schüler/innen zunächst positiv beeinflusst. Die aufgebauten technisch-handwerklichen Kompetenzen können anschließend mit dem Prozess des Spracherwerbs verknüpft werden. Nach der vollständigen Einführung in die Materialien und Arbeitsweisen sollen die Schüler/innen in der Lage sein, selbstständig das entsprechende Artefakt herzustellen und sich zugleich sprachlich sicher im jeweiligen Themenfeld verständigen können. Neben der Schulung der handwerklich-motorischen Fähigkeiten und Fertigkeiten, der Förderung der Selbstständigkeit der Lernenden sowie ihrer mündlichen und schriftlichen Kompetenzen in der Zweitsprache wird auch für die Lehrkraft ein Rahmen geschaffen, in dem sie intensiver auf einzelne Schüler/innen eingehen kann, um konkrete Hilfe bei spezifischen Fragestellungen leisten zu können.

Literatur

Aebli, H. (2001): *Denken, das Ordnen des Tuns. Bd. 1: Kognitive Aspekte der Handlungstheorie.* Stuttgart: Klett-Cotta.

Autorengruppe Bildungsberichterstattung (2016): *Bildung in Deutschland 2016. Ein indikatorengestützter Bericht mit einer Analyse zu Bildung und Migration.*

Becker-Mrotzek, M., Schramm, K., Thürmann, E. und Vollmer, H. J. (2013): Sprache im Fach: Einleitung. In: Becker-Mrotzek, M., Schramm, K., Thürmann, E. und Vollmer, H. J. (Hrsg.): *Sprache im Fach. Sprachlichkeit und fachliches Lernen.* Bd. 3. Münster: Waxmann, 7–14.

Betzold GmbH (2017): *Digitaler Vorlesestift – Anybook Reader mit Software.* https://www.betzold.de/prod/89959/. Zugriff am 12.11.2017.

Bos, W., Wendt, H., Ünlü, A., Valtin, R., Euen, B., Kasper, D. und Tarelli, I. (2012): Leistungsprofile von Viertklässlerinnen und Viertklässlern in Deutschland. In: Bos, W., Tamelli, I., Bremerich-Vos, A. und Schwippert, K. (Hrsg.): *Lesekompetenzen von Grundschulkindern in Deutschland im internationalen Vergleich.* Münster: Waxmann, 227–259.

Brücker, H., Kunert, A., Mangold, U., Kalusche, B., Siegert, M. und Schupp, J. (2016a): IAB-Forschungsbericht – Geflüchtete Menschen in Deutschland – eine qualitative Befragung, 09/2016. http://doku.iab.de/forschungsbericht/2016/ fb0916.pdf. Zugriff am 03.11.2017.

Brücker, H., Fendel, T., Kunert, A., Mangold, U., Siegert, M. und Schupp, J. (2016b): IAB-Kurzbericht - Geflüchtete Menschen in Deutschland. Warum sie kommen, was sie mitbringen und welche Erfahrungen sie machen, 15/2016. http://doku.iab.de/kurzber/2016/kb1516.pdf. Zugriff am 03.11.2017.

Bundesministerium für Bildung und Forschung (2017): Berufsbildungsbericht 2017. https://www.bmbf.de/pub/Berufsbildungsbericht_2017.pdf. Zugriff am 02.11.2017.

Bundesamt für Migration und Flüchtlinge (2015): Aktuelle Zahlen zu Asyl 12.

Bundesamt für Migration und Flüchtlinge (2016): Aktuelle Zahlen zu Asyl 12.

Bundesamt für Migration und Flüchtlinge (2017): Aktuelle Zahlen zu Asyl 10.

Bundesamt für Migration und Flüchtlinge (2016): Migrationsbericht 2015. http://www.bamf.de/SharedDocs/Anlagen/DE/Publikationen/Migrationsberichte/migrationsbericht-2015.pdf?__blob=publicationFile. Zugriff am 20.11.2017.

Diehl, C., Hunkler, C. und Kristen, C. (2016): Ethnische Ungleichheiten im Bildungsverlauf. Eine Einführung. In: Diehl, C., Hunkler, C. und Kristen, C. (Hrsg.): *Ethnische Ungleichheiten im Bildungsverlauf. Mechanismen, Befunde, Debatten.* Wiesbaden: Springer, 3–32.

Esser, H. (2006): *Migration, Sprache und Integration. AKI-Forschungsbilanz 4.* Hrsg. Arbeitsstelle Interkulturelle Konflikte und gesellschaftliche Integration (AKI) und Wissenschaftszentrum Berlin für Sozialforschung (WZB). https://www.ssoar.info/ssoar/bitstream/handle/document/11349/ssoar-2006-esser-migration.pdf?sequence=1. Zugriff am 12.11.2017.

Feilke, H. (2012): Bildungssprachliche Kompetenzen – fördern und entwickeln. In: *Praxis Deutsch. Zeitschrift für den Deutschunterricht 233*, 4–13.

Gibson, J. J. (1973): *Die Sinne und der Prozess der Wahrnehmung*. Bern: Hans Huber.

Gogolin, I. und Lange, I. (2011): Bildungssprache und Durchgängige Sprachbildung. In: Fürstenau, S. und Gomolla, M. (Hrsg.): *Migration und schulischer Wandel: Mehrsprachigkeit*. Wiesbaden: Springer VS, 107–128.

Gogolin, I. (2009): Chancen und Risiken nach PISA – über Bildungsbeteiligung von Migrantenkindern und Reformvorschläge. In: Auernheimer, G. (Hrsg.): *Schieflagen im Bildungssystem. Die Benachteiligung der Migrantenkinder*. 3. Aufl. Wiesbaden: VS Verlag, 33–50.

Grießhaber, W. (2013): Die Rolle der Sprache bei der Vermittlung fachlicher Inhalte. In: Röhner, C. und Hövelbrinks, B. (Hrsg.): *Fachbezogene Sprachförderung in Deutsch als Zweitsprache. Theoretische Konzepte und empirische Befunde zum Erwerb bildungssprachlicher Kompetenzen*. Weinheim: Beltz-Juventa, 58–74.

Gudjons, H. (2014): *Handlungsorientiert lehren und lernen*. 8. Aufl. Bad Heilbrunn: Klinkhard.

Hatt, H., Dee, R. (2010): Wo Düfte ihren Anfang nehmen. www.spektrum.de/pdf/gug-10-05-s048-pdf/1026431?file. Zugriff am 14.10.2017.

Hölscher, P., Piepho, H.-E. und Roche, J. (2006): *Handlungsorientierter Unterricht mit Lernszenarien. Kernfragen zum Spracherwerb*. https://www.isb.bayern.de/download/1015/handlungsorientierter-unterricht-mit-lernszenarien.pdf. Zugriff am 12.11.2017.

Hymes, D. (1971): On Communicative Competence. In: Pride, J. B. und Holmes, J. (Hrsg.): *Sociolinguistics*. Harmondsworth: Penguin, 269–293.

Institut der deutschen Wirtschaft Köln (2017): Bildungsmonitor 2017 – Eine Bildungsagenda für mehr Wachstum und Gerechtigkeit. Studie im Auftrag der Initiative Neue Soziale Marktwirtschaft. INSM (Hrsg.): http://www.insmbildungsmonitor.de/. Zugriff am 02.11.2017.

Institut für Arbeitsmarkt- und Berufsforschung (2016): IAB Forschungsbericht – IAB-BAMF-SOEP-Befragung von Geflüchteten: Überblick und erste Ergebnisse, 14/2016. http://doku.iab.de/forschungsbericht/2016/fb1416.pdf. Zugriff am 02.11.2017.

Johnson, K und Johnson, H. (1998): Communicatice Methodology. In: Johnson, K. und Johnson, H. (Hrsg.): *Encyclopedic Dictionary of Applied Linguistics*. Oxford: Blackwell, 68–73.

Kniffka, G. und Siebert-Ott, G. (2009): *Deutsch als Zweitsprache. Lehren und Lernen*. 2. Auflage. Paderborn: Schöningh.

Krapp, A. und Ryan, R. (2002): Selbstwirksamkeit und Lernmotivation. Eine kritische Betrachtung der Theorie von Bandura aus der Sicht der Selbstbestimmungstheorie und der pädagogisch-psychologischen Interessentheorie. In: *Zeitschrift für Pädagogik 44*. Beiheft, 54–82.

Leisen, J. (2013): *Handbuch Sprachförderung im Fach. Sprachsensibler Fachunterricht in der Praxis*. Stuttgart: Klett.

Leisen, J. (2015): Zur Integration von Sachfach und Sprache im CLIL-Unterricht. In: Rüschoff, B., Sudhoff, J. und Wolff, D. (Hrsg.): *CLiL revisited: Eine kritische Analyse zum gegenwärtigen Stand des bilingualen Sachfachunterrichts*. Peter Lang GmbH, Internationaler Verlag der Wissenschaften, 225–244.

Michalak, M., Lemke, V. und Goeke, M. (2015): *Sprache im Fachunterricht. Eine Einführung in Deutsch als Zweitsprache und sprachbewussten Unterricht*. Tübingen: Narr Francke Attempto.

Niedersächsisches Kultusministerium (2010): *Kerncurriculum für die Realschule. Technik.* http://db2.nibis.de/1db/cuvo/datei/2010-8-2_technik_rs.pdf. Zugriff am 20.10.2017.

Niedersächsisches Kultusministerium (2012): *Kerncurriculum für die Oberschule. Technik.* http://db2.nibis.de/1db/cuvo/datei/kc_12o_technik_ii.pdf. Zugriff am 20.10.2017.

Roche, J. (2016): *Deutschunterricht mit Flüchtlingen. Grundlagen und Konzepte.* Tübingen: Narr Francke Attempto.

Scheible, J. A. (2018): Alphabetisierung und Deutscherwerb von Geflüchteten: Deutschkenntnisse und Förderbedarfe von Erst- und Zweitschriftlernenden in Integrationskursen. *BAMF-Kurzanalyse* 1.

Schmölzer-Eibinger, S. (2013): Sprache als Medium des Lernens im Fach. In: Becker-Mrotzek, M., Schramm, K., Thürmann, E. und Vollmer, H. J. (Hrsg.): *Sprache im Fach. Sprachlichkeit und fachliches Lernen, Fachdidaktische Forschungen.* Bd. 3. Münster: Waxmann Verlag, 25–40.

Lexikon der Psychologie (2000): Geruchswahrnehmung. http://www.spektrum.de/lexikon/psychologie/geruchswahrnehmung/5775. Zugriff am 20.11.2017.

Steiner, G. (2006): Lernen und Wissenserwerb. In: Krapp, A. und Weidenmann, B. (Hrsg.): *Pädagogische Psychologie.* 5. Aufl. Weinheim/Basel: Beltz.

Storch, M. und Tschacher, W. (2014): *Embodied Communication: Kommunikation beginnt im Körper, nicht im Kopf.* Bern: Hogrefe.

Weidenmann, B. (2006): Lernen mit Medien. In: Krapp, A. und Weidenmann, B. (Hrsg.): *Pädagogische Psychologie.* 5. Aufl. Weinheim/Basel: Beltz.

Mathematische Modellierung und Sprachkompetenz

1. Einleitung

Seit einiger Zeit ist bekannt, dass die Mathematikleistung der Schüler/innen in Deutschland stärker von ihrer Herkunft abhängt, als dies in anderen Ländern der Fall ist. In Studien zu genaueren Zusammenhängen konnte nachgewiesen werden, dass die Mathematikleistung mit dem sozioökonomischen Status, mit dem Migrationshintergrund sowie mit der Mehrsprachigkeit korreliert. Der größte Zusammenhang zeigte sich jedoch mit der Sprachkompetenz (vgl. Prediger et al. 2015). Sprache ist auch im Mathematikunterricht zentral als Lernmedium (Erklärungen, Argumente, Beschreibungen), als Ausdrucksmittel und zur Entwicklung kognitiver Funktionen. „Es wird immer deutlicher, dass die Sprache im Mathematikunterricht ein wichtiger *Lerngegenstand* sein muss, um allen Lernenden die Teilhabe zu ermöglichen – und dies trifft auf einige Lernende mit Deutsch als Familiensprache genauso zu wie auf Lernende mit anderen Herkunftssprachen" (Wessel, Büchter, Prediger 2018, S. 2). Insofern formuliert Prediger (2016, S. 430) als ein Forschungsdesiderat eine „genauere Verortung der sprachlich bedingten Hürden und sprachlichen Lerngegenstände für das jeweilige Fach".

Daran anknüpfend wird eine empirische Pilotstudie zum Umgang mit Modellierungsaufgaben vorgestellt. Wir haben leitfadengestützte Interviews zu einer Modellierungsaufgabe durchgeführt und im Hinblick auf die Modellierungskompetenzen sowie auf die Verwendung von Sprache bei der Erarbeitung und Modellierung analysiert. Dabei wurden Schüler/innen mit und ohne Migrationshintergrund[1] miteinander verglichen, da wir davon ausgehen, dass ein Migrationshintergrund nach untenstehender Definition üblicherweise mit einem mehrsprachigen familiären Umfeld einhergeht und sich die unterschiedlichen Sprachbiografien von denen einsprachig aufwachsender und von einsprachigem Umfeld umgebener Kinder und Jugendlicher unterscheiden. Erste Ergebnisse werden hier vorgestellt und diskutiert.

---

[1] Die Unterscheidung verschiedener Migrationsstatus erfolgt in Anlehnung an die Definition des statistischen Bundesamtes: Kinder, die nicht in Deutschland geboren wurden, werden als Kinder mit Migrationshintergrund mit eigener Migrationserfahrung bezeichnet. Kinder, die in Deutschland geboren sind und bei denen mindestens ein Elternteil außerhalb von Deutschland geboren wurde, werden als Kinder mit Migrationshintergrund ohne eigene Migrationserfahrung eingeordnet. Alle anderen gelten hier als Kinder ohne Migrationshintergrund.

© Springer Fachmedien Wiesbaden GmbH, ein Teil von Springer Nature 2019
M. Butler und J. Goschler (Hrsg.), *Sprachsensibler Fachunterricht*, Sprachsensibilität in Bildungsprozessen, https://doi.org/10.1007/978-3-658-27168-8_7

2. Theoretischer Bezugsrahmen: Modellieren und Sprache im Mathematikunterricht

2.1 Modellieren

Das Schulfach Mathematik soll Schüler/innen dazu befähigen, mathematische Probleme aus der Umwelt zu erkennen und zu lösen. Zur Bearbeitung solcher Probleme wird die prozessbezogene Kompetenz des Modellierens benötigt. Im Niedersächsischen Kerncurriculum für die Grundschule wird das Modellieren als „Bindeglied zwischen Lebenswelt und Mathematik" (Niedersächsisches Kultusministerium 2017, S. 8) bezeichnet, dabei wird aus der realen Situation heraus ein reales Modell gebildet, welches in ein mathematisches Modell übertragen und sodann innermathematisch gelöst wird. Schließlich muss das Ergebnis auf die reale Ausgangssituation zurückbezogen werden (vgl. Walther et al. 2012, S. 35). Dieser Prozess wurde von zahlreichen namhaften Mathematikdidaktikern wie bspw. Blum, Leiß, Maaß oder Kaiser in einem Kreislauf dargestellt (vgl. Borromeo Ferri 2011). In einem solchen werden einzelne Schritte der Modellierung unterschieden, die idealtypisch nacheinander ablaufen. Jedem Schritt wird eine Kompetenz zugeordnet, die die Schüler/innen beim Bearbeiten einer Modellierungsaufgabe benötigen bzw. erwerben können (Leiß et al. 2014, S. 24).

Modellierungsaufgaben
Modellierungsaufgaben sind nach Maaß (2009, S. 11) offene Aufgabentypen, die ein komplexes Problem beinhalten, dabei aber realistisch und authentisch sind. Wichtig ist, dass es weder einen eindeutigen Rechenweg noch eine eindeutige Lösung gibt (vgl. ebd.). Für Modellierungen bieten sich besonders unterbestimmte Aufgaben an, die kaum oder keine Zahlen angeben. Die Schüler/innen gelangen durch Schätzen und Messen an die für die Aufgabe relevanten Daten oder entnehmen sie aus Texten. Walther et al. weisen darauf hin, dass durch die Angabe von keinen oder nur wenigen Zahlen die „vorschnelle operationale Verknüpfung der vorgegebenen Zahlen" (Walther et al. 2012, S. 181) vermieden wird. Somit steht die Auseinandersetzung mit dem Problem im Mittelpunkt.

Der Modellierungskreislauf nach Blum und Leiß

Aus der Vielzahl an Modellierungskreisläufen, die den Prozess beim Bearbeiten einer Modellierungsaufgabe darstellen, dient der von Blum und Leiß (2005, S. 19) erarbeitete als Grundlage dieser Studie. Die beiden Didaktiker unterscheiden dabei insgesamt sieben Schritte. Die im Vergleich zu anderen Kreisläufen höhere Zahl liegt in der stärkeren Differenzierung der einzelnen Schritte begründet. In der schematischen Darstellung wird der Übergang von der realen Situation in die Welt der Mathematik durch graue Hinterlegungen verdeutlicht.

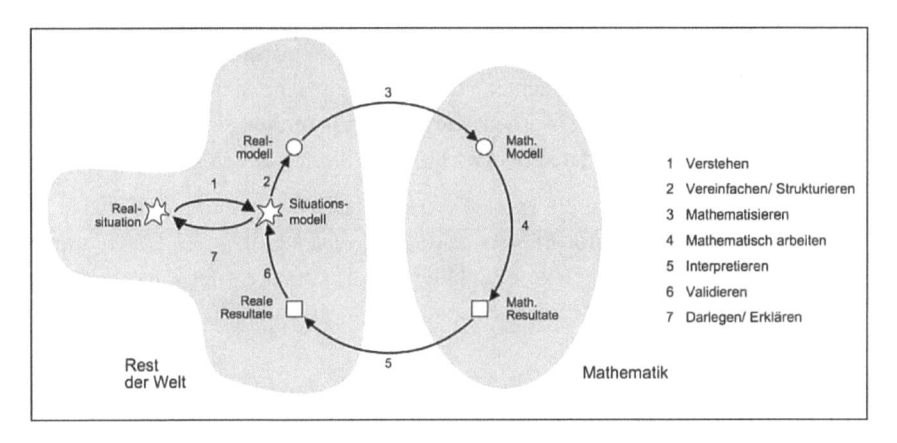

Abb. 1: Modellierungskreislauf nach Blum und Leiß (Blum und Leiß 2005, S. 19)

Erläuterung der verschiedenen Phasen

Verstehen: Der erste Schritt des Modellierens ist es, das in der Aufgabe dargestellte komplexe Problem zu verstehen. Ausgehend von der Realsituation wird ein Situationsmodell konstruiert.

Vereinfachen/Strukturieren: Dieses Modell gilt es nun durch Vereinfachung, Idealisierung und Strukturierung in ein Realmodell zu überführen (vgl. Maaß 2009, S. 13). Dabei werden der Aufgabe relevante Daten entnommen bzw. erkannt, welche Angaben für die Lösung des Problems fehlen und auf welchem Wege diese zu ermitteln sind.

Mathematisieren: Beim Mathematisieren findet erstmalig der Übergang von der realen in die mathematische Welt statt. Es werden Überlegungen aus dem zweiten Schritt in die Sprache der Mathematik übersetzt, d. h. ein mathematisches

Modell wird gebildet, in dem konkrete Rechenoperationen zur Lösung führen sollen.

Mathematisch arbeiten: Dieser Schritt beinhaltet die reine innermathematische Auseinandersetzung, im Zuge derer eine oder mehrere Gleichungen aus dem Mathematisierungsprozess gelöst werden.

Interpretieren: Es folgt das Interpretieren der Lösung. Dafür wird sie zurück in die reale Welt übertragen und ihre Bedeutung bestimmt.

Validieren: Nun wird die Plausibilität des Ergebnisses geprüft, indem der Frage nachgegangen wird, ob das Ergebnis sinnvoll ist. Wird die Lösung verworfen oder als nicht angemessen betrachtet, so „müssen einzelne Schritte oder auch der gesamte Modellierungsprozess erneut durchgeführt werden, sei es mit veränderten Annahmen oder mit anderen mathematischen Strategien" (Maaß 2009, S. 14).

Darlegen: Das Darlegen ist ein Modellierungsschritt, der in anderen Kreisläufen weniger berücksichtigt wird. Er verweist auf die Darstellung des Lösungswegs sowie der gewonnenen Ergebnisse. Schüler/innen müssen in der Lage sein, ihre Modellierungsschritte wiederzugeben und mit Argumenten ihr Ergebnis zu begründen bzw. zu erklären.

Den einzelnen Schritten werden Kompetenzen zugeschrieben, die die Modellierungskompetenz beinhaltet. Der Modellierungsprozess umfasst die Kompetenz

1. zum Verständnis eines realen Problems;
2. zum Vereinfachen und Strukturieren einer Situation;
3. zum Übersetzen der Situation in die Sprache der Mathematik;
4. zur Lösung mathematischer Fragestellungen innerhalb eines mathematischen Modells;
5. die Bedeutung eines mathematischen Ergebnisses für die Realität zu erkennen;
6. kritisch über eine Lösung nachzudenken (Maaß 2009, S. 24);
7. die Aufgabenlösung darzulegen und zu erklären (Leiß 2014, S. 25).

Diese Kompetenzen liegen der Auswertung der empirischen Daten zur Einstufung der Modellierungskompetenz der Schüler/innen zugrunde.

2.2 Die Rolle der Sprache im Mathematikunterricht

Oft wird der Mathematikunterricht im Vergleich zu Deutsch, Sachkunde oder Religion als weniger sprachintensives Fach empfunden, da nach der Vorstellung vieler der Fokus der Mathematik auf dem Lösen von Gleichungen und somit hauptsächlich auf dem Umgang mit Zahlen, Termen und Variablen liegt. Doch auch im Mathematikunterricht ist die Verwendung von Sprache für das Verständnis von immenser Bedeutung, sodass bei Kindern mit sprachlichen Schwächen im Mathematikunterricht zusätzliche Schwierigkeiten auftreten. Heinze formuliert entsprechend, dass die „Sprachfähigkeit ein zentraler Schlüssel für den Zugang zu Bildung und somit auch zu mathematischer Bildung ist" (Heinze et al. 2011, S. 21). Spezifischer expliziert Gogolin, dass das „Verstehen von Texten [...] zentrale Voraussetzung für eine erfolgreiche Teilhabe am Mathematikunterricht" (Gogolin et al. 2011, S. 38) ist. Im Folgenden wird kurz erläutert, in welchen Bereichen des Mathematikunterrichts die Beherrschung der deutschen Sprache relevant ist. Im Anschluss werden verschiedene Ebenen der Sprache voneinander abgegrenzt, die für Kinder mit sprachlichen Schwächen ein Problem darstellen können. Zum Teil weisen Schüler/innen, die migrationsbedingt mehrsprachig aufwachsen, solche Schwierigkeiten auf, wobei betont werden muss, dass Mehrsprachigkeit nicht unbedingt zu sprachlichen Schwächen führt (vgl. Busse, S. 1 in diesem Band).

Über den Einsatz der Sprache
Der Einsatz der Sprache im Mathematikunterricht ist vielfältig. Abshagen (2015, S. 13) unterscheidet dabei die Rezeption von Sprache von der Sprachproduktion. Die Aufnahme umfasst das Hören und Lesen, während zu der Produktion das Schreiben und Sprechen zählen. Die Sprachproduktion ist jedoch bei Weitem schwieriger als ihre Aufnahme.

Maier und Schweiger (1999, S. 85f.) unterteilen den Einsatz von Sprache im Mathematikunterricht in drei Bereiche. Der erste betrifft die Lehrkraft, die einen Großteil der Unterrichtskommunikation übernimmt. Dabei ist vor allem die Sprachaufnahme der Schüler/innen gefordert, da die Lehrkraft verbale Instruktionen erteilt, Unterrichtsgespräche moderiert, Begriffe und Symbole erklärt oder schriftliche Rückmeldungen unter Hausaufgaben notiert.

Der zweite Bereich betrifft die Schülerschaft, die ebenfalls der Sprachproduktion mächtig sein muss. Sie muss beispielsweise Fragen beantworten oder jene zielführend stellen, wenn sie etwas nicht versteht. Weiterhin wird im Unterricht häufig nicht nur eine schriftliche Darlegung des Lösungswegs gefordert, sondern auch selbstformulierte Texte zu Aufgaben (vgl. ebd.). Beim Präsentieren der Lösung bedarf es ebenfalls der Sprachproduktion, die sich nicht nur auf das Beschreiben des Lösungswegs beschränkt, sondern auch die Kernkompetenzen des Argumentierens und des Kommunizierens umfasst (Niedersächsisches Kultusministerium 2017, S. 22f.). Dort werden verschiedene Operatoren aufgeführt wie „beschreiben", „ausdrücken", „überprüfen", „begründen" oder „Fachbegriffe verwenden", deren Verwendung bereits bis zum Ende des zweiten Schuljahres gefordert wird (vgl. ebd., S. 22).

Maier und Schweiger sehen als dritten und letzten Einsatzbereich den der Medien. Hier ist die Sprachaufnahme bei jedem Arbeitsblatt, jeder Aufgabenstellung, bei Lösungsvorschlägen oder beim Umgang mit einer Computersoftware erforderlich (vgl. Maier und Schweiger 1999, S. 86). Die Autoren weisen darauf hin, dass sich je nach Klassenstufe die Beiträge der Schüler/innen auf sprachlicher Ebene deutlich von der der Lehrkraft oder der Medien abgrenzen (vgl. ebd.).

Sprachliche Aspekte beim Modellieren
Bei den meisten der Tätigkeiten des Modellierens ist die Verwendung von Sprache notwendig – insbesondere bei einer Partnerarbeit. Die Schüler/innen müssen die Aufgabenstellung verstehen und anschließend Ideen für Mathematisierungen äußern und begründen. Durch Argumente können verschiedene Vorgehensweisen gegeneinander abgewogen oder miteinander kombiniert werden. Schließlich müssen die Ergebnisse in Bezug auf die Aufgabenstellung interpretiert und eine Antwort formuliert werden. Im Idealfall wird das Ergebnis überprüft, indem argumentiert wird, warum dieses im gegebenen Kontext plausibel erscheint.

2.3 Mathematikunterricht und Migration

Vergleichsstudien wie PISA, TIMSS oder IGLU zeigen immer wieder, wie Schüler/innen mit nicht-deutscher Erstsprache oder solche mit einem niedrigen sozioökonomischen Status bezüglich ihrer Leistung hinter ihren Klassenkamerad/innen zurückstehen. Seither wurde die Suche nach Ursachen für jene Leistungsdefizite in zahlreichen mathematikdidaktischen Studien in den Fokus gerückt, um einen Beitrag zur Unterrichtsentwicklung zu leisten.

Grüßing und Schmitman gen. Pothmann (2007) konnten in einer Längsschnittstudie aufzeigen, dass bereits im Vorschulalter signifikante Unterschiede bei Kindern mit und ohne Migrationshintergrund in Bezug auf frühe mathematische Kompetenzen bestehen. Dabei konnten sie zudem eine Korrelation jener Fähigkeiten mit dem sprachlichen Können der Kinder feststellen. Kinder, die nicht-deutscher Erstsprache waren und folglich weniger sprachliche Fähigkeiten in Deutsch besaßen, schnitten insgesamt schlechter ab als jene, die monolingual deutsch aufwuchsen. Dieser Zusammenhang wurde jedoch zu diesem Zeitpunkt noch nicht genauer untersucht. Schmitman gen. Pothmann analysierte u. a. auf Grundlage dieser Längsschnittstudie den Zusammenhang zwischen der Sprachkompetenz und der frühen mathematischen Kompetenzen auf quantitativer Ebene. Dabei berücksichtigte sie die Migrationsstatus der Probandinnen und Probanden und konnte feststellen, dass der „Förderbedarf in der deutschen Sprache mit dem Migrationsstatus der Kinder" (Schmitman gen Pothmann 2008, S. 133) steigt. Bei Schüler/innen, die nicht in Deutschland geboren wurden und während ihrer Schulzeit zuwanderten, konnten mehr sprachliche Defizite festgestellt werden als bei jenen, die einen Migrationshintergrund aufgrund der Zuwanderung der Eltern aufwiesen. Schmitman gen. Pothmann hält zudem fest, dass „Kinder mit Migrationshintergrund, deren deutschsprachigen Fähigkeiten nicht altersgemäß ausgebildet sind, geringere mathematische Kompetenzen erreichen als Kinder ohne Migrationshintergrund, die ebenfalls Defizite in der Sprachentwicklung haben" (Schmitman gen. Pothmann 2008, S. 141). Ob sich derartige mathematische Defizite in weiterführenden Schulen fortsetzen, überprüfte Gogolin (et al. 2004), indem sie den sprachlichen und kulturellen Einfluss auf das Lösen von mathematischen Aufgaben untersuchte. Dabei wurden 136 Schüler/innen, darunter 49 deutscher Erstsprache sowie 42 mit Deutsch als Zweitsprache, beim Bearbeiten verschiedener Aufgaben interviewt. Gogolin analysierte den fachsprachlichen Redeanteil, der bei den Schüler/innen deutscher Erstsprache deutlich höher war als bei den Kindern mit anderer Erstsprache. Weiterhin wurde die Anzahl lösungsfördernder Ansätze untersucht, der ebenfalls bei der Gruppe der Schüler/innen ohne Migrationshintergrund am höchsten lag. Somit konnte ein Einfluss sprachlicher Faktoren beim Bearbeiten von mathematischen Aufgaben festgestellt werden (vgl. Gogolin et al. 2004, S. 138). Des Weiteren hat Gogolin bei Kindern mit eigener Migrationserfahrung einen höheren Zeitaufwand bei der Aufgabenbearbeitung festgestellt (Gogolin et al 2004, S. 139).

Deseniss (2015), die an der eben genannten Forschung (vgl. Gogolin et al. 2004) ebenfalls beteiligt war, stellte den Umgang mit mathematischen Aufgaben bzw. den Aufgabenbearbeitungsprozess einer Teilmenge dieser Probandinnen und Probanden in den Fokus. Insgesamt ließ sie 14 Schüler/innen paarweise verschiedene Aufgaben aus den Bereichen Kombinatorik, Geometrie und Arithmetik lösen. Eine bearbeitete Modellierungsaufgabe stand nicht im Mittelpunkt der Forschung, so dass keine weiteren Anmerkungen dazu vorliegen. Deseniss konnte den Eindruck, der sich 2004 ergab, auch in dieser kleinen Gruppe bestätigen, indem sie herausstellte, dass sich deutliche Unterschiede im Aufgabenbearbeitungsprozess zwischen Probandinnen und Probanden mit und jenen ohne Migrationshintergrund abzeichneten, da die Schüler/innen nichtdeutscher Erstsprache ihren Prozess häufig unterbrachen, um zur Ausgangssituation zurückzukehren oder Fragen zum Inhalt zu klären. Das weist deutlich auf sprachlich bedingte Hürden hin, was sich negativ auf die Leistung der Schüler/innen mit Migrationshintergrund auswirkt.

Um herauszufinden, welche sozialen und sprachlichen Faktoren den stärksten Zusammenhang zur Mathematikleistung aufweisen, untersuchten u. a. Prediger et al. (2015) diese Faktoren von 1495 Schüler/innen am Ende der zehnten Klasse. Dabei setzten sie die mathematischen Fähigkeiten „zum Migrationshintergrund, zum sozioökonomischen Status, zur Mehrsprachigkeit und zum Zeitpunkt des Deutscherwerbs, aber auch zur Sprachkompetenz und Lesekompetenz" (Prediger et al. 2015, S. 78) in Beziehung und untersuchten die sprachlich bedingten Hürden bei der Bearbeitung von Aufgaben (vgl. ebd.). Prediger et al. stellten fest, dass unterschiedliche sozioökonomische Status zu Unterschieden bezüglich der sprachlichen Kompetenz führen (vgl. ebd., S. 90). Weiterhin verweisen Prediger et al. darauf, dass die Sprachkompetenz der Faktor ist, der maßgeblich für Unterschiede in der Mathematikleistung verantwortlich ist und dringender Handlungsbedarf im Bereich des sprachsensiblen Mathematikunterrichts herrscht (vgl. ebd., S. 99).

Die in der vorliegenden Untersuchung zu bearbeitende Modellierungsaufgabe umfasst nur wenig Text und wird mittels eines Bildes visualisiert, sodass sprachlich bedingte Hürden beim Lesen eine untergeordnete Rolle spielen. Der Fokus soll auf die Bearbeitung der Aufgabe gelegt werden, sodass die dargestellte Forschung um eine qualitative Untersuchung zu folgenden Forschungsfragen ergänzt wird:

Welche Modellierungskompetenzen weisen Schüler/innen der Primarstufe mit unterschiedlichen Migrationsstatus bzw. unterschiedlichen sprachlichen Kompetenzen auf?
Inwiefern beeinflusst die sprachliche Kompetenz die vorliegende Modellierung?

3. Methoden – Die Modellierungsaufgabe und entsprechende Kompetenzen, Ermittlung des Sprachstands und Stichprobenbeschreibung

Um den mathematischen Modellierungsprozess unter Berücksichtigung des Migrationsstatus zu betrachten, wurden fünf bezüglich des Migrationsstatus möglichst homogene Schüler/innenpaare beim Bearbeiten einer Modellierungsaufgabe interviewt. Genauere Informationen zur Stichprobe sind der Tabelle 1 zu entnehmen. Alle fünf Paare bearbeiteten die gleiche Modellierungsaufgabe (s. Abb. 1) innerhalb eines gesetzten Rahmens von 20 Minuten.

Wie viele Menschen wohnen wohl in diesem Hochhaus?
Schreibt euren Lösungsweg verständlich und sauber auf.

Abb. 2: Das Hochhaus aus der Aufgabe mit Aufgabenstellung (Fotografin: Sabine Tesche)

3.1 Die Modellierungsaufgabe

Diese Modellierungsaufgabe bot sich für die angestrebte Untersuchung an, da sie offen und realitätsnah ist und über ein außermathematisches Problem verfügt, das für Kinder verständlich ist. Zusätzlich enthält sie eine „authentische Fragestellung" (Maaß 2009, S. 122f.), die je nach Annahme zu unterschiedlichen Ergebnissen führen kann und die nach Maaß „Anlass zum Diskutieren bietet" (ebd.).

Mögliche Vorgehensweisen bei der Modellierung
Um die Anzahl der Bewohner/innen zu erschließen, kann die Anzahl geschätzt werden oder – um eine realitätsnähere Zahl zu bekommen – kann die Anzahl der Stockwerke gezählt und die Anzahl der Bewohner/innen pro Stockwerk geschätzt werden. Noch präziser und plausibler wird das Ergebnis, wenn zunächst die Anzahl der Wohnungen ermittelt wird.

Man kann davon ausgehen, dass eine Wohnung auf der sichtbaren Seite des Hauses durch jeweils ein Fenster und einen Balkon von weiteren Wohnungen abzutrennen ist. Anstatt jede Wohnung einzeln zu zählen, bietet sich hier eine Multiplikationsaufgabe an, bei der die Anzahl der Wohnungen in einer Reihe mit der Anzahl der Stockwerke multipliziert wird ($5 \cdot 15 = 75$). An der sichtbaren Hausfront könnten sich 75 Wohnungen befinden.

An dem links im Bild zu sehenden zweiten Hochhaus ist zu erkennen, wie tief die Häuser sind. Größere Wohnungen sind vermutlich durchgängig bis zur Rückseite des Hauses, kleinere Wohnungen könnten auch nur Fenster zu einer Hausseite besitzen.

So könnten die 75 Wohnungen mit Balkonen aus 50 größeren durchgehenden Wohnungen bestehen und 25 kleineren, bei denen sich auf der Rückseite je eine weitere Wohnung befindet. Insgesamt könnten es somit 100 Wohnungen sein.

Wir nehmen also an, dass die Wohnungen unterschiedlich groß sind und zusätzlich die Personenanzahl pro Wohnung variiert. Ein Indiz für Familien ist der vor dem Hochhaus liegende Spielplatz. In den kleinen Wohnungen könnten 1 bis 2 Personen wohnen, vereinzelt evtl. auch 3 Personen und es könnten welche leer stehen. Eine mögliche Rechnung zur Anzahl der Personen in den 50 kleinen Wohnungen wäre: $21 \cdot 1 + 25 \cdot 2 + 3 \cdot 3 + 1 \cdot 0 = 80$ Personen.

In den größeren Wohnungen wohnen vermutlich jeweils 3 bis 5 Personen, vereinzelt vielleicht 6 Personen und einige könnten leer stehen. Damit wäre eine

mögliche Rechnung für die Anzahl der Personen in den großen Wohnungen: 22·3+17·4+8·5+2·6+1·0=186 Personen.
Addiert man zuletzt die Zwischenergebnisse, liegt die Bewohneranzahl für 100 Wohnungen bei etwa 266. Diese Zahl kann als Richtwert angesehen werden.

3.2 Konkretisierung der Kompetenzen bezüglich der Phasen des Modellierungskreislaufs nach Blum und Leiß

Die Tabelle 1 bezieht sich auf die in Abschnitt 2.1 angegebenen Teilkompetenzen nach Maaß (vgl. 2009, S. 24) und Leiß (vgl. et al. 2014, S. 25), die jedem Modellierungsschritt in Blums und Leiß' (vgl. 2005, S. 19) Modellierungskreislauf zuzuordnen sind.

3.3 Ermittlung des Sprachstands

Das aus der Bearbeitung der Modellierungsaufgabe resultierende Audiomaterial stellt die Grundlage für die Analyse der sprachlichen Kompetenz dar.

Die gesprochene Sprache wird auf grammatikalischer und syntaktischer Ebene – in Anlehnung an Deseniss (2015) – untersucht. Es werden nach Mayring (vgl. 2010, S. 83) deduktiv Kategorien für Fehler gebildet, wobei Grammatik- und Wortschatzfehler voneinander unterschieden werden. Der Anteil der Fehler wird anhand der Anzahl der gesamten geäußerten Sätze ermittelt. Die Sätze werden mittels der Transkripte gezählt, wobei diese durch das Senken der Stimme sowie durch das Anheben bei einer Frage oder bei einem Ausruf des Sprechers/der Sprecherin gekennzeichnet werden. Sind Satzgefüge mit Relativsätzen oder adverbialen Nebensätzen bestückt, gelten diese als hypotaktische Satzkonstruktionen, die auf eine sprachliche Versiertheit hindeuten.[2]

---

[2] Eine Profilanalyse nach Grießhaber wurde erstellt, jedoch ergab diese, dass alle Schüler/innen das Muster 4 beherrschen, außer Mehmet, Zofia und Simon, die das Muster 3 zeigen und teilweise vereinzelt auch Muster 4. Insofern können Unterschiede bezüglich der sprachlichen Kompetenzen mit den hier vorgestellten Mitteln deutlicher herausgearbeitet werden.

Tab. 1: Modellierungskompetenzen

Teilkompetenz	wird **erworben**, wenn	wird **zum Teil erworben**, wenn	wird **nicht erworben**, wenn
1. ... zum **Verständnis** eines realen Problems	... der Modellierungsprozess innerhalb kurzer Zeit nach dem Lesen der Aufgabe beginnt.	... der Modellierungsprozess nur mit Hilfe von Interventionen beginnt.	... kein Modellierungsprozess stattfindet.
2. ... zum **Vereinfachen** und **Strukturieren** einer Situation	... erkannt wird, welche Angaben für die Lösung des Problems fehlen und auf welchem Wege diese zu ermitteln sind.	... nur mit Hilfe von Interventionen erkannt wird, welche Angaben für die Lösung des Problems fehlen und auf welchem Wege diese zu ermitteln sind.	... nicht erkannt wird, welche Angaben für die Lösung des Problems fehlen und auf welchem Wege diese zu ermitteln sind.
3. ... zum **Übersetzen** der Situation in die Sprache der Mathematik	... zum Beschreiben der Aufgabe geeignete Rechenoperationen angewendet werden.	... nur mit Hilfe von Interventionen, geeignete Rechenoperationen angewendet werden.	... keine geeigneten Rechenoperationen angewendet werden.
4. ... zur **Lösung** mathematischer **Fragestellungen** innerhalb eines mathematischen Modells	... die Gleichungen aus dem vorherigen Modellierungsschritt korrekt gelöst werden.	... die Gleichungen aus dem vorherigen Modellierungsschritt zum Teil korrekt gelöst werden.	... die Gleichungen aus dem vorherigen Modellierungsschritt fehlerhaft oder gar nicht gelöst werden.
5. ..., die **Bedeutung** eines mathematischen Ergebnisses für die Realität **zu erkennen**	... die Bedeutung des Ergebnisses erkannt wird.	... die Bedeutung nur mit Hilfe von Interventionen erkannt wird.	... die Bedeutung des Ergebnisses falsch oder gar nicht erkannt wird.
6. ..., **kritisch** über eine Lösung **nachzudenken**	... das Ergebnis auf Plausibilität geprüft und nach Bedarf der Modellierungsprozess bzw. Teile davon mit „veränderten Annahmen oder mit anderen mathematischen Strategien" (Maaß 2009, 14) erneut durchlaufen werden.	... das Ergebnis nur mit Hilfe von Interventionen auf Plausibilität geprüft und nach Bedarf der Modellierungsprozess bzw. Teile davon mit „veränderten Annahmen oder mit anderen mathematischen Strategien" (ebd.) erneut durchlaufen werden.	... das Ergebnis nicht auf Plausibilität geprüft und der Modellierungsprozess bzw. Teile davon nicht mit „veränderten Annahmen oder mit anderen mathematischen Strategien" (ebd.) erneut durchlaufen werden.
7. ..., die Aufgabenlösung **darzulegen** und zu **erklären**	... alle Schritte des Modellierungsprozesses nachempfunden und dem Versuchsleiter dargelegt und erklärt werden.	... einige Schritte des Modellierungsprozesses nachempfunden und dem Versuchsleiter dargelegt und erklärt werden.	... der Modellierungsprozess nicht nachempfunden und dem Versuchsleiter dargelegt und erklärt werden kann.

3.4 Methodisches Vorgehen

Jeweils zwei Schüler/innen mit gleichem Migrationsstatus und ggf. möglichst gleichem Herkunftsland wurden zu einem Paar zusammengefasst.[3] Diesem wurde in einem Interview die Modellierungsaufgabe zur Bearbeitung vorgelegt. Der Prozess der Erarbeitung wurde audiographiert und anschließend transkribiert. Die Auswertung der Daten erfolgte mithilfe der qualitativen Inhaltsanalyse nach Mayring (2002) unter Berücksichtigung der dargestellten Literatur.

3.5 Stichprobenbeschreibung

In folgender Tabelle 2 wird der Migrationshintergrund der Schüler/innen sowie ihre Erst- und Zweitsprache detailliert dargestellt.

---

[3] Damit sind die Kinder eines Paares bezüglich einer Variable ähnlich, weitere Variable wie der ökonomischen Status beispielsweise wurden bei der Paarbildung nicht berücksichtigt. Insofern können auch weitere Faktoren Einfluss auf Unterschiede zwischen den Paaren nehmen.

Tab. 2: Beschreibung der Stichprobe (1: ohne Migrationshintergrund, 2: eigene Migrationserfahrung, 3 Migrationserfahrung der Eltern)

		Paar 1		Paar 2		Paar 3		Paar 4		Paar 5	
	Name	Paul	Simon	Zofia	Catarina	Sorin	Tarek	Mehmet	Engin	Levin	Anna
	Migrationsstatus/-hinter-grund	1	1	2	2	2	3	3	3	3	3
	Klassenstufe	3	3	3	3	3	3	4	4	4	4
	Herkunftsland der Schülerin/des Schülers	Deutschland	Deutschland	Polen	Portugal	Rumänien	Deutschland	Deutschland	Deutschland	Deutschland	Deutschland
	Herkunftsland der Eltern	Deutschland	Deutschland	Polen	Portugal	Rumänien	Albanien	Türkei	Türkei	Albanien	Russland
	Migrationsjahr	-	-	2015	2010	2013	Vater: 1993 Mutter: 2002	1995	2004	Unbekannt (Tendenz: späte 90er)	Vater: 1994 Mutter: 1997
Sprachverwendung	Erstsprache	Deutsch	Deutsch	Polnisch	Portugiesisch	Rumänisch	Kosovarisch	Türkisch	Türkisch	Kosovarisch	Russisch
Sprachverwendung	Zweitsprache	-	-	Deutsch	Deutsch	Deutsch	Deutsch	Deutsch	Deutsch	Deutsch	Deutsch
Sprachverwendung	Sprache mit Mutter	Deutsch	Deutsch	Polnisch / Deutsch	Portugiesisch / Deutsch	-	Deutsch	Türkisch / Deutsch	Deutsch	Kosovarisch	Russisch / Deutsch
Sprachverwendung	Sprache mit Vater	Deutsch	Deutsch	Polnisch	Portugiesisch	Deutsch	Deutsch	Türkisch / Deutsch	Deutsch	Kosovarisch	Russisch
Sprachverwendung	Sprache mit Freunden	Deutsch	Deutsch	Deutsch	Deutsch	Deutsch	Deutsch	Türkisch / Deutsch	Deutsch	Deutsch	Deutsch

4. Sprachstand und Modellierungskreisläufe der untersuchten Schülerinnen und Schüler

4.1 Sprachliche Analyse

Nachfolgend werden Aspekte des Sprachstands der Schüler/innen dargestellt, um einen Einblick in ihre sprachlichen Fähigkeiten zu erlangen. Dafür werden jeweils Kategorien mit Ankerbeispielen für die verschiedenen Analysen der Sprachkompetenz dargestellt (Tab. 3 und Tab. 5) und anschließend Übersichten über den Stand der einzelnen Schüler/innen vorgelegt.

Tab. 3: *Ankerbeispiele für sprachliche Ungenauigkeiten und Fehler*

Grammatikalische Fehler	
Konjugationsfehler	Zofia: Da ist was geschreibt [...]. #00:08:14# *(T 2, S 4, Z 20)*
Bezugsfehler	Mehmet: Ja, nee, oder da ist ein Hippie-Boss, die wohnen da. #00:14:04-4# *(T 4, S 7, Z 8)*
Wortschatzfehler	
Falsche/ungenaue Begriffe	Engin: Da könnten Toilettenspiegel sein wie hier. #00:17:17-3# *(T 4, S 8, Z 23)* [Spiegel statt Fenster]
Erfindung eigener Wörter	Paul: [...] ich würde das noch ein bisschen verhöhern [...].. #00:12:34-1# *(T 1, S 5, Z 26)*

Häufig treten zudem Satzbaufehler auf. Diese beinhalten in der Regel Phänomene, die zwar schriftsprachlich als Fehler gewertet werden, die jedoch in der Umgangssprache weit verbreitet sind. Da es sich beim Interview um eine sprachliche Situation handelt, deuten wir diese Phänomene nicht als Fehler.

Der Tabelle 4 zufolge können also Paul und Simon hohe sprachliche Kompetenzen zugeordnet werden (0%–1,8%), Catarina, Sorin, Tarek, Engin und Anna (4,3%–6,3%) liegen im Mittelfeld und Zofia, Mehmet und Levin (9%–13,7%) weisen eher sprachliche Schwierigkeiten auf.

Tab. 4: Häufigkeiten der sprachlichen Ungenauigkeiten und Fehler

Kategorien	Paar 1		Paar 2		Paar 3		Paar 4		Paar 5	
	Paul (D)	Simon (D)	Zofia (Pol)	Catarina (Por)	Sorin (Rum)	Tarek (K)	Mehmet (T)	Engin (T)	Levin (K)	Anna (Russ)
Sätze/Fehler gesamt	55 n=18,1%	46 n=10,9%	51 n=13,7%	96 n=16,7%	75 n=6,6%	124 n=14,4%	88 n=16%	46 n=8,6%	59 n=30,5%	51 n=17,7%
1. Grammatikalische Fehler	0 0%	0 n=0%	6 n=13,7%	3 n=6,3%	3 n=4,0%	4 n=3,2%	6 n=11,4%	0 n=0%	0 0%	0 0%
Kasus-/Genus-fehler	0 n=0%	0 n=0%	3 n=5,9%	2 n=2,1%	2 n=2,7%	2 n=1,6%	4 n=4,5%	0 n=0%	0 n=0%	0 n=0%
Bezugsfehler	0 n=0%	0 n=0%	1 n=2,0%	1 n=1,0%	0 n=0%	2 n=1,6%	2 n=2,3%	0 n=0%	0 n=0%	0 n=0%
andere	0 n=0%	0 n=0%	2 n=3,9%	0 n=0%	1 n=1,3%	0 n=0%	0 n=0%	0 n=0%	0 n=0%	0 n=0%
2. Satzbaufehler	9 n=16,3%	5 n=10,9%	0 n=0%	7 n=7,3%	1 n=1,3%	11 n=8,8%	2 n=2,3%	2 n=4,3%	11 n=18,6%	6 n=11,8%
nicht schriftsprachlich	7 n=12,7%	4 n=8,7%	0 n=0%	2 n=2,1%	1 n=1,3%	4 n=4,0%	2 n=2,3%	2 n=4,3%	11 n=18,6%	6 n=11,8%
andere	2 n=3,6%	1 n=2,2%	0 n=0%	5 n=5,2%	0 n=0%	6 n=4,8%	0 n=0%	0 n=0%	0 n=0%	0 n=0%
3. Wortschatzfehler	1 n=1,8%	0 n=0%	0 n=0%	3 n=3,1%	1 n=1,3%	3 n=2,4%	2 n=2,3%	2 n=4,3%	7 n=11,9%	3 n=5,9%
Falsche/ungenaue Begriffe	0 n=0%	0 n=0%	0 n=0%	3 n=3,1%	1 n=1,3%	3 n=2,4%	2 n=2,3%	2 n=4,3%	6 n=10,2%	3 n=5,9%
Erfindung eigener Wörter	1 n=1,8%	0 n=0%	0 n=0%	0 n=0%	0 n=0%	0 n=0%	0 n=0%	0 n=0%	1 n=1,7%	0 n=0%

Tab. 5: *Korrekte Nebensätze der Schülerinnen und Schüler im Vergleich*

Kategorien		Sätze insgesamt	Nebensatz	Adverbialer Nebensatz	Relativsatz
Paar 1	Paul (D)	55	6 ≈10,9%	4 ≈7,3%	2 ≈2,6%
	Simon (D)	46	1 ≈2,2%	1 ≈2,2%	0 0
Paar 2	Zofia (Pol)	51	1 ≈2,0%	1 ≈2,0%	0 0
	Catarina (Por)	96	11 ≈11,5%	10 ≈10,4%	1 ≈1,0%
Paar 3	Sorin (Rum)	75	6 ≈8,0%	6 ≈8,0%	0 0
	Tarek (K)	124	29 ≈23,4%	28 ≈22,6%	1 ≈0,8%
Paar 4	Mehmet (T)	88	2 ≈2,3%	2 ≈2,3%	0 0
	Engin (T)	46	3 ≈6,5%	1 ≈2,2%	2 ≈4,3%
Paar 5	Levin (K)	59	12 ≈20,3%	10 ≈16,9%	2 ≈3,4%
	Anna (Russ)	51	3 ≈5,9%	3 ≈5,9%	0 0

Bezieht man sowohl die Anzahl der Fehler als auch die Anzahl der verwendeten Nebensätze ein, zeigt sich, dass Paul insgesamt hohe sprachliche Kompetenzen aufweist und Simon im Mittelfeld liegt (wenige Fehler und wenige Nebensätze), ebenfalls im Mittelfeld liegen Sorin, Engin und Anna (ein paar Fehler und wenige Nebensätze) und Catarina (einige Fehler, einige Nebensätze). Levin (20%) und

Tarek (23,4%) verwenden die meisten Nebensätze, während sie nach der Tabelle 5 viele bzw. mittel-viele Fehler aufweisen. Zofia und Mehmet zeigen insgesamt schwache sprachliche Kompetenzen (viele Fehler, wenige Nebensätze).

4.2 Die Modellierungskompetenz inklusive entsprechender sprachlicher Aspekte

Im Folgenden werden die Modellierungsprozesse der Paare untersucht, woraus sich eine Einschätzung der erworbenen Teilkompetenzen des Modellierens schlussfolgern lässt. Als Auswertungsgrundlage dient der vorgestellte Modellierungskreislauf nach Blum und Leiß, der einen idealtypischen Ablauf der Modellierungsprozesse entwirft, sodass von Abweichungen auszugehen ist. Durch die Rekonstruktion der verschiedenen Phasen des Kreislaufs in den Interviews können sinnvolle und weniger sinnvolle Überlegungen, Prozesse und Vorgehensweisen unterschieden und so insgesamt die Modellierungskompetenz eingeschätzt werden. Die kurzen Beschreibungen der Phasen wurden sinngemäß und möglichst nahe am Wortlaut der Schüler/innen wiedergegeben, um Interpretationsfehler zu vermeiden. Jedes Interview beinhaltet die Intervention „Überlegt mal, ob euer Ergebnis so richtig sein kann oder nicht", um die Schüler/innen dazu anzuregen, ihr Ergebnis zu validieren, wenn sie der Meinung sind, fertig zu sein. Dieser Schritt wird in jedem rekonstruierten Modellierungskreislauf durch eine gestrichelte Linie gekennzeichnet. Die Nummerierung der Pfeile entspricht den sieben Prozessen, die Blum und Leiß in ihrem Kreislauf verankern. Das Interpretieren der Werte, Phase 5, geschieht zum Teil implizit, so dass keine Schüler/innenäußerung dieser direkt zugeordnet werden kann, indirekt wird jedoch manchmal deutlich, dass den Lernenden die Bedeutung der Werte bewusst ist. Die Wölbung der Pfeile wird ebenfalls denen aus dem Original weitestgehend nachempfunden, um das Bild eines Kreises beim eventuellen Durchschreiten aller sieben Phasen darzustellen. Zudem wird – aus Gründen der Übersicht – angestrebt, gleiche Phasen untereinander abzubilden.

Die Lernenden zählen auf dem Bild oft Wohnungen oder sogar Fenster, die sie Wohnungen gleichsetzen, ohne zu wissen, wie groß eine Wohnung ist. Auf dem Bild treten breite Fenster mit Balkonen deutlich hervor, so dass es als legitim angesehen wird, in diesem Fall eine Balkon-Fenster-Kombination als Wohnung anzusehen. Nichtsdestotrotz kann die Wohnungsgröße natürlich variieren.

Aspekte der Sprache, die für das Modellieren benötigt werden, werden ebenfalls dargestellt (Abb. 3).

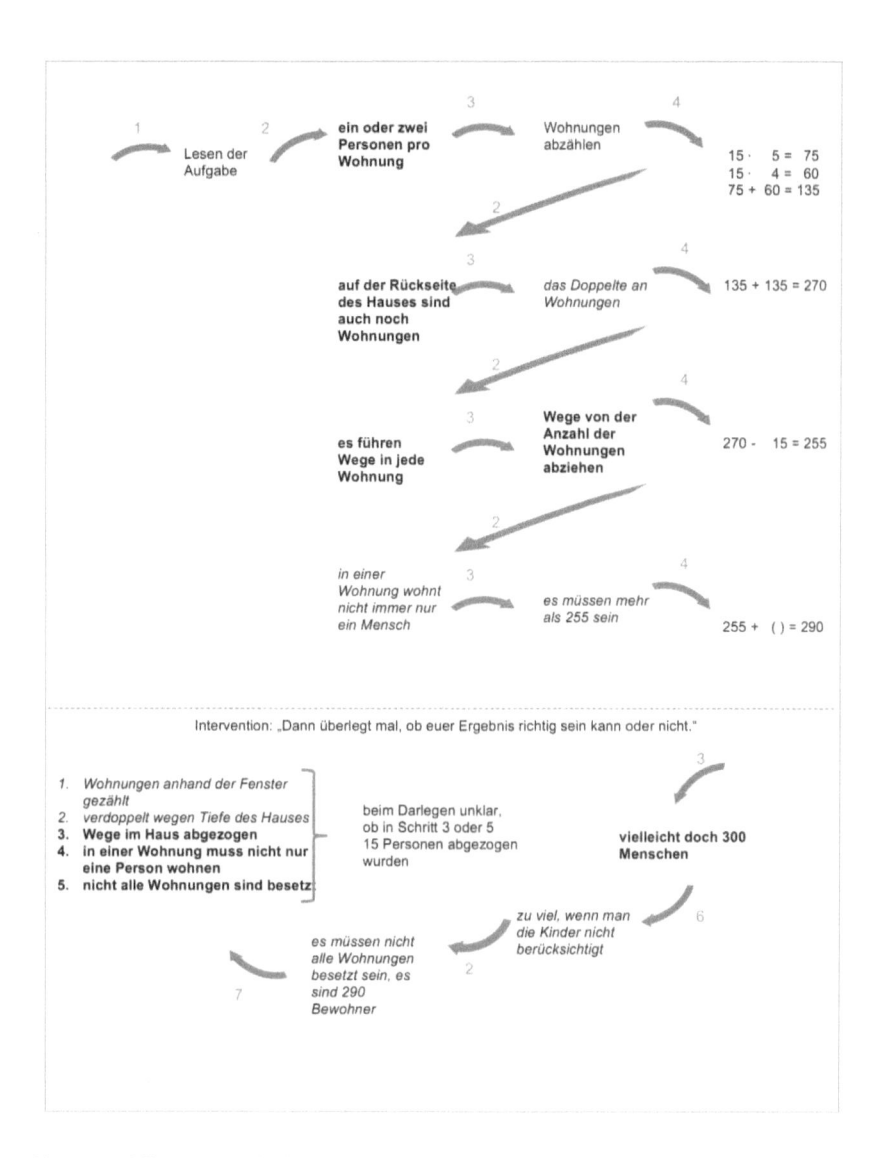

Abb. 3: Modellierungskreislauf Paar 1 (beispielhaft) – Paul fett gedruckt, Simon kursiv

Paul und Simon

Paul und Simon erkennen schnell die Relevanz der Anzahl der Wohnungen, sodass Paul mit dem Zählen der Wohnungen bzw. Fenster beginnt, während Simon das Potenzial des Hauses als Multiplikationsaufgabe erfasst. Sie betrachten dabei zunächst den Hausteil links des Fahrstuhlkastens, danach den rechts. Nachfolgend verdoppeln sie die Anzahl, um auch die Rückseite des Hauses einzubeziehen, was sie aus dem danebenstehenden Haus gleichen Typs schließen.

    S: Und an den Seiten, wie dick ist das Hochhaus denn? (*Lachen*)
    P: Vielleicht wenn ich jetzt mal schätze, so dick wie das//
    [P zeigt auf das Gebäude daneben.][4]

Nun differenzieren die beiden ihre Überlegungen weiter aus, indem sie 15 Flure und Gänge („Wege") subtrahieren, eine Anzahl, die auf die Anzahl der Stockwerke zurückzuführen sein könnte. Die beiden beachten jedoch nicht, dass sie für die Anzahl der Wohnungen Balkone gezählt haben und Flure in der Regel keinen Balkon umfassen.

    Schließlich folgt die bedeutsame Überlegung, dass in einer Wohnung nicht immer nur ein Mensch lebt, die sie zu Beginn ihrer Bearbeitung bereits geäußert hatten. Um dies zu berücksichtigen, erhöhen sie ihre Anzahl von 255 ohne spezifischere Überlegungen, in wie vielen Wohnungen wie viele Personen leben, auf 290.

    Um die Lernenden zur Validierung ihres Ergebnisses anzuregen, folgt die oben genannte Intervention. Daraufhin möchte Paul die Anzahl auf 300 Personen erhöhen, was Simon jedoch zu viel erscheint, so dass sie letztlich bei 290 Personen bleiben. Sie begründen dies damit, dass sie keine Kinder berücksichtigen und damit, dass einige Wohnungen leer stehen könnten.

    Bei der abschließenden Darlegung treten Unsicherheiten auf, weshalb sie ihre Zahl in einem Schritt um 15 verringert hatten. Simon bezieht den Ausdruck „subtrahierte 15" auf abgezogene Flure, wohingegen Paul ihn mit unbesetzten Wohnungen begründet.

---

[4] Transkriptionsregeln in Anlehnung an Dresing und Pehl (2013). Die Namen der Schülerinnen und Schüler wurden anonymisiert.

Modellierungsphasen
Paul und Simon durchlaufen mehrfach die Phasen 2, 3 und 4 des Modellierungskreislaufs. In jedem erneuten Durchlauf dieser Phasen beziehen sie eine weitere zu berücksichtigende Überlegung ein, wodurch sie die Situation immer differenzierter beschreiben. Erst nach der Intervention validieren sie ihre Überlegungen und stellen diese dar (Phasen 6 und 7). Phase 5 kann ihren Äußerungen nicht explizit zugeordnet werden. Es wird jedoch deutlich, dass ihnen bewusst ist, dass die Zahlen zunächst für die Anzahl an Wohnungen stehen und später für die Anzahl an Personen. Simon und Paul können jede Überlegung mathematisieren und jeder Zahl eine Bedeutung zuweisen. Das Nachvollziehen ihrer Modellierung vollbringen sie ebenfalls bis auf die Unsicherheit bezüglich der 15. Sie durchlaufen den Modellierungskreislauf damit insgesamt vollständig.

Modellierungsaspekte
Um die Anzahl an Wohnungen zu ermitteln, zählen Paul und Simon die Balkone, jedoch ohne dies zu reflektieren. Des Weiteren berücksichtigen sie die Rückseite des Hauses, möglichen Leerstand sowie dass in den Wohnungen unterschiedlich viele Personen leben können. Lediglich unterschiedliche Wohnungsgrößen thematisieren sie nicht. Ferner greifen sie ihre Ideen gegenseitig schnell auf und mathematisieren sie unverzüglich. Darüber hinaus beziehen sie keine unsachgemäßen Aspekte ein.

Sprachliche Aspekte des Modellierens
Simon und Paul verstehen die Aufgabenstellung schnell. Sie nennen verschiedene plausible Aspekte des Modellierens und begründen mit diesen ihre Rechnungen. Sie kommunizieren verständlich miteinander und arbeiten gemeinsam als Team. Es gelingt ihnen, ihr Ergebnis zu interpretieren und bei der Validierung ihre Rechnungen zu begründen. Einzelne sprachliche Ungenauigkeiten beeinflussen die Kommunikation nicht („Wege" anstatt „Flure" oder „dick" anstatt „breit" beim Hochhaus). Sie benutzen kaum mathematische Fachbegriffe, jedoch häufig Begriffe, die als mathematikbezogene Umgangssprache bezeichnet werden können („zwei weniger").

Zusammenfassung zu Paul und Simon
Aus den Analysen lässt sich schließen, dass Paul und Simon die Übersetzung der realen Situation in die Mathematik sehr gut gelingt. Des Weiteren berücksichtigen sie fast alle wesentlichen Aspekte der Situation, sodass ihre Modellierung als realitätsnah einzustufen ist. Sie führen die Rechnungen entsprechend ihrer Überlegungen systematisch durch und sind in der Lage, die Zahlen angemessen zu interpretieren. Ihre Kommunikation gelingt einwandfrei und sie sind in der Lage, ihr Vorgehen sowie ihr Ergebnis zu begründen.

Paul und Simon sind souveräne Modellierer und sprachlich altersentsprechend versiert: sie mathematisieren, rechnen, begründen und interpretieren angemessen.

Zofia und Catarina
Modellierungsphasen
Zofia und Catarina starten mit den Phasen 1 bis 4 und knüpfen daran eine Phase 2, indem sie zu der Frage zurückkehren, wie viele Personen in den Wohnungen leben. Eigenständig durchlaufen sie diese Schritte nur ein Mal. Nach je einer Intervention durchlaufen sie die Phasen 3 und 4 zwei weitere Male. Auch Phase 5, der Bezug des Ergebnisses auf die reale Situation, glückt nur mithilfe einer Intervention und Phase 7, die Darlegung des Vorgehens, fehlt vollständig. Es finden nur wenige Mathematisierungen statt, auch das mathematische Arbeiten gelingt nur an zwei Stellen.

Modellierungsaspekte
Catarina beginnt mit der Überlegung, dass in jeder Wohnung ein Mensch wohnt, woraufhin Zofia die Wohnungen anhand der Balkone zählt, ohne dies zu reflektieren. Zu der Frage der Anzahl der Menschen in einer Wohnung kehrt Catarina mehrfach zurück. Unterschiedliche Wohnungsgrößen, Leerstand oder die Rückseite des Hauses beziehen die beiden nicht in ihre Überlegungen ein.

Sprachliche Aspekte des Modellierens
Zofia und Catarina verstehen die Aufgabenstellung schnell und beginnen mit der ersten Idee. Zunächst gelingt die Kommunikation zwischen den beiden, denn nach der von Catarina geäußerten Idee beginnt Zofia zu zählen. Anschließend spricht Zofia jedoch nur noch wenig, so dass nicht sicher ist, ob sie das Vorgehen

von Catarina versteht. Sprachliche Ungenauigkeiten („Häuser" anstatt „Wohnungen") oder grammatische Fehler („Da ist was geschreibt") scheinen die Kommunikation nicht zu behindern. Sie nutzen kaum mathematische Fachbegriffe, jedoch verschiedene Begriffe mathematischer Umgangssprache („29 durch 50 ergibt minus", „rauskriegen"). Sie nennen nur wenige Ideen und begründen kaum.

Zusammenfassung zu Zofia und Catarina
Die Modellierung startet zunächst erfolgversprechend, indem Zofia anfängt die Wohnungen abzuzählen. Sie wird jedoch von Catarina behindert und trägt anschließend nur noch wenig zum Modellierungsprozess bei. Catarina hängt an der Frage der Anzahl der Personen pro Wohnung und findet keine Strategie zum Umgang mit der Offenheit der Aufgabe.

Insgesamt durchlaufen die beiden nur wenige Schritte des Modellierungskreislaufs und benötigen bereits frühzeitig Hilfestellungen. Der Kreislauf wird nicht vollständig durchlaufen, einerseits sind mehrfach Interventionen notwendig und andererseits erreichen die beiden weder ein für sie zufriedenstellendes Ergebnis noch stellen sie ihr Vorgehen dar. Unterschiedliche Aspekte der Realsituation berücksichtigen Zofia und Catarina kaum, es gibt wenig gelungene Mathematisierungen und die Interpretation der Zahlen fällt ihnen schwer. Unpassende Ergebnisse führen nicht zu neuen Überlegungen, sondern zum Abbruch.

Daher ist die bei dieser Aufgabe gezeigte Modellierungskompetenz der Schülerinnen als schwach zu bezeichnen. Auch in sprachlicher Hinsicht sind Schwierigkeiten zu erkennen, insbesondere bei Zofia.

Zofia und Catarina sind schwache Modelliererinnen und haben sprachliche Schwächen: sie mathematisieren und begründen kaum und haben Schwierigkeiten beim Rechnen und Interpretieren.

Sorin und Tarek
Modellierungsphasen
Sorin hat verschiedene Ideen bezüglich zu berücksichtigender Aspekte, so dass er in der Lage ist, die Situation zu strukturieren. Er begründet zwar nicht, weshalb es 172, 230 oder 280 Bewohner/innen sein könnten, stellt aber zum Teil sinnvolle Überlegungen an, wie beispielsweise, dass in einem Hochhaus in China vermutlich mehr Menschen leben als in Deutschland, oder dass nicht alle

Wohnungen belegt sein müssen. Eine Mathematisierung dieser Überlegungen vollzieht er jedoch nicht; er arbeitet auch nicht mathematisch mit den von Tarek vorgelegten Mathematisierungen, er schätzt oder rät seine Werte. Die von Tarek berechneten Zahlen interpretiert und validiert er hingegen. Sorin verfügt folglich über Teilkompetenzen des Modellierens.

Tarek strukturiert die Situation ebenfalls, indem er Kinder und die Rückseite des Hauses einbezieht. Zum Teil ist er in der Lage zu mathematisieren und mathematisch zu arbeiten, zum Teil rät oder schätzt auch er. Tarek interpretiert, validiert und stellt seine Überlegungen dar, sodass er insgesamt den kompletten Modellierungskreislauf vollzieht.

Modellierungsaspekte
Da die beiden von der Anzahl der Personen pro Stockwerk ausgehen, zählen sie keine Wohnungen und können folglich auch nicht auf unterschiedlich große Wohnungen eingehen. Sie berücksichtigen, dass in den Wohnungen unterschiedlich viele Personen wohnen können und beziehen sowohl die Rückseite als auch einen möglichen Leerstand ein. Zudem stellen sie einige darüber hinausgehende Überlegungen an, wie beispielsweise ob das Haus in China steht und über einen Treppenaufgang verfügt.

Sprachliche Aspekte des Modellierens
Auch Sorin und Tarek verstehen die Aufgabenstellung schnell. Sorin äußert mehrere Ideen ohne Begründungen und ist in der Lage zu interpretieren und zu validieren. Tarek nennt ebenfalls verschiedene Ideen, er kann sein Vorgehen darstellen und seine Ergebnisse interpretieren sowie validieren.

Die Kommunikation zwischen den beiden ist unterschiedlich erfolgreich. Die von Tarek genannten Mathematisierungen greift Sorin nicht auf, dessen Ergebnisse interpretiert und validiert er jedoch. Bei Zahlen fragen sie mehrfach nach, ob beispielsweise 70 oder 17 gemeint ist und missverstehen sich zum Teil. Beide begründen wenig. Falsche Begriffe („Rücken" für „Rückseite" (des Hauses), „Einwohner" statt „Bewohner") und grammatische Fehler („ich habe immer 7, die 7er Reihe langgegangen") beeinflussen die Kommunikation auch bei ihnen nicht. Sie sprechen mit einer Mischung aus Fachbegriffen („Plusrechnen") und mathematischer Umgangssprache („450 zieh ich 15 weg").

Zusammenfassung zu Sorin und Tarek
Sorins gezeigte Modellierungskompetenz befindet sich in einem mittleren Bereich. Das Mathematisieren und das mathematische Arbeiten gelingen ihm hier nicht, er ist jedoch in der Lage die Situation zu strukturieren und Rechnungen zu interpretieren und zu validieren.

Die Modellierungskompetenzen von Tarek werden als hoch eingestuft, da er jede Transformation von der realen in die mathematische Situation sehr gut gemeistert hat. Er konnte fast jeder Zahl eine Bedeutung zuschreiben und auf die Sachsituation zurückübertragen sowie seine Ergebnisse mit Argumenten stützen.

Sorin ist angehender Modellierer: ihm gelingt das Interpretieren und Validieren, er hat sinnvolle Ideen, diese werden jedoch nur teilweise mathematisiert.

Tarek ist souveräner Modellierer: er kann angemessen mathematisieren, rechnen und interpretieren. Beiden gelingt die Kommunikation im Großen und Ganzen, zum Teil weisen sie jedoch sprachliche Unsicherheiten auf.

Mehmet und Engin
Modellierungsphasen
Mehmet und Engin durchlaufen relativ unabhängig voneinander zunächst zügig den kompletten Modellierungskreislauf, wobei der 5. Schritt bei Engin implizit stattfindet und Mehmet kurz erwähnt, dass es sich bei 120 um Personen handelt. Die Validierung überspringen die beiden jedoch, obwohl die unterschiedlichen Ergebnisse Anlass dafür bieten würden. Nach der Intervention beginnen beide zweimal erneut mit Schritt 2, wobei Mehmet neue Überlegungen einbezieht, während Engin zunächst nur seine Zahlen überprüft, so dass dies auch als Validierung bezeichnet werden kann, und beim zweiten Mal die linke und rechte Hausseite berücksichtigt. Hierbei durchschreiten sie jeweils die Schritte 2 bis 4 und stellen abschließend ihre Überlegungen und Ergebnisse dar (Schritt 7). Beiden gelingt das Mathematisieren ihrer Ideen und auch das mathematische Arbeiten, was über ihre notierten passenden Rechnungen ersichtlich wird.

Modellierungsaspekte
Mehmet bezieht zu Beginn lediglich die Anzahl der Wohnungen ein, die er an der Anzahl der Balkone festmacht und multiplikativ ermittelt. Nach der Intervention berücksichtigt er, dass in den Wohnungen jeweils mehr als ein Mensch

leben könnte, jedoch nicht sehr variabel, denn er rechnet fest mit drei Personen pro Wohnung, wobei er einerseits erklärt, es wären Familien mit drei Kindern und andererseits, es wären drei Personen pro Wohnung. Mit dieser Zahl rechnet er weiter. Schließlich äußert er die Ideen, dass auch Wohnungen leer stehen könnten und sich zudem auf der Hinterseite des Hauses Wohnungen befinden könnten. Diese Überlegungen bezieht er in seine Rechnungen jedoch nicht ein. Lediglich der Gedanke, dass dort Hippies leben könnten, die alleine leben, führt dazu, dass er drei für drei Hippies addiert.

Engin startet sofort mit der Idee, dass in jeder Wohnung eine vierköpfige Familie lebt und es einen Single gibt. Damit bezieht er zwar verschiedene Personenanzahlen ein, bleibt dabei jedoch sehr starr. Er zählt die Wohnungen über die Balkone einzeln ab.

Sprachliche Aspekte des Modellierens
Mehmet und Engin beginnen zügig mit der Aufgabenstellung, wodurch deutlich wird, dass sie die Aufgabe verstehen. Sie äußern wenige Ideen, die jedoch sinnvoll sind, sie können ihr Vorgehen darstellen und begründen sowie Ergebnisse interpretieren.

Mehmet und Engin nehmen die Äußerungen und Ideen des jeweils anderen kaum auf, so dass wenig erfolgreiche Kommunikation sichtbar wird. Sie argumentieren wenig und auch die unterschiedlichen Ergebnisse führen nicht zu einer Auseinandersetzung mit diesen. Ob falsche Begriffe („Spiegel" statt „Fenster", „Hotel" statt „Haus") und grammatische Fehler („Wegen mit Kinder") die Kommunikation beeinträchtigen, ist nicht zu ermitteln, da der jeweils andere die Äußerungen weder aufnimmt noch nachfragt. Sie verwenden vor allem mathematische Umgangssprache („Ich glaube 8 mal 15 gemacht") und keine Bildungssprache. An einer Stelle klären sie, ob 193 oder 390 gemeint ist.

Zusammenfassung zu Mehmet und Engin
Insgesamt ist bei Mehmet und Engin auffallend, wie wenig sie sich auf die Ideen und Rechnungen des jeweils anderen beziehen, wie starr sie in ihren Annahmen sind und wie wenige Modellierungsaspekte sie einbeziehen.

Die Modellierungskompetenzen der beiden befinden sich in einem mittleren Bereich. Sie beziehen zwar nur wenige Modellierungsaspekte und diese recht starr ein, bei denen, die sie einbeziehen gelingt ihnen jedoch die Mathematisierung, das mathematische Arbeiten und auch das Interpretieren sowie Darstellen.

Es wird nicht deutlich, warum Mehmet seine weiteren Überlegungen nicht mathematisiert. Beide validieren weder ihr Vorgehen noch ihre Ergebnisse, obwohl sie sehr unterschiedliche Zahlen errechnen.

Mehmet und Engin sind enge Modellierer und zeigen sprachliche Schwächen: wenige Aspekte werden starr berücksichtigt, damit haben sie jedoch den Modellierungskreislauf vollständig durchlaufen. Sie kommunizieren nur wenig miteinander, sie machen Fehler und wählen zum Teil falsche Wörter, können jedoch Ideen äußern, ihr Vorgehen darstellen sowie Ergebnisse interpretieren.

Levin und Anna
Da nahezu keine Kommunikation zwischen Levin und Anna stattfindet, wird ihr Vorgehen getrennt voneinander analysiert.

Levin
Modellierungsphasen
Zunächst durchläuft Levin den Kreislauf fast komplett, wobei er das Interpretieren und Validieren überspringt. Dabei gelingt es ihm, seine erste Überlegung zu mathematisieren und die Rechnung korrekt durchzuführen. Er führt jedoch mehr Rechnungen durch, als zu seiner Mathematisierung passen. Nach der Intervention führt eine Validierung zu einem erneuten Durchlaufen der Modellierungsschritte, wobei er die Anzahl der Wohnungen und Stockwerke prüft. Auch hier gelingt ihm die Mathematisierung und das Rechnen, und erneut führt er eine zusätzliche Rechnung durch. Nach einer Darstellung des Vorgehens und des Ergebnisses rechnet er weiter. Auf Nachfrage erklärt er, dass es Erwachsene, Kinder und Zugezogene gäbe. Hier wird nicht deutlich, ob diese Überlegung zu den weiteren Rechnungen führt oder ob er nach der Rechnung versucht, irgendwelche Erklärungen dafür zu finden. Auch bei den beiden Durchläufen nach der Intervention überspringt er die Schritte 5 und 6. Durch Nachfragen wird ersichtlich, dass Levin nicht in der Lage ist, seine Zahlen zu interpretieren, an mehreren Stellen erinnert er sich nicht mehr an den Grund für seine Rechnungen und wofür die Zahlen stehen oder gibt verschiedene Interpretationen der Zahlen. Sein Vorgehen bei den Rechnungen ist nicht nachvollziehbar und wirkt unsystematisch. Zudem ist auffallend, dass er mehrfach weiter rechnet, ohne dass seine Mathematisierung dies nahelegt und ohne dies über weitere Überlegungen zu begründen. Es wirkt so, als würde er um des Rechnens willen rechnen.

Modellierungsaspekte
Levin erwähnt, dass in den Wohnungen Familien und Kinder leben könnten. Außerdem bezieht er Zugezogene in seine Rechnungen ein. Er ermittelt die Anzahl der Wohnungen multiplikativ über die Anzahl der Balkone pro Stockwerk und die Anzahl der Stockwerke. Er geht dabei sehr unsystematisch vor, ändert mehrfach die Bedeutung der Zahlen. Weitere Aspekte nennt er nicht.

Sprachliche Aspekte des Modellierens
Levin versteht die Aufgabe, es gelingt ihm, sinnvolle Ideen zu äußern und teilweise sein Vorgehen zu explizieren. Er kann sein Ergebnis jedoch nicht interpretieren und weder dieses noch sein Vorgehen begründen. Levin verwendet für „Wohnungen" das Wort „Häuser" und spricht von „neugezogene[n] Menschen", verwendet jedoch auch Bildungssprache („Etage", „fünfköpfige Familie") und mathematische Fachbegriffe („schriftliche Division", „Probe", „Überschlag").

Zusammenfassung zu Levin
Levins Modellierungskompetenz ist als eher schwach einzustufen. Zunächst stellt er passende Überlegungen an, mathematisiert und ermittelt angemessen eine mögliche Anzahl von Wohnungen. Er rechnet jedoch anschließend weiter ohne seine Rechnung zu begründen und kann auch seine erste Rechnung nicht mehr deuten. Anschließend führt er weitere, nicht nachvollziehbare Rechnungen durch und gibt unterschiedliche Interpretationen zu seinen Zahlen und Rechnungen. Er hat nur wenige Ideen zu Modellierungsaspekten und reflektiert weder sein Vorgehen noch sein ermitteltes Ergebnis.

Levin rechnet vorwiegend anstatt zu modellieren: er führt scheinbar (?) willkürliche Rechnungen durch. Er kann darstellen und Ideen äußern, jedoch weder begründen noch interpretieren. Dabei verwendet er eine relativ elaborierte Sprache.

Anna
Modellierungsphasen
Anna durchläuft den Modellierungskreislauf drei Mal, wobei sie beim zweiten und dritten Mal jeweils einen Fehler korrigiert. Neue Überlegungen fließen nicht ein. Beim ersten Mal durchläuft sie die Schritte bis Schritt 7, überspringt dabei jedoch Schritt 6. Schritt 5 erfolgt in allen drei Durchläufen implizit. Da sie in

Schritt 7 jedoch in der Lage ist, ihre Überlegungen und Rechnungen darzustellen, wird deutlich, dass sie die Zahlen interpretieren kann. Beim zweiten Durchlauf erfolgen die Schritte 2 bis 6, hier fällt ihr auf, dass 35 Personen zu wenig sind. Beim letzten Durchlauf wird das Validieren übersprungen, ihr Vorgehen und das Ergebnis hingegen deutlich expliziert. Das Mathematisieren gelingt ihr zum Teil, die angefügte Null scheint zwar ein Flüchtigkeitsfehler zu sein, das Dividieren durch vier zeigt hingegen auf, dass ihr an dieser Stelle das Mathematisieren zunächst nicht gelingt. Eine kleine Intervention hilft ihr jedoch, den Fehler selbst zu erkennen. Das mathematische Arbeiten gelingt ihr vollständig.

Modellierungsaspekte
Anna bezieht ein, dass in jeder Wohnung eine Familie leben könnte. Sie fasst die Anzahl der Bewohner jedoch starr auf. Die Anzahl der Wohnungen ermittelt sie über die Anzahl der Balkone pro Stockwerk und die Anzahl der Stockwerke. Weitere Überlegungen zur Größe der Wohnungen, einer unterschiedlichen Anzahl von Bewohner/innen, Leerstand oder die Hinterseite des Hauses fließen nicht ein.

Sprachliche Aspekte des Modellierens
Wie erfolgreich die Kommunikation mit Levin ist, kann nicht ermittelt werden, weil die beiden nicht zusammenarbeiten. Anna versteht die Aufgabe, äußert nur wenige Ideen, ist aber in der Lage, ihr Vorgehen darzustellen und ihr Ergebnis zu interpretieren. Begründungen führt sie an wenigen Stellen an. Sie verwendet den Begriff „Stöcke" für „Stockwerke" und spricht mathematisch eher umgangssprachlich („hab da noch eine 0 dazu gehängt", „rausbekommen"). Bildungssprache verwendet sie nicht.

Zusammenfassung zu Anna
Annas Modellierungskompetenz ist insgesamt im mittleren Bereich einzustufen. Sie bezieht zwar nur wenige, jedoch die wichtigsten Modellierungsaspekte ein. Sie ist weitgehend in der Lage, ihre Überlegungen zu mathematisieren und hat keine Schwierigkeiten mit den Rechnungen. Lediglich das Validieren findet nur in Ansätzen statt. Das Darstellen des Erarbeiteten gelingt Anna.

Anna ist eine enge Modelliererin: wenige Aspekte berücksichtigt sie starr, damit durchläuft sie den Modellierungskreislauf jedoch vollständig. Anna hat wenige sprachliche Schwierigkeiten und sie kann ihr Vorgehen darstellen und ihr Ergebnis interpretieren. Ihre Sprache ist jedoch nicht sehr elaboriert.

Die in die Modellierung einbezogenen Aspekte der verschiedenen Paare werden in der Tabelle 6 zur besseren Übersicht noch einmal zusammengefasst. Anschließend werden die Modellierungskompetenzen der einzelnen Schüler/innen ebenfalls tabellarisch dargestellt (s. Tab. 7).[5]

Tab. 6: Verwendung von Aspekten zu der zu modellierenden Aufgabe

Aspekte	Eine Wohnung könnte durch einen Balkon gekennzeichnet sein.	Es könnte unterschiedlich große Wohnungen geben.	Die Personenanzahl pro Wohnung könnte variieren.	Es könnten Wohnungen auf der Rückseite des Hauses vorhanden sein.	Einige Wohnungen könnten leer stehen.
Paar 1	✓	x	✓	✓	✓
Paar 2	✓	x	o	x	x
Paar 3	✓	x	✓	✓	✓
Paar 4	✓	x	✓	o	o
Paar 5	✓	x	x	x	x

✓ : genannt und in Modellierung rechnerisch berücksichtigt
o : genannt, aber nicht in der Modellierung rechnerisch berücksichtigt
x : diese Überlegung wurde nicht in der Modellierung berücksichtigt

---

[5] Für tabellarische Übersichten über sprachliche Kompetenzen vgl. 4.1.

Tab. 7: *Modellierungskompetenzen der verschiedenen Paare sowie der einzelnen Schülerinnen und Schüler*

Die Kompetenz ...	Paar 1		Paar 2		Paar 3		Paar 4		Paar 5	
	P	S	Z	C	S	T	M	E	L	A
1. ... zum Verständnis eines realen Problems	+	+	+	+	+	+	+	+	+	+
2. ... zum Vereinfachen und Strukturieren einer Situation	+	+	o	-	+	+	+	+	o	+
3. ... zum Übersetzen der Situation in die Sprache der Mathematik	+	+	-	-	-	+	+	+	o	o
4. ... zur Lösung mathematischer Fragestellungen innerhalb eines mathematischen Modells	+	+	o	o	o	+	+	+	o	+
5. ..., die Bedeutung eines mathematischen Ergebnisses für die Realität zu erkennen	+	+	o	o	+	+	o	o	-	+
6. ..., kritisch über eine Lösung nachzudenken	o	o	-	-	+	+	-	-	o/-	o
7. ..., die Aufgabenlösung darzulegen und zu erklären	+	+	-	-	o	+	o	o	-	+
Insgesamt	+	+	-/o	-	o	+	o/+	o/+	o/-	+

Insgesamt zeigt sich, dass die Modellierung den Schüler/innen sehr unterschiedlich gelingt. Die Spanne reicht von souveränen Modellierern (Paul, Simon, Tarek) über enge Modellierer (Mehmet, Engin, Anna) und vorwiegend Rechnen anstatt Modellieren (Levin) bis zu schwachen Modellierern (Zofia, Catarina).

5. Interpretation: Sprache, Migrationshintergrund und Modellierungskompetenzen

Zunächst ist auffallend, dass alle Schüler/innen schnell beginnen, die Aufgabe sinnvoll zu bearbeiten. Sie verstehen die Aufgabenstellung also sowohl sprachlich als auch inhaltlich und können Ideen für einen Bearbeitungsansatz entwickeln. Die Aufgabenstellung ist zwar bewusst knapp formuliert und durch ein Bild unterstützt, trotzdem verdeutlicht dies grundlegendes Sprach- und Mathematikverständnis.

Durch die Befunde können nun Tendenzen zur Beantwortung der eingangs dargelegten Forschungsfragen aufgezeigt werden:
– Welche Modellierungskompetenzen weisen Schüler/innen der Primarstufe mit unterschiedlichen Migrationsstatus bzw. unterschiedlichen sprachlichen Kompetenzen auf? → 5.1
– Inwiefern beeinflusst die sprachliche Kompetenz die vorliegende Modellierung? → 5.3

5.1 Modellieren und Migrationshintergrund

Wie auch bei Grüßing und Pothmann (2007) zeigen sich in dieser Untersuchung Unterschiede zwischen Schüler/innen mit unterschiedlichem Migrationshintergrund in Bezug auf ihre mathematischen Kompetenzen.

Schüler/innen mit eigener Migrationserfahrung weisen einen deutlich höheren Zeitaufwand auf: Paar 2, bei dem beide Schülerinnen eine eigene Migrationserfahrung haben, haben die Aufgabe als einziges Paar nicht beenden können (vgl. auch Gogolin 2004). Möglicherweise hätte dieses Paar bei einer längeren Auseinandersetzung mit der Aufgabe weitere Modellierungsaspekte zeigen können.

Modellierungsaspekte
Die Anzahl der einbezogenen Modellierungsaspekte variiert stark, sie lässt sich jedoch nicht direkt mit dem Migrationshintergrund in Zusammenhang bringen. Die Schüler/innen ohne Migrationshintergrund nennen fast alle antizipierten Modellierungsaspekte und beziehen sie auch in ihre Mathematisierungen ein. Paar 3 mit einem Schüler mit eigener Migrationserfahrung und einem Schüler

mit Migrationserfahrung der Eltern nennen die gleichen Aspekte und berücksichtigen diese ebenfalls in ihrer Modellierung.

Zwischen den Paaren mit eigener und nicht eigener Migrationserfahrung sind keine Unterschiede zu bemerken. Diese Paare haben nur wenige Ideen bzw. nehmen auch nicht alle genannten Ideen in ihre Modellierungen auf.

Insgesamt ähnelt dieser dem von Gogolin (2004) formulierten Befund, dass die Anzahl der lösungsfördernden Ansätze bei dem Paar ohne Migrationshintergrund am höchsten ist, jedoch ist Paar 3 hier genauso stark.

Weiterhin zeigt sich, dass bei einigen Paaren der Bearbeitungsprozess häufig unterbrochen wird, um zur Ausgangssituation zurückzukehren, neue Ideen einzubeziehen oder Fragen zum Inhalt zu klären (vgl. auch Deseniss 2015). Oft ist das Zurückkehren bei der Modellierung sinnvoll, weil dabei weitere Aspekte berücksichtigt werden, Fehler korrigiert und die Lösung ausdifferenziert wird. Vor allem Paar 2 mit eigener Migrationserfahrung benötigt hierzu Impulse und Interventionen, um voranzukommen. Die anderen Lernenden entwickeln häufig eigenständig weitere Ideen oder entdecken Unstimmigkeiten bzw. Verbesserungsmöglichkeiten.

Dieser nicht eindeutige Zusammenhang bestärkt die Vermutung, dass auch weitere Faktoren die Ideen zu Modellierungsaspekten beeinflussen.

Modellierungsschritte

Der erste Schritt zum Verständnis eines realen Problems gelingt allen Schüler/innen in dieser Studie. Dieser ist natürlich von der konkreten Aufgabe und der Formulierung der Aufgabenstellung abhängig. Hier kann festgehalten werden, dass die Schüler/innen nicht an diesem Schritt scheitern und somit tatsächlich Schritte des Modellierungskreislaufs betrachtet werden können. Der zweite Schritt zum Vereinfachen und Strukturieren einer Situation gelingt den Schüler/innen überwiegend, jedoch zeigen sich hier vorwiegend bei Lernenden mit eigener Migrationserfahrung Schwierigkeiten.

Beim dritten Schritt zum Übersetzen der Situation in die Sprache der Mathematik werden die Unterschiede in Bezug auf den Migrationshintergrund besonders deutlich: Schüler/innen mit eigener Migrationserfahrung zeigen hier auffallende Schwierigkeiten, während bei denen mit Migrationserfahrung der Eltern nur wenige Schwächen zu erkennen sind und Schüler/innen ohne Migrationserfahrung dieser Schritt weitgehend ohne Probleme gelingt.

Bei der Lösung mathematischer Fragestellungen innerhalb eines mathematischen Modells ist die Situation ähnlich wie bei Schritt drei, die Unterschiede sind hier jedoch nicht so stark ausgeprägt. Die Bedeutung eines mathematischen Ergebnisses für die Realität zu erkennen, scheint nicht vom Migrationsstatus abzuhängen, die Ergebnisse sind hier sehr heterogen. Kritisch über eine Lösung nachzudenken, gelingt lediglich Paar 3 mit einem Schüler mit eigener und einem mit Migrationserfahrung der Eltern.

Die Schüler/innen ohne Migrationshintergrund und zwei ohne eigene Migrationserfahrung können die Aufgabenlösung darlegen und erklären, die anderen haben damit Schwierigkeiten. Vermutlich ist dies zumindest zum Teil auf Sprachschwierigkeiten zurückzuführen, denn bei diesem Schritt ist die Sprache besonders entscheidend.

Damit ist Paar 2 mit eigener Migrationserfahrung nicht in der Lage, den Modellierungskreislauf bei dieser Aufgabe vollständig zu durchlaufen. Die anderen Paare durchlaufen den Kreislauf in der vorgegebenen Zeit zwar vollständig, jedoch auf verschiedenen Niveaus und zum Teil mit Lücken.

Den beiden Schülern ohne Migrationshintergrund gelingen alle Schritte des Modellierungskreislaufs – mit Ausnahme des kritischen Nachdenkens – in angemessener Weise. Tarek, dessen Eltern einen Migrationshintergrund aufweisen, gelingen alle Schritte ausnahmslos.

5.2 Sprache und Migrationshintergrund

Bezüglich der Sprache zeigen alle Kinder umgangssprachliche Satzkonstruktionen und Ausdrucksweisen (vgl. Cummins 2000). Diese wurden jedoch nicht als Fehler gedeutet, da es sich bei dem Interview um eine entsprechende Situation handelt. Die Lernenden mit Migrationserfahrung – auch die, die nicht selbst eingewandert sind – verwenden zum Teil unpassende Begriffe, wie „Spiegel" für „Fenster" oder „Haus" für „Wohnung". Im Gegensatz zu Pothmann (2008) konnte insgesamt nicht festgestellt werden, dass Kinder mit eigener Migrationserfahrung sprachlich mehr Schwierigkeiten aufweisen als Kinder, bei denen lediglich die Eltern eine Migrationserfahrung aufweisen. Bei diesen Schüler/innen scheint der Einfluss verschiedener Faktoren zusammen mit dem generellen Migrationshintergrund ausschlaggebender zu sein als die unterschiedlichen Migrationsstatus.

Insgesamt zeigt sich, dass die Schüler/innen ohne Migrationshintergrund über starke sprachliche Kompetenzen verfügen (Paul, Simon), diejenigen mit eigener Migrationserfahrung über eher schwache bis deutlich schwache Kompetenzen (Sorin, Catarina, Zofia) und bei denen mit einem mittelbaren Migrationshintergrund besteht eine große Spanne von sehr starken bis sehr schwachen sprachlichen Leistungen (von Tarek bis Mehmet).

5.3 Zusammenspiel zwischen sprachlichen Kompetenzen und Kompetenzen bezüglich des Modellierens

Obwohl Schüler/innen mit Migrationshintergrund zum Teil eine unpassende Lexik verwenden, beeinflussen diese sprachlichen Hürden, anders als bei Deseniss (2015), die Aufgabenbearbeitung nicht. Sprache stellt hier kein Hindernis dar, Fehler, die auftreten, sind für die Bearbeitung offenbar nicht relevant oder können durch den Partner/die Partnerin kompensiert werden: Obwohl „Wohnungen" als „Häuser" bezeichnet werden oder „Fenster" als „Spiegel", verstehen die Schüler/innen gegenseitig, was gemeint ist. Einerseits zeigt sich folglich die Modellierung als relativ robust gegenüber dem Sprachgebrauch, andererseits wird fehlerhafte Lexik teilweise durch das Zeigen auf das Bild unerheblich.

Es kristallisiert sich – zumindest bei dieser kleinen qualitativen Studie – heraus, dass der Sprachstand der Schüler/innen ein starker Prädiktor für ihre Kompetenzen beim Modellieren ist. Die hier beobachteten Schüler/innen mit hohen sprachlichen Kompetenzen können als souveräne Modellierer bezeichnet werden (Paul, Simon, Tarek). Diejenigen mit schwachen sprachlichen Kompetenzen zeigen vorwiegend auch schwache Kompetenzen beim Modellieren (Zofia, Catarina, Levin). Im Mittelfeld bezüglich beider Kompetenzbereiche befinden sich Engin, Anna und Sorin. Ein kausaler Zusammenhang zwischen sprachlichen Kompetenzen und Kompetenzen beim Modellieren ist folglich eine mögliche Hypothese. Die Tatsache, dass viele Schritte im Modellierungsprozess auf Sprache angewiesen sind, plausibilisiert die Vermutung eines Zusammenhangs. Die Modellierungen scheitern dabei einerseits daran, dass den Schüler/innen nur wenige Modellierungsaspekte einfallen, die in die Mathematisierung einbezogen werden können. Andererseits denken sie sich Zahlen aus, ohne konkrete Begründungen zu nennen oder rechnen mit den Zahlen ohne erkennbaren Zusammenhang weiter. Zum Teil führen als unpassend erkannte Ergebnisse nicht zu neuen Überlegungen, sondern zum Abbruch der Erarbeitung. Ob dafür jeweils sprachliche oder mathematische Schwierigkeiten ausschlaggebend sind, wäre eine interessante, weiter zu untersuchende Frage.

6. Fazit

Insgesamt zeigt diese Pilotstudie, dass Schüler/innen unabhängig von ihren Sprachkenntnissen oder ihrem Migrationsstatus einen Zugang zu dieser Modellierungsaufgabe finden. Sprachliche Ungenauigkeiten können Mitschüler/innen kompensieren und führen zu keinen erkennbaren Schwierigkeiten. Auf einer primären Ebene sind also keine Sprachschwierigkeiten zu erkennen.

Deutliche Unterschiede sind jedoch in den verschiedenen Phasen des Modellierungsprozesses zu beobachten. Einige Schüler/innen können bereits als souveräne Modellierer bezeichnet werden, während andere eher eng modellieren, Teile der Modellierungskompetenzen zeigen (angehende Modellierer) oder noch vorwiegend rechnen beziehungsweise insgesamt nur schwach ausgebildete Kompetenzen beim Modellieren aufweisen.

Aufgrund der Ergebnisse dieser Studie stellt sich die Frage, ob ein Zusammenhang zwischen dem erfolgreichen Modellieren und der Sprachkompetenz besteht. Kann sich eine Sprachschwäche auf die mathematischen Leistungen auswirken, obwohl die Aufgabe verstanden wurde und keine Kommunikationsschwierigkeiten nachzuweisen sind? Schüler/innen mit eher schwachen sprachlichen Kompetenzen zeigen in dieser Untersuchung an unterschiedlichen Stellen im Modellierungsprozess andere Vorgehensweisen als solche mit starken sprachlichen Kompetenzen. Konkret scheitern die Modellierungen erstens daran, dass die Schüler/innen nur wenige Ideen zu möglichen einzubeziehenden Aspekten entwickeln. Zweitens raten sie Zahlen und verrechnen diese willkürlich miteinander, können diese also weder darstellen noch begründen und drittens brechen sie bei Misserfolgen die Erarbeitung relativ schnell ab. Auf einer sekundären Ebene zeigen sich in dieser (zahlenmäßig allerdings kleinen Studie) also jeweils ähnliche Kompetenzen sowohl bezüglich des Sprachstandes als auch bezüglich des Modellierungsprozesses, so dass diese auf einen kausalen Zusammenhang untersucht werden könnten.

Folglich ist es sinnvoll, in weiteren Studien zu erforschen, wie Kindern mit schwach ausgebildeten Sprachkompetenzen geholfen werden kann, ebenfalls zu souveränen Modellierer/innen zu werden. Dafür können einerseits gezielt Modellierungskompetenzen gefördert werden, um die aus den Sprachschwierigkeiten resultierenden Nachteile zu kompensieren. Andererseits können die Sprache betreffende Unterstützungsmaßnahmen ergriffen werden, wie beispielsweise beim Scaffolding auf Mikro- und Makroebene (vgl. z. B. Wessel et al. 2018, Gibbons 2002 und den Beitrag zur Geschichtsdidaktik in diesem Band). Weitere Untersuchungen in dieser Richtung sind in der Erarbeitung.

Literatur

Abshagen, M. (2015): *Praxishandbuch Sprachbildung Mathematik. Sprachsensibel unterrichten – Sprache fördern.* Stuttgart: Klett Verlag.

Blum, W. und Leiß, D. (2005): Modellieren im Unterricht mit der „Tanken"-Aufgabe. In: *Mathematik lehren 128*, 18–21.

Borromeo Ferri , R. (2011): *Wege zur Innenwelt des mathematischen Modellierens. Kognitive Analysen zu Modellierungsprozessen im Mathematikunterricht.* Wiesbaden: Vieweg+Teubner Research.

Cummins, J. (2000): *Language, power, and pedagogy: Bilingual children in the crossfire.* Clevedon: Multilingual Matters.

Deseniss, A. (2015): *Schulmathematik im Kontext von Migration. Mathematikbezogene Vorstellungen und Umgangsweisen mit Aufgaben unter sprachlich-kultureller Perspektive.* Wiesbaden: Springer Spektrum.

Dresing, T. und T. Pehl. (2013): *Praxisbuch Interview, Transkription & Analyse: Anleitungen und Regelsysteme für qualitativ Forschende.* 5. Aufl. Marburg: Dresing & Pehl.

Gogolin, I., Kaiser, G., Roth ,H.-J., Deseniss, A., Hawighorst, B. und Schwarz, I. (2004): *Mathematiklernen im Kontext sprachlich-kultureller Diversität*. Hamburg. Universität Hamburg. Forschungsbericht an die DFG. https://www.ew.uni-hamburg.de/ueber-die-fakultaet/personen/gogolin/pdf-dokumente/mathe-bericht.pdf. Zugriff am 24.08.2018.

Gogolin, I., Duarte, J. und Kaiser, G. (2011) Sprachlich bedingte Schwierigkeiten von mehrsprachigen Schülerinnen und Schülern bei Textaufgaben. In: Prediger, S. und Özdil, E. (Hrsg.): *Mathematiklernen unter Bedingungen der Mehrsprachigkeit. Stand und Perspektiven der Forschung und Entwicklung in Deutschland*. Münster u. a.: Waxmann, 35–54.

Grüßing, M. und Schmitman gen. Pothmann, A. (2007): Ohne Zahlen keine Welt und ohne Wörter guckt man sich nur an. Erkenntnisse aus dem elementarmathematischen Basisinterview bei Kindern mit Migrationshintergrund. In: *Grundschulunterricht 54*, 28–32.

Heinze, A., Hewart-Emden, L., Braun, C. und Reiss, K. (2011): Die Rolle von Kenntnissen der Unterrichtssprache beim Mathematiklernen. Ergebnisse einer quantitativen Längsschnittstudie in der Grundschule. In: Prediger, S. und Özdil, E. (Hrsg.): *Mathematiklernen unter Bedingungen der Mehrsprachigkeit. Stand und Perspektiven der Forschung und Entwicklung in Deutschland*. Münster u. a.: Waxmann, 11–34.

Leiß, D. und Tropper, N. (2014): *Umgang mit Heterogenität im Mathematikunterricht. Adaptives Lehrerhandeln beim Modellieren*. Berlin, Heidelberg: Springer Spektrum.

Maaß, K. (2009): *Mathematikunterricht weiterentwickeln*. Berlin: Cornelsen Scriptor.

Maier, H. und Schweiger, F. (1999): *Mathematik und Sprache: Zum Verstehen und Verwenden von Fachsprache im Mathematikunterricht*. Wien: öbv.

Mayring , P. (2010): *Qualitative Inhaltsanalyse. Grundlagen und Techniken*. Weinheim: Beltz.

Niedersächsisches Kultusministerium (2017): Kerncurriculum für die Grundschule Schuljahrgänge 1-4. Mathematik. Hannover. http://db2.nibis.de/1db/cuvo/datei/0003_gs_mathe_56.pdf. Zugriff am 24.08.2018.

Prediger, S. (2016): Zusammenspiel von Leistungsstudien, fachbezogener Entwicklungsforschung und Implementation am Beispiel sprachlich bedingter Hürden beim Mathematik lernen. In: BMBF (Hrsg.): *Bildungsforschung 2020. Zwischen wissenschaftlicher Exzellenz und gesellschaftlicher Verantwortung*. Berlin: Bundesministerium für Bildung und Forschung, 429–435.

Prediger, S., Wilhelm, N., Büchter, A., Gürsoy, E. und Benholz, C. (2015): Sprachkompetenz und Mathematikleistung – Empirische Untersuchung sprachlich bedingter Hürden in den Zentralen Prüfungen 10. In: *Journal für Mathematikdidaktik 36 (1)*, 77–104.

Schmitman gen. Pothmann, A. (2008): Mathematiklernen und Migrationshintergrund. Quantitative Analysen zu frühen mathematischen und (mehr)sprachlichen Kompetenzen. http://oops.uni-oldenburg.de/768/1/schmat08.pdf. Zugriff am 24.08.2018.

Walther, G., van den Heuvel-Panhuizen, M., Granzer, D. und Köller, O. (2012): *Bildungsstandards für die Grundschule: Mathematik konkret*. Berlin: Cornelsen Verlag Scriptor GmbH & Co. KG.

Wessel, L., Büchter, A. und Prediger, S. (2018): Weil Sprache zählt – Sprachsensibel Mathematikunterricht planen, durchführen und auswerten. In: *Mathematik lehren 206*, 2–7.

Transkriptanalyse einer Informatik-Unterrichtsstunde

1. Einleitung

Informatik spielt im Alltag eine große Rolle. Vielerorts wird die digitale Revolution ausgerufen, das Digitale ist aus der Lebenswelt nicht mehr wegzudenken. Um sich in einer digitalisierten Welt zurechtzufinden, wird der Ruf nach digitaler Kompetenz, der sogenannten *Digital Literacy*, immer größer. Beim Betrachten verschiedener Definitionen zu *Digital Literacy*, beispielsweise von der UNESCO, von Jisc oder BCS, wird immer auch die Fähigkeit zur Kommunikation über Digitales erwähnt. Ein Teilaspekt dieser Kommunikation, genauer: die Kommunikation über informatische Zusammenhänge im Fachunterricht, liegt im Fokus der hier präsentierten Analyse.

Im Allgemeinen kann gesagt werden, dass Kommunikation im Unterricht auf zwei Sprachebenen stattfindet, der allgemeinsprachlichen und der fachsprachlichen Ebene. Die Ebene der Fachsprache unterscheidet sich dabei von der Allgemeinsprache durch verschiedene morphologische und syntaktische Aspekte. Der Fokus dieser Untersuchung liegt dabei auf den Fachbegriffen sowie ihrer Einführung und Verwendung im Unterricht.

Im Folgenden soll zunächst das genaue Ziel der Analyse und das Vorgehen zur explizierenden Inhaltsanalyse vorgestellt werden. Die aus der Analyse gewonnenen Ergebnisse werden im Anschluss präsentiert und diskutiert. Zuletzt wird ein Vorschlag gemacht, wie die Einführung von Fachbegriffen unter Zuhilfenahme des gängigen Modells der Didaktischen Rekonstruktion gelingen kann.

2. Rahmung der untersuchten Stunde

Bei der untersuchten Unterrichtsstunde handelt es sich um einen Einzelfall, der aber viele Eigenschaften besitzt, die für Informatikunterricht in Niedersachsen als typisch gelten können.

Wir untersuchen eine Informatikdoppelstunde eines Informatikkurses im zehnten Jahrgang an einem Gymnasium im zweiten Schulhalbjahr. Für die Untersuchung wurde nur die erste Unterrichtsstunde herangezogen. An Niedersächsischen Gymnasien kann häufig erst in der zehnten Klasse Informatik angewählt werden. Somit ist dies ein typischer Zeitpunkt für Informatik-Anfangsunterricht. Im zweiten Schulhalbjahr sollte bereits ein gewisses Maß an Fachsprachengebrauch etabliert sein.

Die Lehrkraft war als Quereinsteigerin im Referendariat, d. h. die Person hatte einen Masterabschluss oder ein Diplom aus dem Bereich Informatik, jedoch kein Lehramtsstudium absolviert. Diese Konstellation ist recht häufig anzutreffen, da nur sehr wenige Lehramtsstudierende das Fach Informatik wählen, was wiederum darauf zurückzuführen ist, dass Informatik kein Pflichtfach an Schulen in Niedersachsen ist. Der Bedarf an Informatiklehrkräften ist aber so groß, dass schon seit vielen Jahren Informatik als Fach des besonderen Bedarfs gilt und somit auch das Referendariat dafür ohne Lehramtsstudium möglich ist.

Bei der Stunde handelte es sich um einen Unterrichtsbesuch. Man kann aufgrund des uns dazu vorliegenden Unterrichtsentwurfs annehmen, dass die Lehrkraft sich für die Planung der Stunde Zeit genommen und Alternativen abgewogen hat. Die gefundenen Ergebnisse und Mängel im Fachsprachengebrauch sind also nicht (zumindest nicht in erster Linie) auf eine fehlende Vorbereitung zurückzuführen.

Das Thema der Stunde stammt aus dem Bereich der Programmierung. Die an Schulen in Niedersachsen häufig in der Oberstufe eingesetzte Programmiersprache, die auch im hier untersuchten Unterrichtszusammenhang verwendet wurde, ist *Java*. Ziel der untersuchten Unterrichtsstunde war die Vermittlung des Prinzips der *Datenkapselung* inklusive der *Sichtbarkeiten* von *Methoden* und *Attributen* sowie der *Getter*- und *Setter*-Methoden. Die Zahl dieser in der Stunde eingeführten Begriffe ist im Zusammenhang mit dem Verstehen und Erlernen einer Programmiersprache für das zweite Halbjahr durchaus üblich. Die Bedeutung der Begriffe erschließt sich nicht intuitiv, mit etwas Erklärung und Einbettung sowie praktischen Übungen stellt deren Einführung aber aus fachdidaktischer Sicht durchaus ein realistisches Ziel für eine Doppelstunde in Kursen dar, die zuvor andere Grundelemente der Programmierung mit *Java* kennengelernt haben.

Die Unterrichtsstunde verläuft jedoch nicht wie von der Lehrkraft intendiert. Statt einer kurzen geplanten Wiederholung und längeren praktischen Arbeitsphase versucht die Lehrkraft eine halbe Stunde lang, die wesentlichen Begriffe zu klären. Dies gelingt ihr vor allem aufgrund des eigenen ungenauen Gebrauchs der Fachbegriffe nicht, wie das nachfolgende Trankskript des Stundenbeginns bereits andeutet. Punkte oder Zahlen in runden Klammern bezeichnen kurze Pausen bzw. ihre Dauer in Sekunden.

L: Trotzdem jetzt nochmal moin moin, so (.) dann fang=wir mal richtig an Gut unser heutiges Thema::: sind sozusagen (.) ist die Datenkapselung,(.) und zwa::r haben wir ja Sichtbarkeit von Klassen haben wir dran genommen. Das Wort ist jetzt für euch ein bissche:n nicht vorhanden sagen wirs mal so Es ist ein zweimal gefallen bis jetzt, öhm::::::und von daher würd ich auf jeden Fall sagen () ich schmeiß dann nochmal das Stichwort public zum Beispiel rein. private ist bekannt [L. ermahnt unaufmerksamen S.]ähm die::: Sichtbarkeit (3) public, private, protected hatten wir (.) was bedeutet das (10) ham wir alles schon gehabt (10) S3?

S3: Eigentlich heißt public ja das da auch Unterklassen dann drauf zugreifen kann und bei private halt nicht und ähm protected hatten wir noch nicht

L: Protected hattet ihr nicht das:: ist na"mlich genau das was du zuerst gesagt hast? Protected ist sozusagen der Fall das die Unterklassen alle drauf zugreifen können (.) und private ist wie gesagt ist sozusagen der geschu"tzte Raum (da) kann sozusagen die Klasse direkt drauf zugreifen (.) public kann jeder drauf zugreifen. (.) Gu::t a"hm warum warum machen wir sowas, habt ihr ne Ahnung (.) warum wollen wir letztendli:::ch das nur eine Klasse darauf zugreift, bei private (8) S4 (2) ja warum, (.) warum wollen wir das (10) S2? eine Ahnung? (9) Ja dann erstmal S5 bevor (.).

Bevor wir nun den Stundenverlauf anhand einer Transkriptanalyse ausführlich unter die Lupe nehmen, um nach Gründen für diese Kommunikationsschwierigkeiten zu suchen, wollen wir zum besseren Verständnis und Nachvollzug unserer Argumentation die in der Stunde auftretenden Begriffe im folgenden Abschnitt zunächst kurz erläutern.

3. Erläuterungen zu den Informatik-Begriffen

Java ist eine weltweit sehr verbreitete *objektorientierte* Programmiersprache. Das Verhalten des Programms wird dabei auf mehrere, im Programm unabhängig voneinander agierenden *Objekte* aufgeteilt, die auch erst während des Programmablaufs neu erschaffen (*instanziiert*) werden können und im Arbeitsspeicher ‚leben'. In Computerspielen sind dies z. B. die einzelnen Spielfiguren, die Gegenstände, die z. B. eingesammelt oder bewegt werden müssen, je nach Spiel auch die Würfel oder Bälle, die Felder, etc.

Diese Objekte haben für sie typische *Attribute* (Eigenschaften), wie z. B. die Augenzahl beim Würfel oder Größe, Gewicht und Flugrichtung beim Ball, sowie eigene *Methoden* (von engl. method, eingedeutscht, im Sinne von Fähigkeit, Unterprogramm), wie z. B. eine Methode *wuerfeln()*, in der dem Attribut Augenzahl eine neue zufällige Zahl zwischen 1 und 6 zugewiesen wird.

Objekte mit gleichen Eigenschaften (*Attributen*) und gleichen Unterprogrammen (*Methoden*) gehören zur selben *Klasse*. Die Programmierung erfolgt immer für die Klassen. So ist z. B. das Vorgehen beim Würfeln immer dasselbe, daher muss das Unterprogramm dafür nur einmal (in der Klasse) beschrieben werden und nicht bei jedem Objekt. Im laufenden Programm agieren aber fast immer nur die Objekte: verschiedene Würfel werden z. B. einzeln geworfen und haben voneinander unabhängige Augenzahlen.

Klassen, die viel miteinander zu tun haben, werden in sog. *Paketen* zusammengefasst, z. B. um die Spiellogik von der äußeren grafischen Darstellung zu trennen und so größere Programmteile wiederverwendbar zu machen.

Das Prinzip der *Datenkapselung* und die dafür gebrauchten sogenannten Sichtbarkeitsmodifizierer (auch Modifier) *public*, *private* und *protected* regeln die Zugriffsrechte unter den einzelnen Objekten und zwingen die Programmierer zu einer sauberen Regelung derselben. So sollen der Ablauf des Programms nachvollziehbar bleiben und weniger unerwartete Fehler auftreten.

Ist z. B. eine Methode *public*, kann jedes andere Objekt im Programm diese Methode aufrufen und damit auslösen; ist sie *private*, kann nur das Objekt, zu dem sie gehört, diese Methode nutzen. Bei Attributen ist dies ähnlich: Attribute, die *public* sind, können von jedem Objekt ausgelesen und verändert werden, bei *private* aber nur vom eigenen Objekt. Beim Würfel-Beispiel wäre es gut, die Augenzahl daher als *private* zu deklarieren, damit im Spielverlauf nicht versehentlich von anderen Objekten die Augenzahl manipuliert werden kann. Um trotzdem auf diese Attribute im Programmablauf von außen zugreifen zu können, z. B. um die Augenzahl eines bestimmten Würfels auszulesen, haben die Objekte sogenannte *Getter*-Methoden. Sie stellen die öffentlichen Schnittstellen dar und erlauben den Zugriff genauer zu regeln und z. B. das Lesen mit *getAugenzahl()* zu erlauben, das Verändern jedoch nicht. Soll doch eine Veränderung einigen anderen Objekten erlaubt werden, dienen dazu die sog. *Setter*-Methoden. So würde *setAugenzahl(5)* beispielsweise die Augenzahl auf 5 setzen, sofern die Setter-Methode dies zulässt. Die Zahl 5 wäre in dieser Methode der sog. *Parameterwert*, der der Methode *übergeben* wird.

Der dritte Modifier *protected* gewährt allen Objekten aus dem gleichen *Paket*, z. B. aus der Programmlogik im Gegensatz zur grafischen Darstellung, den pauschalen Zugriff.

4. Ziel und Vorgehen der Analyse

Ziel unserer Analyse war die Untersuchung einer Unterrichtsstunde hinsichtlich der verwendeten Fachbegriffe. Dabei wurde untersucht, inwiefern Fachbegriffe in der untersuchten Unterrichtsstunde eingeführt wurden, wie sie definiert wurden und wie die Wortherkunft diskutiert wurde. Außerdem wurde analysiert, inwiefern sich die Definitionen mit denen aus Fachbüchern decken.

Als Analysemethode wurde die Qualitative Inhaltsanalyse nach Mayring verwendet, die es sich zur Aufgabe macht, sämtliches Material zu analysieren, das „aus irgendeiner Art von Kommunikation stammt" (Mayring 2010, S. 11). Als spezielle Analysetechnik wurde hierbei die Explikation verwendet, die sich besonders zur Analyse von Einzelfallstudien eignet. Im Rahmen der Explikation wird zunächst das Ausgangsmaterial beschrieben.

Aus der Thematik ergeben sich bereits einige mögliche Fachbegriffe für die Untersuchung. Aufgrund der Zahlen und Daten, die das Transkript lieferte, ergibt sich außerdem ein Fokus auf die Aussagen der Lehrkraft. Denn die Redeanteile der Lehrkraft und der Schüler/innen sind stark ungleichmäßig verteilt. So ergab sich bei der Auswertung ein Redeanteil der Lehrkraft von beinahe 80%. Daher kann die Analyse keine Aussage darüber treffen, ob die eingeführten Begriffe anschließend auch erfolgreich von den Schüler/innen verwendet wurden.

Bei der Untersuchung der Aussagen der Lehrkraft wurden zunächst sämtliche benutzten Fachbegriffe hinsichtlich der Häufigkeit ihrer Verwendung zusammengetragen. Anschließend wurden die am häufigsten verwendeten Fachbegriffe und jene, die im Fokus des Unterrichtsthemas standen, als zu analysierende Begriffe ausgewählt. Außerdem wurde bei der Auswahl darauf geachtet, dass es sich sowohl um bereits bekannte als auch um unbekannte sowie sowohl um dem Fachbereich entstammende als auch um fachfremde Begriffe handelt. Die Verwendung der Begriffe stellt sich tabellarisch wie folgt dar:

Tab. 1: Verwendete Fachbegriffe und ihre Häufigkeiten

Verwendetes Fachwort	Häufigkeit	Häufigkeit Lehrkraft	Häufigkeit Schüler/innen
Methode(n)	51	49	2
Klasse(n)	20	18	2
private	16	15	1
Getter, get-Methoden	10	9	1
Setter, set-Methoden	8	8	0
Blackbox	8	8	0
protected	6	5	1
public	6	5	1
Sichtbarkeit	4	4	0
Datenkapselung	2	2	0

Die Begriffe wurden unter Zuhilfenahme der Interpretationsregeln der explizierenden Inhaltsanalyse, oder auch Explikation, betrachtet. Diese trägt bei interpretationsbedürftigen Aussagen zusätzliches Material heran, um „die Textstelle zu erklären, verständlich zu machen, zu erläutern, zu explizieren" (Mayring 2010, S. 90). Für die Analyse wurden die von Mayring vorgeschlagenen Interpretationsregeln abgewandelt und angepasst, damit diese zielführender für die Forschungsarbeit eingesetzt werden konnten. Daraus ergab sich ein 5-Schritte-System:

1. Schritt: Bestimme die relevanten Fachworte. Analysiere die das Fachwort umgebende Textstelle, um die Bedeutung des Fachwortes zu erfassen. Überprüfe, ob die Textstelle dadurch bereits hinreichend erklärt ist.
2. Schritt: Sammle alle Aussagen, die sich auf das Fachwort beziehen und die dieses weiter definieren, beschreiben, korrigieren oder modifizieren, bis das Fachwort hinreichend definiert ist.
3. Schritt: Fasse die gesammelten Aussagen kurz zusammen und paraphrasiere. Schließe dabei alle relevanten Informationen ein.
4. Schritt: Führe eine fachliche Definition des Fachwortes durch. Ziehe dazu weitere Texte heran.
5. Schritt: Überprüfe, ob die gesammelten Aussagen, die Paraphrase und die fachliche Definition übereinstimmen und beschreibe ggf. die Unterschiede.

Durch die Verwendung dieses Systems können die Ergebnisse besser nachvollzogen werden. Zudem wird intersubjektive Überprüfbarkeit gewährleistet und die Präzision erhöht (vgl. Mayring 2010, S. 61). Dieses System wurde im Anschluss auf die zuvor vorgestellten Fachbegriffe angewandt.

5. Analyse der Fachbegriffe

Der erste Teil der Untersuchung befasste sich mit der Verwendung des Begriffs *Klasse*. Hierbei fiel auf, dass keine Differenzierung zwischen Klassen und Objekten stattfand – eine durchaus notwendige Differenzierung, da es andernfalls zu Ungenauigkeiten und Fehlern kommen kann. Der Begriff *Objekt* wurde in der Unterrichtsstunde tatsächlich nur zwei Mal verwendet, ohne dabei eine Definition vorzunehmen. Durch die fehlende Differenzierung entstanden in der Stunde einige Ungenauigkeiten. So wurde dort berichtet, dass Klassen auf andere Klassen zugreifen. Dies ist aber falsch oder zumindest für den Unterricht zu stark verkürzt ausgedrückt. Stattdessen sind es Objekte der einen Klasse, die mit anderen Objekten ggf. einer anderen oder derselben Klasse und ihren Methoden und Attributen interagieren. Im Sprachgebrauch von Informatiker/innen ist so eine verkürzte Beschreibung durchaus üblich, im Unterricht jedoch irreführend. Auch die „Erstellung von privaten Klassen" als Standard ist eine ähnliche irreführende Verkürzung, wie hier: *„das ist insgesamt so dass normalerweise gerade beim objektorientierten Programmieren, (.) das Gang und Gebe ist letztendlich, private Klassen zu machen"*. Gemeint sind hier vermutlich, dass standardmäßig alle Methoden und Attribute einer Klasse als *private* deklariert werden und nur wenige Ausnahmen wie die Getter und Setter üblich sind.

Der zweite Teil der Untersuchung fokussierte sich auf die Verwendung des Begriffs *Methode*. Hierbei konnte festgestellt werden, dass die Aussagen der Lehrkraft sich zwar größtenteils mit den fachlichen Definitionen deckten, die verwendete Sprache jedoch sehr einfach gehalten wurde und ohne weitere Fachbegriffe auskam. Es ist jedoch anzunehmen, dass die Schüler/innen den Begriff *Methode* bereits aus dem vorangegangenen Unterricht gut kannten, da keine Rückfragen über die Funktionsweise erfolgten. Methoden mit Parameterübergabe wurden ebenfalls zuvor behandelt, wobei es an der Stelle zu Rückfragen durch die Schüler/innen kam, was darauf schließen lässt, dass dieses Konzept noch nicht lange bekannt war. Die Lehrkraft lieferte in dieser Situation jedoch keine Definition, sondern erklärte das Konzept anhand eines spontanen Beispiels, was wiederum dazu führte, dass eine fachliche Ungenauigkeit entstand.

Im Anschluss wurde als dritter Aspekt die Thematisierung der Datenkapselung und mit ihr die Einführung der Begriffe *Sichtbarkeit*, *public*, *private* und *protected* untersucht. Hierbei fiel vor allem auf, dass im Unterricht keine klaren Definitionen gegeben wurden, obwohl es sich bei der Datenkapselung um das Hauptthema der Stunde handelte. Ferner wurde durch die Lehrkraft wiederholt die Sichtbarkeit von Klassen angesprochen, jedoch die Sichtbarkeit von Methoden und Attributen gemeint, wie in dieser Aussage der Lehrkraft: „*private ist wie gesagt ist sozusagen der geschützte Raum (da) kann sozusagen die Klasse direkt drauf zugreifen (.) public kann jeder drauf zugreifen.*".

Da durch die Lehrkraft hier keine klare Unterscheidung zu Klassen und Objekten stattfand, konnte auch in der Untersuchung nicht festgestellt werden, dass die Sichtbarkeitsmodifizierer die Sichtbarkeit von Methoden und Attributen eines Objektes regeln.

Die Analyse zeigt, wie wichtig eine klare Begriffsdefinition im Unterricht ist, um Ungenauigkeiten zu vermeiden. Die Verwendung des Begriffs *private* ist ähnlich ungenau. Hierbei wurde durch die Lehrkraft geäußert, dass auf mit *private* ausgezeichneten Methoden oder Attributen nur die Klasse zugreifen kann, in der die Definition stattfand. Tatsächlich greifen aber andere Objekte auch derselben Klasse nicht selbst auf die Inhalte zu, sondern nur über öffentliche Schnittstellen wie Getter und Setter, also mit „*public*" versehene Methoden des Objekts.

Als vierter Aspekt der Untersuchung stand die Verwendung der Begriffe *Getter* und *Setter* im Vordergrund. Die Einführung der Begrifflichkeiten, der Funktionsweise und des Verwendungsgrunds verlief dabei entsprechend der fachlichen Definition. Einzig bei der Namensgebung kam es zu Inkonsistenzen. Laut Konvention werden die Methoden entweder als *Getter* und *Setter* oder aber als *get-* und *set-Methoden* bezeichnet. Die Lehrkraft jedoch verwendete die Begriffe „Getter-Methoden" bzw. „Setter-Methoden".

Abschließend wurde analysiert, wie der Begriff *Blackbox* benutzt wurde. Hierbei handelt es sich um einen Begriff, der nicht aus der Programmierung stammt, sondern aus der Kybernetik und der auch im Alltagsgebrauch Einzug gefunden hat. Die Lehrkraft verwendete den Begriff dabei entsprechend der fachlichen Definition, passte diesen jedoch den eigenen Zwecken im Kontext der Programmierung an. Die ursprünglichen Merkmale wurden beibehalten, allen voran der unbekannte innere Aufbau einer Blackbox, mit dem durch Eingabe und Ausgabe interagiert wird. Als Eingabe werden hierbei über die *Setter* bestimmte Werte an die Blackbox übergeben. Die Blackbox verarbeitet diese Werte auf unbekannte Weise und über die *Getter* werden ggf. andere Werte aus der Blackbox ausgegeben. Wie die Blackbox die Werte verarbeitet und ob sie dies überhaupt tut, ist für die mit der Box interagierenden Objekte nicht bekannt und auch nicht relevant. Die Getter und Setter kontrollieren die Ein- und Ausgabe. Sie bilden eine sog. Schnittstelle zwischen der Blackbox und allen anderen Objekten und deren Außenwelt.

6. Diskussion der Ergebnisse

6.1 Sprachaktivierender Unterricht

Wie eingangs bereits erwähnt, bestimmte überwiegend die Lehrkraft den Diskurs der analysierten Unterrichtsstunde. Die Begriffe wurden hauptsächlich durch sie eingeführt. Im Gegensatz dazu schlagen Gallin und Ruf (2010) vor, die Schüler/innen sollten „in ihrer Sprache und auf dem für sie erreichbaren Abstraktionsniveau über Fachliches [sprechen]; der Lehrkraft obliegt die Aufgabe der Übersetzung und Interpretation". D. h., die Schüler/innen erarbeiten sich die Begrifflichkeiten und erweitern dabei schrittweise ihren Wortschatz und Wissensstand. Die Lehrkraft nimmt die Äußerungen auf und überführt diese in die Fachsprache. Busch (1998, S. 125) empfiehlt für Informatikunterricht konkret folgendes Vorgehen:

1. Vergewisserung der Bedeutung des Wortes im nicht-informatischen Kontext
2. Spekulation über die Bedeutung des Wortes in der Informatik
3. Entwicklung der informatischen Bedeutung und Abgleich mit 1. und 2.

Auf diese Weise entsteht ein Dialog zwischen Schüler/innen untereinander und mit der Lehrkraft. So erhöht sich ihr Sprachanteil bereits stark.

Eine weitere Möglichkeit zur Erhöhung des Sprechanteils unter Verwendung neuer Fachbegriffe bietet die Lehrmethode des *Task-Based Language Teaching* (TBLT), das aus dem Fremdsprachenunterricht bekannt ist. Hierbei steht die Verwendung der Sprache zum Lösen eines Problems im Mittelpunkt (vgl. Walsh 2011, S. 27). Aufgaben werden also so gestellt, dass die zur Verfügung stehenden sprachlichen Mittel genutzt werden müssen, um das jeweils vorliegende Problem zu bearbeiten. Durch die Verwendung bereits bekannter Fachsprache, der Umschreibung und der Beschreibung von Begriffen, vertiefen die Schüler/innen die fachlichen Inhalte und erweitern ihren Sprachschatz.

Darüber hinaus kann das Modell des Aktivierungsrechtecks nach Bolte und Pastille genutzt werden, um sprachaktivierenden Unterricht zu gestalten. Unter Sprachaktivierung verstehen Bolte und Pastille dabei strukturierende Verfahren, mit deren Hilfe Inhalte in eine intersubjektiv vermittelbare Ausdrucksform übertragen werden können, „die intelligentes Anschlusslernen ermöglicht" (Bolte und Pastille 2010). Die Ecken des Aktivierungsrechtecks spiegeln dabei jeweils einen Aspekt, der zur Sprachaktivierung genutzt werden kann, wider. Den Schüler/innen wird zunächst ein Phänomen, Experiment, Modell oder Ähnliches präsentiert. Schrittweise wird dieser Inhalt nun in die eigene Sprache übersetzt, zunächst in verschiedensten Ausdrucksformen wie Stichworte, Diagramme oder Skizzen, anschließend in einen zusammenhängenden, schlüssigen Text und letztlich in eine komplexe, abstrakte und fachlich stark verdichtete Grafik. Der letzte Schritt ist nur dann möglich, wenn die Schüler/innen den Inhalt vollständig erfasst und die Struktur verstanden haben. Diese Methode setzt also die Verwendung von Fachsprache voraus, in gesprochener oder geschriebener Form. Die Schüler/innen sind auf die Verwendung der Fachsprache angewiesen, um eine möglichst kompakte Darstellung des Inhalts zu erreichen.

6.2 Wechsel der Sprachebenen und sprachliche Besonderheiten

Die Analyse der Stunde zeigt, dass die sprachliche Ebene stets durch die Lehrkraft festgelegt wurde. Dies stellte für die Schüler/innen eine zusätzliche Herausforderung im Unterricht dar, da es nun ihnen obliegt, die verwendete Sprache der Lehrkraft in die eigene Sprache zu übersetzen. Dieses Phänomen wird von Gallin und Ruf (2010) als gängiges Problem des Unterrichtsalltags beschrieben. Die begleitende Funktion der Lehrkraft, die unterstützt und hilft, war in der untersuchten Stunde nicht erfüllt. Stattdessen wurden die Schüler/innen in kurzer Zeit mit einer Vielzahl neuer Begriffe konfrontiert, die analysiert und in die eigene Sprache aufgenommen werden mussten. In diesem Fall mussten sie aufgrund der o. g. Ungenauigkeiten in den Sätzen der Lehrkraft zudem zwischen Gesagtem und Gemeintem unterscheiden. Als zusätzliche Hürde erschien dabei, dass die Lehrkraft in ihren Äußerungen selbst zwischen den Sprachebenen wechselte. Die Lehrkraft bediente sich der *Interlanguage*, der Sprachebene der Schüler/innen, die ständig zwischen der Allgemeinsprache und der Fachsprache wechselt und daher in einem sprachlichen ‚Zwischenraum' angesiedelt ist. Es wurden kaum klare, fachlich präzise Aussagen getroffen. Stattdessen nutzte die Lehrkraft überwiegend vage Äußerungen. Die Pausen der Lehrkraft vor den Fachbegriffen unterstrichen die Unsicherheit in ihrem Sprachgebrauch.

Durch diese vage Ausdrucksweise finden sich auch kaum typische fachsprachliche Elemente in der untersuchten Unterrichtsstunde wieder. Typische syntaktische Aspekte, wie die häufige Nutzung passiver oder reflexiver Formen, kommen kaum vor, stattdessen wurden gehäuft aktive Sätze formuliert. Ebenso wurde eine persönliche Ausdrucksweise durch die Lehrkraft bevorzugt und Begriffe wie „ich" und „wir" waren die Regel. Auch morphologische Besonderheiten traten, abgesehen von der hohen Anzahl an Fachbegriffen, nur selten auf. Durch das Fehlen dieser Aspekte wurden zwar lernhinderliche Satzkonstruktionen umgangen, dafür litt gleichzeitig aber auch die Eindeutigkeit und Klarheit der Aussagen.

Neben den allgemeinen Besonderheiten der Fachsprache gibt es noch fachspezifische Besonderheiten. So finden sich in der Fachsprache der Informatik gehäuft Anglizismen wie *private, public, Setter* etc., da Englisch die Ursprungssprache des Fachgebietes ist. Metaphern finden sich, wie in allen Fachsprachen, viele. In der Informatik sind dies vor allem vermenschlichende Metaphern, da mit der Programmierung ein lebloser Gegenstand wie ein Computer dazu befähigt wird, autonom zu handeln. Diese Anthropomorphismen traten auch in der Unterrichtsstunde auf, beispielsweise bei Aussagen zur *Blackbox*, in denen die Lehrkraft zur Erläuterung des Begriffes Blackbox diese mit Organismen, insbesondere mit Menschen, verglich.

6.3 Fachsprache

Die Einführung der Fachbegriffe in der Unterrichtsstunde geschah beiläufig (vgl. Anton 2010, S. 73). Doch gerade Definitionen sollten vorher festgeschrieben werden, um fachliche Genauigkeit und Korrektheit zu gewährleisten. Durch das Fehlen eben solcher Definitionen, so zeigt die Analyse, kam es vermehrt zu fehlerhafter Verwendung der Fachbegriffe. Dies zeigte sich besonders deutlich bei der Verwendung des Klassenbegriffs. Der konsequente Rückgriff auf klare, vorher zurechtgelegte Definitionen könnte zu einer Vermeidung vieler der in Kapitel 5 vorgestellten Probleme führen.

Bereits die wenigen hier diskutierten Beispiele weisen darauf hin, dass viele der aufgetretenen Probleme der Stunde durch eine schüler/innenzentrierte, schüler/innenaktivierende und sprachorientierte Unterrichtsplanung vermeidbar gewesen wären. Um dies zu gewährleisten, bietet sich eine sprachlich orientierte Sicht auf das Modell der Didaktischen Rekonstruktion an.

7. Einbezug der Didaktischen Rekonstruktion für sprachlich orientierten Informatikunterricht

Das Modell der Didaktischen Rekonstruktion für den Informatikunterricht (Diethelm et al. 2011) stellt eine Erweiterung der Didaktischen Rekonstruktion aus den Naturwissenschaften (Kattmann et al. 1997) dar. Beide Modelle gehen davon aus, dass die Perspektive der Lernenden und die fachliche Klärung der zur Rede stehenden Sache (z. B. der Energieerhaltungssatz im Physikunterricht oder die Funktionsweise des Internets oder eben Prinzipien der objektorientierten Programmierung im Informatikunterricht) bei der didaktischen Strukturierung des Unterrichts gleichberechtigt einfließen sollen. Das Modell für den Informatikunterricht hebt drei weitere Aspekte heraus: Die Perspektive der Lehrkräfte, die gesellschaftliche Bedeutung des Anspruch ans Thema (warum z. B. die Funktionsweise des Internet oder Prinzipien der Programmierung wie Sichtbarkeiten überhaupt unterrichtet werden sollten) und die unmittelbare Erfahrbarkeit des Themas durch die im Unterricht behandelten Phänomene, mit denen die ‚zur Rede stehende Sache' erfahrbar wird (z. B. das ruckelnde *Youtube*-Video als Anlass zur Besprechung der Funktionsweise des Internets). Bei der Planung werden die einzelnen Aspekte des Modells entlang der Pfeile so lange durchlaufen, bis sich eine stimmige Strukturierung ergibt, vgl. Abb. 1.

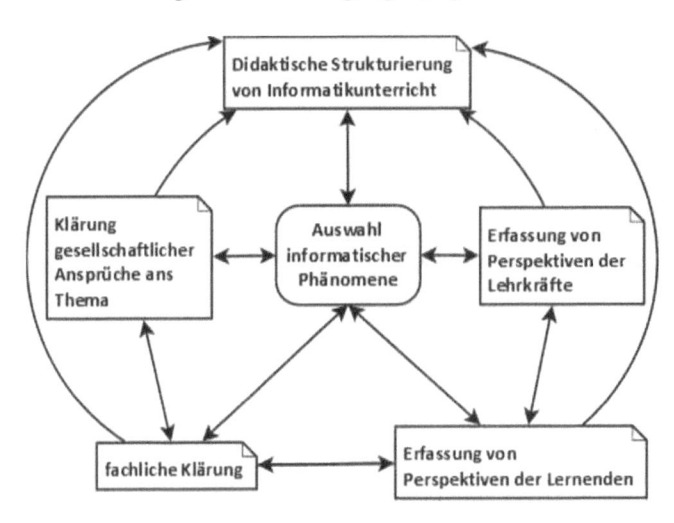

Abb. 1: Didaktische Rekonstruktion für Informatikunterricht

Sämtliche Aspekte der Didaktischen Rekonstruktion können auch bei der sprachlich orientierten Planung jeweils mit Blick auf die verwendeten Begriffe durchdacht werden:

Die Beherrschung informatischer Fachsprache wird durch die moderne, digitalisierte Gesellschaft immer wieder eingefordert. Die Fähigkeit zur Verwendung und Vermittlung informatischer Fachsprache und -begriffe führt dazu, dass informatische Zusammenhänge nicht nur im schulischen, sondern auch im privaten Kontext besprochen und reflektiert werden können. Vielerorts werden von Journalisten jedoch Fachbegriffe der Informatik in Artikeln unsachgemäß genutzt oder mit einer neuen Bedeutung versehen, z. B. wenn in Artikeln von „codieren" im Sinne von „programmieren" geschrieben wird (falsch übersetzt engl. *„coding"*). Fachsprachlich meint codieren aber die Übersetzung einer Nachricht in ein anderes Zeichensystem, z. B. Buchstaben in Binärzeichen durch den ASCII-Code. Umgangssprachlich wird es auch im Sinne von „verschlüsseln" genutzt. Dies macht deutlich, dass zusätzlich zum Gebrauch in der Fachwissenschaft und in der Alltagssprache der Schüler/innen auch der Gebrauch der Begriffe in der öffentlichen Diskussion z. B. in Zeitungsmeldungen zur Digitalisierung mit in Betracht gezogen werden muss.

Bei der Auswahl eines informatischen Phänomens gilt es, ebenso sprachliche Aspekte zu berücksichtigen. Die Fragen der Benennung des Phänomens, der Begriffsherkunft und der Notwendigkeit einer solchen Feststellung stehen hier zunächst im Mittelpunkt. Es gilt also zu klären, ob und auf welche Weise eine sprachliche Behandlung des Phänomens für die Schüler/innen hilfreich ist.

Im Rahmen der fachlichen Klärung gilt es, verschiedene Fragen zu beantworten. Hierzu zählt auch die Frage nach den Fachbegriffen: „Welche Fachwörter werden verwendet und welche Termini legen durch ihren Wortsinn lernhinderliche bzw. -förderliche Vorstellungen nahe" (Kattmann et al. 1997). Der sprachlich orientierte Unterricht sollte sich dabei auf eine Auswahl wichtiger Fachbegriffe konzentrieren, diese definieren und ggf. Synonyme anbieten. Dabei gilt es zu beachten, dass die Begriffe auf einem für die Schüler/innen verständlichen Niveau definiert und Abhängigkeiten von anderen Fachbegriffen bedacht werden. Auch eine mögliche Erweiterbarkeit der Fachdefinitionen auf späteren Klassenstufen ist zu beachten.

Neben der fachlichen und der gesellschaftlichen Perspektive ist auch die Schüler/innen- und Lehrer/innensicht zu erfassen. Aufgrund des geringen Materialbestandes an Schüler/innenvorstellungen ist hier die Lehrkraft gefragt. Ihr obliegt die Aufgabe, durch aufmerksames Zuhören festzustellen, welche Begriffe häufig und auf welche Weise von den Schüler/innen genutzt werden. Die verwendeten Begriffe können dann hinsichtlich möglicher Anknüpfungspunkte analysiert werden. Es kann betrachtet werden, ob die Schüler/innenvorstellungen auf sprachliche Phänomene, beispielsweise bei der Übersetzung von Begriffen, zurückzuführen sind und ob ein Metadiskurs helfen würde, eine Sensibilisierung herbeizuführen.

Doch auch die Lehrkraft sollte sich selbst einige Fragen stellen. So muss sich die Lehrkraft bewusst werden, welche Begriffe bereits selbst bekannt sind, wie sie sie ggf. im Unterschied zur fachwissenschaftlichen Praxis verwendet und welche dieser Begriffe sie wie für den Gebrauch im Unterricht in dieser Altersgruppe auswählt und definiert. Dies hilft der Lehrkraft, Unsicherheiten festzustellen und abzubauen. Darüber hinaus können auch Selbstverständlichkeiten durch Vorerfahrungen, wie die der universitären oder beruflichen Ausbildung, vorliegen, wodurch bestimmte Begriffe als bekannt oder eindeutig angenommen werden. Hierbei ist es wichtig, dass der Lehrkraft bewusst wird, dass diese Selbstverständlichkeit bei den Schüler/innen nicht gegeben ist. Die Lehrer/innenperspektive dient im sprachlich orientierten Unterricht dem Erkennen eigener Grenzen und Lücken.

Diese Aspekte treten nun in Wechselwirkung und beeinflussen die didaktische Strukturierung der Unterrichtsstunde. Das Modell der Didaktischen Rekonstruktion kann somit in der Tat zur Gestaltung eines sprachsensiblen und schüler/innenorientierten Informatikunterrichts produktiv genutzt werden.

8. Fazit

Die Untersuchung dieser Einzelstunde hat gezeigt, dass Fachsprache gerade im Informatikunterricht bei Quereinsteigern einen höchst komplexen Faktor des Unterrichts darstellen kann. Die Analyse der Verwendung von Fachbegriffen in dieser Stunde (unter durchaus typischen Randbedingungen) weist darauf hin, dass hier noch großer Forschungsbedarf einerseits und Fortbildungsbedarf der Lehrkräfte andererseits besteht. Die Analyse von Transkripten bezüglich der Nutzung von Fachsprache wurde hier erstmals im Zusammenhang mit Informatikunterricht betrieben und besitzt für weitere Untersuchungen noch großes Potential. Die hier dargestellte Arbeit stellt nur einen Versuch dar, diesen Bereich zu erschließen.

Es kann festgehalten werden, dass es selbst bei sehr üblichen Fachbegriffen im Informatikunterricht wie *Objekt* und *Klasse* zu Verwendungsfehlern kommt, die leicht durch Reflexion oder spätestens durch eine umfangreiche Unterrichtsplanung unter Zuhilfenahme eines didaktischen Modells wie der Didaktischen Rekonstruktion vermieden werden können. Letztlich hat die Analyse auch gezeigt, dass in dieser Stunde Fachbegriffe im Unterricht nicht gesondert behandelt, sondern nur beiläufig eingeführt wurden und kein Metadiskurs stattfand.

Aus dieser einzelnen untersuchten Stunde können sicherlich keine allgemeingültigen Aussagen getroffen werden. Aber sowohl aufgrund eigener Beobachtungen als auch auf der Basis von Feedback aus Fortbildungen lässt sich zumindest vermuten, dass im Informatikunterricht nicht selten so verfahren wird. Wäre dem tatsächlich so, könnte dies z. B. einen Grund dafür darstellen, dass Schüler/innen das Fach nach kurzer Zeit wieder abwählen.

Um diesen Vermutungen nachzugehen und die vielen offenen Fragen zu beantworten, die unser Beitrag zu skizzieren begonnen hat, ist eine vertiefte wissenschaftliche Auseinandersetzung mit der Thematik notwendig. Neben einer größeren Anzahl an Transkripten von verschiedenen Lehrkräften, in denen mehr der Redeanteil der Schüler/innen im Fokus steht, wäre auch ein digital vorliegendes, aktuelles Wörterbuch der Fachbegriffe der Informatik für den Unterricht hilfreich, um den Prozess der Analyse nicht nur zu vereinfachen. Darüber hinaus wären Unterrichtsmitschriften oder Klausuren ein weiterer sehr interessanter Untersuchungsgegenstand.

Literatur

Jisc. (2014): *Developing digital literacies*. https://www.jisc.ac.uk/full-guide/developing-digital-literacies. Zugriff am 08.09.2016.

BCS. (2016): *BCS Digital Literacy for Life Programme*. http://www.bcs.org/category/17853. Zugriff am 08.09.2016.

UNESCO. (2004): *The Plurality of Literacy and its Implications for Policies and Programs. Position Paper*. Paris: United Nations Educational Scientific and Cultural Organization.

UNESCO. (2011): *Digital Literacy in Education. Policy Brief*. Moscow: UNESCO Institute for Information Technologies in Education.

Anton, M. A. (2010): „Wie heißt das auf Chemisch?" – Sprachebenen der Kommunikation im und nach dem Chemieunterricht. In: Fenkart, G., Lembens, A. und Erlacher-Zeitlinger, E. (Hrsg.): *Sprache, Mathematik und Naturwissenschaften*. Innsbruck: StudienVerlag, 63–88.

Bolte, C. und Pastille, R. (2010): Naturwissenschaften zur Sprache bringen – Strategien und Umsetzung eines sprachaktivierenden naturwissenschaftlichen Unterrichts. In: Fenkart, G., Lembens, A. und Erlacher-Zeitlinger, E. (Hrsg.): *Sprache, Mathematik und Naturwissenschaften*. Innsbruck: StudienVerlag, 26–46.

Busch, C. (1998): *Metaphern in der Informatik. Modellbildung – Formalisierung – Anwendung. Dissertation.* Wiesbaden: Deutscher Universitäts-Verlag.

Gallin P. und Ruf, U. (2010): Von der Schüler- zur Fachsprache. In: Fenkart, G., Lembens, A. und Erlacher-Zeitlinger, E. (Hrsg.): *Sprache, Mathematik und Naturwissenschaften.* Innsbruck: StudienVerlag, 21–25.

Kattmann, U., Duit, R., Gropengießer, H. und Komorek, M. (1997): Das Modell der Didaktischen Rekonstruktion – Ein Rahmen für naturwissenschaftsdidaktische Forschung und Entwicklung. In: *Zeitschrift für Didaktik der Naturwissenschaften 3 (3),* 3–18.

Mayring, P. (2010): *Qualitative Inhaltsanalyse – Grundlagen und Techniken.* 12. Aufl. Weinheim, Basel: Beltz Verlag.

Walsh, S. (2010): *Exploring Classroom Discourse: Language in Action.* New York: Routledge.

Sprachsensibles Handeln im Physikunterricht

1. Bedeutung der Sprache im Physikunterricht

Der Gedanke des sprachsensiblen Lernens und Lehrens im Physikunterricht ist vor dem Hintergrund der großen Unbeliebtheit des Faches bei Schüler/innen (Muckenfuß 2006, S. 76; Körber Stiftung 2017) und angesichts der Forderungen nach Inklusion und Integration herausfordernder denn je. Schüler/innen mit oft sehr unterschiedlichen Voraussetzungen lernen im selben Unterricht, der durch eine physikspezifische Fachsprache gekennzeichnet ist. Gerade im Physikunterricht ist die Fachsprache im Vergleich zur Alltagssprache in ihrer Konstruktion deutlich schwieriger als in anderen Schulfächern (Leisen 2011). Sprachsensibel müssen (angehende) Physiklehrkräfte also nicht nur hinsichtlich verschiedener Muttersprachen ihrer Schüler/innen sein, sondern auch hinsichtlich dessen, wie ihre Schüler/innen Alltags-, Bildungs- und Fachsprache nutzen oder eben auch nicht (ebd.). Sich diese sprachliche Sensibilität für den Physikunterricht anzueignen, ist ebenso herausfordernd wie unerlässlich.

Die besonderen Schwierigkeiten der Fachsprache können als eines der größten Hindernisse in Verstehensprozessen im Fachunterricht Physik angesehen werden (ebd.). Die Forschung zu Schüler/innenvorstellungen bzw. vorunterrichtlichen Vorstellungen von Schüler/innen bezogen auf fachliche Konzepte, Phänomene und Gesetzmäßigkeiten unterstützt seit den 1990er Jahren einen systematischen Zugang zum Thema Sprache im Physikunterricht. Schüler/innenvorstellungen sind Erklärungen für fachliche Sachverhalte, die aus Sicht der Fachphysik vorwissenschaftlich oder sogar falsch sein mögen, die aber in zentralen Kernen durchaus zutreffend sein können. Mit diesen Kernen kann im Unterricht durch Strategien wie Anknüpfen, Umdeuten oder die Erzeugung eines kognitiven Konflikts gearbeitet werden (Duit und Treagust 2003). Schüler/innenvorstellungen sind somit zunächst etwas Positives, denn sie stehen für die Erklärungswelt der Schüler/innen. Wissen über Schüler/innenvorstellungen erleichtert es der Lehrkraft, geeignete Lernwege zu planen.

Schüler/innenvorstellungen haben ihre Quelle oft in der Alltagssprache. Formulierungen wie ‚Wolle hält warm' (während sie eigentlich isoliert und damit z. B. Eis durchaus kühl hält), ‚jemand hat Kraft' (während Kraft physikalisch eine Wechselwirkung und keine Eigenschaft ist) oder ‚Energie wird verbraucht' (während sie physikalisch nie verschwindet, sondern in andere Energieformen umgewandelt wird) haben im Alltag und seiner Sprache eine Berechtigung. Im Physikunterricht stehen sie in Konkurrenz zu Formulierungen der Fachsprache und können damit zu Verständnisschwierigkeiten führen, jedenfalls wenn seitens der Lehrkraft eine Sensibilität für Alltagssprache fehlt. Daher ist es für angehende Lehrkräfte unerlässlich, dass sie im Rahmen der Studienmodule ein professionelles Lehrer/innenhandeln auch in der Nutzung von Sprache entwickeln, um die in ihrem Fach spezifischen Anforderungen der Sprache sach- und adressatengerecht aufzubereiten und im Unterricht zu verwenden.

Fehlende Sprachsensibilität führt zu einer mangelnden Transparenz im Physikunterricht (vgl. Helmke 2009), wenn die Ziele von Unterrichtsstunden nicht mit sprachlichen Mitteln verdeutlicht werden und wenn es sprachlich nicht gelingt zu erklären, wie die einzelnen Phasen im Unterrichtsgeschehen zusammenhängen. Auch ist es problematisch, wenn es nicht gelingt, die Funktion bestimmter Elemente wie z. B. bestimmter physikalischer Experimente sprachlich zu kommunizieren und die Absichten und den Ablauf des Unterrichts den Schüler/innen gegenüber zu verbalisieren.

2. Entwicklungsaufgaben der Studierenden

Es stellt sich nun die Frage, wie man angehende Physiklehrkräfte im Aufbau der hier skizzierten sprachlichen Sensibilität und Kommunikationsfähigkeit unterstützen kann. Welche Sensibilität benötigen sie insbesondere in der schulischen Praxisphase während ihres Studiums (also im Fachpraktikum)? Wie lassen sich die notwendigen Fähigkeiten für den Umgang mit sprachlicher Vielfalt im Unterricht durch ein Begleitseminar zum Fachpraktikum und durch die Erfahrungen in der Praxisphase entwickeln? Es zeigt sich, dass angehende Lehrkräften ihre Schwierigkeiten insbesondere in zwei Bereichen haben (Richter und Komorek 2017): Es fällt ihnen schwer, sich auf die Lernprozesse der Schüler/innen einzulassen, ohne ausschließlich auf ihre eigenen Lehraktivitäten zu achten. Und es ist für sie problematisch, Ziel-, Funktions- und Prozesstransparenz so herzustellen, dass ihre Schüler/innen die Bedeutung aktueller Handlungen und Aktivitäten nachvollziehen können.

Mangelnde Fokussierung auf die Lernprozesse
Bei der Planung von Physikunterricht orientieren sich Fachpraktikant/innen vor allem an der Sachlogik des jeweiligen Themas und zu wenig an der ‚Lernlogik', die die natürlichen Aneignungsprozesse der Schüler/innen widerspiegelt. Mit Lernlogik ist gemeint, dass eine bestimmte Segmentierung und Sequenzierung von Unterrichtselementen so stattfindet, dass dadurch die Denkoperationen der Schüler/innen aufeinander aufbauen und immer erst die Voraussetzungen für den nächsten Denk- und Lernschritt erfüllt sein müssen, bevor dieser erfolgt. Die Sachlogik des Physiklehrbuchs muss darauf keine Rücksicht nehmen, weil sie das fertige Wissensgebäude darstellt und der Weg dorthin unwichtig geworden ist. Unterricht ist aber gerade der Weg zum Wissen (und Können). Die Basismodelle nach Oser und Patry (1990) thematisieren günstige Schrittfolgen beim Lernen und begründen sie empirisch. Zu den im Physikunterricht vorwiegend genutzten Basismodellen des Lernens gehören das Begriffs- und Konzeptlernen, das Lernen aus Eigenerfahrung und das Problemlösen, wobei die beiden letztgenannten Basismodelle in Planungen für den Physikunterricht erfahrungsgemäß eher selten vorkommen. Durch die im Physikstudium weitgehende fachliche Sozialisation steht bei den Studierenden die Sachlogik stark im Vordergrund. Dies erklärt teilweise, warum Fachpraktikant/innen es nicht durchgängig für notwendig halten, sensibel dafür zu sein, wie Schüler/innen denken, welche fachlichen Vorstellungen sie nutzen und wie sie diese versprachlichen. Die Priorisierung der Lernprozesse der Schüler/innen ist dann vielfach nicht gegeben, so dass auch ein fachlich gut durchdachter Unterricht letztlich scheitern kann.

Herstellen von Ziel-, Funktions- und Prozesstransparenz
Ein weiteres Defizit der Fachpraktikant/innen, das sich insbesondere in ihren Planungsprodukten widerspiegelt, ist eine unzureichende Zielklarheit ihres Physikunterrichts (Richter und Komorek 2017). Fachpraktikant/innen haben erkennbar große Schwierigkeiten, ihren Schüler/innen zu verdeutlichen, welches Ziel sie sich für eine Unterrichtsstunde gesetzt haben, worauf bestimmte Unterrichtsaktivitäten hinauslaufen sollen und welche Funktionen mit bestimmten Unterrichtselementen verbunden sind. Es gelingt ihnen kaum, den Schüler/innen ihre Unterrichtsdramaturgie darzustellen, was über Vorschauen, Rückblicke oder den Einsatz von Metakommunikation gelingen könnte. Die Verbalisierung von Absichten, Zielen und Wegen ist aber für die Schüler/innen elementar wichtig,

damit sich die Schüler/innen den Unterricht zu Eigen machen und sich mit Aufgabenstellungen etc. identifizieren können. Bei den Fachpraktikant/innen besteht hier einerseits oft die Absicht, nicht zu viel vom Ergebnis, dem Clou der Stunde vorwegzunehmen; es wird oft auf überraschende Momente gesetzt, die bei den Schüler/innen Aha-Effekte hervorrufen sollen. Aber anderseits ist der Mangel, Klarheit herzustellen, schlicht Ausdruck fehlender sprachlicher Sensibilität und eines kommunikativen Unvermögens der Studierenden. Was so negativ klingt, beschreibt vor allem, dass es ein Teil des notwendigen Professionalisierungsprozesses ist, sprachliche Sensibilität und Kommunikationsfähigkeit aktiv aufzubauen, denn im Studium entwickeln sich diese nicht von selbst.

3. Das Begleitseminar zur Praxisphase

In der hier beschriebenen Studie wird untersucht, wie Studierende darin gefördert werden können, eine geplante Unterrichtsstruktur ihren Schüler/innen sprachlich so zu kommunizieren, dass die skizzierte Ziel-, Funktions- und Prozesstransparenz entsteht. Im Begleitseminar werden die Studierenden darin angeleitet, die geplante Struktur des Unterrichts schriftlich und grafisch darzustellen. Sie sollen darin insbesondere kommunikative Impulse integrieren, die ihren Schüler/innen die kritischen Übergänge zwischen Unterrichtsphasen und die Bedeutung von Experimentierphasen verdeutlichen. Ziel ist es, dass sich die Schüler/innen, die sich auf unterschiedlichen Lern- und Sprachniveaus befinden, im Physikunterricht der Fachpraktikant/innen besser zurechtfinden und die Absichten des Unterrichts nachvollziehen. Insbesondere sollen die Schüler/innen die Ergebnisse von Experimenten besser in den Gedankengang und die übergeordnete Fragestellung der Unterrichtssequenz einordnen können (Richter und Komorek 2017).

In der Studie sind angehende Physiklehrkräfte für das gymnasiale Lehramt in ihrer sechswöchigen Praxisphase im Master of Education begleitet worden. In dieser Praxisphase sollen sich die Studierenden als Physiklehrkraft erproben und ihr eigenes Planungs- und Unterrichtshandeln reflektieren. Deswegen legt das Begleitseminar zum Fachpraktikum seinen Fokus auf das Planungshandeln der Studierenden und weniger auf die Ausbildung von Routinen des Unterrichtshandelns. Das Seminar findet sowohl im Semester vor der Praxisphase als auch währenddessen statt. Die Studierenden werden in ihren Schulen von den universitären Mentor/innen und von weiteren Fachpraktikant/innen besucht. In Gruppen von bis zu sieben Personen wird Unterricht der Praktikant/innen hospitiert und zum Anlass genommen, um über die Passung von Planung und Umsetzung zu reflektieren. Im Begleitseminar vor der Praxisphase werden Unterrichtsplanungen und -reflexionen intensiv geübt und theoretisch fundiert, indem die drei folgenden Konzepte in den Fokus genommen werden:

- Die Sichtstruktur von Unterricht versus seine Tiefenstruktur
- Das Konzept der ‚Rückwärtsplanung'
- Der Einsatz kommunikativer Impulse

Sicht- und Tiefenstruktur
Die Unterscheidung all dessen, was in einem Unterricht direkt gesehen und benannt werden kann (die Sichtstruktur), von den nicht sichtbaren, kognitiven Prozessen (Tiefenstruktur) (vgl. Tab. 1) ist für die Unterrichtsplanung grundlegend (vgl. Kunter und Trautwein, 2913). Denn bei Fachpraktikant/innen besteht häufig die Vorstellung, dass ein Unterricht dann erfolgreich ist, wenn viel äußere Aktivität stattfindet, wenn alle Schüler/innen das tun, was sie tun sollen, und wenn der Ablauf des Unterrichts wie geplant umgesetzt werden kann. Tatsächlich kann all dies der Fall sein, ohne dass die Schüler/innen kognitiv ausreichend angeregt werden, um bestimmte kognitive Operationen durchzuführen, d. h. bspw. Begriffe zu bilden oder Ergebnisse (z. B. des Experimentierens) zu interpretieren. Wenn diese kognitiven Operationen nicht stattfinden, dann ist der Unterricht nicht erfolgreich, auch wenn durch die Aktivität der Schüler/innen dieser Anschein erweckt wird. Im Begleitseminar wird den Praktikant/innen u. a. mit Hilfe von Videos und mit Überlegungen aus der Kognitionspsychologie verdeutlicht, dass der Kern der Unterrichtsplanung eine konsistente Tiefenstruktur ist.

Tab. 1: *Unterscheidung von Tiefen- und Sichtstruktur im Unterricht*

Sichtstruktur: die sichtbaren Unterrichtsmerkmale	Tiefenstruktur: die nicht sichtbaren kognitiven Prozesse
Schüler/innenseite: - Rahmen für Unterrichtsprozesse - *äußere* Schüler/innenhandlungen und -interaktionen - Kommunikationshandlungen, Sprachhandlungen - Sozial- und Organisationsformen	Schüler/innenseite: - Ebene der kognitiven Aktivität - ablaufende Wahrnehmungs-, Denk-, Lern- und Problemlöseprozesse - mentaler Anteil von Kommunikationsprozessen, Verbalisierungen - eigenständige Auseinandersetzung mit den Lerninhalten
Lehrer/innenseite: - Lehrer/innenhandlungen und -äußerungen - Gestaltungselemente wie Lernmaterialien, Experimentiermaterialien, der Lernraum	Lehrer/innenseite: - Planungshandeln - Überlegungen zur Aktivierung kognitiver Prozesse der Schüler/innen

Rückwärtsplanung

Im Zusammenhang mit der Tiefenstruktur ist es bei Planungen zwingend erforderlich, von den Kognitionen der Schüler/innen, die im Unterricht initiiert werden sollen, auszugehen. Welche kognitiven Prozesse sollen ablaufen, welche Wahrnehmungs- und Verarbeitungsprozesse sollen stattfinden? Erst nach Klärung dieser Fragen zur Tiefenstruktur kann geplant werden, welche Handlungen die Schüler/innen ausführen sollen, damit die geplanten Kognitionen tendenziell stattfinden. Natürlich gibt es keinen deterministischen Zusammenhang zwischen Schüler/innenhandlung und Schüler/innenkognition, aber die Wahrscheinlichkeit steigt, dass bestimmte Kognitionen stattfinden, wenn die geplanten Handlungen darauf ausgerichtet sind. Verstärkend sollten hier die verbalen Handlungen der Lehrkraft, ihre kommunikativen Impulse hinzukommen, die den Schüler/innen den Zusammenhang zwischen deren äußeren und deren inneren Tun verständlich machen. Abb. 1 verdeutlicht diese von den Kognitionen ausgehende „Rückwärtsplanung" als ein Schrittmodell der Unterrichtsplanung (Richter und Komorek 2017).

Im Seminar lernen die Studierenden, ihre Unterrichtsplanung bei den Kognitionen inkl. den Lernprozessen der Schüler/innen zu beginnen, bevor sie die äußeren Handlungen der Schüler/innen so anlegen, dass diese Kognitionen ausgelöst werden können. Schließlich müssen sie ihr eigenes verbales Handeln planen, das die Schüler/innen zu äußeren und zu kognitiven Aktivitäten anregt. Diese Überlegungen zusammengenommen, sind die Lehrer/innenkognitionen.

1. Schüler-kognitionen
Diese kognitiven Prozesse sollen bei den SuS ablaufen: ...

2. Schüler-handlungen
Damit diese Kognitionen stattfinden, müssen die SuS folgende Handlungen ausführen: ...

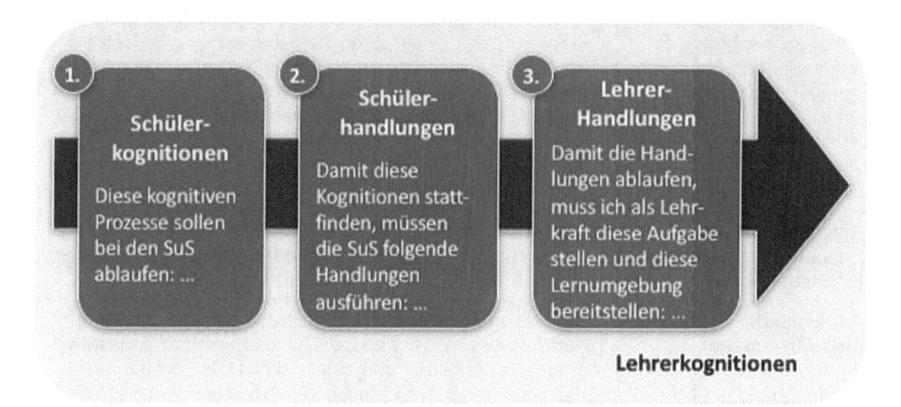

3. Lehrer-Handlungen
Damit die Handlungen ablaufen, muss ich als Lehrkraft diese Aufgabe stellen und diese Lernumgebung bereitstellen: ...

Lehrerkognitionen

Abb. 1: Schema zur Rückwärtsplanung von Unterricht

Kommunikative Impulse
Im Modell der Rückwärtsplanung (Abb. 1) lassen sich die sprachlichen und kommunikativen Handlungen der Lehrkraft besonders herausstellen. Im Seminar wird ein besonderes Gewicht auf die kommunikativen Impulse der Lehrkraft gelegt, mit denen sie den Schüler/innen die Verknüpfung von Sicht- und Tiefenstruktur, also von Handlungen und Denken etc., nahebringen soll. Unterrichtsziele und -prozesse sollen hierdurch für die Schüler/innen transparent werden, um ein besseres Verständnis von der Unterrichtsidee und dem Unterrichtsverlauf zu vermitteln (Ziel-, Funktions- und Prozessklarheit). Drei Zwecke kommunikativer Impulse sind zu unterscheiden (vgl. Tab. 2):

Tab. 2: Zwecke kommunikativer Impulse

Zweck des Impulses	Bedeutung der Impulsart
Die Anregung kognitiver Schüler/innenprozesse (Tiefenebene)	Ziele, Absichten und Zweck von Aufgabenstellungen und die Verortung der aktuellen Aufgabenstellung im Unterrichtsverlauf werden explizit thematisiert und sprachlich dargestellt. Auch ein Wechsel zwischen Sprachebenen (Alltagssprache, Fachsprache, Bildungssprache) oder der Kommunikationsebenen (z. B. Metakommunikation) wird durch sprachliche Impulse angeregt.
Anregung äußerer Schüler/innenhandlungen (Sichtebene)	Objekte, konkrete Handlungen, Messprozeduren, Aufgaben, Experimentierhandlungen werden explizit thematisiert und ihre Bedeutung wird sprachlich dargestellt.
Anregung der Verknüpfung von inneren und äußeren Schüler/innenhandlungen	Der Bezug zwischen den Kognitionen und den Handlungen wird gegenüber den Schüler/innen explizit angesprochen und sprachlich dargestellt, damit die Schüler/innen den Sinn des Unterrichtsgeschehens und die Abfolge der Unterrichtselemente nachvollziehen können.

4. Forschungsfragen und Untersuchungsdesign

Im Wintersemester 2016/2017 ist eine Kohorte von 16 Physik-Lehramtsstudierenden im beschriebenen strukturierten Begleitseminar und im nachfolgenden Fachpraktikum über sechs Monate begleitet worden. Folgende Forschungsfragen standen dabei im Fokus:

Sprachsensibiliät: Welche Sprachsensibilität liegt bei den Fachpraktikant/innen vor ihrem Praktikum bereits vor und wie lässt sie sich durch das Praktikum entwickeln oder ausdifferenzieren? Wie verändern sich bei den Fachpraktikant/innen die Fähigkeiten der sprachlichen Kommunikation im Physikunterricht und der Formulierung kommunikativer Impulse?

Planungshandeln: Wie planen Fachpraktikant/innen kommunikative Impulse zur didaktischen Strukturierung ihres Physikunterrichts? Inwiefern zielen sie damit Ziel-, Prozess- und Funktionstransparenz an? Inwiefern entwickeln sie die Unterscheidung von Sicht- und Tiefenstruktur und gehen bei der Planung ausgehend von den kognitiven Prozessen rückwärts vor? Welche Rolle spielen dabei Aufgabenstellungen?

Kommunikatives Handeln im Unterricht: Inwiefern können Fachpraktikant/innen ihre geplante Unterrichtsstruktur mithilfe kommunikativer Impulse ihren Schüler/innen „erklären"?

Um die Prozesse der Studierenden zu untersuchen, wurde ein Multi-Method-Ansatz gewählt (vgl. Kuckartz 2014; Creswell 2014). Als Instrumente kamen qualitative Interviews, Fragebögen mit offenen und Multiple-Choice-Fragen sowie Audioaufzeichnungen von begleiteten Unterrichtsstunden zum Einsatz. Dabei wurde das folgende Design realisiert (Abb. 2):

Praktikum	Fünf Wochen Praxisphase
Seminarsitzungen vor und während der Praxisphase	
Oktober 2016	April 2017

Erhebungen alle Studierenden (n = 16)

Fragebogen 1 — Fragebogen 2

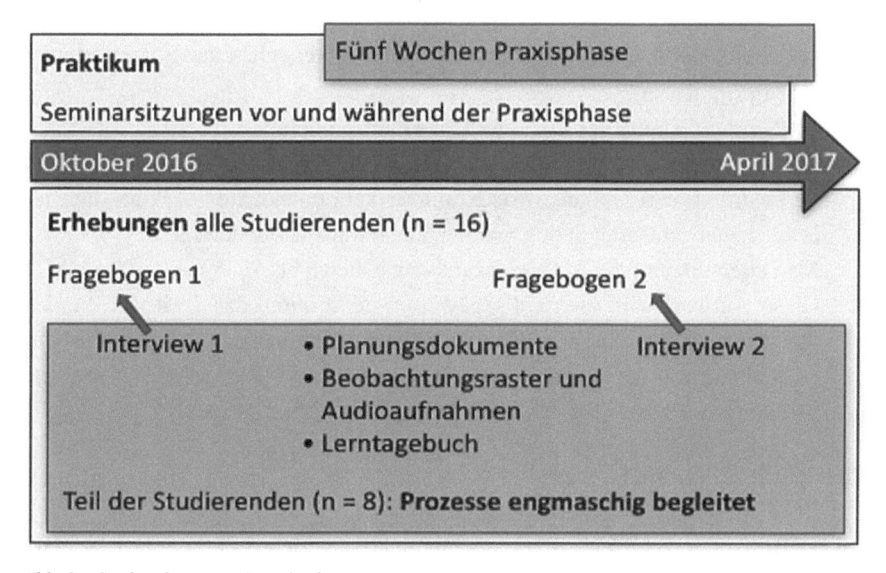

Interview 1 • Planungsdokumente Interview 2
• Beobachtungsraster und
Audioaufnahmen
• Lerntagebuch

Teil der Studierenden (n = 8): **Prozesse engmaschig begleitet**

Abb. 2: Studiendesign und -verlauf

Prä-Fragebogen: Im Vorfeld der Praxisphase wurde mit Hilfe eines Fragebogens erhoben, welche Inhalte des Seminars nachvollzogen werden konnten und welche Sicht die Studierenden auf die Inhalte des Seminars entwickelt hatten. Beispiele für die gestellten Fragen sind in Tab. 3 und Tab. 4 zu sehen. So befasst sich eine Frage (Tab. 3) damit, welche Bedeutung die Fachpraktikanten/innen der Kommunikation zuweisen.

Tab. 3: Eine Frage zum Thema Kommunikation aus dem ersten Fragebogen bezogen auf die Bedeutung von Planung der Kommunikation

Aus welchem Grund sollte man Kommunikation im Voraus planen?	
A	Zur Verdeutlichung der Ziele der Unterrichtseinheit.
B	Als Unterstützung der Strukturierung des Unterrichts.
C	Zur Festlegung des Unterrichtsablaufs.
D	Als Schutz vor überraschenden Gesprächen im Unterricht.

Die einzelnen Distraktoren sind folgendermaßen zu verstehen und zu bewerten:

Passende Formulierung:

A „Zur Verdeutlichung der Ziele der Unterrichtseinheit."
Diese Antwort wird im Sinne des Begleitseminars als richtig gewertet, denn durch das vorherige Planen von Kommunikation kann die Lehrkraft die Ziele der Unterrichtseinheit den Schüler/innen transparent darlegen.

B „Als Unterstützung der Strukturierung des Unterrichts."
Diese Antwort wird als richtig gewertet, denn durch das vorherige Planen von Kommunikation kann die Lehrkraft die Übergänge zwischen den Unterrichtsphasen sprachlich so verdeutlichen, dass die Schüler/innen die Struktur des Unterrichts verstehen und sich zu Eigen machen.

Nicht passende Formulierung:

C „Zur Festlegung des Unterrichtsablaufs."
Diese Antwort wird im Sinne des Seminars als nicht richtig gewertet, denn die Planung der Kommunikation soll das Unterrichtsgeschehen nicht determinieren, was im Übrigen auch nicht gelingen könnte. Die Flexibilität gegenüber Reaktionen der Schüler/innen soll erhalten bleiben, geplante wörtliche Formulierungen sind aber nicht dazu gedacht, eine Engführung des Unterrichts zu unterstützen.

D „Als Schutz vor überraschenden Gesprächen im Unterricht."
Die Antwort wird als falsch gewertet, ebenfalls aus dem Grund, dass geplante kommunikative Impulse die Flexibilität im Unterricht nicht schmälern und auch Gespräche mit Schüler/innen nicht einschränken sollen.

In einer weiteren Frage geht es um bestimmte kommunikative Impulse, die eine Lehrkraft im Unterricht verwenden sollte (Tab. 4), z. B. um die Bedeutung von Experimenten zu verdeutlichen. Im hinleitenden Text geht es um die Funktion eines Experiments in einem fiktiven Physikunterricht:

Tab. 4: Eine Frage zum Thema situationsbedingte Kommunikation aus dem ersten Fragebogen.

	Frau Müller will mit einem Experiment verdeutlichen, dass Luft etwas wiegt, was man ohne Experiment nicht leicht nachvollziehen kann. Welche Formulierung sollte sie am besten nutzen?
A	Der nächste Schritt ist, dass wir ein Experiment machen, da wir ohne dieses im Moment zu keinem Ergebnis kommen.
B	Wir machen jetzt ein Experiment zum Thema Luft. Dazu benötigen wir folgende Materialien.
C	Wir machen jetzt ein Experiment, da wir im Moment nicht wissen, ob Luft etwas wiegt. Um das herauszufinden, untersuchen wir die Eigenschaften von Luft.
D	Lasst uns jetzt Luft wiegen. Das Experiment beinhaltet, dass wir in Gruppen die Eigenschaften von Luft untersuchen.

Die einzelnen Distraktoren helfen den Schüler/innen unterschiedlich gut beim Herstellen von Zieltransparenz.

Unpassende Formulierungen:
B „Wir machen jetzt ein Experiment zum Thema Luft. Dazu benötigen wir folgende Materialien."
Die Antwort ist im Sinne des Seminars falsch. Es wird zwar die nächste Handlung, das Experimentieren, angekündigt, aber es wird kein Bezug zu anderen Teilen des Unterrichts hergestellt. Die Formulierung ist als problematisch einzustufen, weil sie weder Zielklarheit herstellt noch die Funktion des Experimentierens verdeutlicht.
D „Lasst uns jetzt Luft wiegen. Das Experiment beinhaltet, dass wir in Gruppen die Eigenschaften von Luft untersuchen."
Ebenfalls falsch, denn in dieser Formulierung wird ungünstigerweise lediglich die nächste Handlung beschrieben und kognitives Potential verschenkt.

Passende Formulierungen:

A „Der nächste Schritt ist, dass wir ein Experiment machen, da wir ohne dieses im Moment zu keinem Ergebnis kommen."

Diese Antwort ist im Sinne des Seminars richtig. In dieser Formulierung wird ein Bezug zwischen dem nächsten Handlungsschritt, dem Experiment, und dem Zweck, dem gedanklichen Weiterkommen, hergestellt. Sichtstruktur und Tiefenstruktur werden miteinander verbunden. Im Sinne der Anlage des Begleitseminars erfüllt diese Aussage den Anspruch, Zielklarheit herzustellen.

C „Wir machen jetzt ein Experiment, da wir im Moment nicht wissen, ob Luft etwas wiegt. Um das herauszufinden, untersuchen wir die Eigenschaften von Luft."

Diese Formulierung stellt im Sinne des Begleitseminars eine wünschenswerte Verknüpfung zwischen der anstehenden Handlung und dem Zweck der Handlung in einer einbettenden Fragestellung her.

Während der Praxisphase wurden acht der 16 Studierenden engmaschig begleitet. Z. B. sollten sie im Anschluss an die Bearbeitung des Fragebogens ihre Antworten begründen und kommentieren. Im Fachpraktikum wurden je zwei Physik-Doppelstunden dieser Studierenden von den Autoren hospitiert, zu denen sie ihre Planungsmaterialien vorlegen sollten. Die hospitierten Stunden wurden audiographiert und mittels Beobachtungsraster dokumentiert. Im Anschluss an die jeweiligen Stunden bearbeiteten die Praktikant/innen ein individuelles Lerntagebuch.

Ziel der Begleitung im Praktikum war es herauszufinden, wie die Studierenden ihre Unterrichtsstunden mit Blick auf Kommunikationssituationen und Nutzung von Sprache planten. Aus den erhobenen Daten sollte abgelesen werden, welche Absichten und Ziele sie mit den einzelnen Planungsschritten verfolgten, insbesondere inwiefern sie auf kommunikative Impulse fokussierten und dabei sprachsensibel vorgingen. Die Reflexion ihres eigenen Planungsprozesses durch die Studierenden und die Umsetzung der Planung im Unterricht sollten dabei wichtige Daten liefern.

Nach der sechswöchigen Praxisphase wurden alle Fachpraktikant/innen erneut per Post-Fragebogen befragt. Dieser enthielt die Fragen des Prä-Fragebogens, erweitert um Fragen zur Reflexion von Planungs- und Umsetzungsprozessen. U. a. wurde erhoben, welche Formulierungen mit welchem selbst wahrgenommenen Effekt im Unterricht eingesetzt werden konnten. Die acht engmaschig begleiteten Studierenden wurden zudem erneut zu ihren Fragebogenantworten interviewt (vgl. Abb. 2 zum Design der Studie).

5. Ergebnisse

Die Daten befinden sich in der Auswertung, die mit Methoden der Qualitativen Inhaltsanalyse (Mayring 2015; Kuckartz 2016) und einer Dokumentanalyse bzgl. der Planungsprodukte durchgeführt wird. Ein Blick auf die Daten macht deutlich, dass die Studierenden durch die Art des Begleitseminars dazu angeregt werden, die Idee der kommunikativen Impulse zu bedenken und derartige Impulse tatsächlich zu planen, um Schüler/innen die Struktur ihres Unterrichts nahezubringen.

Mithilfe der beiden vorgestellten Fragestellungen (siehe Tab. 3 und 4) kann man die Sprachsensibilität der Studierenden vor dem Praktikum, aber nach dem Begleitseminar untersuchen. Durch diese Analyse kann eine Beantwortung der ersten Forschungsfrage nach der vor der Praxisphase vorliegenden Sprachsensibilität teilweise beantwortet werden. Hierzu wird das Antwortverhalten der 14 Studierenden analysiert, die dieses Item bearbeitet haben (siehe Tab. 5 und 6).

Tab. 5: Auswertung zur Frage zum Thema Kommunikation bezogen auf die Bedeutung von Planung der Kommunikation

Aus welchem Grund sollte man Kommunikation im Voraus planen?	Zustimmung	Ablehnung
Zur Verdeutlichung der Ziele der Unterrichtseinheit.	12	2
Als Unterstützung der Strukturierung des Unterrichts.	14	0
Zur Festlegung des Unterrichtsablaufs.	2	12
Als Schutz vor überraschenden Gesprächen im Unterricht.	4	10

Zu beachten ist, dass auf Grundlage der theoretischen Überlegungen im Seminar die grau unterlegten Antwortmöglichkeiten in Tab. 5 als passend zu werten sind. Die Ergebnisse zeigen, dass die Mehrheit der Studierenden nach dem Seminar (und vor der Praxisphase) einschätzen kann, was kommunikative Impulse für die Zieltransparenz und die Strukturierung des Unterrichts leisten können. Betrachtet man unabhängig von Tab. 5. das Antwortverhalten einzelner Studierender, so haben sieben Studierende alle Items richtig zugeordnet und die restlichen sieben haben drei Items richtig zugeordnet. Dies stützt die Annahme, dass die am Modul teilnehmenden Studierenden im Begleitseminar ein Verständnis dafür aufgebaut haben, wofür Kommunikation genutzt werden kann und welche Bedeutung sie in der Planung von Unterricht besitzt.

Mithilfe der zweiten Frage wird untersucht, wie die Praktikant/innen konkrete sprachliche Impulse zur Ziel- und Funktionstransparenz beurteilen (Tab. 6).

Tab. 6: Auswertung zur Frage zum Thema situationsbedingte Kommunikation.

Frau Müller will mit einem Experiment verdeutlichen, dass Luft etwas wiegt, was man ohne Experiment nicht leicht nachvollziehen kann. Welche Formulierung sollte sie am besten nutzen?	Zustimmung	Ablehnung
Der nächste Schritt ist, dass wir ein Experiment machen, da wir ohne dieses im Moment zu keinem Ergebnis kommen.	2	12
Wir machen jetzt ein Experiment zum Thema Luft. Dazu benötigen wir folgende Materialien.	1	13
Wir machen jetzt ein Experiment, da wir im Moment nicht wissen, ob Luft etwas wiegt. Um das herauszufinden, untersuchen wir die Eigenschaften von Luft.	12	2
Lasst uns jetzt Luft wiegen. Das Experiment beinhaltet, dass wir in Gruppen die Eigenschaften von Luft untersuchen.	1	13

Die Ergebnisse in Tab. 6 zeigen, dass die Studierenden noch Schwierigkeiten haben, kommunikative Impulse zu beurteilen. Zwar erkennt die überwiegende Mehrheit die Distraktoren, die zur Ablehnung führen sollen. Diese drücken nämlich aus, dass die jeweiligen Impulse lediglich die Sichtebene ansprechen, also die Ebene der Handlungen, ohne Bezug zu nehmen auf die übergeordnete Fragestellung, ob Luft etwas wiegt und inwiefern man ein Experiment benötigt, um diese Frage zu beantworten.

Differenzierter ist die Lage bei den Antwortmöglichkeiten, die angenommen werden sollen. Diese drücken aus, dass ein Bezug formuliert ist zwischen dem nächsten Handlungsschritt, dem Experiment, und dem Zweck des Experiments, nämlich dem gedanklichen Weiterkommen. Die Distraktoren drücken die Verknüpfung zwischen der Sichtstruktur und Tiefenstruktur aus. Zumindest einer der Distraktoren wird von den Studierenden als nicht passend eingestuft. Er drückt explizit aus, dass zum gedanklichen Weiterkommen ein Experiment benötigt wird. Dass dieser Distraktor von der Mehrheit nicht richtig zugeordnet wird, zeigt die noch vorhandene Unsicherheit bei den Fachpraktikant/innen, was die Herstellung von Zielklarheit angeht.

Bei diesem Item hat keiner der Praktikant/innen alle Distraktoren richtig zugeordnet, allerdings haben zwölf von 15 drei Distraktoren richtig zugeordnet. Dieses Ergebnis zeigt, dass die Struktur und die Inhalte des Begleitseminars dafür sensibilisieren, welche Bedeutung kommunikative Impulse im Unterricht haben können.

Die Datenauswertung ist derzeit nicht abgeschlossen, aber es deutet sich für die Praxisphase in der Schule an, dass die Studierenden deutliche Probleme haben, ihr aufgebautes Wissen über kommunikative Impulse in der Praxis ihres Unterrichts umzusetzen. Teilweise spielen für die Praktikant/innen ihre subjektiven Überzeugungen, wie Unterricht abzulaufen habe, eine größere Rolle bei den Planungen und ihren Umsetzungen, als die Zusammenhänge, die im Begleitseminar diskutiert wurden.

Dies zeigt sich besonders während des eigentlichen Praktikums in der Schule. Hier sind die Praktikant/innen zwei Gruppen zuzuordnen. Die der einen Gruppe fokussieren auf die Handlungen der Schüler/innen im Unterricht. Sie stufen ihren Unterricht als gelungen ein, wenn alle äußeren Abläufe wie geplant stattfinden. Diese Praktikant/innen sehen in den meisten Fällen keinen Nutzen darin, kommunikative Impulse weit voraus zu planen; sie setzen mehr auf die kommunikative Spontaneität. Studierende der anderen Gruppe orientieren ihre Unterrichtsplanung vor allem an den Kognitionen der Schüler/innen. Sie legen daher ein besonderes Gewicht auf die Vorplanung der kommunikativen Struktur des Unterrichts und der kommunikativen Impulse. Hier wird die weitere Auswertung der Daten deutlich machen, wie sich die subjektiven Überzeugungen der Praktikant/innen im Detail auf ihre Wertschätzung und die Planung kommunikativer Impulse und deren Einsatz im Physikunterricht auswirken.

6. Fazit

Die vorliegende Studie widmet sich der Sprachsensibilität im Physikunterricht und nimmt dabei angehende Lehrkräfte in den Blick. Es wird untersucht, wie sensibel Fachpraktikant/innen vor allem gegenüber ihren eigenen sprachlichen Impulsen sind und inwiefern sie diese Sensibilität ausweiten können. Dies ist angesichts der besonderen Bedingungen des Fachs Physik angezeigt, denn der Physikunterricht hält eine für viele Schüler/innen kaum zu erfassende Fachsprache, eine gedankliche Abstraktion und eine Logik der Erkenntnisgewinnung bereit, die nicht unmittelbar eingängig ist und zu Ablehnung oder Verwirrung führt. Diese besonderen Eigenschaften von Physikunterricht kollidieren mit den Schüler/innenvorstellungen zu bestimmten fachlichen Inhalten und mit deren sprachlicher Repräsentation.

Es zeigt sich, dass subjektive Vorstellungen der Fachpraktikant/innen von den Kognitionen ihrer Schüler/innen einen deutlichen Einfluss darauf haben, wie die Praktikanten die Angebote des Begleitseminars nutzen. Teilweise bestehen auch Konflikte zwischen den mitgebrachten Überzeugungen zur Strukturierung von Unterricht und den darin eingebetteten sprachlichen Impulsen einerseits und andererseits den im Seminar angebotenen Sichtweisen auf Kommunikation und Sprache im Physikunterricht. Somit besteht für weitere Durchläufe des Begleitseminars die große Aufgabe, differenziert an den subjektiven Vorstellungen der Studierenden anzuknüpfen und auch bestimmte mitgebrachte Vorstellungen zu problematisieren. Weitere empirische Studien müssen klären, wie sich eine entwickelte Sprachsensibilität der angehenden Lehrkräfte auf die Physikleistungen der Schüler/innen und auf deren Wahrnehmung von Physikunterricht auswirken.

Es ist interessant zu sehen, dass eine Parallelität zwischen Schüler/innen und Lehrkräften darin besteht, dass beide Gruppen mit bestimmten Vorstellungen und den zugehörenden sprachlichen Repräsentationen in den Unterricht kommen. Schüler/innen mit Vorstellungen von fachlichen Zusammenhängen, die sie mit ihrer Alltagssprache ausdrücken. Lehrkräfte mit ihren subjektiven Überzeugungen von der Unterrichtstrukturierung, die sich in ihren kommunikativen Impulsen ausdrücken. In beiden Fällen kollidieren diese Vorstellungen mit etablierten Wissensbeständen (mit fachlichen bzw. mit fachdidaktischen), in beiden Fällen sind die Vorstellungen weiterzuentwickeln, weil sich ansonsten Probleme ergeben, und in beiden Fällen sind es eben diese mitgebrachten Vorstellungen und Überzeugungen, an denen die Weiterentwicklung ansetzen muss. Sprachliche Sensibilität von Lehrkräften gegenüber Schüler/innen und von Hochschullehrenden gegenüber Studierenden stellen dabei die zentralen Schlüssel dar.

Literatur

Creswell, J. W. und Plano Clark, V. L. (2011): *Designing and conducting mixed methods research*. 2. Aufl. Los Angeles, London, New Dehli, Singapore, Washington DC: Sage.

Duit, R. und Treagust, D. F. (2003): Conceptual change - A powerful framework for improving science teaching and learning. In: *International Journal of Science Education 25 (6)*, 671–688.

Helmke, A. (2009): *Unterrichtsqualität und Lehrerprofessionalisierung - Diagnose, Evaluation und Verbesserung des Unterrichts*. 2. aktualisierte Aufl. Seelze-Velber: Kallmeyer in Verbindung mit Klett.

Körber Stiftung. (2017): *MINT Nachwuchsbarometer 2017*. https://www.koerber-stiftung.de/mint-nachwuchsbarometer. Zugriff am 03.09.2018.

Krabbe, H., Zander, S. und Fischer, H. E. (2015): *Lernprozessorientierte Gestaltung von Physikunterricht. Materialien zur Lehrerfortbildung*. Münster: Waxmann Verlag.

Kuckartz, U. (2014): *Mixed Methods: Methodologie, Forschungsdesigns und Analyseverfahren*. Wiesbaden: Springer VS.

Kuckartz, U. (2016): *Qualitative Inhaltsanalyse. Methoden, Praxis, Computerunterstützung*. Weinheim: Beltz Juventa.

Kunter, M., Baumert, J., Blum, W. und Neubrand, M. (2011): *Professionelle Kompetenz von Lehrkräften. Ergebnisse des Forschungsprogramms COACTIV*. Münster [u.a.]: Waxmann.

Kunter, M. und Trautwein, U. (2013): *Psychologie des Unterrichts*. Paderborn: Ferdinand Schöningh.

Leisen, J. (2011): Sprachförderung. Sprachsensibler Fachunterricht. In: *Betrifft: Lehrerausbildung und Schule* 8, 6–15.

Mayring, P. (2015): *Qualitative Inhaltsanalyse. Grundlagen und Techniken*. Weinheim: Beltz.

Muckenfuss, H. (2006): *Lernen im sinnstiftenden Kontext*. Berlin: Cornelsen.

Oser, F. und Patry, J.-L. (1990): Choreographien unterrichtlichen Lernens. Basismodelle des Unterrichts. In: *Berichte zur Erziehungswissenschaft 89*. Freiburg (CH): Pädagogisches Institut der Universität Freiburg.

Richter, C. und Komorek, M. (2017): Backbone - Rückgrat bewahren beim Planen. In: Wernke, S. und Zierer, K. (Hrsg.): *Die Unterrichtsplanung: Ein in Vergessenheit geratener Kompetenzbereich?! Status Quo und perspektiven aus Sicht der empirischen Forschung*. Bad Heilbrunn: Verlag Julius Klinkhardt, 91–103.

„Ja, das ist auch so ein Begriff"
Zum Potenzial von Scaffolding als Unterstützungsstrategie zur Begriffsbildung im Geschichtsunterricht

1. Einleitung

Die Auseinandersetzung mit Vergangenheit und Geschichte sowie alle damit verbundenen Operationen historischen Denkens finden mittels und in Sprache statt (vgl. Handro 2013, S. 325; Rüsen 1986, S. 120; Rüsen 1989, S. 93ff.; Rüsen 1983, S. 28). Im Geschichtsunterricht ist Sprache daher nicht nur Lerngegenstand und Lernstruktur, sondern vor allem auch Lernvoraussetzung (Handro 2013, S. 329). Sprachliches Lernen muss im Sinne einer „durchgängigen Sprachbildung" (Gogolin et al. 2011) also auch im Fach Geschichte ein wesentlicher Bestandteil des regulären Unterrichts sein. Lernende müssen die Formen bildungs- bzw. schulsprachlichen Handelns beherrschen, um an den Erkenntnis- und Denkprozessen der Schulfächer teilhaben zu können. Den Lehrenden kommt daher die Aufgabe zu, die sprachlichen Anforderungen der Fächer explizit zu machen, damit Sprache nicht „eigentliches, aber geheimes Curriculum" (Vollmer und Thürmann 2010, S. 109; „*hidden curriculum*" Christie 1985, S. 37 und Schleppegrell 2010, S. 2) bleibt.

In der Geschichtsdidaktik ist die Einsicht in den bedeutsamen Zusammenhang von historischem und sprachlichem Lernen keine grundlegende Neuigkeit (u. a. Lucas 1975; Jeismann 1988), „eine operationalisierbare Systematisierung des Zusammenhangs von Sprache, historischem Denken und historischem Lernen steht jedoch aus" (Handro 2013, S. 319). Dieser Aufsatz soll dazu einen Beitrag leisten, wobei es das Ziel ist, anhand einer audiographierten und transkribierten Unterrichtsstunde exemplarisch zu rekonstruieren, wie Begriffsbildung als wichtiger Bestandteil von historischen Sprech- und Denkprozessen vollzogen wird. Nach Aebli sind Begriffe von zentraler Bedeutung, da sie „nicht einfach Inhalte des geistigen Lebens" sind, sondern „Instrumente, die uns die Welt sehen und verstehen lassen" (Aebli 2011, S. 245f.). Im Geschichtsunterricht erfüllen Begriffe je nach Zeitebene und Abstraktionsgrad verschiedene Funktionen. So können sie sehr präzise Beschreibungen ebenso ermöglichen wie das Zusammenfassen unzähliger Teilaspekte zu einer Kategorie (z. B. Epochen-

© Springer Fachmedien Wiesbaden GmbH, ein Teil von Springer Nature 2019
M. Butler und J. Goschler (Hrsg.), *Sprachsensibler Fachunterricht*, Sprachsensibilität in Bildungsprozessen, https://doi.org/10.1007/978-3-658-27168-8_10

bezeichnungen). Damit einhergehenden Herausforderungen für die Lernenden, wie sie zu späterem Zeitpunkt noch skizziert werden, kann mit sprachfördernden Maßnahmen wie dem Scaffolding-Ansatz (u. a. Gibbons 2015) begegnet werden. So soll im Zuge dieses Aufsatzes die Rekonstruktion der Begriffsbildung mit der Identifikation bereits vorhandener Scaffolding-Ansätze in der Geschichtsstunde verbunden werden. Dies kann Grundlage für die Erarbeitung von Vorschlägen zur engeren Verzahnung sprachförderlicher Methoden und fachspezifischer Begriffsbildung sein.

2. Begriffe und Begriffsbildung im historischen Lernen

2.1 Die Sprachbedingtheit historischer Erkenntnis- und Denkprozesse

Historische Erkenntnis- und Denkprozesse basieren auf Sprache und sprachlichem Handeln. Vergangenheit als der Gegenstandsbereich, auf den sich historische Erkenntnisprozesse beziehen, ist nicht mehr sinnlich erfahrbar, sondern begegnet uns nur noch medial vermittelt in Form von Sprache und anderen Zeichen (Handro 2013, S. 325; ferner auch: Rüsen 1986, S. 120; Rüsen 1989, S. 93ff.; Rüsen 1983, S. 28). Die Konstruktion von Geschichte als ein Ergebnis der Auseinandersetzung mit Vergangenheit ist ebenfalls ein Prozess, der sprachlich bedingt ist:

„Das Dilemma, dass die Überlieferung übersetzt werden muss, will man die Vergangenheit der Gegenwart nahebringen, sie verständlich machen, dass aber jede Übersetzung aus Gründen, die mit der Struktur der Sprache zusammenhängen, eine Veränderung des Überlieferungsinhaltes mit sich bringt, ist eine Erfahrung, die jeder Historiker im Umgang mit den schriftlichen Quellen machen muss."
(Faber 1982, S. 150)

Die Sprachbedingtheit historischer Erkenntnis- und Denkprozesse schlägt sich auch im Geschichtsunterricht nieder und macht diesen zu einem erheblichen Teil zum ‚Sprachfach', in dem Sprache und sprachliches Handeln nicht nur eine kommunikative, sondern auch eine epistemische Funktion haben (Handro 2013, S. 325; aus allgemeiner Perspektive u. a. Schmölzer-Eibinger 2013, S. 25ff.; Michalak et al. 2015, S. 13; Vollmer und Thürmann 2010, S. 113; Schleppegrell 2010, S. 23). Re- und De-Konstruktionsprozesse sind im Fach Geschichte vornehmlich sprachbezogen und Schüler/innen können – ganz gleich, ob mündlich im Unterrichtsgespräch oder bei der Konzeption eines schriftlichen Texts – nur in und mittels Sprache adressaten-, gattungs- und situationsgerecht historischen Sinn bilden (Pandel 2015, S. 127; Handro 2013, S. 325). Für die deutschsprachige Geschichtsdidaktik ist daher mit der narrativen Kompetenz eine sprachliche Kompetenz das „erklärte Ziel des Geschichtsunterrichtes" (Bernhardt und Wickner 2015, S. 282; ferner auch: Barricelli 2015, S. 8). Die Erkenntnis, dass Prozesse historischen Lernens sprachlich verfasst sind, stellt für die Geschichtsdidaktik also nicht per se eine Neuerung dar (Lucas 1975; Jeismann 1988). Die gegenwärtige „Hinwendung zur Sprache" (Günther-Arndt 2010, S. 17) zeigt viel eher einen Perspektivwechsel, im Zuge dessen die Verbindung von historischem Lernen und Sprache im Hinblick auf die Notwendigkeit einer durchgängigen Sprachbildung diskutiert wird (u. a. Handro 2013, S. 329; Handro 2015, S. 15ff.; Oleschko 2015, S. 89f.). Handro merkt hier jedoch an, dass der deutschsprachige Diskurs bisher vornehmlich auf geschichtstheoretischen Einsichten basiert und es weiterer Systematisierung des Zusammenhangs von Sprache und historischem Lernen bedarf (Handro 2013, S. 319).

Sprachliches Handeln geschieht als konstitutives Merkmal historischen Denkens im Geschichtsunterricht auf gleich mehreren, eng miteinander verknüpften Ebenen. Handro hat diese zu analytischen Zwecken folgendermaßen voneinander getrennt:

1. die Ebene der Quellen, als Repräsentation vergangener Sprachhandlungen;
2. die Ebene der historischen Darstellungen als Repräsentation gegenwärtiger Sprachhandlungen und damit verbundener Sinnbildungen;
3. die Ebene der Schüler/innensprache als individuelle Voraussetzung für historisches Lernen und als Lernstruktur im Prozess des Wissenserwerbs;
4. die Ebene einer fachspezifischen Schulsprache, die unterschiedliche erkenntnis- und diskursorganisierende Elemente umfasst und in Schulbüchern, in Aufgabenstellungen, in der Lehrer/innensprache sowie in den selten explizierten Anforderungen der Unterrichtskommunikation zum Ausdruck kommt (Handro 2013, S. 320f.).

Auf all diesen sprachlichen Ebenen des Geschichtsunterrichts sind Herausforderungen für historische Lehr- und Lernprozesse auszumachen, die hier nur angedeutet werden können. Die Historizität der Sprache, in der sich die Vergangenheit als einer der Erkenntnisgegenstände des Geschichtsunterrichts äußert, ist dabei wohl eine der größten Herausforderungen:

„Die Sprache, die wir sprechen, ist nicht diejenige, in der einst gesprochen wurde. Je tiefer wir in vergangene Sprachwelten zurückgehen, desto mehr Sprachwelten müssen wir durchschreiten und Übersetzungsarbeit leisten." (Goertz 1995, S. 147)

2.2 Begriffsbildung als Aufbau systematischen Wissens und sprachlicher Kompetenzen

Begriffe als „Grundbausteine des Denkens" (Osburg 2016, S. 326) und der Prozess der Begriffsbildung sind fester Bestandteil der Bildungssprache bzw. des bildungssprachlichen Handelns (Osburg 2016, S. 326; Gogolin und Lange 2011, S. 114; Leisen 2017, S. 14). Sie sind aus konstruktivistischer Sicht „Einheiten des operativen Erkennens und Wissens, die aus einer hochgradigen Verarbeitung und systemhaften Verdichtung von Vorstellungsstrukturen entstanden sind" (Seiler 1993, S. 131) und werden im Allgemeinen als kognitive Gebilde mit sozial-emotionalen Komponenten verstanden (Osburg 2016, S. 326), die „nicht gleichsam von außen [...] übernommen" (Seiler und Claar 1993, S. 117), sondern vom Subjekt selbst bei der Verarbeitung seiner Umwelt gebildet werden. Begriffsbildung trägt nicht nur zum Aufbau und zur Veränderung des systematischen Wissens, sondern auch zur Erweiterung sprachlicher Kompetenzen bei:

„Begriffe ermöglichen es uns nicht nur, Sprache zu verstehen und sinnvoll zu verwenden, um unsere Erkenntnisse, Sichtweisen und Bedeutungen anderen zu übermitteln. Begriffsentwicklung ist ebenso die Ursache für die Erweiterung und Vertiefung unseres Verstehens von Sachverhalten und von Sprache." (Seiler und Claar 1993, S. 107)

Begriffsbildung muss demnach ein zentraler Baustein des Aufbaus bildungssprachlicher Kompetenzen sein. Sie geschieht „als eine Konstruktion des Subjekts [...], das selbsttätig das Angebot seiner Umwelt verarbeitet" (Seiler und Claar 1993, S. 117). Die Wahrnehmung der Umwelt und damit auch die Bildung von Begriffen hängt dabei jedoch stark „von den kognitiven Strukturen [ab], über die das Subjekt zu einer gegebenen Zeit verfügt" (Seiler und Claar 1993, S. 118) und ist kein vollends individualisierter Prozess, sondern vielmehr auf die Unterstützung durch soziokulturelle Angebote angewiesen (Seiler und Claar 1993, S. 117; ferner auch: Vygotskij 2017).

Für den Unterricht heißt dies: Schüler/innen sollten bei der Konstitution von Unterrichtsgegenständen durch ‚ihre' Begriffe, aber auch beim Zugriff auf Fachinhalte mit für sie ‚neuen' Begriffen, d. h. bei der Konstruktion von Begriffskonzepten, gezielt unterstützt werden. Dabei gilt es stets an das Vorwissen und das Alltagsverständnis der Schüler/innen anzuknüpfen.

2.3 Die Funktion von Begriffen für historische Lernprozesse

Begriffe als sprachliche und kognitive Gebilde haben als zentraler Bestandteil der Auseinandersetzung mit Vergangenheit und Geschichte mindestens eine doppelte Funktion: Zum einen zeigen sie als Begriffe der Quellen, wie Subjekte ihre damalige Umwelt verarbeitet haben, und geben somit Aufschluss über Deutungen vergangener Wirklichkeit. Zum anderen sind sie als Begriffe der Darstellungen Werkzeug gegenwärtiger Sinnbildungsprozesse, denn „sie strukturieren Phänomene, beschreiben ihr Verhältnis zueinander und ermöglichen die Kommunikation über sie" (Sauer 2015, S. 2). Gemeinsam sind sie, wendet man Aebli historisch, „Instrumente, die uns [vergangene] Welt sehen und verstehen lassen" (Aebli 2011, S. 246).

Die unterschiedliche zeitliche Provenienz (Sauer 2015, S. 4) von Begriffen lässt sich entsprechend der Ebenen Handros auch auf den Geschichtsunterricht beziehen. So finden hier die Begriffe der Vergangenheit (Ebene 1) ebenso Einsatz wie jene der Darstellungen (Ebene 2) und der Schüler/innen (Ebene 3).[1] Hinzu kommen die Begriffe der Historik bzw. Methodik (Ebene 4), die allerdings im Vergleich zu inhaltlichen Begriffen „relativ genau definiert" (Faber 1979, S. 111) werden können (z. B. „Quelle", „Geschichtskarte", „Quellenkritik").

Die Begriffe der Vergangenheit zeichnet ihr historischer Entstehungskontext (Sauer 2015, S. 2) aus, was sie für Schüler/innen als besonders herausfordernd charakterisiert, da für ihre adäquate Einordnung und reflektierte Verwendung zunächst die mit ihnen verbundenen Wertkonnotationen und ihr Gebrauch im historischen Kontext entschlüsselt werden müssen (Handro 2013, S. 322). Hinzu kommt, dass auch Begriffe einem sprachlichen Wandel unterliegen, der ebenso rekonstruiert und stets mitgedacht werden muss (Sauer 2015, S. 2). Dies

---

[1] Auch hier sind die Ebenen nicht trennscharf abzugrenzen. So kann z. B. ein Begriff eines Darstellungstextes auch Teil der Sprache der Schülerinnen und Schüler sein.

gilt sowohl für verschiedene Bedeutungen eines Begriffs in der Vergangenheit (z. B. der Wandel des Begriffs „Stadt") als auch in Abgrenzung zur Gegenwart.[2] Doch nicht nur die Historizität der Sprache, sondern auch die Tatsache, dass Sprache kein „neutrales Medium [ist], das die Gegenstände und Sachverhalte ‚unverändert', in ihrem Ursprung oder gar 1:1 ins Bewusstsein der Menschen bringt" (Felder 2009, S. 11) und somit vergangene Wirklichkeit nicht einfach abbildet, stellt eine Herausforderung für Schüler/innen dar, weil Vergangenheit nur als Deutung vorliegt, die wiederum gedeutet werden muss (Barricelli 2015, S. 39). So ist es u. a. fester Bestandteil des historischen Erkenntnisprozesses, die auf der sprachlichen Oberfläche der Quellen ‚transportierte' Perspektive und Intention der damals Sprachhandelnden zu identifizieren. In Begriffen verdichten sich vergangene Wertungen und Deutungen. Selbst für Schüler/innen objektiv wirkende Begriffe haben eine Perspektive, einen Entstehungs- und einen (oder mehrere) Verwendungskontext(e) (z. B. „Arbeiterklasse", „Emanzipation"). Sie müssen also in der Lage sein, zwischen der Sprache der Vergangenheit (Ebene 1) und der Sprache der Darstellungen (Ebene 2) sowie ihrer eigenen Sprache (Ebene 3) zu „changieren" (Handro 2013, S. 322) und zwischen den Ebenen bewusst zu differenzieren.

Die Begriffe der Darstellungen unterscheiden sich von denjenigen der Vergangenheit vor allem in ihrer Funktion in historischen Sinnbildungsprozessen. So sind im Prozess der gegenwärtigen Auseinandersetzung mit Vergangenheit z. B. Begriffe entstanden, die mehrere Erkenntnisse über einen oder sogar mehrere, d. h. zeitdifferente Sachverhalte bündeln, verallgemeinern und strukturieren. Sie repräsentieren somit ganze Geschichten und werden „narrative Abbreviaturen" (Rüsen 2008, S. 19) oder auch „Colligatory Concepts" (Lévesque 2008, S. 70) genannt (z. B. ‚Der Zweite Weltkrieg'). Ihre umfassende Begriffsbedeutung kann eine Herausforderung für Schüler/innen sein, da ihre Bedeutung und ihr Sinn erst durch einen interpretativen Akt entschlüsselt werden können (Straub 2001, S. 24). Im Fach Geschichte begegnen den Lernenden darüber hinaus verschiedene weitere Begriffstypen:

> „Der Umfang ihrer [der Begriffe] semantischen Felder reicht von fast nur punktuellen Bedeutungen (Schwertleite) bis hin zu Welt umfassenden und Zeiten begleitenden Phänomenen (Macht, Reich), die allerdings wiederum nur durch verschiedene punktuelle Konkretionen gefüllt werden können." (Langer-Plän und Beilner 2006, S. 223)

---

[2] Die historische Dimension von weit über 100 Begriffen wurde von Brunner, Conze und Koselleck in ihrem achtbändigen Werk „Geschichtliche Grundbegriffe" (1972–1997) dargestellt.

Im Gegensatz zu naturwissenschaftlichen Fächern kann im Geschichtsunterricht eine Fachsprache nur unzureichend abgegrenzt werden. Auch ein klar zu bestimmender Begriffskorpus scheint nicht vorhanden (Sauer 2015, S. 5). Dies mag darin begründet sein, „dass die Geschichte kein gut strukturiertes, hierarchisches Feld darstellt und es keine zwingende Sachlogik der Inhalte gibt" (Alavi 2014, S. 33).[3]

Wie in jedem Fachunterricht, bringen die Lernenden auch in den Geschichtsunterricht ihre eigenen, zumeist im Alltag geprägten Begriffskonzepte ein (z. B. vom ‚mittelalterlichen Ritter'). In einer der wenigen empirischen Studien zum Begriffsverständnis von Lernenden resümieren Langer-Plän und Beilner, die gegenwarts- und alltagsbezogenen Vorstellungen von Begriffen stellten ein Problem für historisches Fremdverstehen dar (Langer-Plän und Beilner 2006, S. 236). Hinzu kommt, dass Begriffslernen im Geschichtsunterricht ohne sinnlich erfahrbares Objekt geschieht (Alavi 2014, S. 33) oder sich gar auf Kategorien bezieht, die zu keiner Zeit greifbar waren (‚Macht', ‚Herrschaft'). Im Sinne der *Conceptual-Change*-Forschung schlägt Ventzke hier vor, gerade diese Alltagskonzepte, die Lernende von Begriffen haben, aufzugreifen und weiter zu entwickeln (Ventzke 2012, S. 85; ferner auch: Günther-Arndt 2014, S. 28ff.).

Neben dem Unterschied der Alltags- und Fachkonzepte sei eine weitere Herausforderung genannt, der es im Geschichtsunterricht, auch im Sinne der Anbahnung bildungssprachlicher Kompetenzen, zu begegnen gilt:

„Denn die Geschichtswissenschaft hat es in der Hauptsache mit sprachlicher Überlieferung zu tun, die im praktischen Lebensvollzug entstanden ist und durch das Instrumentarium einer Fachwissenschaft nicht in eine völlig andere Sprache übersetzt werden kann." (Rohlfes 1975, S. 65)

Die Begriffe der Vergangenheit stammen also zumeist aus der Alltagssprache (Alavi 2014, S. 33; Hasberg 1995b, S. 219; Ventzke 2012, S. 85), der es im Rahmen von Fachunterricht jedoch bildungssprachlich zu begegnen gilt, etwa in der Beschreibung einer Bildquelle oder in einer historischen Erzählung. Die vergangene Umgangssprache muss also mit der gegenwärtigen Bildungssprache verknüpft,

---

[3] Die deutschsprachige Geschichtsdidaktik hat sich bisher noch nicht auf eine Typologie geeinigt. Unterschiedliche Vorschläge entstammen der Geschichtstheorie (Weber 1988; Schieder 1974; Faber 1982; Rüsen et al. 1986) und der Geschichtsdidaktik (Rohlfes 1997; Hasberg 1995a/b; Ventzke 2012, Schöner 2007). Mit einem aktuellen Aufsatz von Zabold liegt auch ein erster Ansatz vor, der Begriffe verschiedener Ausprägungen zwischen „Kinder-Terminus" und „konkreter Terminus" typologisiert (Zabold 2017).

kann aber nicht gänzlich in diese überführt werden. Schüler/innen müssen also zwischen Alltags- und Bildungssprache changieren und dies auch noch jeweils bezogen auf die Sprache der Vergangenheit und die Sprache der Gegenwart.

2.4 Begriffsbildung im Geschichtsunterricht

In Bezug auf Konzepte zur Begriffsbildung fehlt es der Fachdidaktik an einem breit diskutierten Konzept (dazu bereits: Rohlfes 1979, S. 31). Wir stützen uns im Folgenden auf Alavis Vorgehen, bei dem sie die Merkmale Begriffserwerb, Begriffsgebrauch und Begriffskritik unterscheidet, wobei diese in der Praxis nicht immer voneinander getrennt werden können und auch keine strikte Reihenfolge darstellen sollen (Alavi 2004, S. 41):

1. Begriffserwerb
   1.1. Begriffsinhalt mit eigenen Worten erklären können (Wortherkunft, Semantik)
   1.2. Mit der Nennung des Begriffs Wissen (Merkmale, historische Zusammenhänge, in denen der Begriff relevant ist), Vorstellungen (Anschauungen, Beispiele) und Wertungen (positiv/negativ, angemessen/unangemessen, angenehmen/-unangenehm etc.) abrufen und einbringen können

2. Begriffsgebrauch
   2.1. Begriff adäquat verwenden können
   2.2. Begriff in neue historische Zusammenhänge einbringen können
   2.3. Den erworbenen Begriff erweitern können (z. B. französische Revolution: französische, industrielle)
   2.4. Begriff von anderen unterscheiden können (Kenntnis des Begriffsfeldes)
   2.5. Zusammenhänge zwischen dem Begriff und anderen Begriffen herstellen können (z. B. Kausalbeziehungen, zeitliche oder räumliche Beziehungen)

3. Begriffskritik
   3.1. Kritisches Einschätzen der Leistungsfähigkeit des Begriffs

Begriffsbildung im Geschichtsunterricht kann nur mithilfe eines sprachsensiblen Vorgehens der Lehrkraft erfolgreich funktionieren. So befand Hug bereits 1977, Lehrkräfte sollten „für einen kritischen Umgang mit der Sprache sensibel machen und selbst konsequent nach Begriffen suchen, die zwischen logischer Benennung und konkretem Inhalt vermitteln" (Hug 1977, S. 82). Einen Anknüpfungspunkt kann dabei das Konzept des Scaffolding bieten, das Maßnahmen zur Planung sowie Durchführung von Unterricht vorsieht.

3. Scaffolding als Unterstützungsstrategie für Begriffsbildung im Geschichtsunterricht

Das Konzept des Scaffolding geht davon aus, dass Lernende mithilfe kompetenter Partner/innen in die Lage versetzt werden, Aufgaben und Anforderungen zu bewältigen, zu denen sie alleine vermutlich nicht imstande wären. Den Lernenden soll ein temporäres Gerüst geboten werden, welches reduziert wird, sobald eine entsprechende Unterstützung auf der jeweiligen Stufe nicht mehr benötigt wird.[4]

Mithilfe von Scaffolding sollen Hürden der bildungssprachlichen Anforderungen von Fachunterricht reduziert werden, ohne die Anforderungen selbst herunterzufahren (*supporting-up* der Lernenden statt *dumbing-down* des Curriculums (Hammond und Gibbons 2005, S. 6)). Scaffolding ist Hammond und Gibbons zufolge vor allem in jenen Kontexten gegeben, in denen eine hohe Herausforderung für die Lernenden besteht und diese gleichzeitig viel Unterstützung erhalten sollen. Die Wahrscheinlichkeit, dass die Schüler/innen in ihrer „Zone of Proximate Development" (Vygotskij 2017, S. 326ff.) arbeiten, also in dem „cognitive gap between what a child can do unaided and what the child can do jointly and in coordination with a more skilled expert" (Gibbons 2015, S. 13), ist hier besonders hoch. Dies gilt sowohl für multilinguale Lernende als auch für monolinguale Lernende (Gibbons 2015, S. 19), ungeachtet ihrer literalen Erfahrung.

Das Scaffolding-Konzept unterscheidet Makro- und Mikro-Scaffolding. Ersteres bezieht sich auf die Vorüberlegungen und die Planung von Unterrichtsstunden und -einheiten, wobei die sprachlichen Erwartungshaltungen und Handlungen expliziert werden (siehe Hammond und Gibbons 2005, S. 12–20; Tajmel und Hägi-Mead 2017, S. 74ff.). Mikro-Scaffolding bezieht sich auf konkrete Unterrichtssituationen und bietet u. a. Ansätze für die sprachliche Interaktion zwischen Lehrkraft und Lernenden (Quehl und Trapp 2013, S. 26). Die Überlegungen zum Unterrichtsgespräch, in dem Wissen und Verständnis („knowledge and understanding") gemeinsam konstruiert werden (Mercer 1994, S. 92f.), knüpfen an Vygotskijs Theorie zum Zusammenhang von Denken und Sprechen an:

---

[4] Gibbons (2015) bezieht das Konzept in Anknüpfung an Untersuchungen von Bruner, Wood und Ross (1976), Mercer (1994) sowie den Überlegungen Hallidays und Hasans (1989) zu sprachlichen Registern und Vygotskijs (2017) zum Lernen als kommunikativ-sozialer Prozess auf das Lernen in einer Zweitsprache.

" ... while we are all biologically able to acquire language, what language we learn, how adept we are at using it, and the purposes for which we are able to use it are a matter of the social contexts and situations we have experienced. In a very real sense, what and how we learn depends very much on the company we keep!" (Gibbons 2015, S. 13)

Die von Gibbons in Bezug auf das Unterrichtsgespräch beschriebenen Merkmale des Mikro-Scaffoldings sind gemeinsam mit Hammond empirisch in alltäglichen Unterrichtsstunden geprüft und ergänzt worden (Hammond und Gibbons 2005; Gibbons 2015). Sie werden hier erläutert und mit dem Ansatz Alavis zur Arbeit mit Begriffen verknüpft und stellen die Grundlage für die folgende Analyse des Transkripts dar, das Ausschnitte eines Unterrichtsgespräches zeigt.

a. *Linking to Prior Experience, Pointing Forward to New Experiences* (Verknüpfung mit früheren oder neuen Erfahrungen)
Dieses Merkmal geht davon aus, dass Interaktionen im Unterricht an Erfahrungen der Lernenden außerhalb der Schule anknüpfen sowie auf Lehr-Lern-Aktivitäten vorheriger Stunden bezogen werden. Ziel ist es, Neues „within this shared experience" (Hammond und Gibbons 2005, S. 21) zu verorten. Kniffka und Roelcke sprechen von der „Einbettung in größere konzeptuelle Zusammenhänge" (Kniffka und Roelcke 2016, S. 150). Dies kann etwa geschehen, indem Lernende Wissen, Vorstellungen oder Wertungen abrufen und einbringen (Alavi: Merkmal 1). Die Lehrkraft kann hier auch den Bezug zu kommenden Inhalten und Aktivitäten herstellen (*pointing forward*), wiederum mit dem Ziel, die Interaktion in einen weiteren Kontext einzubetten (Hammond und Gibbons 2005, S. 21).

b. *Recapping* (Zusammenfassen)
Bei Berücksichtigung dieses Merkmals fasst die Lehrkraft am Ende einer Interaktion wichtige Aspekte zusammen, die sowohl einen inhaltlichen als auch einen sprachlichen Fokus haben können oder den Lernfortschritt reflektieren. Dies kann für alle drei Merkmale Alavis (Erwerb, Gebrauch, Kritik) zielführend sein, da für die Lehr- und Lernziele der Stunde zentrale Aspekte erneut aufgegriffen oder Aushandlungen von Begriffen noch einmal strukturiert rekapituliert werden können.

c. *Appropriating* (zu eigen machen)
Dieses Merkmal beschreibt „a process whereby teachers appropriate contributions (wordings, ideas, information) from their students and build this into the discourse" (Hammond und Gibbons 2005, S. 22). Begriffserwerb, Begriffs-

gebrauch und Begriffskritik können gleichermaßen mit *Appropriating* verbunden werden. Dabei sollte im Sinne historischen Lernens berücksichtigt werden, dass die von Lernenden generierten Bedeutungen und Sinnkonstruktionen nicht einfach überlagert werden, sondern durch das Aufgreifen der Lehrkraft eine tiefere Aushandlung ermöglicht wird.

d. Recasting (Umgestalten)
Hierbei handelt es sich um die Überführung von Formulierungen in das angemessene (verständnisfördernde) Register durch die Lehrkraft oder die Lernenden. So können Lernendenbeiträge (Ideen und Formulierungen) fortschreitend umgestaltet werden, sofern die Lehrkraft diese im Rahmen des *Appropriatings* aufgreift und eine Aushandlung initiiert (Hammond und Gibbons 2005, S. 22f.). Im Kontext historischen Lernens gilt es hier auch, die Sprache der Vergangenheit und der Gegenwart zu unterscheiden und, je nach Kontext, die eine in die andere zu „übersetzen" (Faber 1982, S. 150). Neben der Berücksichtigung der Zeitebene geht es in Bezug auf Begriffe darum, mit diesen verbundene Deutungsabsichten und Wertkonnotationen zu entschlüsseln (Alavi: Merkmal 2).

e. Cued Elicitation (‚Hervorlocken' durch Hinweise)
Dieses Merkmal bezieht sich auf IRF-Sequenzen, also jene Muster von Unterrichtskommunikation, in denen auf das Initiieren (*initiation*) der Lehrkraft eine Reaktion oder Antwort (*response*) der Lernenden und eine Evaluation (*feedback*) dieser durch die Lehrkraft folgt (u. a. Sinclair und Coulthard 1977). Im Rahmen von *Cued Elicitation* gibt die Lehrkraft dabei im ersten Schritt klare Hinweise in Bezug auf erwartete Reaktionen (Hammond und Gibbons 2005, S. 23). So können u. a. jene Sprachbestandteile fokussiert werden, die die Zuhörenden für ihr Verständnis benötigen (Gibbons 2015, S. 37).

f. Increased Prospectiveness (Erweiterung der Perspektive)
Dieses Merkmal bietet einen weiteren Anknüpfungspunkt an IRF-Sequenzen, setzt jedoch im dritten Schritt an. Er ermöglicht es, die Interaktion zu öffnen und die Lernenden über ihr Denken und Verstehen („*thinking and understanding*" Hammond und Gibbons 2005, S. 23) reflektieren zu lassen. Hier kann vor allem Begriffskritik (Alavi: Merkmal 3) zum Tragen kommen, indem die Lehrkraft den Diskurs weiter öffnet, um die Leistungsfähigkeit eines behandelten Begriffs z. B. anhand eines anderen Sachverhalts zu prüfen (z. B. „Revolution").

Bisher ist die überwiegende Zahl der Beispiele, die sprachliche Förderansätze auf den Fachunterricht beziehen, dem naturwissenschaftlichen Bereich zuzuordnen (u. a. Gibbons 2006; Quehl 2010; Leisen 2013). Die Verbindung des Scaffolding-Konzepts mit der Förderung von Begriffskompetenz im Geschichtsunterricht scheint eine fruchtbare zu sein, da mithilfe der Ansätze eine gezielte Arbeit mit Begriffen im Unterrichtsgespräch unterstützt werden kann. Die Berücksichtigung von Scaffolding kann dabei zur Aushandlung von Begriffskonzepten sowie zum sinnstiftenden Einsatz von Begriffen durch die Schüler/innen beitragen.

4. Analyse von Unterrichtssequenzen

Die vorliegende Unterrichtsstunde entstammt einer zehnten Realschulklasse und befasst sich mit dem Bau der Berliner Mauer. Anhand einzelner Ausschnitte eines Transkripts[5] sollen, den Überlegungen Alavis folgend (Alavi 2004, S. 41), Merkmale der Begriffsbildung im Unterrichtsgespräch herausgestellt sowie Merkmale des Scaffoldings identifiziert werden.

Da die Stunde nicht mithilfe von Überlegungen zum Scaffolding konzipiert wurde, kann nicht auf Ansätze des Makro-Scaffoldings zurückgegriffen werden, wenngleich Makro- und Mikro-Scaffolding in der Theorie aufeinander aufbauen. Jedoch sind Einzelaspekte des Mikro-Scaffoldings zu ermitteln, die im Sinne historischen Lernens sowie entsprechend der Forderung nach durchgängiger Sprachbildung Möglichkeit zur vertieften Förderung bieten können und schließlich für die Konzeption des Makro-Scaffoldings für eine nächste Stunde genutzt werden könnten. Zu Beginn der Unterrichtsstunde wird eine Videoaufnahme gezeigt, in der der angeschossene DDR-Grenzsoldat Peter Fechter an der Mauer zu sehen ist. Anschließend lesen die Lernenden eine Fernseh- und Rundfunkansprache Walter Ulbrichts vom 18. August 1961, in der dieser den Mauerbau rechtfer-

---

[5] Im Transkript wurde die Sprache und Interpunktion leicht geglättet, d. h. dem Schriftdeutsch angenähert. Dabei wurden folgende Transkriptionsregeln angewendet, die teilweise auf Kuckartz zurückgehen: „son" oder „'n" wird zu „so ein" oder „ein". Besonders betonte Silben werden unterstrichen. Kommata werden im Satz dort gesetzt, wo eine kurze Pause entsteht. Darüber hinaus werden Pausen durch Punkte in Klammern angegeben. Die Zahl der Punkte zeigt die Länge der Pause an. Geht die Stimme am Satzende nach oben, wurde ein Fragezeichen eingefügt. Sich überschneidende Äußerungen werden der Lesbarkeit halber untereinander notiert und kommentiert. Abgebrochene Wörter und Sätze, wenn nicht durch eine Pause verbunden, werden mit „-" dargestellt (Kuckartz 2010).

tigt. Die Lernenden bearbeiten ein Arbeitsblatt mit dem Schema der Berliner Mauer und kommen dann auf den Stundenbeginn zurück. Die Lehrkraft scheint durchweg bemüht, konkrete Arbeitsimpulse zu geben, da sie Operatoren nutzt und paraphrasiert und sich selbst präzisiert. Wo immer ein Medium auftaucht, wird dieses fachspezifisch, z. B. als „Originalfilmaufnahme", bezeichnet. In Bezug auf die bekannte Fotografie der Berliner Mauer mit Graffiti verweist die Lehrkraft auf ikonische Bilder. Ebenso berücksichtigt sie stets relevante Operationen im Umgang mit Quellen und Darstellungen (z. B. innere Quellenkritik). Die Stunde erfordert ein hohes Maß an fachspezifischen Sprachhandlungen. Begriffe der verschiedenen Ebenen nach Handro sind zahlreich. So stehen in den folgenden Auszügen die Begriffe „Kriegsbrandherd" und „antifaschistischer Schutzwall" als perspektivische vergangene Sprachhandlungen (Handro Ebene 1) im Fokus. Zudem wird „Die Mauer" explizit thematisiert. Dabei handelt es sich um einen Begriff, der sowohl das reale Objekt bezeichnet als auch für das Konzept dahinter steht und auch im heutigen Sprachgebrauch Verwendung findet. Alle drei Begriffe bedürfen daher einer besonderen Aufmerksamkeit.

Der folgende Ausschnitt des Transkripts der Unterrichtsstunde setzt nach dem Lesen der Begründung Ulbrichts für den Mauerbau ein. Die Lernenden wurden zuvor aufgefordert, Ulbrichts Begründung wiederzugeben. Da sie dazu Begriffe aus der Quelle wie „westdeutsche Kriegstreiber" nutzen, erhob die Lehrkraft die diesbezüglichen Vorstellungen der Lernenden. Darauf aufbauend wurde von verschiedenen Lernenden erklärt, was Ulbricht Westdeutschland vorwerfe.

L: Könnt ihr nochmal andere (..) du hast ja grad schon richtig (..) also ist alles richtig was ihr gesagt habt, Kriegstreiber war schon ein so ein Begriff (..) was sind noch so Begriffe die ihr den (.) mit denen er den Westen in Verbindung bringt, die hier drin stehen? Er spricht ja einmal von (..) Kriegstreibern aber da sind noch andere Begriffe die dieses (..) das zum Ausdruck bringen, was ihr gerade beschrieben habt. (…) Guckt nochmal in den Text rein sonst. (…) Jan[6]?
Jan: äh Kriegs(.)brand(.)herd?
L: Ja genau. Kannst du den Begriff mal kurz erklären, was heißt das?
Jan: Weiß ich nicht.

---

[6] Die Namen der Schüler/innen wurden durch Pseudonyme ersetzt. Nicht zuzuordnende Äußerungen sind durch ein S markiert.

L: Wenn (..) jetzt spricht der gefährliche Kriegsbrandherd in West oder Westberlin. (...) Erinnert euch nochmal ein bisschen an diese Berliner Luftbrücke. Was war da nochmal der Hintergrund?
Marco: Ja, also Kriegs<u>brand</u>herd heißt im Grunde, wie man auch das zum Beispiel von einem Brandherd in einem Feuer kennt, der Ausgangspunkt oder der der schlimmste Punkt dieses (..) Herdes, dieses Feuers.
L: Ja genau, was war nochmal bei der Luftbrücke (.) die Berliner Luftbrücke (...) haben wir letztes mal drüber gesprochen (..) was war nochmal (.....) das Ziel der Sowjetunion, Kim?
Kim: Also der Osten beziehungsweise die Sowjetunion hatte Westberlin einfach komplett abgekapselt.
L: Ja.
Kim: Und es gab halt keine Wege um Nahrungsgüter oder sowas in den West- (.) nach Westberlin zu bekommen oder (..) geschweige dessen rauszukommen (.) und dann hat die USA und Großbritannien sich einen Plan überlegt, wie sie die Menschen in Westberlin ernähren können und haben sie Rosinenbomber losgeschickt um Nahrungsgüter und sowas.
L: Ja genau.
Kim: (*unverständlich*)
L: (*unterbricht*) Ja genau und was wollte Stalin damit erreichen mit dieser (..) was wollte er sozusagen erpressen kann man fast schon sagen?
Hendrik: Westberlin, der wollte Westberlin.
L: Ja genau. Also Westberlin war immer so ein Zankapfel, also die haben sich da immer drum gestritten. (...) Natürlich wollte Stalin das in seinem (..) Machtbereich haben, weil es ja in der DDR liegt, und ja, das hängt auch damit zusammen, dass sozusagen diese dieser Westberlin oder immer so ein (..) das ist mit äh auch so ein bisschen mit Kriegsbrandherd (...) das wurde immer so ein bisschen gesehen als Ursache, dass sich daran so ein Krieg zwischen den beiden Großmächten entzündet (.) sozusagen (...). Durch so bestimmte Krisen, ja? Und am (.) ja und hier, Ulbricht sagt hier ganz einfach, die DDR oder (.) gemeinsam mit der Sowjetunion haben jetzt entschieden, das ein für alle Mal zu beenden. Die ziehen diese Mauer (...) und dann ist sozusagen der Frieden gewahrt.

In dieser Sequenz geht es um die Auseinandersetzung mit dem Begriff „Kriegsbrandherd Westberlin", also einer vergangenen Sprachhandlung Walter Ulbrichts. Die Historizität des Begriffs, der der Quelle entstammt, kann somit als Herausforderung betrachtet werden (Handro: Ebene 1).

Nachdem die Lernenden mit „westdeutsche Kriegstreiber" selbstständig einen ersten Begriff aus der Quelle aufgegriffen hatten, bittet die Lehrkraft weitere Begriffe zu nennen, die Ulbricht mit dem Westen verbindet. Entsprechend dem Merkmal 2 „Begriffsgebrauch" nach Alavi lässt sich hier erkennen, dass die Lehrkraft die Schüler/innen dazu anleitet, einen Zusammenhang zwischen

„westdeutsche Kriegstreiber" und weiteren Begriffen der Quelle herzustellen. Zu vermuten ist, dass die Schüler/innen dazu angehalten werden sollen, propagandistische Begriffe zu identifizieren und ihre Funktion in der Beschreibung Westdeutschlands und der Mauer zu erläutern. Hier dienen die Begriffe als Lern- und Reflexions-gegenstand, um im Rahmen der inneren Quellenkritik die Perspektive und Intention Ulbrichts zu ermitteln.

Da Jan den Begriff „Kriegsbrandherd" nennt, prüft die Lehrkraft zunächst, ob dieser in der Lage ist, den genannten Begriff zu erklären, das heißt Wissen und Vorstellungen abzurufen, um den Terminus und dessen Konzept aufeinander zu beziehen (Alavi: Merkmal 1). Marco versucht zunächst, „Kriegsbrandherd" aus seinem Alltagsverständnis, als den „Ausgangspunkt" eines Feuers, herzuleiten, was die Lehrkraft als Ansatz zum Verständnis der Metapher des „Brandherdes" an dieser Stelle nicht aufgreift. Stattdessen versucht sie, die Lernenden darin zu unterstützen, zur Erläuterung des Begriffs Vorwissen (vergangener Geschichtsstunden) abzurufen (Alavi: Merkmal 1.1), indem sie diese bittet, sich an die „Luftbrücke" zu erinnern. Hier präzisiert die Lehrkraft ihren Anknüpfungspunkt von „Luftbrücke" zu „Berliner Luftbrücke", ergänzt also die Zeitlichkeit des Begriffs. Gleichzeitig kann man hier mit dem *Linking to Prior Experience* (Hammond und Gibbons: Merkmal a) einen Ansatz des Scaffoldings erkennen. Die Lehrkraft versucht mit dem Stichwort „Berliner Luftbrücke", das bereits im Unterricht behandelte Thema in Erinnerung zu rufen, sodass die Lernenden den Begriff „Kriegsbrandherd Westberlin" in einen größeren Zusammenhang einbetten können. Fraglich ist dabei jedoch, ob andere Begriffe, wie etwa „Großmächte", den Lernenden noch präsent sind oder ob hier ebenfalls konkreter an ihre Erfahrungen aus dem vorangegangenen Unterricht hätte angeknüpft werden müssen.

Nachdem die Ereignisse der „Berliner Luftbrücke" erläutert wurden und Hendrik mit „Westberlin, der wollte Westberlin" den Anknüpfungspunkt zum diskutierten Begriff bietet, fasst die Lehrkraft die Interaktion zusammen. Dies entspricht dem Scaffolding-Merkmal des *Recapping* (Hammond und Gibbons: Merkmal b), da die Lehrkraft die Bedeutung eines für das Verständnis der Quelle zentralen Begriffs zusammenfasst und so die Möglichkeit ergreift, eine gemeinsame Grundlage für das Begriffsverständnis zu schaffen und die Interaktion in ein bildungssprachliches Register zu überführen. An dieser Stelle geht die Lehrkraft jedoch insbesondere auf den Zusatz „Westberlin" ein und greift die wörtliche Bedeutung (im Gegensatz zur metaphorischen) eines „Brandherdes" nicht wieder auf. Damit wird die Chance verpasst, die Bedeutung des Begriffs „Kriegsbrandherd" differenziert auszuhandeln, denn Jan zerlegt das Kompositum durch die Betonung der einzelnen Silben bereits in seine Bestandteile, was Marco aufgreift. Mit diesem Vorgehen hätten hier auch die Begriffe „Krieg" und „Westberlin" diskutiert werden können, wenn das *Recapping* stärker auf die Komplexität dieses Kompositums, als bildungssprachliches Merkmal, eingegangen und die Verknüpfung zu dessen inhaltlicher Relevanz deutlich gemacht worden wäre.

Gleichzeitig ist das Merkmal *Recasting* zu erkennen: So überführt die Lehrkraft die Aussage von Hendrik („Westberlin, der wollte Westberlin") in eine konzeptionell schriftsprachlichere, präzisere Formulierung („Westberlin war immer so ein Zankapfel"). Der verwendete Begriff „Zankapfel" ist dabei ein umgangssprachlicher, der jedoch den Schüler/innen möglicherweise nicht bekannt ist und daher auch eine Hürde darstellen kann. So paraphrasiert die Lehrkraft ihn direkt mit „die haben sich da immer drum gestritten".

Grundsätzlich wäre hier ein guter Anknüpfungspunkt für eine metasprachliche Reflexion gegeben (z. B. im Sinne von *Increased Prospectiveness*). Indem die Lehrkraft an die Lernendenbeiträge anknüpfte und den Diskurs hin zur Diskussion der Leistungsfähigkeit des Begriffs (Alavi: Merkmal 3) öffnete, könnte der Begriff „Kriegsbrandherd Westberlin", wie auch schon „westdeutsche Kriegstreiber", unter dem gemeinsamen Merkmal „Propaganda" diskutiert werden.[7] Die Lernenden könnten dabei eine zeitliche Verortung vornehmen und das Changieren zwischen Sprache der Gegenwart und Sprache der Vergangenheit explizit reflektieren sowie gleichzeitig die Perspektivität und die Wertkonnotation des Begriffs, der eben nicht als neutrales Synonym zu „Westberlin" fungiert, diskutieren.

Wenig später in der Stunde folgt eine Sequenz, in der mit „antifaschistischer Schutzwall" ein weiterer Begriff diskutiert wird, der zwar nicht der Quelle entstammt, aber dennoch der thematischen Klammer „Propaganda" zuzuordnen ist.

L: Ja genau richtig. Also für ihn [Ulbricht] ist die Berliner Mauer was (......) wie kann man das ausdrücken (…) wer kann das irgendwie beschreiben (…) wie würde er das die Berliner Mauer bezeichnen? Moritz?

---

[7] In einer anderen Klasse hat die Lehrkraft zu einem späteren Zeitpunkt auf Grundlage derselben Quelle genau dies getan, d. h. die Begriffe unter dem Ordnungsbegriff „Propaganda" verorten lassen.

Moritz: Als antifaschistischen Schutzwall?
L: Ja das hast du jetzt raus interpretiert (*unverständlich*). (…) Was heißt das? (……)
Was meint er damit? (……)
Moritz: Das ja das halt so-
L: (*fällt ins Wort*): Was heißt denn der Begriff antifaschistisch? Das ist ein auf(..)genommener Begriff für die Berliner Mauer aus Sicht der DDR, die haben den antifaschistischen Schutzwall genannt (.) was heißt das?
Moritz: Also dass der gegen (..) also Faschisten sind ja Rechte und (.) antifaschistisch ist dagegen und-
L: Genau und wen hat der sozusagen als die Faschisten bezeichnet (…) als die (….) gegen wen
S (*zeitgleich*): *unverständlich*, L: Bitte?
Moritz: Die BRD
L: Ja genau, Westdeutschland. So und Schutzwall soll natürlich so (…) die abhalten.

Die Lehrkraft fordert die Lernenden auf, Ulbrichts Verständnis noch einmal zu wiederholen, indem sie eine konkrete Bezeichnung für die Berliner Mauer finden. Moritz schlägt „antifaschistischer Schutzwall" vor, woraufhin die Lehrkraft ihn auffordert, das Konzept des Begriffs zu erläutern (Alavi: Merkmal 1.2). Zuvor scheint die Lehrkraft den Begriff jedoch zeitlich einzuordnen, indem sie andeutet, es sei etwas, das Ulbricht selbst gesagt habe („was meint er damit?"). Sie unterbricht Moritz in seinem Erklärungsansatz, um sich selbst zu präzisieren und die Erklärung des Begriffs durch dessen Zerlegung in seine Bestandteile zu verlangsamen (als Prinzip von Scaffolding (Gibbons 2015, S. 40)). Dafür ordnet sie den Begriff zudem perspektivisch ein, indem sie ihn als „aus Sicht der DDR" kennzeichnet. Indem die Lehrkraft den Begriff zerlegt und fragt, was „antifaschistisch" bedeutet, ermöglicht sie es dem Schüler, in seiner Erklärung von „antifaschistisch" an sein Alltags- oder Vorwissen anzuknüpfen, sodass dieser das Wort noch weiter herunterbricht und zunächst „Faschisten" erklärt, ohne eine zeitliche Ebene zu berücksichtigen. Insofern kann hier von *Linking to Prior Experience* (Hammond und Gibbons: Merkmal a) gesprochen werden. Was jedoch mit „Schutzwall" gemeint ist, wird nicht näher erörtert. Die Lehrkraft erklärt den Begriff mit „soll die abhalten" und geht dann zu einem anderen Aspekt über. Die Chance einer bildungssprachlichen, präzisen Formulierung wird hier verpasst. Das sinnvolle Herausheben des Begriffsteils „antifaschistisch" aus seiner zeitlichen Perspektive wird nicht weiterverfolgt, da die Lehrkraft nicht zur Diskussion dazu anregt zu hinterfragen, was aus der Perspektive Ulbrichts mit „antifaschistisch" gemeint sein könnte. Sie geht also zurück auf die zeitgenössische

Ebene, ohne die Bedeutung der Übertragung des Begriffs zu hinterfragen. Insofern wird hier erneut die Chance verpasst, Begriffskritik (Alavi: Merkmal 3) zu üben und zwischen den Sprachen der Gegenwart und der Vergangenheit zu changieren, zum Beispiel indem die Lehrkraft hier im Sinne des *Increased Prospectiveness* zur Reflexion anregt. Die Perspektive wird zwar durch die Lehrkraft angezeigt und dass ein Synonym für „Mauer" vorliegt, kann aus der Fragestellung und dem Eingehen auf den Begriff durch die Lehrkraft geschlossen werden. Aber die Einordnung als Mittel der Propaganda wäre auch an dieser Stelle sinnvoll gewesen, um die verschiedenen Ansätze zu strukturieren.

In der Stunde schauen sich die Lernenden des Weiteren den Aufbau der Berliner Mauer mit ihren zahlreichen Elementen anhand einer schematischen Darstellung an. Auch hier geht es erneut um Beschreibungen der Mauer.

L: [...] Das Entscheidende ist, dass natürlich die Grenze auch bewacht war oder, nochmal anders gefragt, würdet ihr das einfach als Mauer bezeichnen oder was ist die Berliner Mauer eigentlich? Wie kann man das eigentlich viel besser beschreiben (...) Konrad?
Konrad: Todesstreifen.
L: Ja, das ist auch so ein Begriff, der dann auch damals in den Medien immer viel verwendet wurde, gerade in Westdeutschland, weil dort die Menschen halt auch gestorben sind. Aber (..) ein bisschen (.....) Paul?
Paul: Also ich würde sagen Grenzzone (*setzt zu weiterem Wort an*)
L: (*unterbricht*) Ja, genau, Mattias?
Mattias: Grenzanlage.
L: Ja, genau. Also es ist eigentlich im Prinzip nicht nur einfach eine Mauer, sondern es ist eine richtige Grenzanlage, Grenzzone, wie auch immer. Erkennt man auch allein schon durch die Tiefe der Mauer. Die ist ja (..) die längsten Abschnitte waren bis zu hundert (..) Metern Tiefe hatte die Berliner Mauer (...) die dann nicht nur eben diese ganzen Sperrelemente hat, sondern eben auch bewacht wurde und das ist ja auch das Entscheidende [...]

In dieser Sequenz fragt die Lehrkraft nach einer „besseren" Beschreibung „der Mauer". Mit dem Begriff „Todesstreifen" wird von Konrad ein stark mit Wertungen aufgeladener Begriff vorgeschlagen. Die Lehrkraft erklärt den Begriff dieses Mal selbst. Sie benennt dabei sowohl die zeitliche als auch die perspektivische Dimension und erklärt den Begriff, indem sie ihn in seine Bestandteile zerlegt. Insofern berücksichtigt sie hier jene Aspekte, die in den vorangegangenen Sequenzen nicht explizit gemacht oder nur angerissen wurden (zeitliche Provenienz, Perspektive, Begriffsursprung). Die Vorschläge der Lernenden werden von der Lehrkraft jedoch nicht auf ihre Adäquatheit (Alavi: Merkmal 2.1) hin evaluiert. Dies mag daran liegen, dass vorab nicht expliziert wurde, was einen geforderten Begriff ausmachen sollte, warum „Todesstreifen" also weniger adäquat ist als „Grenzanlage". Wenngleich die Lehrkraft den Begriff hier strukturiert erklärt, ist die Interaktion stark lehrer/innenzentriert, sodass die Schüler/innen keine ‚echten' Sprechanlässe erhalten und auf Ein-Wort-Äußerungen ausweichen. Die Lehrkraft greift hier keine Scaffolding-Merkmale auf. Interessant ist, dass sie dem Begriff „Todesstreifen" nicht mehr Aufmerksamkeit schenkt, da sie im weiteren Verlauf der Stunde den „Charakter" der Mauer mit tödlich umschreibt.

In den untersuchten Sequenzen versucht die Lehrkraft das Konzept, das sich hinter dem Terminus „Berliner Mauer" verbirgt, aus unterschiedlichen Perspektiven zu betrachten. Dabei werden verschiedene Begriffe bearbeitet, die der Sprache der Vergangenheit zuzuordnen und nicht unreflektiert auf die Gegenwart zu übertragen sind. Durch die Verknüpfung mit dem Oberbegriff „Propaganda" hätte dies insofern verdeutlicht werden können, als dass die diskutierten Begriffe Ulbrichts Sicht auf den Westen anzeigen bzw. auch mit „Todesstreifen" stark wertend sind. Jene in den Sequenzen bearbeiteten Eigennamen (z. B. „antifaschistischer Schutzwall"), die in der Begriffstypologie von Rohlfes als die am wenigsten komplexe Form von Begriffen eingestuft werden (Rohlfes 1997, S. 170), sind durch ihre propagandistische Verwendung ungleich komplexer, da sie als Metaphern in ihren symbolischen Bedeutungen sowie den damit verbundenen Wertungen erschlossen werden müssen. Eine Diskussion der Leistungsfähigkeit (Alavi: Merkmal 3) liegt daher nahe.

Bezogen auf die Identifikation von Scaffolding-Merkmalen ist festzustellen, dass sich *Appropriating* durch alle betrachteten Sequenzen zieht. So greift die Lehrkraft die Begriffe der Lernenden (z. B. „antifaschistischer Schutzwall") auf und lässt ihre Begriffskonzepte diskutieren. Dieses Vorgehen der Lehrkraft ermöglicht es, die Vorstellungen der Schüler/innen zu einzelnen Begriffen zu erheben (Alavi: Merkmal 1).

Die Merkmale *Cued Elicitation* und *Increased Prospectiveness* sind in den betrachteten Sequenzen nicht zu identifizieren. Dies mag daran liegen, dass die Lehrkraft an verschiedenen Punkten ihre Erwartungen nicht explizit macht („Aber [..] ein bisschen [.....] Paul?"). So erweitert die Lehrkraft IRF-Sequenzen im Schritt der Evaluation hin zu weiterführenden Fragestellungen zur Aushandlung von Begriffskonzepten, bietet aber wenig Raum für Reflexion seitens der Schüler/innen. Insbesondere das Merkmal *Increased Prospectiveness* bietet Potenzial für historisches Lernen, da durch die angestrebte Öffnung des Diskurses ein Reflexionsraum geschaffen wird, der für alle drei Merkmale Alavis zur Begriffsbildung Unterstützung bieten und so nicht nur die Reflexion vergangener Sprachhandlungen, sondern auch eigener gegenwärtiger Sprachhandlungen bei der Auseinandersetzung mit Vergangenheit ermöglichen kann.

Grundsätzlich ist zu vermuten, dass die Schüler/innen in den betrachteten Sequenzen nicht in ihrer „*Zone of Proximate Development*" arbeiten, dem eigentlichen Ziel des Scaffoldings, da die Lehrkraft in der Aushandlung der Begriffsbedeutungen den größeren Sprechanteil (und so die Deutungshoheit) innehat. Erhielten die Lernenden hier mehr Zeit und Möglichkeiten, sprachlich zu handeln, so könnten sie sich nicht nur darauf konzentrieren, *was* sie sagen, sondern auch darauf, *wie* sie es sagen, und ihr eigenes Sprachhandeln reflektieren (Gibbons 2015, S. 25). Die grundlegenden Prinzipien von Mikro-Scaffolding (Verlangsamung der Interaktion, Zeit zum Überlegen, Lernende als ‚ernstzunehmende' Gesprächspartner, Anlässe zu Erklären statt Informationen zu nennen (Gibbons 2015, S. 40ff.)) könnten so noch stärker berücksichtigt werden.

5. Fazit

Begriffe als sprachliche und kognitive Gebilde sind eine wichtige Grundlage historischer Erkenntnis- und Denkprozesse, weshalb Begriffserwerb, Begriffsgebrauch und Begriffskritik unumgängliche Bestandteile historischen Lernens sind. Bei den damit verbundenen Herausforderungen müssen Schüler/innen systematisch unterstützt werden. Das Konzept des Scaffoldings hat sich im Zuge der Analyse einer Unterrichtsstunde als anschlussfähig an die Theorie zum historischen Begriffslernen erwiesen. So konnten bei näherer Betrachtung des Unterrichtsgespräches bereits erste Ansätze des Unterstützungskonzeptes identifiziert werden, obwohl die Lehrkraft die Stunde nicht mithilfe von Makro- und Mikro-Scaffolding konzipiert hat. Lehrkräften scheint also die Bedeutung des Begriffslernens für das historische Lernen der Schüler/innen durchaus bewusst zu sein, weshalb die Qualität des Unterrichts von einer gezielteren Nutzung von Scaffolding-Verfahren profitieren dürfte. Allerdings bedarf es hierzu noch weiterer geschichtsdidaktischer Forschungsanstrengungen, die sich sowohl auf eine Weiterentwicklung, Schärfung und Ausdifferenzierung der Theorie des historischen Begriffslernens richten müssen als auch auf die Entwicklung, Erprobung und Evaluation von unterrichtsnahen Scaffolding-Konzepten.

Literatur

Aebli, H. (2011): *Zwölf Grundformen des Lehrens: Eine allgemeine Didaktik auf psychologischer Grundlage; Medien und Inhalte didaktischer Kommunikation, der Lernzyklus.* 14. Aufl. Stuttgart: Klett-Cotta.

Alavi, B. (2004): Begriffsbildung im Geschichtsunterricht: Problemstellungen und Befunde. In: Uffelmann, U. und Seidenfuß, M. (Hrsg.): *Verstehen und Vermitteln: Armin Reese zum 65. Geburtstag.* Idstein: Schulz-Kirchner, 39–61.

Alavi, B. (2014): Begriffslernen. In: Mayer, U., Pandel, H.-J., Schneider, G. und Schönemann, B. (Hrsg.): *Wörterbuch Geschichtsdidaktik.* 3. Aufl. Schwalbach/Ts.: Wochenschau-Verlag, 32–33.

Barricelli, M. (2015): *Schüler erzählen Geschichte: Narrative Kompetenz im Geschichtsunterricht.* 2. Aufl. Schwalbach: Wochenschau Verlag.

Bernhardt, M. und Wickner, M.-C. (2015): Die narrative Kompetenz vom Kopf auf die Füße stellen - Sprachliche Bildung als Konzept der universitären Geschichtslehrerausbildung. In: Benholz, C., Frank, M. und Gürsoy, E. (Hrsg.): *Deutsch als Zweitsprache in allen Fächern: Konzepte für Lehrerbildung und Unterricht.* Stuttgart: Fillibach bei Klett, 281–296.

Brunner, O., Conze, W. und Koselleck, R. (1972–1997): *Geschichtliche Grundbegriffe.* Stuttgart: Klett-Cotta.

Christie, F. (1985). Language and Schooling. In: Tchudi, S. N. (Hrsg.): *Language, Schooling, and Society: Proceedings.* Upper Montclair, N.J.: Boynton/Cook, 21-40.

Faber, K.-G. (1979): Historische Begriffe. In: Bergmann, K., Kuhn, A., Rüsen, J. und Schneider, G. (Hrsg.): *Handbuch der Geschichtsdidaktik*. Band 1. Düsseldorf: Pädagogischer Verlag Schwann, 111–114.

Faber, K.-G. (1982): *Theorie der Geschichtswissenschaft*. 5. Aufl. München: Beck.

Feilke, H. (2012): Bildungssprachliche Kompetenzen - fördern und entwickeln. In: *Praxis Deutsch 233*, 4–13.

Felder, E. (2009): Das Forschungsnetzwerk „Sprache und Wissen" - Zielsetzung und Inhalte. In: Felder, E. und Müller, M. (Hrsg.): *Sprache und Wissen. Wissen durch Sprache. Theorie, Praxis und Erkenntnisinteresse des Forschungsnetzwerkes „Sprache und Wissen"*. Berlin: De Gruyter, 11–18.

Gibbons, P. (2006): Unterrichtsgespräche und das Erlernen neuer Register in der Zweitsprache. In: Mecheril, P. und Quehl, T. (Hrsg.): *Die Macht der Sprachen. Englische Perspektiven auf die mehrsprachige Schule*. Münster: Waxmann, 269–290.

Gibbons, P. (2015): *Scaffolding language, scaffolding learning: Teaching English language learners in the mainstream classroom*. 2. Aufl. Portsmouth, NH: Heinemann.

Goertz, H.-J.. (1995): *Umgang mit Geschichte: Eine Einführung in die Geschichtstheorie*. Reinbek/HH.: Rowohlt.

Gogolin, I., Lange, I., Hawighorst, B., Bainski, C., Heintze, A., Rutten, S. und Saalmann, W. (2011): *Durchgängige Sprachbildung: Qualitätsmerkmale für den Unterricht*. Münster: Waxmann.

Grzesik, J. (1988): *Begriffe Lernen und Lehren. Psychologische Grundlage: Operative Lerntheorie, Unterrichtsmethoden: Typische Phasen, Unterrichtspraxis: Kommentierte Unterrichtsprotokolle*. Stuttgart: Klett.

Günther-Arndt, H. (2010): Hinwendung zur Sprache in der Geschichtsdidaktik - Alte Fragen und neue Antworten. In: Handro, S. und Schönemann, B. (Hrsg.): *Geschichte und Sprache*. Berlin: LIT-Verlag, 17–46.

Günther-Arndt, H. (2014): Historisches Lernen und Wissenserwerb. In: Günther-Arndt, H. und Zülsdorf-Kersting, M. (Hrsg.): *Geschichts-Didaktik. Praxishandbuch für die Sekundarstufe I und I und II*. 6. Aufl. Berlin: Cornelsen, 24–49.

Habermas, J. (1977): Umgangssprache, Wissenschaftssprache, Bildungssprache. In: Max-Planck-Gesellschaft (Hrsg.): *Jahrbuch 1977*. München: Max-Planck-Gesellschaft zur Förderung der Wissenschaften e.V, 36-51.

Halliday, M., Kirkwood, A. und Hasan, R. (1989): *Language, context and text: Aspects of language in a social-semiotic perspective*. 3. Aufl. Oxford: Oxford Univ. Press.

Hammond, J., und Gibbons, P. (2005): Putting Scaffolding to work: The contribution of scaffolding in articulating ESL education. In: *Prospect 20 (1)*, 6–30.

Handro, S. (2013): Sprache und historisches Lernen: Dimensionen eines Schlüsselproblems des Geschichtsunterrichts. In: Becker-Mrotzek, M., Schramm, K., Thürmann, E. und Vollmer, H. J. (Hrsg.): *Sprache im Fach: Sprachlichkeit und fachliches Lernen*. Münster, 317–333.

Handro, S. (2015): Sprache(n) und historisches Lernen: Zur Einführung. In: *Zeitschrift für Geschichtsdidaktik 14*, 5–24.

Handro, S. (2016): „Sprachsensibler Geschichtsunterricht": Systematisierende Überlegungen zu einer überfälligen Debatte. In: Hasberg, W. und Thünemann, H. (Hrsg.): *Geschichtsdidaktik in der Diskussion: Grundlagen und Perspektiven*. Frankfurt/M: Peter Lang Edition, 256-296.

Hasberg, W. (1995a): Begriffslernen im Geschichtsunterricht oder Dialog konkret (I). In: *Geschichte-Erziehung-Politik 6 (3)*, 145–159.

Hasberg, W. (1995b): Begriffslernen im Geschichtsunterricht oder Dialog konkret (II). In: *Geschichte-Erziehung-Politik 6 (4)*, 217–227.

Hug, W. (1977): *Geschichtsunterricht in der Praxis der Sekundarstufe I. Befragungen, Analysen und Perspektiven*. Frankfurt/M.: Diesterweg.

Jeismann, K.-E. (1988): Geschichtsbewusstsein als zentrale Kategorie der Geschichtsdidaktik. In: Schneider, G. (Hrsg.): *Geschichtsbewußtsein und historisch-politisches Lernen*. Pfaffenweiler: Centaurus-Verlag, 1–24.

Kniffka, G. und Roelcke, T. (2016): *Fachsprachenvermittlung im Unterricht*. Stuttgart: UTB.

Kuckartz, U. (2010): *Einführung in die computergestützte Analyse qualitativer Daten*. 3. Aufl. Wiesbaden: Springer.

Langer-Plän, M. und Beilner, H. (2006): Zum Problem historischer Begriffsbildung. In: Günther-Arndt, H. und Sauer, M. (Hrsg.): *Geschichtsdidaktik empirisch: Untersuchungen zum historischen Denken und Lernen*. Berlin: Lit-Verl, 215–250.

Leisen, J. (2013): *Handbuch Sprachförderung im Fach: Sprachsensibler Fachunterricht in der Praxis: Grundlagenwissen, Anregungen und Beispiele für die Unterstützung von sprachschwachen Lernern und Lernern mit Zuwanderungsgeschichte beim Sprechen, Lesen, Schreiben und Üben im Fach*. Stuttgart: Klett.

Leisen, J. (2017): *Handbuch Fortbildung Sprachförderung im Fach: Sprachsensibler Fachunterricht in der Praxis*. Stuttgart: Ernst Klett Sprachen.

Lévesque, S. (2008): *Thinking historically. Educating students for the twenty-first century*. Toronto, Buffalo, London: Toronto University Press.

Lucas, F. J. (1975): Zur Funktion der Sprache im Geschichtsunterricht. In. Jäckel, E. und Weymar, E. (Hrsg.): *Die Funktion der Geschichte in unserer Zeit: Karl Dietrich Erdmann zum 29. April 1975*. Stuttgart: Klett, 326–342.

Mercer, N. (1994): Neo-Vygotskian Theory and Classroom Education. In: Stierer, B. und Maybin, J. (Hrsg.): *Language, Literacy and Learning in Educational Practice*, ,. Clevedon, Philadelphia, Adelaide: Multilingual Matters LTD, 92–110.

Michalak, M, Lemke, V. und Goeke, M. (2015): *Sprache im Fachunterricht: Eine Einführung in Deutsch als Zweitsprache und sprachbewussten Unterricht.* Tübingen: Narr Francke Attempto.

Morek, M. und Heller, V. (2012): Bildungssprache – Kommunikative, epistemische, soziale und interaktive Aspekte ihres Gebrauchs. In: *Zeitschrift für angewandte Linguistik 57 (1)*, 67–101.

Oleschko, S. (2015): Herausforderungen einer domänenspezifischen Sprachdiagnostik im Kontext historischen Lernens. In: *Zeitschrift für Geschichtsdidaktik 14,* 87–102.

Osburg. C. (2016): Sprache und Begriffsbildung: Wissenserwerb im Kontext kognitiver Strukturen. In: Kilian, J., Brouër, B. und Lüttenberg, D. (Hrsg.): *Handbuch Sprache in der Bildung*. Berlin, Boston: De Gruyter, 319–345.

Pandel, H.-J. (2015): *Historisches Erzählen: Narrativität im Geschichtsunterricht*. 2. Aufl. Schwalbach/Ts.: Wochenschau-Verl.

Quehl, T. (2010): Die Möglichkeiten des Scaffolding: Zur Gestaltung des Übergangs von der Alltagssprache der Kinder zur Fach- und Bildungssprache. In: *Grundschulunterricht Deutsch 4,* 28–32.

Quehl, T. und Trapp, U. (2013): *Sprachbildung im Sachunterricht der Grundschule. Mit dem Scaffolding-Konzept unterwegs zur Bildungssprache*. Münster, New York: Waxmann.

Rohlfes, J. (1975): Beobachtungen zur Begriffsbildung in der Geschichtswissenschaft. In: Jäckel, E. und Weymar, E. (Hrsg.): *Die Funktion der Geschichte in unserer Zeit: Karl Dietrich Erdmann zum 29. April 1975*. Stuttgart: Klett, 59–73.

Rohlfes, J. (1979): Begriffsbildung. In: Bergmann, K., Kuhn, A., Rüsen. J. und Schneider, G. (Hrsg.): *Handbuch der Geschichtsdidaktik*. Düsseldorf: Pädagogischer Verlag Schwann, 30–32.

Rohlfes, J. (1997): *Geschichte und ihre Didaktik*. 2. Aufl. Göttingen: Vandenhoeck & Ruprecht.

Rüsen, J. (1983): *Historische Vernunft*. Göttingen: Vandenhoeck & Ruprecht.

Rüsen, J. (1986): *Rekonstruktion der Vergangenheit*. Göttingen: Vandenhoeck & Ruprecht.

Rüsen, J. (1989): *Lebendige Geschichte*. Göttingen: Vandenhoeck & Ruprecht.

Rüsen, J. (1997): Historisches Erzählen. In: Bergmann, K., Fröhlich, K. und Kuhn, A. (Hrsg.): *Handbuch der Geschichtsdidaktik*. 5. Aufl. Seelze-Velber: Kallmeyer, 57–63.

Rüsen, J. (2008): *Historische Orientierung: Über die Arbeit des Geschichtsbewusstseins, sich in der Zeit zurechtzufinden*. 2. Aufl. Schwalbach/Ts.: Wochenschau-Verlag.

Rüsen, J. (2013): *Historik: Theorie der Geschichtswissenschaft*. Köln: Böhlau.

Sauer, M. (2015): Begriffsarbeit im Geschichtsunterricht. In: *Geschichte lernen 168*. 2–11.

Schieder, T. (1974): *Staat und Gesellschaft im Wandel unserer Zeit: Studien zur Geschichte des 19. und 20. Jahrhunderts*. 3. Aufl. München: Oldenbourg.

Schleppegrell, M. J. (2010): *The language of schooling: A functional linguistics perspective*. New York, NY: Routledge.

Schmölzer-Eibinger, S. (2013): Sprache als Medium des Lernens im Fach. In: Becker-Mrotzek, M., Schramm, K., Thürmann, E. und Vollmer, H. J. (Hrsg.): *Sprache im Fach: Sprachlichkeit und fachliches Lernen*. Münster, New York, München, Berlin: Waxmann, 25–40.

Schöner, A. (2007): Kompetenzbereich historische Sachkompetenzen. In: Körber, A., Schreiber, W. und Schöner, A. (Hrsg.): *Kompetenzen historischen Denkens. Ein Strukturmodell als Beitrag zur Kompetenzorientierung in der Geschichtsdidaktik*. Neuried: ars una, 265–314.

Schreiber, W., Körber, A., von Borries, B., Krammer, R., Leutner-Ramme, S., Mebus, S., Schöner, A. und Ziegler, B. (2007): Historisches Denken: Ein Kompetenz-Strukturmodell (Basisbeitrag). In: Körber, A., Schreiber, W. und Schöner, A. (Hrsg.): *Kompetenzen historischen Denkens. Ein Strukturmodell als Beitrag zur Kompetenzorientierung in der Geschichtsdidaktik*. Neuried: ars una, 17–53.

Seiler, T. B. (1993): Bewusstsein und Begriff: Die Rolle des Bewusstseins und seine Entwicklung in der Begriffskonstruktion. In: Edelstein, W. (Hrsg.): *Die Konstruktion kognitiver Strukturen: Perspektiven einer konstruktivistischen Entwicklungspsychologie*. Bern: Huber, 126–138.

Seiler, T. B. und Claar, A. (1993): Begriffsentwicklung aus strukturgenetisch-konstruktivistischer Perspektive. In: Edelstein, W. (Hrsg.): *Die Konstruktion kognitiver Strukturen: Perspektiven einer konstruktivistischen Entwicklungspsychologie*. Bern: Huber, 107–125.

McHardy Sinclair, J. und Coulthard, M. (1977): *Analyse der Unterrichtssprache. Ansätze zu einer Diskursanalyse dargestellt am Sprachverhalten englischer Lehrer und Schüler*, übers. v. H.-J. Krumm. Heidelberg: Quelle und Meyer.

Straub, J. (2001): Temporale Orientierung und narrative Kompetenz. Zeit- und erzähltheoretische Grundlagen einer narrativen Psychologie biographischer und historischer Sinnbildung. In: Rüsen, J. (Hrsg.): *Geschichtsbewußtsein. Psychologische Grundlagen, Entwicklungskonzepte und empirische Befunde*. Köln, Weimar, Wien: Böhlau, 14–44.

Tajmel, T. und Hägi-Mead, S. (2017): *Sprachbewusste Unterrichtsplanung. Prinzipien, Methoden und Beispiele für die Umsetzung.* Münster: Waxmann.

Ventzke, M. (2012): Begriffliches Arbeiten und 'Geschichte denken' - theoretische Voraussetzungen und unterrichtliche Vorgehensweisen. In: Kühberger, C. (Hrsg.): *Historisches Wissen: Geschichtsdidaktische Erkundung zu Art, Tiefe und Umfang für das historische Lernen.* Schwalbach Ts.: Wochenschau-Verlag, 75–102.

Vollmer, H. J. und Thürmann, E. (2010): Zur Sprachlichkeit des Fachlernens: Modellierung eines Referenzrahmens für Deutsch als Zweitsprache. In: Ahrenholz, B. (Hrsg.): *Fachunterricht und Deutsch als Zweitsprache.* 2. Aufl. Tübingen: Narr Verlag, 107–132.

Vygotskij, L. S. (2017 [1934]): *Denken und Sprechen. Psychologische Untersuchungen,* Hrsg. u. Übers. J. Lompscher und G. Rückriem. Weinheim: Beltz.

Weber, M. (1988): *Gesammelte Aufsätze zur Wissenschaftslehre.* 7. Aufl. Tübingen: Mohr.

Wood, D., Bruner, J. S. und Ross, G. (1976): The Role of Tutoring in Problem Solving. In: *Journal of Child Psychology and Psychiatry 17 (2),* 89–100.

Zabold, S. (2017): Empirische Erkenntnisse zum historischen Denken Neunjähriger: Das Beispiel der historischen Begriffskompetenz. In: McElvany, N., Bos, W. und Holtappels, H. G. (Hrsg.): *Bedingungen gelingender Lern- und Bildungsprozesse: Aktuelle Befunde und Perspektiven für die Empirische Bildungsforschung.* Münster, New York: Waxmann, 117–128.

„Darf man nicht machen. Ist ein Foul"
Eine rekonstruktive Fallstudie zur moralischen Kommunikation und Subjektivierung im Sportunterricht

1. Einleitung

Sprachsensibilität war in den vergangenen drei Jahrzehnten nicht nur für außenstehende Beobachter/innen kein zentrales Thema der Sportdidaktik. Das lag u. a. daran, dass die Sportdidaktik in ihren dominanten Fachdiskursen nicht die Sprache, sondern vielmehr die Bewegung und den Körper als fachlich genuine Medien der Weltbegegnung fokussierte und dabei „den nicht-verbalen konstitutiven Bedingungen der Erfahrungsmodi" (Franke 2018, S. 255) körperlicher Tätigkeit ihre besondere Aufmerksamkeit schenkte (Laging 2018).[1]

Gleichwohl täuscht jedoch der naheliegende Eindruck einer Marginalisierung der Erforschung von Unterrichtssprache in der Didaktik eines Schulfachs, das sich allein auf motorische Lernprozesse zu fokussieren scheint. Der Zusammenhang von Sprache und Bewegung fand schon in den 1970er Jahren sportwissenschaftliches Interesse (Hildenbrandt 1976), auch wenn von einer „Entdeckung" der Sprache in der Sportwissenschaft erst am Ende der 1980er Jahre die Rede war (Hildenbrandt und Friedrich 1989). Zu diesem Zeitpunkt lag aber schon eine Reihe von Studien zur Sprache im Sportunterricht vor (Drexel 1975; Digel 1980; Kuhlmann 1986; Kraus 1981; Kleiner 1989). Die Arbeiten dieser Zeit konzentrierten sich noch nahezu ausschließlich auf informations-, zeichen- und sprechakttheoretische Analysen der Sprache und des Sprechens der Lehrkraft. Erst seit den 1990er Jahre wurden empirische Forschungen zur Unterrichtssprache im Schulfach Sport stärker in die weiter gefassten Kontexte einer

---

[1] Dieses Verständnis des genuin Fachlichen, das in Auseinandersetzung mit Baumert (2002) in der Bewegung einen ästhetisch fundierten Modus der Welterschließung erkannte, ging mit der wenig reflektierten Verabschiedung von Sport als dem bis dahin genuinen fachlichen Gegenstand der sozialwissenschaftlich orientierten Phase fachdidaktischer Konzepte der 1970er Jahre einher. Diesen Konzepten galt Sport als ein Modernephänomen, das in symbolischen Systemen der Medien hervorgebracht wurde und in seinen Konstitutionsprozessen ohne eine unterrichtliche Behandlung beispielsweise der Mediensprache in Differenz zur Alltagssprache für Schüler/innen nicht erschließbar war (schon Ehni 1977). Die Frage, ob im Kampf um die Deutungshoheit über das genuin Fachliche mit der Substitution von Sport durch Bewegung in der Fachentwicklung das Kind mit dem Bade ausgeschüttet wurde, bleibt noch abzuwarten.

© Springer Fachmedien Wiesbaden GmbH, ein Teil von Springer Nature 2019
M. Butler und J. Goschler (Hrsg.), *Sprachsensibler Fachunterricht*, Sprachsensibilität in Bildungsprozessen, https://doi.org/10.1007/978-3-658-27168-8_11

kommunikations-, praxis- und kontingenztheoretischen Theoriebildung über Unterricht gestellt und eröffneten hierdurch differenzierte Einblicke in die „Gesprächs- und Schweigereservate" (Wolff 2017, S. 296) des Sportunterrichts (Friedrich 1991; Frei 1999; Wolff 2017). Wir wollen in diesem Beitrag die Forschungen um eine subjektivierungstheoretische Perspektive erweitern.

Der nachfolgende Text gliedert sich in vier Teile. Im Zentrum des Beitrags steht die sequenzanalytische Interpretation der unterrichtlichen Bearbeitung eines Spielkonflikts in einem Reflexionsgespräch. Diesem Teil stellen wir einen Problemaufriss voran, der die Schwierigkeiten beschreibt, im Rahmen der tradierten Fachkultur des Schulfachs Sport der Forderung nachzukommen, dass jeder Unterricht auch Sprachunterricht sein solle. In den nachfolgenden Ausführungen zur Verortung unserer Fallstudie begründen wir im Anschluss an diesen Teil, warum die empirische Unterrichtsforschung im Schulfach Sport gegenwärtig Sprache weniger als ein Mittel fachlicher Bildung in den Blick nimmt, dafür aber umso mehr als ein Mittel sportlicher und unterrichtlicher Subjektivierung. Ein Fazit schließt unsere Überlegungen und Beobachtungen ab.

2. Problemaufriss

Im Rückblick zeigt sich, dass in der Sportdidaktik die Forderung nach erhöhter Sprachsensibilität schon am Ende der 1980er Jahre explizit präsent war. So heißt es in einem Abstract des Sportinformationsportals des Bundesinstituts für Sportwissenschaft zu Kleiners (1989) Untersuchung der Sportlehrer/innensprache:

„Die beispielhaft angeführten Ergebnisse machen deutlich, dass die Sprache im Sportunterricht zu einer Anweisungs- und Instruktionssprache verkümmert. Auch fällt die reduzierte Syntax in Form von Ein- bzw. Zweiwortsätzen auf. Als dringliche Aufgabe wird es gesehen, Studenten und Lehrer für das Medium Unterrichtssprache zu sensibilisieren und bei der Planung, Durchführung und Evaluation des Unterrichts der Sprache besondere Aufmerksamkeit zu schenken (Handlungskompetenz)." (Bundesinstitut für Sportwissenschaft, 2018)

Zu einem ähnlichen Ergebnis kamen aber auch schon andere einige Jahre zuvor. Im Vergleich zu den Kernfächern der Schule zeigten sich beispielsweise laut Digel „relevante Sprachgebrauchsprobleme" (1980, S. 71) im Sportunterricht, die durch eine sportspezifische Kommunikationsstruktur im Rahmen einer schulischen Unterrichtsstruktur gekennzeichnet seien. Lehrer/innen sprachen demnach seltener als im Zweitfach in Hochsprache, seriös und mit wissenschaftlichem Fachjargon, stattdessen eher lässig, emotional und mit einer ironisch-humorvollen Tönung. Auch auf Seiten der Schüler/innen fiel ein häufiger Gebrauch der Alltagssprechweise als dominantes Merkmal der fachspezifischen Kommunikation auf (vgl. ebd., S. 72f.). Dass die Sportdidaktik diese Sprachgebrauchsprobleme bis dato nicht differenzierter in ihrer Logik und auch Konsequenz für schulische Bildungsprozesse reflektierte, wurde schon hier beklagt und vorerst überhört.

Im Übergang von den 1980er zu den 1990er Jahren schien der Problemdruck hinsichtlich eines Förderbedarfs im Bereich der deutschen Sprache vornehmlich noch die Sportlehrer/innenschaft selbst zu betreffen, deren sprachliches Handeln kaum Anlass gab, im Schulfach Sport die Wirksamkeit einer Bildungssprache zu vermuten. Fast dreißig Jahre später ist von einer Verkümmerung der Sportlehrer/innensprache nicht mehr die Rede, ohne dass an Forschungsergebnissen erkennbar wird, welche entscheidenden Änderungen eingetreten sind. Stattdessen hat der in den Schulvergleichsstudien (PISA, IGLU, DESI) identifizierte erhöhte Förderbedarf im Bereich der deutschen Sprache bei Schüler/innen mit Migrations- und Fluchthintergrund und aus Familien eines niedrigen sozialökonomischen Status die Forderung nach einem sprachbewussten Sportunterricht begründet, die vorrangig im Kontext vorschulisch-elementarer Bildung in Kindertagesstätten (Zimmer 2009), aber auch in Hinblick auf schulische Bildung Resonanz fand.

Das gesteigerte Interesse an Sprachbewusstheit und -sensibilität förderte die Entdeckung der Bedeutung einer Bildungssprache, zumindest einer Fachsprache im Sportunterricht. Diese Entdeckung führte einerseits zurück zu Beobachtungen und Analysen der Sprache der Sportlehrkraft und begründete erneut die Forderung gesteigerter Arbeit an ihrer sprachlichen Kompetenz (vgl. Arzberger und Erhorn 2013). Auf der Welle der Differenzbildungen zwischen Alltags- und Bildungssprache ließ sich nun aber andererseits auch mit dem Strom schwimmen, so dass in Hinblick auf Schüler/innen die Notwendigkeit des Erwerbs einer sportspezifischen Fach- bzw. Bildungssprache für eine erfolgreiche Unterrichtsteilnahme – und sei es nur zum Verstehen einer Bewegungs- oder Spielanleitung der Lehrkraft – ebenso proklamieren ließ wie das sprachförderliche Potential regelmäßig stattfindender Gesprächs- und Reflexionsrunden:

„Für Anleitungen braucht man einen bestimmten (sportspezifischen) Wortschatz, für die Reflexion muss man darüber hinaus von der konkreten Spielsituation losgelöst sprechen und etwas im Nachhinein beschreiben und erklären."
(Arzberger und Erhorn 2013, S. 9)

Vorläufig lässt sich resümieren, dass der normative Anspruch auf *Durchgängige Sprachbildung* einerseits über ein Jahrzehnt nach der Jahrtausendwende auch das Schulfach Sport in bescheidenem Ausmaß erreichte. Er steht seitdem jedoch andererseits der fachkulturell tief verankerten Forderung nach intensivem Bewegen in den Sportstunden des Fachs unvermittelt gegenüber, wenn mit durchgängiger Sprachbildung nicht nur eine anleitende, korrigierende und beurteilende verbale Fremd- und Selbstbegleitung des Bewegens der Schüler/innen gemeint ist, die ansatzweise über die Sparsamkeit von Ein- und Zweiwortsätzen hinausgeht. Die Forderung nach Sprachsensibilität trägt jedoch in ihrem Inneren wie ein trojanisches Pferd *Reflexionsansprüche* hinter die Bollwerke und Schutzmauern einer Fachkultur, die in ihrer Geschichte durchgängig die Performativität körperlicher Disziplin- und Leistungspraktiken in den Leibesübungen, im Sport oder im Bewegen schlechthin feierte und gegenüber ihrer Theoretisierung durch sprachlich-distanzierte Reflexion verteidigte. Sofern sich nämlich mit der Forderung nach durchgängiger Sprachbildung ein Anspruch verbindet, der trotz und entgegen der Auffassung des genuin Fachlichen als nicht-verbales Bewegungsgeschehen auf *Bildung im Sinne der reflexiven Bearbeitung von Themen im Medium von Sprache* zielt, ließe sich solche Bildung nur in Situationen der Distanznahme und abstrahierenden Vergegenständlichung des Modernephänomens Sport, also losgelöst vom konkreten und performativen Bewegungs-, Spiel- und Sportgeschehen innerhalb von Sportstunden gewinnen. Denn im Mittelpunkt bildungssprachlicher Situationen stehen kommunikative Bezugnahmen auf solche Inhalte, „die sich nicht im unmittelbaren, gemeinsamen Erlebniskontext befinden" (Gogolin und Lange 2011, S. 112).

Bildungssprachliche Situationen sind im routinierten und alltäglichen Stundengeschehen des Fachs nicht vorgesehen. Die sozialen Praktiken des Stundehaltens zielen – darin von Reformansprüchen und Geschenken in Form Trojanischer Pferde völlig unbeirrt – auf die Wiederholung des Vorliegenden. Sie sollen Sport als einen gemeinsamen Erlebniskontext der Schüler/innen nach tradierten Verfahren von Stunde zu Stunde in seinen bewährten Formbildungen vergegenwärtigen aber nicht vergegenständlichen. Was praktiziert und nicht praktiziert wird, was also auch zur Sprache kommen kann, steht daher in den Schulstunden des Fachs in aller Regel in einem unmittelbaren Erlebniskontext gemeinsamer Situationen des Bewegens, Spielens und Sporttreibens. Konfrontiert man vor diesem Hintergrund die hohen normativen Erwartungen des Diskurses über Sprachförderung durch Sportunterricht nicht nur mit kritischen Studien zur Sportlehrer/innensprache, sondern auch mit den Ergebnissen der aktuellen Professionsforschung zum Sportlehrer/innenberuf (vgl. Schierz und Miethling 2018), dann scheinen Erwartung und Erfahrung nicht miteinander kompatibel zu sein. Denn der Sportunterricht leidet nicht nur an einer auffälligen Spracharmut, sondern in dieser Konstellation auch an einer spezifischen Reflexionsarmut. Ein Defizit, das in der Regel jedoch wenig beklagt wird, da sich die skizzierten Ansprüche an Reflexivität und Sprachlichkeit im Sportunterricht ohnehin nicht mit jenen Prinzipien zu vertragen scheinen, die dem Mythos des Praxisfachs entspringen und an die sich etliche Fachvertreter und Lehrkräfte leidenschaftlich klammern. Mit Nachdenken, Theoretisieren und Reden über Sport laufe man nicht nur Gefahr, den zentralen Anspruch des Machens, des körperlichen Erlebens und wohl auch des Spaßes im Sportunterricht zu konterkarieren, sondern sogar das ganze Fach ad absurdum zu führen (Schulz und Stibbe 2011, Leserbriefe Zeitschrift Sportunterricht). Schulsport soll eben kein Artefakt einer schulischen Sprachkultur oder gar Buchkultur sein, sondern als eine Art Anwalt des Körpers für Rechte der Sinnlichkeit, Ganzheitlich und Natürlichkeit eintreten (vgl. Serwe-Pandrick 2016). Dementsprechend wird im Sportunterricht auch äußerst sparsam und pragmatisch mit typisch Schulischem, wie z. B. Sprachbildung und Reflexivität umgegangen: ‚So viel wie nötig, so wenig wie möglich' könnte die Devise lauten (Neumann 2007). Der Gesprächskreis, als ritualisierte Form unterrichtlicher Reflexion, ist zwar durchaus keine exotische Praxis im Sport mehr, die – sofern sie nur kurz genug ist – argwöhnisch betrachtet würde, doch der Zweck und Inhalt einer ritualisierten Reflexion verliert sich oft im „Schablonenhaften" und „Hohlen" (Auras 2010, S. 32).[2] Während typische Lernfächer gekennzeichnet sind durch eine reflexive Distanznahme, kognitive Abstraktion und sprachliche Repräsentation, finden sich nach Erkenntnissen

---

[2] Paraphrasierende Wiederholungen des Unterrichtsablaufs, eine oberflächliche Meinungsbildung darüber, was schön oder lustig war und die endlose Reproduktion von Phrasen (z. B. „im Team ist es besser") treten an jene Stelle, an der es um inhaltliches Verstehen und die Herausbildung reflexiver Welt- und Selbstsichten gehen sollte.

fachdidaktischer Unterrichtsforschungen in Sportstunden vorrangig performative „Formbildungen des Sports in der institutionellen Rahmung von Schule" (Schierz 2012, S. 295).

Es verwundert vor dem Hintergrund dieser Ausführungen nicht, dass fachwissenschaftliche Studien, die sich der beruflichen Sozialisations- und Professionsforschung zum Sportlehrer/innenberuf zuwenden, immer wieder belegen, dass Sportstudierende und -lehrkräfte didaktische Vorstellungen von Fach und Unterricht besitzen, die sich ihrer biographischen Praxis als Sportler/innen oder Trainer/innen nahezu irritationsresistent anschmiegen (Volkmann 2008; Klinge 2007). Dieser dominierende, fachkulturelle Orientierungsrahmen spannt gleichsam imaginäre *Grenzen zwischen Unterricht als schulischer Teilnahme und Nicht-Unterricht als sportlicher Teilhabe* auf, die den Schulsport trotz stetiger Innovationsofferten immer wieder in seine eigenen realen Schranken zu weisen scheint (vgl. Schierz und Serwe-Pandrick 2018). An diese Grenzen stößt man unweigerlich, wenn man versucht, eine andere Lesart des Faches anzulegen, die sich verstärkt an reflexiven oder gar wissenschaftspropädeutischen Ansprüchen eines sprachsensiblen Lehrens und Lernens im Sport ausrichtet und darüber auch eine Konstitution schulischen Unterrichts proklamiert (z. B. Ehni 1977; Gogoll 2013; Thiele und Schierz 2011; Schierz und Thiele 2013; Serwe-Pandrick 2013). Dass eine kognitive Aufrüstung des Fachs ein durchaus ambitioniertes, bis dato allerdings äußerst schwieriges und zuvorderst verstörendes Unterfangen für die Fachentwicklung darstellt, wurde schon mit der KMK-Reform der gymnasialen Oberstufe 1972 mehr als deutlich. Das Fach aus der tradierten Norm und Form herauszulösen und als ein wissenschaftliches Schulfach zu konstituieren produziert eine Vielzahl an Problemen; das attestieren auch die empirischen Studien zum Schulversuch „Sport als viertes Abiturfach" (Kurz und Schulz 2010).

3. Verortung der Fallstudie

Man wird vielleicht das skizzierte fachkulturelle Selbstverständnis, den zugrundeliegenden Diskurs, der besagt, was im Fach praktizierbar ist und was nicht, und die nicht-diskursiven Praktiken des Stundehaltens in der eigenen normativen Positionierung begrüßen oder bedauern. Die empirische Unterrichtsforschung im Schulfach Sport muss sich aber zzt. abseits normativer Positionierungen ihrer

Vertreter/innen damit abfinden, dass sie sich der empirischen Beobachtung und Analyse der Prozesse und Wirkungen durchgängiger Sprachbildung im Sportunterricht am Beispiel des Übergangs von der Alltags- zur Bildungssprache aufgrund eines eklatanten Mangels an relevantem Datenmaterial nicht erfolgreich nähern kann. Es ist daher nicht verwunderlich, wenn sich die Unterrichtsforschung dem sprachlichen Geschehen im Schulfach Sport mit anderen Fragestellungen zuwendet als es beispielsweise in den MINT-Fächern geschieht.

Im Sportunterricht dominieren Situationen unmittelbaren und gemeinsamen Erlebens sportlichen Könnens und Nicht-Könnens. Die Analyse solcher Situationen, die sich nicht außerhalb, sondern innerhalb eines unmittelbar geteilten Erleb-niskontextes von Schüler/innen befinden, sensibilisiert in Forschungsprozessen weniger für die bildungssprachliche Konstitution und die sprachliche Behandlung von komplexen, symbolisch repräsentierten Unterrichtsgegenständen als vielmehr für eine sozialisatorische, vielleicht erzieherische Dimension der Unterrichtssprache, die das fachliche Lernen im und von Sport durchaus betrifft. Gemeint ist die sprachliche Dimension der moralischen und politischen Subjektivierungsweisen durch Unterricht. Es ist daher weniger die *Bildungsfunktion* als vielmehr die *Subjektivierungsfunktion* der Unterrichtssprache, für die wir in unserer Fallstudie eine stärkere Sensibilität entwickeln als es bisher in den vorliegenden Untersuchungen zur Unterrichtsprache im Schulfach Sport der Fall war.

Subjektivierungsweisen sind in spezifischen Feldern, folgt man Reckwitz in der Tradition und Auseinandersetzung mit den einschlägigen Überlegungen Foucaults, Althussers und Butlers, durch „Praxis-/Diskursformationen" (Reckwitz 2006, S. 44) auf kulturelle Codes bezogen, die eine soziale Ordnung erzeugen, der sich die oder der Einzelne mit durchaus produktiven Effekten unterwerfen muss, um sich die „Merkmale akzeptabler Subjekthaftigkeit" (Reckwitz 2008, S. 78) körperlich und psychisch einzuschreiben. Dieses Verständnis bildet einen fruchtbaren Ausgangspunkt für die Untersuchung schulischer Subjektivierungsprozesse, wie sie beispielsweise in Prüfungen oder in Praktiken der Individualisierung des Lernens zu beobachten sind (vgl. Meyer-Drawe 2013, Reh 2013). Für unsere Studie, insbesondere für die theoriegeleitete Entwicklung materialbasierter Lesarten, hat sich jedoch das Anregungspotential, das die Überlegungen zu Subjektivierungsweisen und zum Unvernehmen als Gegensatz zum Einvernehmen in der politischen Philosophie Rancières bereitstellen, als anregender erwiesen. Rancière verortet Subjektivierungsweisen in Praktiken des Dissenses, des

Konflikts, in der sich in den Differenzen von Polizei und Politik, Lärm und Sprache, Identifikation und De-Identifikation ein von einem gegebenen Erfahrungsfeld Abstand nehmender Vollzug herausbildet, in dem überhaupt erst eine sprachmächtige Fähigkeit zum politischen oder moralischen Urteilen, zur politischen oder moralischen Aussage erzeugt wird (vgl. Rancière 2002).

Ein bedeutender Aspekt empirischer Forschung zu Subjektivierungsweisen liegt u. E. im Anschluss an Rancière in der Untersuchung des Sicht-, Sag- und Wahrnehmbaren in der Machtverteilung des Unterrichts, also der sogenannten „Aufteilung des Sinnlichen" (Rancière 2006). Sie erzeugt eine Ordnung in Namens-, Regel- und Bedeutungsgebungen, die Menschen, Dinge und Orte in eine Relation zueinander setzt und ihnen einen bestimmten sichtbaren oder unsichtbaren Platz im sozialen Raum des Unterrichts zuordnet. In diesem Zusammenhang gewinnt die Sensibilität und Reflexivität sprachlicher Adressierung der Schüler/innen in Unterrichtsgesprächen an Bedeutung, in die Erwartungen zu moralischen oder politischen Haltungen ebenso einfließen wie Ansprüche der Übernahme schulisch anerkannter und sozial erwünschter Sprachregelungen. Die sich in solchen Gesprächen dokumentierenden subjektivierungs- und anerkennungstheoretischen Implikationen, der Kampf darum, welchen konkreten Platz Schüler/innen auch im „Anteil der Anteillosen" (Rancière 2002, S. 24) des Unterrichts einnehmen, also derjenigen die zählen oder nicht zählen, steht im Zentrum des Interesses unserer Studien. Es geht in ihnen um die alltäglichen Situationen der unterrichtlichen Neuverhandlung zwischen den Unterrichtsakteuren, welche Unterrichtselemente als Lärm (*noise*) ausgeschlossen und welche als Sprache (*voice*) für sinnvoll erachtet und anerkannt werden.

Solche Situationen entstehen im Schulfach Sport beispielsweise durch immer wieder auftretende und zu bewältigende Spiel- und Regelkonflikte zwischen Schüler/innen, die einerseits im Unterricht Gelegenheit bieten, am Konfliktfall die Fairness, das Regelbewusstsein und das Regelverhalten von Schüler/innen gemeinsam, fordernd und fördernd im Medium der Sprache zu reflektieren (bereits Scherler 1977). Insbesondere der normative Anspruch der Fairnesserziehung ist im fachkulturellen Selbstverständnis der Sportlehrer/innenschaft, der öffentlichen Darstellung des Fachauftrags und in der sportdidaktischen Legitimationsliteratur fest verankert. Andererseits scheint in den Situationen der Konfliktbewältigung der Lehrer oder die Lehrerin als eine Polizeiinstanz im Rancièrschen Sinn zu agieren, die den Ordnungsverlust im Spiel regulieren und zugleich mit dem (in der Regel zeitlichen) Ordnungsanspruch des Unterrichts in Einklang bringen will. Dabei trennen Lehrkräfte in Hinblick auf die in der Regel emotional aufgeladenen Beiträge der Schüler/innen säuberlich Lärm und Sprache, Anteilige und Anteillose im Sinne der zu erhaltenden Unterrichtsordnung voneinander. Das läuft aber im Stundengeschehen durchaus auf den Widerspruch der Schüler/innen und eine Ent-Identifizierung hinaus, die dem strikten Zweifel an der auferlegten Spiel- und Unterrichtsordnung folgt und einen Subjektraum öffnet, der partiell ungeregelt formiert ist.

Dass Unterricht sehr grundsätzlich zu einem riskanten Lernunternehmen wird, wenn er an spezifischen Themenstellungen nicht nur der Wissensvermittlung, sondern zugleich auch der moralischen und politischen Urteilsbildung dienen soll, wurde schon am Beginn der Jahrtausendwende am Beispiel der Besonderheit des Themenfelds „Nationalsozialismus und Holocaust" in empirisch-rekonstruktiven Fallanalysen zu Stunden des Geschichtsunterrichts herausgearbeitet (Meseth et al. 2004). Sie zeigten, dass der moralische Gehalt von Themen in der Unterrichtssprache selbst dann Lernerwartungen hinsichtlich moralischer Urteilsbildungen präsent hält, wenn eine Lehrperson gar nicht die Absicht verfolgte, ihre Schüler/innen moralisch und politisch zu adressieren. Ob und wie sich auch im Sportunterricht eine fachkulturelle Imprägnierung im Hinblick auf moralische oder politische Erwartungsstrukturen in der Bearbeitung von Unterrichtsthemen widerspiegelt, welche Brüche und welches Unvernehmen sich im Spannungsfeld von identifizierender und ent-identifizierender Sprache, von Polizei und Politik im Politischen des Unterrichts selbst herausbilden, sind zentrale Fragestellungen im Horizont sprachsensiblen Lehrens und Lernens, das unterrichtliche Subjektivierungsweisen thematisiert.

4. Unterrichtliches Unvernehmen – eine Fallrekonstruktion

Das Datenmaterial unserer Fallstudie stammt aus einem ministeriell geleiteten Projekt zur fachdidaktischen Qualitätsentwicklung, das im Zuge der Implementation neuer Kerncurricula im Fach Sport in Nordrhein-Westfalen 2010–2011 durchgeführt wurde und auch einen besonderen Fokus auf reflexive und sprachsensible Lehr-Lern-Prozesse zu richten versuchte.[3] Diesem Setting entspringen schließlich mutige Versuche der Unterrichtsentwicklung, die nach dem Bottom-up-Prinzip aus der Praxis für die Praxis von erfahrenen Fachlehrkräften konzeptioniert wurden. Um einen differenzierteren Einblick in die mikrologischen Strukturen und Prozesse der entworfenen Unterrichtsstunden zu gewinnen, wurden diese videographisch evaluiert und jene Szenen, in denen Lehrkräfte mit ihren Schüler/innen in Gespräche (Audehm et al. 2016; Wolff 2017) eintreten, wörtlich transkribiert[4]. Aus dem Sample der vorliegenden Unterrichtsstunden wird nun der Fall einer fünften Klasse näher betrachtet, die zu Beginn des Vorhabens „Kleine Spiele fair spielen" über kritische Praxisereignisse einen Zugang zum Thema gewinnen soll. Unser Interessenschwerpunkt liegt diesbezüglich auf der Analyse ausgewählter Sequenzen, die in der unterrichtlichen Verlaufsstruktur als Reflexionsphasen zur Entstehung von Spielkonflikten erscheinen und in denen sich entsprechende Gesprächspraktiken entlang thematischer und kommunikativer Ordnungen konstituieren.

In der Konsequenz richtete sich unser analytisches Interesse auf die dokumentierte ‚Wirklichkeit' des Sprachlichen im Sportunterricht in seinen interaktiven Mikroprozessen, die es methodologisch in ihrer inneren Verlaufslogik und Regelhaftigkeit zu rekonstruieren und zu deuten galt. Für die Fallrekonstruktion werden im sequenzanalytischen Vorgehen in Anlehnung an das Vorgehen der Objektiven Hermeneutik (Wernet 2009) jeweils verschiedene *Lesarten* zu den kommunikativen Anschlüssen und Ausdrücken der Akteur/innen zum Sich-Verstehen und

---

[3] Die Entwicklungsbedarfe des Fachunterrichts wurden vornehmlich aus dem langjährigen Schulversuch „Sport als 4. Fach der Abiturprüfung" (Kurz und Schulz 2010) abgeleitet, mit dem bereits auf die spezifische Problematik der Wissenschaftspropädeutik im Sportunterricht der Oberstufe eingegangen wurde. Kritisiert wurden hier vornehmlich eine unzureichende *Themenorientierung* des Unterrichts, ein eindimensionaler Fokus auf trainings- und bewegungswissenschaftliche Reflexionen des Sports und ein entsprechender *Mangel an geistes- und sozialwissenschaftlichen Fragen* sowie eine ungenügende didaktische *Verknüpfung von Praxis und Theorie*. Ein dringender Handlungsbedarf wurde diesbezüglich in der Realisierung einer „reflektierten Praxis" in der Sekundarstufe I gesehen, mit der eine progressive Weiterentwicklung zum wissenschaftspropädeutischen Lernen in der Sekundarstufe II angebahnt werden sollte.

[4] Die zur Datenanalyse der Unterrichtsvideos ergänzende Transkription von Reflexionssequenzen folgt einem vereinfachten Notationssystem und wurde mit einem sozialwissenschaftlichen Hauptinteresse an dem Inhalt des Gesprochenen linguistisch nicht stärker ausdifferenziert. Die hier verwendeten Notationszeichen tragen folgende Bedeutung: (...) Anfang oder Ende des ausgewählten Abschnitts einer längeren gesprochenen Sequenz. (--) Gesprächspause, länger als zwei Sekunden. (*kursiv Geklammertes*): Beschreibungen und Ergänzungen von nonverbalen Tätigkeiten, Situationsveränderungen oder Unverständlichkeiten.

Etwas-Verstehen im Unterricht entwickelt und selektiert. In der Analyse sprachlicher Reflexionspraxen werden schließlich thematisch relevante Passagen und dramaturgische *Schlüsselszenen* des Unterrichts im Hinblick auf die interaktive und metaphorische Dichte der Sequenzen ausgewählt und interpretiert, um erkennbare Optionen und Restriktionen für einen reflexiven und sprachsensiblen Sportunterricht im Horizont unterrichtlicher Subjektivierungsweisen herauszustellen.

Die folgenden Sequenzen sind einer Sportstunde in einer 5. Klasse entnommen, in der bewusst Reflexionsphasen eingeplant waren, um mit den Schüler/innen anhand von Spielproblemen in Situationen reflexiven Regellernens einzutreten.

Sequenz 1: Besprechung des Vor-Spiels
Nach der Begrüßung der Schüler/innen durch den Lehrer folgen organisatorische Instruktionen zum Ablauf eines kleinen Mannschaftsspiels als Aufwärmphase. Zwei Schüler werden als „Spielbeobachter" abgestellt. Nach sechs Minuten wird die Phase abgebrochen. Die Schüler/innen setzen sich vor eine Tafel, an der zwei Plakate hängen, neben denen die Spielbeobachter stehen.

> L: „So. Ich glaube und hoffe, dass ihr einigermaßen warm geworden seid." (...)

„So" markiert den Vollzug des Aufwärmrituals, das nun als abgeschlossen gilt, da der Lehrer glaubt und hofft, dass alle Spielbeteiligten im Sinne eines Minimalstandards ausreichend erwärmt zu sein scheinen. Einerseits wäre daher eine kurze Rückmeldung der Schüler/innen zur Einschätzung des Lehrers zu erwarten, dessen Glaube und Hoffnung mit dem Wissen der Schüler/innen über ihren Erwärmungszustand nicht übereinstimmen muss. Andererseits ist im Fall einer erfolgreichen Erwärmung der sinnlogische Anschluss in der nachfolgenden Sequenz darin zu erwarten, sich nicht durch längeres Sitzen wieder abzukühlen, sondern den erwärmten, d. h. aktivierten Körper der Belastung auszusetzen, für deren Bewältigung er auf Betriebstemperatur gebracht wurde. Doch es kommt anders, und das deutet sich schon in der Inszenierung einer Bühne an, die mit der Tafel in der Sporthalle eine Klassenraumsituation nachstellt.

> L: „Ich brauche mal hier eben einen Bericht des Spiels von den Beobachtern, du hast Feld 1 gemacht. Und wie ist es ausgegangen, was ist dir aufgefallen?"
> S 1: „Also die rote Gruppe hat zwei zu null gewonnen. Die haben ganz gut gespielt, äh, die aber, das (--) äh das Negative war, die sind häufiger mit dem Ball gelaufen."
> L: „Aha! Okay. Wurden die Regeln also nicht beachtet." (...)

Spielberichte beruhen im Verbandssport in der Regel auf kategorialen Vorlagen, in denen Mannschaftsoffizielle, Mannschaftsaufstellungen, Ereignisse im Spiel wie Auswechslungen, Unterbrechungen, Verwarnungen, besondere Vorkommnisse, sowie die Spielzeit und das Spielergebnis festgehalten werden. Der Lehrer springt somit völlig abrupt von einem sinnkonstituierenden Rahmen in einen anderen. Aus einem Aufwärmspiel wird mit dem Wechsel in die *Sportfunktionärssprache* eines Offiziellen, der „mal hier eben" einen Spielbericht braucht, ein Punktspiel unter den Augen von offiziellen Spielbeobachtern des Ligawesens. Die Aufforderung zum Bericht wird von den beauftragten Schüler/innen geradezu korrekt im Sinne eines sportöffentlichen Verwaltungswesens ausgelegt, indem die Mitteilung über Regelverletzungen von der nachgeordneten Behörde der Beobachter an die vorgesetzte Behörde des Offiziellen adressiert wird. Dieser signalisiert mit einem „Aha" eine Art Treffer, so, als habe er das schon vermutet.

L: „So, dann wollen wir mal die fragen, die gespielt haben. Wie habt ihr es wahrgenommen?"
S 2: „Also, im Spielfeld zwei sah es ganz gut aus eigentlich, und in unserer Mannschaft, einmal hatte Florian[5] den Ball, da sind die alle auf den drauf gesprungen, wie, weiß ich nicht, Affen oder so. Das fand ich nicht so (--)"
L: „Oh, hört sich nach einem Foul an, ne? (--) Und noch ein Bericht?"
S 3: „Bei uns wurden die Gegner richtig handgreiflich, die sind da so richtig (--) voll ins Gesicht und *(letzte Worte unverständlich)"*
(Schüler/innen werden lauter, lachen teilweise, andere melden sich)
L: „Das hört sich auch nach einem Foul an (--) pscht. Also, es sollte eigentlich nur ein Aufwärmspiel sein nach ganz einfachen Regeln, aber ihr seht schon hier an dieser Stelle, dass man da vielleicht auch noch einmal genauere Regeln bräuchte, um so etwas zu verbieten. (*Lehrer wendet sich der Tafel zu)* Jetzt aber kommen wir zu einem ganz anderen Spiel, das ihr vielleicht noch gar nicht kennt."
(...)

Die eingeführte Metapher der „Affen" bringt nun in das Berichtswesen eine kommunizierte Unsittlichkeit, die – zumindest aus Sicht der Schülerin S 2 – eine rücksichtslose und respektlose Praxis des Sporttreibens offenbart. Als bewertende Reaktion dieser Negativbewertung vernimmt die Klasse ein aufmerkendes „Oh" der Lehrkraft, die dem übergriffigem Schüler/innenverhalten im Spiel nun eine fachspezifische Versachlichung mit dem Fachbegriff des „Foul"-Spiels zur

---

[5] Die Namen der Schülerinnen und Schüler wurden durch ein Pseudonym ersetzt.

Seite stellt und eine zustimmende Rückversicherung dieser sprachlichen Einordnung erwartet – „ne"? Auch als andere Schüler/innen von „Handgreiflichkeiten" der Gegner im intimen Gesichtsbereich sprechen, ordnet die Lehrkraft diese Handlungen vom ‚Hörerstatus' ebenso als Foul ein und beendet damit die Spielreflexion. Stattdessen rekurriert er mehrmals auf die Relevanz von Regeln in sportlichen Spielsituationen, die in einfacher oder besser noch genauerer Ausführung derartige Handlungen „verbieten" sollen. Mit dem erneuten Rahmenwechsel vom Punkt- zurück zum Aufwärmspiel deutet er an, dass in der ersten kurzen Gesprächsphase zwischen den Formaten Erwärmung und Hauptspiel (noch) nicht der rechte Ort zu sein scheint, um differenzierter auf sittliche oder moralische Fragen des Spielens einzugehen, auch wenn man „an dieser Stelle schon", im Rahmen trivialer Spiele die präsente Konflikthaftigkeit „sehen" könne, auf die der Lehrer offensichtlich erst später eingehen wollte. Das Thema ist damit aufgenommen, wenn auch nur in der subsumierenden Rede vom Foul. Es wird „jetzt aber" vorerst vertagt, da eine Einführung eines neuen Spiels folgen soll. Nach einer etwa fünfzehnminütigen Spielphase findet sich die Klasse erneut in einem Gesprächsreservat für auch etwa fünfzehn Minuten zusammen.

Sequenz 2: Besprechung des Haupt – Spiels

> L: „So, (--) alle sind ein bisschen aufgeregt wegen des Spiels, wir wollen jetzt mal ein paar Dinge klären und gucken, ob wir, ja, ob uns was aufgefallen ist. (--) Ich verstehe das, dass ihr aufgeregt seid, bei dem, was man von außen sehen konnte, kann man es gut nachvollziehen, dass ihr euch ein bisschen aufregt. Aber, versucht mal ruhig zu werden, damit wir hier die Dinge bewerten können. So, fangen wir mal mit dem Ben diesmal an, der war hinten der Beobachter, kein Schiedsrichter wohlbemerkt, sondern ein Beobachter, mal gucken, was dem aufgefallen ist."
> (…)

Auch an dieser Stelle stellt die Lehrkraft wieder auf die beiden Perspektiven der außenstehenden Beobachter, die explizit keine die Spielhandlungen am Maßstab des Regelwerks beurteilenden Schiedsrichter mit entsprechender Sanktionskraft sein sollen, und der Involvierten ab, wobei letztere emotional deutlich stärker erregt scheinen und deshalb nur mit Mühe zur Ruhe und zentrierten Aufmerksamkeit für das Klassengespräch zu bringen sind, in dem „ein paar Dinge" geklärt und bewertet werden sollen. Nach ersten Meldungen und sachlichen Nachfragen zu Regelübertretungen durch z. B. Pässe wird schließlich der von der

Lehrkraft eingeführte Fachbegriff „Foul" aufgegriffen und auf die Agenda einer Diskussion gesetzt:

S 1: (...) „Und die haben viel gefoult, die Roten haben viel gefoult."
L: „Weil es jetzt hier eine große Aufregung gibt diesbezüglich, was meinst du, was müsste man vielleicht dann doch machen damit das klar ist."
S 1: „Ein Schiedsrichter."
L: „Wäre vielleicht eine Möglichkeit, wenn ihr es nicht schafft, es selbst zu entdecken, dass man dann doch einen Schiedsrichter von außen gucken lässt. So, hast du noch eine andere Sache, Ludwig, oder war es das? *(Schüler/innen melden sich)* So, jetzt dürft ihr, aber denkt an die Regel, es spricht immer nur der, der dran ist. Okay? Linus, was ist dir aufgefallen?"
S 4 (Linus): „Bei Aise da, wenn Aise den Ball hatte und dann losgerannt ist, hat sie direkt alle weggerammt und so."
S 5 (Aise): „Ja, mir doch egal. Habt ihr ja auch."
S 4 (Linus): „Ja, wir haben aber nur gezogen und ihr habt richtig gerammt."
(Schülerin (Aise) will dazu etwas sagen)
L: „Linus ist jetzt dran."
S 4 (Linus): „Wir haben die nur gezogen die Bälle, aber die haben die ganze Zeit weggerammt."
(Lehrer geht zur Tafel und unterstreicht „Nicht foulen" mit einem Edding)
L: „Das, guckt mal hier Leute, ich unterstreiche es auch noch mal. Das müssen wir auch noch einmal genauer sagen (--) *(Lehrer malt ein Ausrufezeichen hinter „nicht foulen")*. Das ist mir auch aufgefallen und vielen anderen zwischendurch auch, die sich dann bei mir gemeldet haben, man darf eben nicht Leute wegschubsen, wegdrängen, äh schlagen, kratzen, beißen, sonst sowas. Wir haben ja jetzt hier eine Sache, die dazu führt, dass das passiert, ich hab auch mal zwischendurch so versucht sie aus dem Spiel zu nehmen. (--) Es gibt nämlich Handballspieler unter euch, Handballspielerinnen, die schon aus dem Handball kommen und die versuchen natürlich alles wie im Handball zu machen. An Gegnern vorbeigehen, den so ein bisschen mal bedrängen. Deswegen der Hinweis, bei diesem Spiel hier das bitte nicht zu machen. Bedeutet für die Handballer, sich da in dem Falle ein bisschen zurück zu halten. (--) Aise, du kannst ja direkt mal was sagen." (...)

Die avisierte „Klärung" der konfliktreichen Spielsituationen läuft bereits im ersten Anlauf des Gesprächs auf eine Lösung des Problems und nicht auf eine *Analyse* der Bedingungen oder gar Wissensvermittlung über Fairness, Fouls oder moralische und technische Regeln im Sport hinaus. Überraschend ist dieser funktional-pragmatische Blick auf die Optimierung der Sportpraxis in der Praxis jedoch nicht, wenn der Lehrer zwar von Klärung spricht und gleichzeitig fragt, was man nun *machen* müsse, „damit das klar ist". Klärung heißt hier nicht

Erklärung oder gar Aufklärung über einen thematischen Problemzusammenhang in sprachlich reflexiven Zugriffen erörternder oder diskursiver Art, sondern eine Klärung, sprich Bereinigung der Situation. Etwas „genauer sagen" zu müssen zielt – inhaltlich und zweckmäßig – nicht auf Verstehen, sondern auf eine unmittelbare Auflösung des gemeldeten Konflikts, der durch direkte Eingriffe in die Praxis (Schüler/innen aus dem Spiel nehmen) und berichtigende Hinweise bearbeitet wird. In diesem Zusammenhang wird auch die Einführung eines Schiedsrichters, der als Unparteiischer solcherart Fehlverhalten erkennt, thematisch relevant. Dass dieser aus Lehrsicht sodann als Korrektiv für eine Unfähigkeit der Schüler/innenschaft, „es selbst zu erkennen" und zu regeln eintreten müsse, stellt eine Disziplinierungsoption für die Lernenden im Horizont des moralischen Aufrufs zum Regelgehorsam dar.

Nach den Stellungnahmen der Beobachter wird das Rederecht nun auch den betroffenen Spielern/innen erteilt, die bereits vor der Wortmeldung zur Einhaltung der geltenden Gesprächsregeln angehalten werden, um eine ggf. dem Spiel ähnlich turbulente Kommunikationspraxis im Eifer des Gefechts entsprechend zu zähmen und eine unterrichtliche Ordnung aufrecht zu halten. Bereits der erste Spielerbericht zu Aufgefallenem hat es in sich: Eine konkrete Schülerin wird namentlich angeschuldigt, andere Spieler wegzurammen, was über eine schlichte Kollision hinausgehend die gezielte körperliche Aggression gegen einen Mitspieler oder eine Mitspielerin impliziert. Nach diesem Vorwurf ergreift die Schülerin ungeachtet der Melderegel rechtfertigend das Wort, indem sie keinen Unterschied zu den ruppigen Balleroberungsversuchen des Wegziehens ihrer Mitschüler/innen zu erkennen glaubt. Diese Ausführungen und gegenseitigen Anschuldigungen veranlassen die Lehrkraft zunächst zur direkten (Re-)Disziplinierung der Gesprächspraxis durch einen Verweis auf die Melderegel und zur zügigen Disziplinierung der Sportpraxis durch eine nun symbolisch nachdrückliche Untermalung des pädagogisch adressierten Gebots „Nicht foulen!" Nun ist von Elias und Dunnings zu lernen, dass beispielsweise im Fußballsport die Lust an der spontanen körperlichen Gewaltausübung im Kampf um den Ball im Zivilisationsprozess nicht ausgeschaltet, sondern nur durch ein Regelwerk verfeinert wurde, so dass es nicht mehr zu einer „regelrechten Feldschlacht" (Elias und Dunnings 1982, S. 100) kam. Mit dem Warnwort „wegrammen" öffnet sich jedoch wieder die Schublade der Rede vom ungebremsten (Affen-)Verhalten, was sich an der Fortführung der Tiermetapher zeigt: So werden dem Wegschubsen und -drängen nun das Schlagen, Kratzen und Beißen als aggressive, der Selbstkontrolle entzogene und gänzlich unzivilisierte Aktionen zur Seite gestellt. An dieser Stelle führt der Lehrer eine Differenzordnung ein und entwickelt den Gegenhorizont von Sport und Schulsport. Denn unter der Schüler/innenschaft weilen – mehr oder weniger erkannt – Handballer/innen des außerschulischen Vereinssports; es lauert hier gleichsam ein Schüler/innen-Typus, der das Spielgeschehen praxeologisch gesehen mit einer abweichenden Illusio versieht und damit die Gruppe spaltet. Die Ursache des Übels wird demnach in der Vereinssozialisation einiger Schüler/innen gesehen, die offensichtlich kontextunangemessen ein aggressiv-körperbetontes Handeln im Sport an den Tag legen, das „bei diesem Spiel" in der Schule zerstörerisch wirkt. Es folgt der Hinweis an die Handballer/innen sich „in diesem Fall" – sprich: im Fall Schulsport – in ihrem sportlichen Eifer einzuschränken, so dass der klassenöffentliche Unterricht die Schüler/innen in einen engen Korridor des legitimen unterrichtlichen Engagements zwingt (Wenzel 2014, S. 37).

Dran-Denken, Drauf-Achten und Nicht-Tun kennzeichnen hier Anpassungserwartungen an die kommunikative Teilnahme bzw. Teilnahmslosigkeit der Handballer/innen am Schulsport, der von ihnen als Schüler/innen ein etwas gesitteteres Verhalten erwartet, als es der Sportverband von ihnen als Wettkampfsportler/innen verlangt. Es wird nun eine – zumindest lokale, situations- und gruppenbezogene – Verpflichtung der Handballer/innen der Klasse gegenüber adressiert, die einer Verrohung des so weit wie möglich gezähmten Schulsports entgegenwirken soll. An die Handballer/innen wird die in der Tat nun moralische Erwartung adressiert, sich als Quasi-Fremde an ihrer Integration in den Sportunterricht aktiv zu beteiligen. Sie haben zwar am Spiel Anteil, sollen sich aber im Rahmen ihrer Möglichkeiten anteilslos verhalten.

Zu diesem reglementierenden Platzverweis darf und soll die adressierte Schülerin dann auch „direkt mal was sagen", die als zur teilnehmend Anteilslosen erklärten Sportlerin ironisch lachend die aggressiven Handlungen von Nicht-Handballer/innen vorbringt und damit die Lehrer-Interpretation zum Anders-Sein der Handballer/innen ebenso klassenöffentlich in Frage stellt.

S 5 (Aise): „Ja, der Mert hat sich auf Julian geschmissen (lacht), wenn der den Ball hatte und dann, und dann hat er den Ball einfach weggezogen und der hat sich auf Marina geschmissen, wir hatten einen Freiwurf. Und Murat (lacht) sagt, die Roten haben den Ball, weil wir gefoult haben."
(Schüler antwortet (unverständlich) und es wird weiter über das Verhalten gestritten)
L: „Okay, haben wir zur Kenntnis genommen. Das gehört genau in den Bereich mit hinein, dass man das nicht darf. (--) So, was hast du noch?"
S 6: „Also, Jason wollte mir einmal so den Ball wegziehen, also der hat mir dann den Ball weggezogen und dann hat Noah einmal so den Ball hochgeworfen, obwohl wir eigentlich einen Freistoß hatten."
(Ein Schüler (Jason) ruft rein): „Du weißt doch nicht einmal, was ein Freistoß ist!"
(Schülerin (Aise) lacht)
L: „Also, Manuel war kein Schiedsrichter, sollte er auch gar nicht sein, aber er hat es erst so verstanden, deswegen ist das so ein anderes Problem."
S 5 (Aise): „Was?"
L: „Aber dazu muss noch eines wissen, Aise, Aise, bist du bitte ruhig, wenn du nicht dran bist? Jason! Bist du bitte ruhig, wenn du nicht dran bist? Wir wollen ja nicht nur stundenlang die Regeln besprechen, sondern auch gleich noch mal spielen."
S 7: „Ich habe aber noch eine ganz wichtige Frage."
L: „Auch wenn das wichtig ist, was wir hier machen, aber wir müssen das möglichst schnell machen (--) mit der Klärung."
S 7: „Ich hab noch etwas ganz Wichtiges zu fragen."
L: „Jason, pass bitte auf. Linus, hör bitte auf. Also, was ich grad noch sagen wollte zu der Meldung von Aise, jemandem den Ball aus der Hand reißen ist ein Foul, darf man nicht machen. Ja? Weil das auch mehrmals zu Problemen geführt hat. Wenn man ihn hat, hat man ihn. Aus der Hand reißen ist nicht erlaubt. Ist euch noch mehr aufgefallen? Olaf."
S 7: „Ja, aber dann (--)" (...)

In den Lehrerreaktionen auf die Re-adressierung der Disziplinierungsbedarfe – „zur Kenntnis genommen" – zeigt sich eine pädagogische Kaschierung differenter Positionen unter den Schüler/innen, die er in eine gewünschte Richtung aufzulösen versucht. Dass sich in der Schüler/innenschaft jedoch Orientierungen in Form von eindeutigen Gegenhorizonten auftun, die sich am erwarteten Schüler/innenverhalten innerhalb des Schulsports und am erwarteten Sportler/innenverhalten im außerschulischen Wettkampsport festmachen lassen, zementiert die inkohärenten Urteilsbildungen auch kommunikativ. Aus Sicht der „Sportler/innen" disqualifizieren sich ihre Mitschüler/innen durch Inkompetenz im

Sinne des Nicht-Wissens (z. B. was ein Freistoß ist) oder Nicht-Könnens (z. B. Balleroberungen und Sturm) und produzieren damit ein konfliktträchtiges, ggf. unfaires Spiel, während sich die Vereinssportler/innen aus Sicht anderer Schüler/innen als rücksichtslose, siegesgetriebene und unkultivierte „Affen" im Schulsport sittlich disqualifizieren. Sportunterricht als Ort reflexiver Regelvermittlung verlangt die Einrichtung von fachbezogenen *Gesprächsreservaten*, in denen sensibel mit Konflikten, Worten, Analysen und auch Adressierungen umzugehen ist. So wichtig ist aber dem Lehrer dieses Reservat auch wiederum nicht, insbesondere dann nicht, wenn es durch Dissens zu Verschiebungen im gewohnten Erfahrungsfeld des Unterrichts kommen könnte. Das „mit der Klärung" ist plötzlich „möglichst schnell" zu machen, denn die Schüler/innen sollen in der verbleibenden Stundenzeit noch einmal spielen, anstatt „nur stundenlang" Regeln zu besprechen. Zu sehr scheint sich doch der Stundenverlauf aus dem fachkulturell üblichen und vom Lehrer inkorporierten Orientierungsrahmen einer Sportstunde zu entfernen, als dass er beispielsweise noch für eine wichtige Frage, wie sie S. 7 stellen möchte, Aufmerksamkeit zur Verfügung stellt. Die Ansprüche des Machens, der körperlichen Aktivität dominieren diejenigen des Denkens und Klärens und erzeugen ein Zeitdiktat für die Ausgestaltung solcher Reservate. Für sogenannte „Klärungsprozesse" steht trotz der Planung und Inszenierung von Reflexionsphasen nur ein kleines unterrichtliches Zeitkontingent zur Verfügung. Die sprachliche Feststellung „Ist ein Foul. Darf man nicht machen" und die Einforderung einer Bestätigung durch ein „Ja?" genügt dann offensichtlich, um den Dissens für beendet zu erklären und noch einen weiteren Spieldurchgang in der verbleibenden Stundenzeit zu starten.

5. Fazit

Im Gespräch zwischen der Lehrkraft und den Schüler/innen bildet sich ein latenter Kommunikationsrahmen heraus, der es nahelegt zu glauben, der Wandel vom unzivilisierten zum zivilisierten Sport vollziehe sich in einer Art Kontinuum als Werdegang vom Tier zum Mensch, von Affen zu Leuten, von unsittlichen zu gesitteten Umgangsformen im Spiel. Im Übergangsfeld verortet die Lehrkraft die Handballer/innen. Sie stehen für die Anderen, denen im sozialen Sonderraum des außerschulischen und institutionalisierten Wettkampfsports der Verbände Toleranz in Fragen der Ausübung körperlicher Gewalt zugestanden wird. Sie sind

Repräsentanten/innen des „wirklichen" Sports, so wie er außerhalb der Schule mit seinen Ambivalenzen existiert und seine Anerkennung trotz seiner Aufforderung an die Handballer/innen, sie mögen sich zurückzunehmen, in der Sportorientierung der Lehrkraft findet. Denn im Rahmenwechsel eines Aufwärmspiels zu einem Punktspiel mit Spielbeobachtern verleiht er den Strukturen des außerschulischen, institutionalisierten Wettkampfsports eine besondere Dignität und inszeniert sich – auch in Gesprächsreservaten – in der Rolle eines Offiziellen, der Spielberichte einfordert und Spielverhalten beurteilt. Der institutionalisierte Sport scheint in dieser unterrichtlichen Inszenierung das außerschulische Bezugssystem zu sein, auf das der Lehrer in seinem Lebensweltbezug hinweisen und vorbereiten will. Im Widerspruch dazu steht, dass im innerschulischen Bezugssystem von den Schüler/innen die Aufführung guten Benehmens in einem gewaltentschärften und rücksichtsvollen Sport normativ erwartet wird. Es ist dann auch konsequent, wenn der Lehrer geradezu wie im historischen Prozess im Zuge einer Pastoral- und später Staatsmacht eine polizeiliche „Pazifizierung" des Spiels durch Maßnahmen erzwingen will, die in erster Linie eine Reihe von Verhaltensverboten festlegen (vgl. Elias und Dunning 1983). Er erlässt die Regeln, schafft Ordnung und behält sich die Vergabe von Sanktionen vor. Man kann

> „mit PIAGET (1954, 62f.) daher sagen, dass sich durch diese Art der Regelvermittlung eine Zwangsgesellschaft etabliert, die die Entwicklung des Regelbewusstseins der Schüler an die Autorität des Lehrers bindet. Der wichtigste Grund, sich an die Regeln zu halten, ist, den Erwartungen des Lehrers zu entsprechen und ein ‚braver' Schüler zu sein, der seine Rolle im Sinne der Normen und Regeln des Lehrers richtig spielt." (Kähler 1985, S. 123)

Im Medium der Sprache findet demnach keine fachlich reflexive Bearbeitung des Themas „Fairness im Sport" im Sinne einer urteilskritischen Wertklärung statt, sondern Sprache wird zum Kernmoment einer Aufteilung des Sinnlichen, die Schüler/innen auch und gerade als anteilige oder anteilslose Sportlerinnen konkrete Plätze im sozialen Raum des Unterrichts zuweist und das Sag- und Praktizierbare, Sicht- und Unsichtbare sowohl im Spiel wie auch im Unterricht *in Ordnung* hält.

Die abrupte Schließung des im Konfliktgespräch gerade erst durch eine entidentifizierende Sprache der Schüler/innen eröffneten Subjektraums, die Gesprächsökonomie und die Dürftigkeit der Lehrersprache ist wiederum aus der

Perspektive der Fachkulturforschung im Sport nicht überraschend. Es ist die Konsequenz aus dem im fachkulturanalytischen und professionstheoretischen Kontext immer wieder beklagten Primats der Performanz. Sportunterricht gesteht in seinen Aufteilungen des Sinnlichen der Sprache im schlimmsten Fall nur eine *dienende* Funktion im Rahmen pragmatisch-technischer Ansprüche der Störungsentsorgung zu und sorgt dafür, dass es weitergeht – nur darin liegt dann ihre besondere Funktion und Sensibilität. Auch die Analyse dieses Falls bestätigt, dass die sprachlich verhandelten Probleme in sportunterrichtlichen Situationen eines unmittelbaren, gemeinsamen Erlebniskontextes durchgängig als Verhaltensprobleme der gerade aktuellen, konfliktträchtigen Praxis thematisch werden, die dann wiederum nach einer umgehenden, praktikablen Lösung verlangen und nicht als theoretische Sachprobleme, die zunächst auch das Problem mit der Moral, der Lust und der Last der Gewalt im Sport zu verstehen suchen. Dass Sportunterricht, „zu einem Ort reflexiven Regellernens und Spielens werden" (Kähler 1985, S. 264) würde, der in der Tat auch Anlass gäbe, aus einem unterrichtlichen Unvernehmen heraus Subjekträume zu eröffnen, verband schon Kähler mit „keinen zu großen Erwartungen" (ebd.). Über zwanzig Jahre später ist Kählers Einschätzung selbst im Zusammenhang eines expliziten Reformversuchs zur Erhöhung sprachlich-reflexiver Anteile des Unterrichtens von Spiel und Sport nicht viel hinzuzufügen, sofern man dem analysierten Einzelfall das Potential zum Typischen nicht von vornherein absprechen will.

Literatur

Arzberger, C. und Erhorn, J. (2013): *Sprachförderung in Bewegung. Sprachbewusster Sportunterricht und bewegter Deutschunterricht.* Hamburg: Landesinstitut für Lehrerbildung und Schulentwicklung.

Audehm, K., Corsten, M., Frei, P. und Hauenschild, K. (2016): Resonanz als Individualisierung von Unterricht? In: Heinzel, F. und Koch, K. (Hrsg.): *Individualisierung im Grundschulunterricht, Jahrbuch Grundschulforschung 21.* Wiesbaden: VS Verlag, 199–203.

Auras, T. (2010): Reflektieren im Sportunterricht. Ritualisiertes Reden oder lohnenswertes Nach-Betrachten? In: *Sportpädagogik 5*, 32–35.

Bohnsack, R. (2010): *Rekonstruktive Sozialforschung. Einführung in qualitative Methoden.* 8. Aufl. Opladen & Farmington Hills: Barbara Budrich.

Bundesinstitut für Sportwissenschaft. (2018): *Sport und Recherche im Fokus. Das Sportinformationsportal.* https://www.bisp-surf.de/Record/PU1999209057529. Zugriff am 21.02.2018.

Digel, H. (1980): Sprachgebrauchsprobleme im Sportunterricht. In: Ausschuss deutscher Leibeserzieher (Hrsg.): *Theorie in der Sportpraxis.* Schorndorf: Karl Hofmann, 68–75.

Drexel, G. (1975): Sprechhandlungen des Lehrers im Sportunterricht. Sprachtheoretische Betrachtungen zur Sportlehrersprache und Skizze einer handlungstheoretischen (sprechakttheoretischen) Konzeption der Sportlehrersprache. In: *Sportwissenschaft 5 (2),* 162–184.

Ehni, H. W. (1977): *Sport und Schulsport. Didaktische Analysen und Beispiele aus der schulischen Praxis.* Schorndorf: Hofmann.

Elias, N und Dunning, E. (1983): *Sport im Zivilisationsprozess. Studien zur Figurationssoziologie.* Münster: LIT Verlag.

Franke, E. (2018): Eine Allgemeine Pädagogik für die Sportpädagogik? In: Laging, R. und Kuhn, P- (Hrsg.): *Bildungstheorie und Sportdidaktik. Ein Diskurs zwischen kategorialer und transformatischer Bildung.* Wiesbaden: Springer VS, 253–291.

Frei, P. (1999): *Kommunikatives Handeln im Sportunterricht.* Sankt Augustin: Academia.

Friedrich, G. (1991): *Methodologische und analytische Bestimmungen sprachlichen Handelns des Sportlehrers.* Frankfurt a.M.: P. Lang.

Gogolin, I. und Lange, I. (2011): Bildungssprache und Durchgängige Sprachbildung. In: Fürstenau, S. und Gomolla, M. (Hrsg.): *Migration und schulischer Wandel: Mehrsprachigkeit.* Wiesbaden: Springer VS, 107–127.

Gogoll, A. (2013): Sport- und bewegungskulturelle Kompetenz. Zur Begründung und Modellierung eines Teils handlungsbezogener Bildung im Fach Sport. In: *Zeitschrift für sportpädagogische Forschung 1 (2)*, 6–24.

Hildenbrandt, E. (1976): Bewegung und Sprache. In: Hahn, E. und Preissing, W. (Hrsg.): *Die menschliche Bewegung: Human Movement*. Schorndorf: Hofmann, 168–182.

Hildenbrandt, E. und Friedrich, G. (1989): Die Sportwissenschaft entdeckt das Thema Sprache. In: Feldbusch, E. (Hrsg.): *Ergebnisse und Aufgaben der Germanistik am Ende des 20. Jahrhunderts*. Hildesheim & New York: Olm, Weidmann Verlag, 380–398.

Kähler, R. (1985): Moralerziehung im Sportunterricht. Untersuchung zur Regelpraxis und zum Regelbewusstsein. In: Altenberger, H. und Römmele, E. (Hrsg.): Buchreihe *Beiträge zur Sportwissenschaft*. Band 2. Frankfurt a.M. und Thun: Deutsch.

Kastrup, V. (2009): *Der Sportlehrerberuf als Profession. Eine empirische Studie zur Bedeutung des Sportlehrerberufs*. Schorndorf: Hofmann.

Klinge, A. (2007): Entscheidungen am Körper. Zur Grundlegung von Kompetenzen in der Sportlehrerausbildung. In: Miethling, W.-D. und Gieß-Stüber, P. (Hrsg.): *Beruf Sportlehrer/in*. Baltmannsweiler: Schneider, 25–38.

Kleiner, K. (1989): Die Sprache im Sportunterricht als Element des Lehrverhaltens. Ein Beitrag zur empirischen Unterrichtsforschung am Beispiel der Sportlehrersprache. In: *Wiener Beiträge zur Sportwissenschaf*. Wien: Wiss. Ges. für Leibeserziehung und Sport in Wien, 85–114.

Kraus, U. (1981): *Zum Problem der Sportlehrersprache als Strukturmoment unterrichtlichen Handelns*. Essen: Gesamthochschule.

Kuhlmann, D. (1986): Sprechen im Sportunterricht: Eine Analyse sprachlicher Inszenierungen von Sportlehrern. In: Ausschuss deutscher Leibeserzieher (Hrsg.): Buchreihe *Beiträge zur Lehre und Forschung im Sport*. Band 91. Schorndorf: Karl Hofmann.

Kurz, D. und Schulz, N. (2010): *Sport im Abitur. Ein Schulfach auf dem Prüfstand*. Aachen: Meyer und Meyer.

Laging, R. (2018): Fachliche Bildung im Sportunterricht. In: Laging, R. und Kuhn, P. (Hrsg.): *Bildungstheorie und Sportdidaktik. Ein Diskurs zwischen kategorialer und transformatorischer Bildung*. Wiesbaden: Springer VS, 317–342.

Meseth, W., Proske, M. und Radtke, F.-O. (2004): *Schule und Nationalsozialismus. Anspruch und Grenzen des Geschichtsunterrichts*. Frankfurt/New York: Campus.

Meyer-Drawe, K. (2013): Von ‚Hänschen klein' zum ‚kleinen Hans'. Prüfen als Subjektivierungstechnik. In: Gelhard, A., Alkemeyer, T. und Ricken, N. (Hrsg.): *Techniken der Subjektivierung*. München: Wilhelm Fink, 163–172.

Neumann, P. (2007): Reflexion – ein Prinzip in Konkurrenz zur Bewegungszeit. In: Scheid; V. (Hrsg.): *Sport und Bewegung vermitteln: Jahrestagung der dvs-Sektion Sportpädagogik vom 15.-17. Juni 2006 in Kassel, Schriften der Deutschen Vereinigung für Sportwissenschaft*. Band 165. Hamburg: Czwalina, 65–68.

Rancière, J. (2002): *Das Unvernehmen. Politik und Philosophie*. Frankfurt a. M.: Suhrkamp.

Rancière, J. (2006): *Die Aufteilung des Sinnlichen: Die Politik der Kunst und ihre Paradoxien*. Berlin: b_books.

Reckwitz, A. (2006): *Das hybride Subjekt: Eine Theorie der Subjektkulturen von der bürgerlichen Moderne zur Postmoderne*. Weilerswist: Velbrück Wissenschaft.

Reckwitz, A. (2008): Subjekt/Identität: Die Produktion und Subversion des Individuums. In: Moebius, S. und Reckwitz, A. (Hrsg.): *Poststrukturalistische Sozialwissenschaften*. Frankfurt a. M.: Suhrkamp, 75–92.

Reh, S. (2013): Die Produktion von (Un-)Selbständigkeit in individualisierten Lernformen. In:Gelhard, A., Alkemeyer, T. und Ricken, N. (Hrsg.): *Techniken der Subjektivierung*. München: Wilhelm Fink, 189–200.

Scherler, K. (1977): Die Regelung von Bewegungsspielen als Thema des Sportunterrichts. In: *Sportwissenschaft 7 (4)*, 341–360.

Schierz, M. (2010): Gewiss ungewiss: die Zukunft des Schulfachs Sport. In: Frei, P. und Körner, S. (Hrsg.): *Ungewissheit – Sportpädagogische Felder im Wandel: Jahrestagung der dvs-Sektion Sportpädagogik vom 11.-13. Juni 2009 in Hildesheim*. Buchreihe *Schriften der Deutschen Vereinigung für Sportwissenschaft*, Band 200. Czwalina: Hamburg, 21–39.

Schierz, M. (2012): Hybride Kontexturen – Kontingenzbearbeitung in Sportstunden als Thema fallrekonstruktiver Unterrichtsforschung. In: Körner, S. und Frei, P. (Hrsg.): *Die Möglichkeit des Sports. Kontingenz im Brennpunkt sportwissenschaftlicher Analysen*. Bielefeld: transcript, 281–299.

Schierz, M. und Miethling, W.-D. (2017): Sportlehrerprofessionalität: Ende einer Misere oder Misere ohne Ende? Zwischenbilanz der Erforschung von Professionalisierungsverläufen. In: *German journal of exercise and sport research 47 (1)*, 51–61.

Schierz, M. und Thiele, J. (2013): Weiterdenken – umdenken – neu denken? Argumente zur Fortentwicklung der sportdidaktischen Leitidee der Handlungsfähigkeit. In: Aschebrock, H. und Stibbe, G. (Hrsg.): *„Didaktische Konzepte für den Schulsport*. Aachen: Meyer & Meyer, 122–147.

Schierz, M. und Serwe-Pandrick, E. (2018): Schulische Teilnahme am Unterricht oder entschulte Teilhabe am Sport? Ein Forschungsbeitrag zur Konstitution und Nicht-Konstitution von Unterricht im sozialen Geschehen von Sportstunden. In: *Zeitschrift für sportpädagogische Forschung* (im Druck).

Schulz, N. und Stibbe, G. (2011): Themaheft „Kenntnisvermittlung im Sportunterricht". *Sportunterricht 60 (12)*.

Serwe-Pandrick, E. (2013): „The reflective turn"? Fachdidaktische Positionen zu einer „reflektierten Praxis" im Sportunterricht. In: *Zeitschrift für sportpädagogische Forschung 1 (2)*, 26–44.

Serwe-Pandrick, E. (2016): Der Feind in meinem Fach? „Reflektierte Praxis" zwischen dem Anspruch des Machens und dem Aufstand des Denkens. In: *Zeitschrift für sportpädagogische Forschung* Sonderheft *(1)*, 15–30.

Thiele, J. und Schierz, M. (2011): Handlungsfähigkeit – revisited. Plädoyer zur Wiederaufnahme einer didaktischen Leitidee. In: *Spectrum der Sportwissenschaft 23 (1)*, 52–75.

Volkmann, V. (2008): *Biographisches Wissen von Lehrerinnen und Lehrern*. Wiesbaden: VS Verlag für Sozialwissenschaften.

Wenzel, T. (2014): *Elementarstrukturen unterrichtlicher Interaktion. Zum Vermittlungszusammenhang von Sozialisation und Bildung im schulischen Unterricht*. Wiesbaden: Springer VS.

Wernet, A. (2009): *Einführung in die Interpretationstechnik der Objektiven Hermeneutik*. Wiesbaden: VS Verlag für Sozialwissenschaften.

Wolff, D. (2017): *Soziale Ordnung im Sportunterricht. Eine Praxeographie*. Bielefeld: Transcript.

Zimmer, R. (2009): *Handbuch Sprachförderung durch Bewegung*. Freiburg im Breisgau: Verlag Herder.

„Język Şekillendirmek"
Entzug von Sprachverstehen als Potential von Kunstunterricht

> „Language can be considered as an Art Form";
> „Language cannot be considered as an Art Form"
> (Lamelas 1970)

Angesichts von Kunst kann es passieren, dass die Sprache versagt. Versagt die Sprache, dann zieht das sehr unterschiedliche Reaktionsmuster nach sich:

> „ ... entweder ich stammle, oder ich sage genau das Gegenteil von dem, was ich wollte – oder ich drücke das Gefühl mit geschwollenen Sätzen aus, die nichts besagen–, oder aber, und das ist das häufigste, ich äußere gar nichts, ich fliehe vor jeder Äußerung: das ist das klügste." (Sartre, zit. n. Sturm: 1994, S. 261)

Jean Paul Sartre, von dem diese bekennenden Zeilen stammen, beschreibt hier Situationen, bei denen ein starkes Gefühl das routinierte Sprechen unterbricht. Woher aber könnte dieses Aussetzen der Sprache rühren, welches Stammeln, Stottern oder gar Verstummung bewirken kann?

Abb. 1: Percept

1. Aussetzen des Verstehens

„Wer hätte jemals ein Kunstwerk vollständig begriffen?" fragt Pierangelo Maset und weist auf die Eigentümlichkeit hin, dass bei der Begegnung mit Kunst der Verstehensmodus allein in der Regel nicht hinreichend ist (Maset 2002, S. 13). Ästhetische Phänomene – und diese müssen nicht zwangsläufig bereits ‚Kunst' genannt werden – konfrontieren unsere Perzeption mit etwas, das über die Anwendung von bereits Gewusstem oder über das „Verstehen mit seinem subtilem Imperialismus" hinausgeht (Wimmer und Masschelein 1996, S. 244). In der politischen Theorie wird der Imperialismus als gewaltsame Ausdehnung des eigenen Imperiums durch Unterwerfung und Eingliederung fern liegender Gebiete in eigene Machtbereiche verstanden. Aber inwiefern könnte das Verstehen als ‚imperialistisch' bezeichnet werden?

Für die Hermeneutiker bestand der Vollzug des Verstehens darin, „in konzentrischen Kreisen die Einheit des verstandenen Sinns zu erweitern" (Gadamer 1965, S. 296). Verstehen bezeichnet demnach eine Verstandesleistung, bei der Phänomene in die Bahnungen von bereits Bekanntem einsortiert werden. Dabei kommen erlernte Register zur Anwendung, so genannte Deutungsrahmen, innerhalb derer das bisher Unbekannte einen Platz zugewiesen bekommt. ‚Imperialistisch' könnte ein Verstehensprozess also dann genannt werden, wenn wir bei der Begegnung mit etwas Fremdem oder bisher Unbekanntem auf einen Deutungsrahmen zurückgreifen, ohne den Deutungsrahmen selbst zu verändern.

Das passiert z. B. dann, wenn die Sprache von Schüler/innen, deren Deutsch von dem der Bildungssprache maßgeblich abweicht, als reduzierte oder mangelhafte Version der Bildungssprache interpretiert und nicht in ihrer Besonderheit mit eigenen Codes und stilistischen Konventionen und sogar eigenem Wortschatz begriffen wird.

Abb. 2: Deutungsrahmen

Wenn das Sprechen angesichts von Kunst versagt, dann könnte das daran liegen, dass etwas wahrnehmbar wurde, das nicht auf bereits Erfahrenes oder Verstehbares rückbezogen werden kann. Es bietet sich kein Deutungsrahmen an oder die vorhandenen Deutungsrahmen versagen. Und genau das macht es schwer, das Gesehene in Worte zu fassen. Denn:

> „Sprache ist begrenzter als die Erscheinungen, die sie zu bezeichnen versucht. Von daher geht jeder Versuch der Universalisierung eines ästhetischen Urteils, so notwendig er auch sein mag, mit einer Reduktion von Differenzen und damit auch mit der Reduktion von Komplexität einher, da die Besonderheiten in die Zwangsjacke des Begriffs geraten." (Maset 1995, S. 123)

2. Sprachgrenzen

Kunstpädagog/innen benötigen eine hohe Aufmerksamkeit für die subtilen Prozesse, die bei der Versprachlichung von Wahrnehmungen stattfinden. Das betrifft die Beschreibung und Interpretation von künstlerischen Arbeiten ebenso wie die Besprechung der ästhetischen Praxis von Schüler/innen oder Phänomene der Alltagswelt. Sprachsensibilität ist im Fach Kunst vor allem dort gefragt, wo Grenzen der Sprache berührt werden.

„Der Übergang vom Ding zum Wort ist dabei ein Sprung von einer Ebene auf eine andere, von einem realen Raum in einen, sprachlichen Raum [...]. Der sprachliche Raum ist – so gesehen – eigentlich ein Unort, denn Sprache ist immer so etwas wie ortlos." (Sturm 1996, S. 57)

D. h., wichtiger noch als die Beherrschung der Sprache oder das Einüben von Sprachfertigkeit ist es für den Kunstunterricht, ein Bewusstsein von den diversen Möglichkeiten, die auf der Grenze zwischen Wahrnehmung und Versprachlichung entstehen, vermitteln zu können. Dass sich hier überhaupt ein Gefühl von Grenze einstellt, könnte damit zusammenhängen, dass die zur Verfügung stehenden Mittel als begrenzt wahrgenommenen werden.

Die Reduktion auf Sprache und damit einhergehende Unterdrückung aller anderen möglichen Äußerungsformen lässt als Grenze erscheinen, was ebenso gut als Zone des Übergangs interpretiert werden könnte.

Als Möglichkeitsraum kann dieser Übergang, so möchten wir argumentieren, z. B. dann entdeckt werden, wenn die Sprache versagt oder wenn die Kommunikation einen Medienwechsel verlangt. Ein geeigneter Weg, um Sprachbewusstsein zu erlangen, welches nicht in Sprachbeherrschung aufgeht, besteht darin, sich genau an solchen Sprachgrenzen aufzuhalten.

Sprachsensibler Unterricht bedeutet im Kunstunterricht deshalb auch, empfindlich gegenüber der Begrenztheit von Sprache zu werden. Nicht-Verstehen kann die vermeintliche Sicherheit in der Sprache als Illusion überführen. Aus Sicherheit wird dann möglicherweise ein Gefühl der Enge – immer dann nämlich, wenn herzustellen beabsichtigt wird, was wir als ‚reibungslose Kommunikation' bezeichnen wollen. Nicht-Verstehen kann auch in Unverständnis umschlagen, in Abwehr oder Aggression. Sprachsensibilität ist gefragt, wenn die Unzulänglichkeit von Sprache erfahrbar wird und das Sprechen erschwert. Wenn die Worte fehlen. Wenn etwas nicht stimmt. Wenn beim Sprechen bemerkbar wird, dass Sprache an etwas heranreicht, das zwar vorhanden, substanziell aber nicht erreichbar ist. „Etwas muss zur Darstellung kommen, sonst hätten wir kein Wissen davon; aber diesem Etwas geschieht dauernd Verwandlung" (Peters 2005, S. 13).

Abb. 3: Der Sprung

Anstatt die Schüler/innen immer wieder auf ihre Sprachdefizite hinzuweisen, ist es die Aufgabe von Kunstpädagog/innen, die fehlende Sprachmacht dahingehend umzuwerten, dass die Schüler/innen auf die Unzulänglichkeit der Sprache selbst aufmerksam gemacht werden. Zumal Kindern, die zweisprachig aufwachsen und im familiären Rahmen oft die Aufgabe des Übersetzens übernehmen müssen, die Erfahrung der Begrenztheit von Sprache nicht unvertraut ist.

Paradoxerweise ist es gerade die Erfahrung der Begrenztheit von Sprache, die die Entdeckung ihrer unendlichen Möglichkeiten erlaubt. Die Aufmerksamkeit für ihre Begrenztheit kann die Lust an der Sprache und ihren Möglichkeiten hervorbringen. Dieses insbesondere, wenn Sprache nicht nur als Bedeutungsträger angesehen wird, sondern als mediales System, welches diverse Gestaltungsmöglichkeiten in sich trägt und z. B. von Tempo, Rhythmik, Dynamiken, Zeichenhaftigkeit, Performativität oder den variationsreichen Aufzeichnungs- und Zirkulationsformen etc. mitbestimmt wird.

Auf Schüler/innen, die unter dem permanenten Druck stehen, ihre Sprachfertigkeit unter Beweis stellen zu müssen, wirkt das Angebot, sich bildnerischer, skulpturaler, performativer oder akustischer Artikulationsformen bedienen zu können, oft äußerst entlastend. Bedenkt man, dass am Grad der so genannten Sprachkompetenz meist die Differenziertheit des Denkens gleich mit gemessen wird, so erweisen sich außersprachliche mediale Formen für sie als willkommene Möglichkeit, ihrem Aussagewillen Ausdruck zu verleihen und so auch in Kontakt mit anderen zu treten, ohne gezwungen zu sein, sich der einen oder anderen sprachlichen Ordnung unterwerfen zu müssen.

„Warum also nicht auch mit der Bildsprache arbeiten, und sich seiner Körper-Bild-Sprache bedienen?" fragt die Kunstvermittlerin Julia Draxler und spricht sich dafür aus, die körperlichen Haltungen und Mimiken bei der Kunstbetrachtung aktiv in die Vermittlungsarbeit einzubeziehen (Draxler 2010, o. P.). „Eine performative Haltung einzunehmen heißt auch, mit dem Unaussprechlichen und ständig sich Entziehenden von Wahrnehmungen, Gesten und Erfahrungen zu arbeiten", stellt Maria Peters fest (Peters 2005, S. 11). Damit verschiebt sich die Aufmerksamkeit der Lehrenden weg von der Bedeutungsebene des Gesprochenen auf all das, was Äußerungen mitbedingt, begleitet, irritiert oder auch stützt.

Wie ist das Verhalten in einer Gruppe? Wer spricht, wer versteckt sich, wer geht nach vorne? Welche Sprache ist laut, welche leise?

Abb. 4: Körper-Bild-Sprache

In der künstlerischen Praxis im Kunstunterricht stellt sich für die Lehrenden die Frage, wann und ob sie eingreifen, den Schüler/innen Feedback geben. Gesprochene Sprache kann einen künstlerischen Prozess nicht nur stören, sondern auch zum Erliegen bringen. Im Kunstunterricht geht es auch darum, einen Raum zu erzeugen, in dem Sprache *gefunden* werden kann. Verwickelt in einem künstlerischen Prozess ist das Handeln schneller als das Denken und Sprechen. Beim Versuch, für das, was gerade geschieht, Worte zu finden, würde man stolpern, auf die Nase fallen. Das Nichtsprechen eröffnet hier einen Raum – der Nichtsprache – in diesem Raum findet Bewegung statt – Bewegung, die zu neuen Erkenntnissen führt, die sich im Werk visualisieren. Erst dann können Worte dafür gefunden werden. Auf das sensible Timing kommt es an.

3. Diversität?

Es nimmt nicht Wunder, dass der Begründer der Hermeneutik Hans-Georg Gadamer sowohl der humanistischen Tradition als auch der Klassik und damit der Idee einer im Kunstwerk sich verewigenden Wahrheit verpflichtet war (Geisenhanslüke 2013, S. 55). Ihm ging es beim Auslegungsprozess gewissermaßen um eine Versicherung des Selbst in der eigenen Kultur. „Am Überlieferungsgeschehen teilhabend werden die Verstehenden dieses bestimmend, von ihm bestimmt" (Tepe, S. 5).

Einer der Beweggründe für die Einforderung von ‚Sprachsensiblem Unterricht' liegt in der Einsicht in die Diversität sprachlicher Herkünfte und Erfahrungen. In augenfälligem Widerspruch zum artikulierten Bekenntnis zur Diversität steht dabei die Tatsache „ ..., dass die Schule im Wesentlichen auf die Ausbildung des als legitim geltenden Sprachvermögens Wert legt. Schüler und Schülerinnen werden in der offiziellen Sprache, dem als Hochdeutsch geltenden Deutsch unterrichtet und gebildet" (Quehl und Mecheril 2008, o. P.).

Die sprachlichen Fähigkeiten der Schüler/innen werden nur in dieser Sprache bewertet, an einer Wertehierarchie orientiert und gemessen. Aus migrationspädagogischer Sicht weisen Thomas Quehl und Paul Mecheril darauf hin, welche einengenden Wirkungen die Reduktion auf eine Sprache bei mehrsprachig aufwachsenden Schüler/innen hat:

„Ohne Sprache und das Vermögen, sich mitzuteilen wie dabei die Erfahrung zu machen, erkannt und anerkannt zu werden, ist die individuelle Handlungsfähigkeit zumindest bedroht und infrage gestellt." (ebd.)

Abb. 5: Verkehrung der Ordnung

Deshalb, so die Autoren, gelte es zu berücksichtigen, welche Bedeutung Sprache für den Subjektstatus derer habe, die der Sprache mächtig seien und über das Sprachvermögen sowohl soziale Anerkennung fänden als auch zu sozialem Handeln befähigt werden (ebd.).

„Als Individuum muss der Einzelne zugleich ‚seine Stimme' finden, die ihn für sich selbst und für andere unterscheidbar macht." (ebd.) Berücksichtigt man zudem, dass jeder Sprachcode auch die in einem bestimmten sozialen Milieu erworbenen und hier gültigen Werte enthält, so entstehen, sobald diese Komplexität in nurmehr einer (und wohlmöglich der ‚richtigen') Sprache verhandelt werden soll, zwangsläufig Distinktionskämpfe. Diese Konflikte manövrieren Schüler/innen in mannigfach zwiespältige Situationen. Mannigfach, weil hier Wertvorstellungen, wie sie zu Hause, auf der Straße, im Internet oder durch vorherige Lehrer/innen bereits erlernt wurden, komprimiert aufeinandertreffen und nun in den jeweils von der Schule legitimierten Formaten sprachlich ausagiert werden müssen. Zwiespältig, weil die hier praktizierten Sprachspiele und -regeln Schüler/innen andauernd nötigen, soziale Zugehörigkeitsentscheidungen zu fällen, denen sie aufgrund ihrer noch nicht erlangten Mündigkeit gar nicht gewachsen sein *können*. Mit der Bewältigung dieser schwer fassbaren und zudem strukturell bedingten Schwierigkeiten werden die Schüler/innen in der Regel allein gelassen.

4. „Operation Pestalozzi"

Um die in unserem Sinne verstandene Sprachsensibilität zu praktizieren, schlagen wir für den Kunstunterricht vor, Situationen zu kreieren, bei denen z. B. durch die temporäre Verkehrung der Ordnung von Sprachmacht und den Entzug von semantischem Verstehen die Aufmerksamkeit auf das gelenkt wird, was beim Unterrichten außerdem geschieht. Dieses möchten wir exemplarisch erläutern.

Im Rahmen einer Übung von Alexander Henschel entwickelten drei Studentinnen einen 11-Minuten-Workshop mit dem Titel „Język Şekillendirmek":

> Sie platzieren sich nebeneinander auf der einen Seite des Tisches der/dem Teilnehmer/in gegenüber. Auf dem Tisch liegt ein Stück Knete. Betül Gürsoy, Julia Miecznikowski, Seda Öndin sprechen Türkisch und Polnisch und stellen sich mir zunächst namentlich vor. Sodann beginnt eine von ihnen, weiterhin in ihrer Sprache eine Aufgabenstellung zu formulieren. Dabei deutet sie auf das Stück Knete. Ich kann ihr, obwohl ich wörtlich nichts verstehe, folgen und beginne die Knete mit

den Händen zu bearbeiten. Wenn immer ein Wort von entscheidender Bedeutung für das weitere Vorgehen ist, übernimmt eine andere Studentin kurz die Übersetzung eines Fach-Begriffs in die deutsche Sprache. Hin und her, ich tue es ihr nach. Dann wird weiter in der mir fremden Sprache gesprochen. Die Situation ist komplex und ambivalent, ich befinde mich in einem unverständlichen Sprachsystem und habe ein mir vertrautes Material in der Hand. Meine Aufmerksamkeit schwankt vom einen zum anderen und während ich mich dieser Verunsicherung hingebe, entsteht quasi gedankenlos eine Form. Die Studentinnen sitzen mir mit souveränem, aufmunterndem Lächeln gegenüber und präsentieren mir nicht nur Sprache ([poln.] = Język), in der sie sich versiert zu bewegen scheinen, sondern sie rufen jeweils eine Welt auf, die an dieser Sprache hängt und von der ich nichts weiß. Als nächstes werde ich aufgefordert, aus der amorphen Masse etwas zu formen ([türk.] = Şekillendirmek). Ich schaue auf das Material und stelle plötzlich eine gewisse innere Aufregung an mir fest. Jetzt gilt es, sich als Hochschullehrende im Fach Kunst nicht zu blamieren. Hilfesuchend betrachte ich die weich geknetete Masse auf dem Tisch. Vage lässt sich darin eine Herzform erkennen. Drei mich beobachtende Augenpaare lassen mir wenig Zeit zu überlegen. Kitsch hin oder her. Die Hände sind den Bedenken schon voraus. Ich präsentiere den Student/innen eine herzige Form. Sie möchten nun auch noch einen Sockel. Na gut. Das Herz kann aber auf seiner Spitze nicht stehen. Es fällt immer wieder um. Es ließe sich höchstens wegkneten.
Die 11 Minuten sind vorbei.

„Mit Kopf, Herz und Hand" – nachträglich könnte man die Aktion im Hinblick auf ihre impliziten pädagogische Theorie befragen und untersuchen, ob es sich um eine dekonstruierte Variante der berühmten Formel des Pädagogen gehandelt hat. „Operation Pestalozzi" sozusagen (vgl. Maset 2002). Fürs Erste zeugt der von den Studentinnen gewählte Titel des Workshops aber von sprachlicher Sensibilität im kunstpädagogischen Sinn: „Język Şekillendirmek" = „Sprache Formen".

5. Löchrige Fachgeschichte zurück nach vorn

Das extreme Spannungsverhältnis von Kunst und Pädagogik zeigt sich u. a. darin, welcher Stellenwert der Sprache im Unterrichtsfach Kunst zugesprochen oder – wie für einen wissenschaftlichen Sammelband wohl passender formuliert werden muss – zugeschrieben wird. Wenn hier das Nicht-Verstehen als Potential begriffen wird, so soll das keinesfalls eine Rückkehr zur ‚musischen Erziehung' der Nachkriegsjahre anzeigen. Kunst gibt mehr her als Kompensation für die (anzweifelbare) Kognitionslastigkeit anderer Fächer zu bieten, auch ist ihre Theoriebedürftigkeit lange verbürgt.

Mit einem schnellen und löchrigen Rückblick auf die Fachgeschichte möchten wir im Folgenden nachtragen, zu welchen kunstpädagogischen Diskursen der Text sich ins Verhältnis setzt. Beginnen wir bei den 1970ern. Es ist die Zeit des ‚*linguistic turn*': In den Kultur- und Geisteswissenschaften verbreitet sich die Überzeugung, jegliche gesellschaftliche Struktur sei wie die Grammatik einer Sprache zu lesen. Es ist auch die Zeit, in der man der als unerträglich empfundenen Widersprüche Herr zu werden versuchte und den pädagogisch in vieler Hinsicht problematisch gewordenen Gegenstandsbereich ‚Kunst' aus den Curricula verbannte. Dieses kurzfristig siegreiche Manöver der Ideologiekritik hat dem Schulfach Kunst und ihrer Didaktik/Vermittlung rückblickend einiges hinterlassen: die Hinwendung zur Alltags- und Medienwelt z. B. oder die Befassung mit (selbst-)kritischer Pädagogik, die Befassung mit gesellschaftspolitischen Ausschlussmechanismen u.v.m.. Ironischerweise mündete die Idee, das Fach ‚Kunst' durch ‚visuelle Kommunikation' zu ersetzen und die Gesellschaft so von der Herrschaft der Ästhetik zu befreien, nicht nur in der Entfachung des Faches, sondern auch in der Entgrenzung des Ästhetischen. Sobald das Ästhetische sich seine Wege in die Erziehungswissenschaft gebahnt hatte, schickte sich die Bildungstheorie an, sich der ‚Sache' anzunehmen. Unermüdlich an Emanzipation festhaltend sprach sich Klaus Mollenhauer für die „Alphabetisierung des Ästhetischen" aus. So wird die Idee geboren, „das Ästhetische" ließe sich nach möglichst streng rationalen, sprachwissenschaftlichen Methoden analysieren. Gerechtfertigt wird sie mit Verteilungsgerechtigkeit (Lenzen 1990). Bereits in den 1980ern waren die ersten Rettungsversuche sowohl der Kunst, als auch der philosophischen Ästhetik in Gang gesetzt worden. Im fachdidaktischen Diskurs hatte sich die jetzt als ‚Otto-Selle-Streit' in die Geschichte eingegangene Schere geöffnet, die einem heute eine Entscheidung für ‚Kunstbezogenheit' oder ‚Bildorientierung' abverlangt. Der in Oldenburg lehrende Gerd Selle vertrat eine explizit Didaktik-feindliche Auffassung, und rief dazu auf, den Unterricht außerhalb der Schulgebäude im Rahmen von ‚ästhetischen Projekten' durchzuführen, um sich den instrumentellen Zugriffen der Erziehungsinstitutionen zu entziehen. Gunter Otto, vielleicht der gewichtigste kunstpädagogische Sprecher der Nachkriegskunstgeschichte, verteidigte sich mit „ästhetischer Rationalität" und stellte dem ‚Konzept' das ‚Percept' zur Seite. Zusammen mit Maria Otto nutzte er die Doppeldeutigkeit des Begriffs ‚Auslegen', um ihn auf Bilder anzuwenden, schlug also der Fachdidaktik die Praxis der Ausbreitung, Betrachtung und Deutung von Bildern und Bildgruppen vor. Hiermit griffen die Autor/innen die mit der sprachwissenschaftlichen Wende losgetretene Ausdifferenzierung von Zeichensystemen auf und somit die Möglichkeit, die unterschiedlichsten kulturellen Zeichen und Phänomene gleichrangig zu behandeln: ‚*semiotic turn*', ‚*pictoral turn*', ‚*iconic turn*'. Insbesondere der Feminismus hatte nun begonnen, seine Kritik nicht mehr nur identitätspolitisch, sondern auf der Grundlage von ‚Studien der visuellen Kultur' kunst- und kulturwissenschaftlich zu befestigen. Selle stellte solchen, als ‚sachorientiert' kritisierten Entwicklungen im Namen einer als ‚leidenschaftlich' und ‚leiblich' apostrophierten Kunst den ‚Gebrauch der Sinne' entgegen. Was hier beginnt, ist die immer wieder anzutreffende Gründung einer kunstpädagogischen Position auf ein Künstleridol und nicht etwa auf einen bestimmten Kunst*begriff* (im Sinne des Konzepts). Als brauchbar erwies sich jedoch Selles Verweis auf das *Subjekt* als wichtigste Legitimation ‚Ästhetischer Bildung'. An dieser Stelle setzt unser Text ein. Nach dem Verweis auf Sartre, der zwischen deutschsprachiger Philosophie und französischem Strukturalismus in den 1950er Jahren vermittelt hatte, werden drei Autor/innen – Pierangelo Maset, Eva Sturm und Maria Peters – die den kunstpädagogischen Diskurs ab den 1990er Jahren entscheidend prägten, angeführt.

Sich quer durch poststrukturalistische und phänomenologische Theoriebildung und die Fachgeschichte bewegend untersuchen alle drei Schriften das Verhältnis von Kunst, Pädagogik und Sprache zum ersten Mal tiefgehend. Sturm nahm sich Sprechsituationen am Lernort Museum vor, um sie machttheoretisch mithilfe der strukturalen Psychoanalyse zu analysieren. Maria Peters geht es in ihren phänomenologischen Untersuchungen „Blick, Wort, Berührung" darum, die Sinnhaftigkeit der Wahrnehmung aufzuzeigen, welche sich eben nicht beim

Denken oder Sprechen ausleihen lässt (Peters 1996). Maset bewegt sich transversal durch die fachrelevanten Diskurse und setzt insbesondere an einem zeitgenössischen Subjektverständnis an. Das Subjekt wird als differenzielles, geschichtetes, in sich verschobenes und gespaltenes entworfen, als Subjekt, welches insbesondere angesichts der Unverfügbarkeit von Kunst seiner selbst fremd wird. Das Nicht-Integrierbare weder zu exotisieren, noch ‚vertraut machen zu wollen' – diesen Anspruch teilt Maset mit Paul Mecheril, der das Feld der Bildung in der Migrationsgesellschaft machtpolitisch und differenzsensibel reflektiert und mit Sinn für Hybridität erforscht. Beide Autoren erachten es als eine pädagogische oder kunstvermittelnde Aufgabe, die in Bildungsräumen auftretenden Phänomene, Praxen und Theorien in eine Beziehung zu ihrer Diskursivität zu setzen. Bei der Verschränktheit von Theorie und Praxis ansetzend beabsichtigten wir dieses Unterfangen unter Einsatz von Bildern und Worten fortzusetzen. Dabei rekurrieren wir auf das Potential von Kunst, situationsspezifisch und durch den Umgang mit gegebenen Material temporär und ganz handgreiflich Umwertungen gesellschaftlicher Zuschreibungspraktiken vorzunehmen. Kontrollverlust inbegriffen.

6. Zum Schluss

Zurück zum Anfang dieses Beitrags – den zwei Statements von David Lamelas, die wir als Motto vorangestellt hatten: „Language can be considered as an Art Form."; „Language cannot be considered as an Art Form." (Lamelas 1970, o. P.). Muss man sich zwischen diesen Aussagen entscheiden?

Der Konzeptkünstler David Lamelas selbst hatte sie seinerzeit als Anregung für Kolleg/innen formuliert, als er sie anfragte, eine Arbeit im Rahmen einer Publikation mit dem Namen „Publication" (1970) zu realisieren. In einer editorischen Vorbemerkung erläutert Lamelas, er stimme keinem der Statements zu und lehne auch keines ab. Dem schließen wir uns an. Und doch sind die beiden Sätze, einzeln und mehr noch durch ihr Widersprüchlichkeit erzeugendes Aufeinandertreffen Hinweis auf das, was beim Nachdenken über das Verhältnis von Kunst und Sprache aus kunstpädagogischer Sicht zu berücksichtigen wäre. Wenn Sprachsensibilität bedeutet, feinfühlig zu werden für das weite Spektrum an formgebenden Möglichkeiten, die gesprochene und geschriebene Sprache eröffnet, dann gehen diese Statements über den Charakter von Thesen, deren Richtigkeit sich qua wissenschaftlichem Beleg überprüfen ließe, hinaus.

Bildnachweise

Alle Abbildungen: Juliane Heise. Es handelt sich um Fotografien, die während ihrer Lehrveranstaltungen am Institut für Kunst und visuelle Kultur der Universität Oldenburg, Kunst • Vermittlung • Bildung entstanden.

Abb. 1: Performance mit Objekt aus Plastikbeuteln, 2010

Abb. 2: Raumintervention mit Klebeband, 2012

Abb. 3: Raumintervention, Performance, 2012

Abb. 4: Dinge anders betrachtet – ein Stuhl ist kein Stuhl…, 2016

Abb. 5: Perspektive-Spiel mit Dia-Projektor, 2015

Literatur

Draxler, J. (2010): Wie Sprachlosigkeit zum Handeln führen kann. In: *Art Education Research 2/2010*.

Geisenhanslüke, A. (2013): *Einführung in die Literaturtheorie: Von der Hermeneutik zu den Kulturwissenschaften*. Grimm, G. E. und Bogdal, K.-M. (Hrsg.). Darmstadt: Wissenschaftliche Buchgesellschaft.

Lamelas, D. (1970): *Publication*. London: Niegel Greenwood.

Maset, P. (1995): *Ästhetische Bildung der Differenz. Kunst und Pädagogik im technischen Zeitalter*. Stuttgart: Radius.

Maset, P. (2002): *Praxis Kunst Pädagogik. Ästhetische Operationen in der Kunstvermittlung*. Books on Demand. Lüneburg: Edition Hyde.

Mollenhauer, K. (1990): Die vergessene Dimension des Ästhetischen in der erziehungs- und Bildungstheorie. In: Lenzen, D. (Hrsg.): *Kunst und Pädagogik: Erziehungswissenschaft auf dem Weg zur Ästhetik?* Darmstadt: Wiss. Buchgesellschaft, 3–17.

Peters, M. (1996): *Blick, Wort, Berührung: Differenzen als ästhetisches Potential in der Rezeption plastischer Werke von Arp, Maillol und F. E. Walther.* München: Fink.

Otto, M. und Otto, G. (1987): *Auslegen: Ästhetische Erziehung als Praxis des Auslegens in Bildern und des Auslegens von Bildern.* Hannover: Friedrich.

Peters, M. (2005): *Performative Handlungen und biografische Spuren in Kunst und Pädagogik.* In: Pazzini, K.-J., Sturm, E., Legler, W., Meyer, T., (Hrsg.): *Kunstpädagogische Positionen 11.* Hamburg: University Press.

Puffert, R. (2005): *Vorgeschrieben oder ausgesprochen? Oder: Was beim Vermitteln zur Sprache kommt.* In: Jaschke, B., Martinez-Turek, Ch. und Sternfeld, N. (Hrsg.): *schnittpunkt. Wer spricht? Autorität und Autorschaft in Ausstellungen.* Wien: Turia+Kant, 59–71.

Quehl, T. und Mecheril, P. (2008): *Unsere Sprache(n) sprechen: Offizielle Sprach- und Zugehörigkeitspolitiken in der Migrationsgesellschaf.* https://heimatkunde.boell.de/2008/03/01/unsere-sprachen-sprechen-offizielle-sprach-und-zugehoerigkeitspolitiken-der. Zugriff am 20.11.2017.

Selle, G. (1995): Kunstpädagogik jenseits ästhetischer Rationalität? In: *Kunst+Unterricht 192*, 16–21.

Sturm, E. (1996): *Im Engpass der Worte. Sprechen über moderne und zeitgenössische Kunst.* Berlin: Reimer.

Tepe, P: Literaturtheorien. Methoden der Textanalyse und -interpretation, Teil II. Mythos-Magazin. http://www.petertepe.de/texte/a05_pt_meth2/pt_meth2_11.htm. Zugriff am 09.01.2018.

Wimmer, M.. (1996): Zerfall des Allgemeinen, Wiederkehr des Singulären. In: Masschelein, J. und Wimmer, M. (Hrsg.): *Alterität Pluralität Gerechtigkeit. Randgänge der Pädagogik.* Sankt Augustin: Leuven, 219–265.

Sprechen und Erfahrung – Der Patient 'Sprache' Stichworte zur digitalen (Un-)Kultur unserer Zeit

1. Einleitung

Das menschliche Weltverhältnis ist sprachlich verfasst, geht aber nicht in dieser Verfasstheit auf. Denn unser Sprechen *über* die Welt ist nur ein Aspekt unseres Lebens *in* der Welt. Gleichwohl ist die Kommunikation wohl das wichtigste Bindeglied des menschlichen Miteinanders (Jaspers 1948; Habermas 1981), weil Worte nicht nur gesprochen und gehört, sondern auch geschrieben, gespeichert und sowohl analog wie digital transportiert werden können. Aufgrund dieses öffentlichen Charakters des Wortgebrauchs wird allzu leicht vergessen, dass ein angemessenes Verständnis dieses Wortgebrauchs an bestimmte Kontexte gebunden ist, die einen je eigenen sozialen, kulturellen und geschichtlichen Charakter haben.

> „Wenn man aber sagt: „Wie soll ich wissen, was er meint, ich sehe ja nur seine Zeichen", so sage ich: „Wie soll *er* wissen, was er meint, er hat ja auch nur seine Zeichen."" (Ludwig Wittgenstein 1971, S. 220)

So ließe sich vorläufig der kontextsensible Wortgebrauch als eines der Hauptziele von Bildung beschreiben, noch bevor zwischen verschiedenen Fachkulturen in Schulen und Hochschulen unterschieden werden kann. Diese Annahme kann dabei helfen, den Doppelaspekt eines Anspruchs auf ‚sprachsensibles Lehren und Lernen' besser verstehen zu können. Denn einerseits kann dieser verstehende Anspruch von keiner Fachkultur mit guten Gründen zurückgewiesen, aber andererseits auch nicht zu einem eigenen Inhalt im Rahmen von so genannten *Soft Skills* erhoben werden. Denn worin sollte sich diese Sensibilität dokumentieren, wenn dabei von den unterschiedlichen Ansprüchen einzelner Fachkulturen abstrahiert würde? Wie sollte das erklärende Anliegen der Naturwissenschaften (Hempel und Oppenheim 1948), das hermeneutische Anliegen der Geisteswissenschaften (Gadamer 1960) oder das ästhetische Anliegen der Künste (Welsch 2006) miteinander in Einklang gebracht werden können, wenn eine diese Perspektiven vereinigende „Idealsprache" (Sinnreich 1972) aus prinzipiellen Gründen nicht zur Verfügung stehen kann und die gegenläufigen Ansprüche von Präzisierung (vorzugsweise in der Theoriesprache der MINT-Fächer) und Kontextualisierung (vorzugsweise in den Geistes- und Kulturwissenschaften) nicht *gleichzeitig* eingelöst werden können? Wenn dennoch an einem übergreifenden Interesse für einen kontextsensiblen Wortgebrauch festgehalten werden soll, dokumentiert sich dieser wohl am ehesten im Wissen um das Zusammenspiel von Wortgebrauch und Kontext. Da dieser Kontext aber i.d.R. mehr als Sprache umfassen wird, bietet es sich an, nach einer Kategorie Ausschau zu halten, die unser Sprechen zwar mit einschließt, dieses aber gleichzeitig übersteigt. Im Folgenden soll diese Kategorie der Begriff der *Erfahrung* sein (Schulz 2015a) und im weiteren Verlauf an eine hermeneutische Denktradition erinnert werden, die sich den Zusammenhang von *Lernen und Erfahrung* (Buck 1989) schon einmal zum Thema gemacht hatte. Dies führt zu der vorläufigen These, dass unter Vermeidung eines infiniten Regresses die angestrebte Sensibilisierung *für* Sprache nicht allein mit den Mitteln *in* der Sprache erreicht werden kann.

Denn woran sollten sich die Kriterien für größere Sensibilität, z. B. in der Chemiesprache, bemessen lassen, wenn sie allein begrifflicher Natur wären? Welchen Sinn sollte es haben, der begrifflichen Bezugnahme auf das Periodensystem der Elemente mehr oder weniger große Sensibilität beizumessen? Anders stellt sich die Sache dar, wenn die Laborpraktiken des Chemielernens mit einbezogen werden, bei denen ein Sprechen über Chemie zwangsläufig kontextabhängig erscheint, weil in diesem Sprechen unterschiedlichste *Erfahrungen* in Gestalt von bestimmten Körper- und Laborpraktiken, wie z. B. Gerüchen, Farben, Temperaturen, Aggregatzuständen oder Messdaten *mitschwingen* können, die sich einer langjährigen fachspezifischen Sozialisation und damit einhergehenden Sensibilisierungen verdanken. Solche Erfahrungen bringen eine Fachsprache hervor, und durch Erfahrungen ist es genau diese und keine andere Sprache, weil jedes Nachdenken über Sprache, jedes Begreifen wollen in sprachlichen Begriffen bereits durchdrungen ist von der „Bedingung der Möglichkeit" (Kant 1781), mit Sprache solche Erfahrungen denken zu können, die die Sprache der Erfahrung sind. Die Erfahrungssprache zeigt sich somit nicht nur in der Wirkmächtigkeit der Erfahrung im praktischen Vollzug dieses Wirkens, sondern die Erfahrung selbst bringt überhaupt erst das Medium der Sprache hervor, macht Sprache zur Sprache, zu etwas für uns Begreifbarem und Denkbarem, damit die Erfahrung sich überhaupt in Sprache objektivieren kann (Gadamer 1960).

Nun ist es aber so, dass die Modi dieser Objektivierung je nach Kontext, wie oben am Beispiel der Chemie beschrieben, von ganz unterschiedlicher Natur sein können. Nach einigen grundlegenden Überlegungen zum Unterschied von Sprache und Sprechen sollen daher in den folgenden Kapiteln soziale, rhetorische, vergegenständlichende und bildende Modi getrennt untersucht werden, um einen vertieften Einblick in das Zusammenspiel von ‚Sprechen, Lernen und Erfahrung' (Schlusskapitel) zu ermöglichen. Insgesamt handelt es sich in diesem Beitrag um Präliminarien zu den unterschiedlichen Bildungswelten von Schule und Hochschule, die sich ein ‚sprachsensibles Lehren und Lernen' zur Aufgabe machen möchten.

2. Sprache und Sprechen

Die Unterscheidung von Sprache als Medium und den Praktiken des Sprechens ist erforderlich, um der in diesem Beitrag leitenden Hinsicht von „Sprechen und Erfahrung" weiteres Gewicht verleihen zu können. Illustriert an der wesentlichen Aufgabe von Schule, die Schüler/innen (SuS) in den unterschiedlichsten Bereichen zu sozialisieren und zu bilden, soll es im Wesentlichen um jene Aspekte gehen, die typischerweise unter den Rubriken Fachsprache, Bildungssprache, Umgangssprache und Literalität (konzeptionelle Schriftlichkeit) behandelt werden können. Wenn Fachsprache vorrangig auf Wissen, Bildungssprache auf Reflexion, Umgangssprache auf Vorwissen und Literalität (Ong 1987) auf ein Können abzielen, macht es bereits hier einen Sinn, Fach- und Bildungssprache eher mit Sprache und demgegenüber Umgangssprache und Literalität mit Sprechen in Verbindung zu bringen, da letzteren der Theoriestatus und die Systematik fehlen, die der Fach- und Bildungssprache eigen sind. Während Sprache als *Medium* eine zentrale Rolle bei der Konzeption und Vermittlung von Lehr- und Lerninhalten zukommt, tritt vor dem Hintergrund vermehrt multikulturell und multiethnisch zusammengesetzter Lerngruppen und Kollegien das Sprechen als *Praktik* immer mehr in den Vordergrund (Geissner 1988). Ob schriftlich oder mündlich, die Unterrichtsgegenstände werden zwar in erster Linie über die Fachsprache vermittelt, jedoch kommt der performativen Dimension von Unterricht in heterogenen Lerngruppen eine immer größere Bedeutung zu, wenn für alle

SuS unter diesen Bedingungen ein Mindestmaß an Beteiligung gewährleistet werden soll (Dirim und Mecheril 2018). In jedem Schulfach werden verschiedene Fachsprachen herangezogen, die in Verbindung mit der mitgebrachten Umgangssprache der SuS ein gemeinsames Sprechen im Unterricht in Gestalt einer hybriden Unterrichtssprache ermöglichen sollen, das zwischen Fachlichkeit und den Vorverständnissen der SuS oszilliert. Dieser Balanceakt stellt hohe Anforderungen an das Geschick der jeweiligen Lehrperson, die zwischen dem systematischen Anspruch der Fachsprache und dem verstehenden Anspruch des gemeinsamen Sprechens vermitteln muss, ohne die eine Seite auf Kosten der anderen vollkommen aufs Spiel zu setzen. Daneben fordern auch symbolische Darstellungen, Graphiken, Tabellen sowie künstlerische, sportliche und experimentelle Praktiken ein *Darüber*-Sprechen heraus, ohne auf ein fertiges Sprachgerüst zurückgreifen zu können. Damit werden einer Versprachlichung zwar gewisse Grenzen gesetzt, gleichzeitig können aber über den artikulierten Sinn hinaus noch weitere Dimensionen des Verstehens wie Zeigen, Üben, Vor- und Nachmachen ins Spiel gebracht werden, bei denen je nach Fachkultur in spezifischer Weise verbale und nonverbale Aspekte miteinander verwoben sein können. An einem Beispiel wie dem Begriff der ‚Kraft' kann die Notwendigkeit einer Sensibilisierung sowohl für den Kontext wie auch für das Wechselspiel verbaler und nonverbaler Momente besonders gut illustriert werden. So hat Kraft im Physikunterricht eine andere Bedeutung als im Sport oder Kunstunterricht. Das Sprechen darüber unterscheidet sich nicht minder im Inhalt, im Stil, im Vokabular und in der grammatikalischen Konstruktion und berührt daher gleichzeitig mal mehr und mal weniger fachsystematische, semantische, performative und praktische Gesichtspunkte. Für eine Hinführung zu diesen Unterscheidungen ist die Kontextabhängigkeit des verwendeten Begriffs und das Schwanken zwischen verbalen (z. B. Theoriesprache der Physik) und nonverbalen Dimensionen der Kraft (z. B. eigene Körpererfahrung) das vielleicht wichtigste didaktische Hilfsmittel, denn welchen Sinn sollte ein ‚Sprechen über Kraft' unabhängig vom jeweiligen Kontext überhaupt haben können? Wittgensteins Spätphilosophie ist ein verlässlicher theoretischer Rahmen, um diese unhintergehbare Verwobenheit von Sprachspiel und Lebensform besser verständlich machen zu können (Wittgenstein 1971; Schulte 1989).

Es liegt also auf der Hand, dass das Wechselspiel von für Lehr- und Lernprozesse verbindlich vorgegebenen und in Schulbüchern kanonisierten Fachsprachen und dem im Unterricht empirisch beobachtbaren Sprechen, nicht ohne Spannungen ist und für die Organisation und Ausgestaltung von Unterricht eine weitreichende Bedeutung hat. Dabei haben diese Spannungen durchaus einen produktiven Sinn, weil in ihnen eine Beunruhigung bzw. produktive Irritation liegen kann, die zur Verlebendigung *des* und eines Staunens *im* Unterrichts einen Beitrag zu leisten vermag (Wagenschein 2002), der aus der Nichtübereinstimmung von mitgebrachten Vorverständnissen der SuS und dem jeweiligen Fachvokabular resultiert. Das Ziel des Unterrichts läge dann weniger in der unterweisenden *Ersetzung* des Vorverständnisses durch ein bestimmtes Fachverständnis, sondern vielmehr in der gemeinsamen *Reflexion* des Zusammenhangs beider. Die Umsetzung eines solchen Unterrichtskonzepts, bei dem die Lehrperson sich weder autoritär behauptend zum Agenten des Fachvokabulars noch solidarisch mitfühlend zum Anwalt von Vorverständnissen machen sollte, stellt allerdings hohe Anforderungen an eine nichtparteiliche Gesprächsführung. Vor diesem Hintergrund ist die Sensibilisierung für die verschiedenen Praktiken des Sprechens im Unterricht und dessen Signifikanz für die Gestaltung und das Gelingen oder auch Scheitern von Lehr- und Lernprozessen von enormer Bedeutung, gerade auch deshalb, weil in vielen Fällen den beteiligten Lehrpersonen die Relevanz und die Wirkmacht von sprachlichen Interaktionen im Unterricht nur wenig bewusst sind (Combe und Helsper 1994).

3. Die soziale Dimension des Sprechens

Jeder Unterricht ist eine soziale Veranstaltung und niemand lernt für sich allein. Doch im und neben dem Unterricht sind eine Vielzahl von Einflüssen zu verzeichnen, die unmittelbar auf das Unterrichtsgeschehen durchgreifen können. Neben Geschlecht, Kleidung, Frisuren, Tattoos und weiteren Accessoires ist es vor allem der die Generationen verbindende oder trennende Jargon, der in jedem Augenblick zur Identifikation oder Abgrenzung führen kann. Mit den so genannten sozialen Medien hat dieser Prozess noch einmal eine erhebliche Steigerung erfahren und der vorübergehende Verlust oder das Verbot eines Smartphones (z. B. im schulischen Unterricht) hat inzwischen zu einem internationalen Streit geführt, bei dem das französische Handyverbot in Schulen in Deutschland auf widersprüchliche Reaktionen gestoßen ist, die zwischen Zustimmung („Offline lernt man vieles besser", Lankau 2018) und Kritik (Gefährdung der internationalen Wettbewerbsfähigkeit bei einem Verbot sozialer Medien) schwanken können. Der Streit über die Einbeziehung oder Ausschließung von digitalen Hilfsmitteln im schulischen und universitären Lehrbetrieb hat sich daher gegenwärtig zu einer Art Glaubenskrieg zugespitzt und sowohl national wie international zu sehr unterschiedlichen politischen Entscheidungen geführt, die von den Befürworter/innen immer wieder durch einen über die Digitalisierung angestachelten weltweiten Wettbewerb legitimiert werden. Die erfolgreiche Herbeiführung eines sprachsensiblen Lehrens und Lernens bleibt von dieser Entwicklung keineswegs unberührt, wenn das dafür notwendige Zusammenspiel von Sprechen und Erfahrung Beachtung finden soll. Der schon häufiger verwendete Begriff des ‚Vorverständnisses' der SuS bedarf dafür einer genaueren Klärung. Gemeint ist damit ein zwischen den Generationen unvermeidlich verschiedenes und in unserem Alltag wirksames Selbstverständnis, das auch den Gebrauch von sozialen Medien betrifft. Häufig jüngere Nutzer/innen und immer weniger werdende ältere Nichtnutzer/innen dieser Medien leben in verschiedenen Welten. Und wenn lebensweltliche Vorverständnisse ein guter Anknüpfungspunkt für pädagogische Lernprozesse, vor allem im Sinne einer selbstkritischen Infragestellung dieses Selbstverständlichen sein sollen, macht es einen großen Unterschied, ob dieses Vorverständnis analog oder digital vermittelt ist (Lankau 2017).

Als Beispiel könnte man das Stichwort der ‚Freundschaft' aufgreifen, bei dem im Hinblick auf den in Frage kommenden Personenkreis analog kaum zweistellige, unter digitalen Maßstäben aber mühelos dreistellige Zahlen erreicht werden können. Das alltägliche Sprechen *über* Freundschaft sieht sich auf diese Weise mit den in Philosophie und Literatur tradierten Zeugnissen *von* Freundschaft konfrontiert und dieses Sprechen muss sich dann fragen lassen, ob es mit den in diesen Zeugnissen niedergelegten Erfahrungen vereinbar sein kann. Dabei stellt sich allerdings die Frage, was heute mit persönlicher Erfahrung unter den Rahmenbedingungen eines digitalen Kapitalismus (Betancourt 2018) gemeint sein könnte. Denn die nachwachsenden Generationen werden mittlerweile bereits mit ihrer Kindheit als „User" sozialer Medien sozialisiert und kommen während ihrer Schulzeit aufgrund der Kompetenzorientierung aller Bildungsinstitutionen mit dem Vokabular von Aufklärung und Emanzipation kaum noch in Berührung (Schulz 2017a, S. 31–33). Ist dieses Vokabular aber nicht eine notwendige Bedingung für einen anspruchsvollen Erfahrungsbegriff, der ein Wissen um die

Geschichtlichkeit der eigenen Existenz und die Kontingenz der herrschenden sozialen Bedingungen mit einschließt? Stattdessen sind Schulen und Hochschulen mit Beginn des 21. Jahrhunderts zu Agenturen des Kompetenzerwerbs geworden („Lernende werden durch das standardisierte Lernen und Abprüfen nach dem Kompetenzmodell, mit Kompetenzstufen und Kompetenzrastern, nicht fachkompetent, sondern fachlich entmündigt. Durch den fehlenden Kontext der Einzelkompetenzprüfungen entsteht kein Verständnis mehr für Zusammenhänge" Lakau 2017, S. 112). Aus der gut gemeinten Absicht einer Entrümpelung überladener Lehr- und Studienpläne ist inzwischen die fragwürdige Engführung einer Outputorientierung geworden, bei der Gesichtspunkte von Steuerung, Planung und Kontrolle (Mau 2017) zunehmend die Oberhand über die mit Emanzipation, Aufklärung und Freiheit verbundenen Bildungsziele gewinnen konnten. Der damit intendierte Paradigmenwechsel vom Bildungs-Wissen zum Kompetenz-Können (Schulz 2015b, 2016) suggeriert eine bisher nicht für möglich gehaltene Transparenz des Unterrichts- und Seminargeschehens (Hattie 2009) und favorisiert neuerdings das Portfolio als Kontrollinstanz für einen jederzeit überprüfbaren Wissens- und Lernzuwachs. Für eine „soziale Dimension des Sprechens" hat das aber u.a. die verheerende Konsequenz, dass im Mitmenschen weniger ein Gesprächspartner für einen gemeinsamen Erfahrungsaustausch, sondern vielmehr ein konkurrierender Wettbewerber im Kampf um Kreditpunkte gesehen wird.

4. Die rhetorische Dimension des Sprechens

Jede Generation lebt, denkt und spricht unter bestimmten gesellschaftlichen Rahmenbedingungen, die sie nur bedingt selber hervorgebracht hat („Es ist nicht deine Schuld, dass die Welt ist wie sie ist, es ist nur deine Schuld, wenn sie so bleibt" *Die Ärzte*). So wie im Politischen (z. B. der Hitlerfaschismus oder der Fall des ‚Eisernen Vorhangs') kann es auch im Kulturellen tief greifende historische Zäsuren geben, die Gesellschaften vor völlig neue Anforderungen stellen können. Im Hinblick auf die Erfindung des Buchdrucks (Gutenberg-Galaxis, McLuhan 1962) im 15. Jahrhundert stellt sich im 21. Jahrhundert die Frage, ob der ‚digitalen Revolution' ein vergleichbarer Stellenwert zukommt. Egal wie die möglichen Antworten auf diese Frage rückblickend von späteren Generationen ausfallen werden, sind schon jetzt weltweit eine ganze Fülle gravierender Veränderungen in der Art und Weise des menschlichen Zusammenlebens zu verzeichnen. Für den Zusammenhang von ‚Sprechen und Erfahrung' möchte ich auch hier mit der rhetorischen Dimension des Sprechens nur einen Aspekt herausgreifen, der die Redewendung vom ‚Patienten' Sprache in der Überschrift rechtfertigen soll und für den eine Trennung von Sprache und Sprechen konstitutiv ist. Denn während die Sprache als „Umgangssprache" („Die Umgangssprache ist ein Teil des menschlichen Organismus [...] Die stillschweigenden Abmachungen zum Verständnis der Umgangssprache sind enorm kompliziert." (Wittgenstein 1960, *Tractatus* § 4.002)) im Prinzip funktioniert, macht unser Sprechen in Gestalt bewusst verkennender Rhetoriken davon einen falschen Gebrauch, der in der Redewendung von den ‚*Fake News*' einen neuen Höhepunkt erreicht hat. Die Folge ist eine mediale Dauerbefeuerung mit Rhetoriken verschiedenster Herkunft, die versuchen, sich des Denkens und Handelns, sei es der Leser/innen, Hörer/innen, Konsument/innen oder Wähler/innen zu bemächtigen (Mersch 2013; Simanowski 2017). Wenn dann unter diesen Rahmenbedingungen das Smartphone zum ständigen Wegbegleiter geworden ist, zieht das eine ganze Reihe von neuen Ambivalenzen nach sich, die eine „Erziehung zur Mündigkeit" (Adorno 1975) erschweren können.

Die unterrichtende Praxis in Schulen und der universitäre Seminarbetrieb stehen daher vor ganz neuen Herausforderungen, wenn Bücher und Lexika durch Suchmaschinen ergänzt worden sind (Gruschka 2011, S. 179). Denn in einer schnelllebigen Zeit mit immer kurzfristigeren Leistungsnachweisen in Gestalt von Portfolio und Klausur haben vertiefendes Denken und Sprechen einen schweren Stand. Gleichzeitig erfährt das persönliche Sprechen gegenüber der zitierten Sprache aber auch wieder eine viel größere Bedeutung, weil das Sprechen und Widersprechen im gemeinsamen Gespräch in Aussicht stellt, die Herkunftsorte und den damit verbundenen Glauben an bestimmte Rhetoriken z. B. mit Hilfe eines „Sokratischen Gesprächs" (Horster 1994)[1] leichter identifizieren und damit auch kritisieren zu können. Dabei darf jedoch der entlastende Effekt von eingespielten Rhetoriken, die auch in der Hochschuldidaktik und in den schulischen, auf Kompetenzen abgestellten Curricula einen festen Stellenwert haben, nicht unterschätzt werden. Denn es ist nicht zu übersehen, dass die heutige Bil-

---

[1] Nach Horsters Modell habe ich Sokratische Gespräche von 2002–2016 in Oldenburg in jedem Semester in Gestalt von Blockseminaren praktiziert.

dungsdiskussion mehr denn je durch Vergleichsstudien geprägt wird. Vordergründig handelt es sich dabei um wünschenswerte Zielsetzungen wie besseren Unterricht, mehr Gerechtigkeit im Hinblick auf die Verteilung von Bildungschancen und größere Mobilität durch die Angleichung der nationalen Bildungssysteme (BMBF 2016). Gleichzeitig wird aber auch deutlich, dass vor allem die internationale Wettbewerbsfähigkeit bei der Bewertung der Bildungssysteme eine immer größere Rolle spielt. Dabei wird dieser Gesichtspunkt unterschiedslos auf Nationen, Institutionen, Organisationen und Individuen bezogen, wobei dann der Eindruck entsteht, als repräsentiere die OECD-Rhetorik eine höhere Macht, eine Art Naturgewalt, der sich keiner mit Gründen widersetzen könne. Wenn dann auf individueller Ebene die Begriffe Kompetenz und lebenslanges Lernen an die Stelle von Allgemeinbildung treten (Schulz 2017b), sind damit gravierende gesamtgesellschaftliche Transformationsprozesse verbunden, die die Spätmoderne insgesamt kennzeichnen. Die Entlastungsrhetorik eines übergreifenden Wettbewerbsvokabulars erweckt dann den Eindruck einer „alternativlosen" Anpassungsnotwendigkeit, die dann in einen ganzen Wust von E-Learning-Angeboten auf Seiten der Hochschuldidaktik und einer schulischen Polizei in Gestalt von Koordinationsstellen für Qualitätssicherung und Evaluation führen. Hier stehen nicht das vernünftige Sprechen in Verbindung mit einer Sensibilisierung für Lehren und Lernen, sondern die Herrschaftsrhetoriken von Steuerung und Überwachung unter dem Gütesiegel einer vollmundigen „Verbesserung" auf der Tagesordnung (Claus und Piezonka 2013).

Für eine kritische Auseinandersetzung mit diesen Prozessen wäre aber eine historische Perspektive unumgänglich, um bewusst zu machen, dass die rhetorische Dimension der derzeitigen Situation solange verkannt wird, wie sie einfach als eine Art Nachhilfeunterricht für den zukünftigen Wettbewerb hingenommen wird. Denn mit dieser leicht zu durchschauenden Zukunftsrhetorik eines digitalen Kapitalismus (Betancourt 2018) möchte dieser ja nur von den tiefer sitzenden Ambivalenzen der Spätmoderne (Bauman 1995) ablenken, die er selber hervorgebracht hat.

5. Die vergegenständlichende Dimension des Sprechens

Vergegenständlichung berührt die Bedeutung von Theorie und Wissen, die durch das Vordringen von vorlauten Rhetoriken und banalisierenden Suchmaschinen teilweise in Misskredit gebracht worden sind. Auch hier macht es wieder einen Sinn, zwischen Theoriesprache und dem Sprechen *über* Theorie deutlich zu unterscheiden. Denn Theoriesprache wird in Bildungsprozessen sowohl überwie unterschätzt. Die Überschätzung wird im übertriebenen Vertrauen an Expert/innen (Weizsäcker 1990) deutlich, die Unterschätzung in einer überzogenen *Kritik der instrumentellen Vernunft* (Horkheimer 1991), die die Dominanz von Technik und Naturwissenschaft vorrangig für die Übel der Welt verantwortlich macht. Um aber nicht bei solchen Konfrontationen stehen zu bleiben, muss es im schulischen Kontext bei den sehr unterschiedlichen fachdidaktischen Zugriffen vorrangig darum gehen, die verschiedenen Dimensionen unterrichtenden Sprechens vor dem Hintergrund der jeweiligen Theoriesprache des Faches angemessen zu erfassen, um damit eine Sensibilisierung für die Möglichkeiten und Grenzen des jeweiligen Theorieangebots herbeizuführen zu können. Hierbei bedarf es sowohl der kritischen Reflexion und Dialogisierung von Fachwissenschaft (Sprache als *Medium* zur Vermittlung von Fachinhalten und Sprechen als *Praktiken* zur Gestaltung von Lehr-/Lernprozessen sowie Sprache *und* Sprechen als machtvolle Instrumente der Sicherung und Hinterfragung hegemonialer (Fach-)Ordnungen als auch von bildungswissenschaftlichen Perspektiven (Sprache als normativ besetzter Indikator für Bildung und Kompetenz und Sprechen als Praktiken der Subjektivierung). Dabei ist hervorzuheben, dass sowohl die hegemonialen Ordnungen wie auch deren Kritik sprachlich verfasst sind. Der damit einhergehende Kampf um Anerkennung aller am Unterrichtsgeschehen Beteiligten bringt zwangsläufig einen Widerstreit von Interpretationen hervor, die einerseits für jeden Bildungsprozess konstitutiv sind und andererseits nur innerhalb einer bestimmten hegemonialen Arena (Fachwissenschaft, Fachdidaktik, Bildungswissenschaften, Bildungspolitiken, PISA-Konsortium, OECD etc.) einen Anschein von Überzeugungskraft für sich beanspruchen können. Gemeinsames Sprechen im Unterricht kann ohne diesen Widerstreit hegemonialer Sprachregelungen gar nicht gedacht und schon gar nicht geschlichtet werden. Unter Maßgabe von Aufklärung und Emanzipation sollte daher ein genealogisches Interesse daran bestehen, die Besinnung auf die Möglichkeiten der Reflexion des zu einem bestimmten historischen Zeitpunkt Sagbaren und Denkbaren (Foucault 1991) nicht außer Acht zu lassen. Indem historische, kulturelle, gesellschaftliche und biografische Dimensionen des Verstehens den Gesprächsverlauf jeden Unterrichts notwendig begleiten, können damit die Gründe für den jeweiligen Widerstreit zumindest partiell in den Blick genommen werden. Die Bedingung der Möglichkeit sinnstiftender Beunruhigung im Unterrichtsgespräch hängt an der Bereitschaft zur Auseinandersetzung mit fachfremden und lebensweltlichen Irritationen unter Bezugnahme auf das vergegenständlichende Theoriewissen (insbesondere der MINT-Fächer), worin sich ‚sprachsensibles Lehren und Lernen' aller Beteiligten dokumentiert.

Wissenschaftlich gewonnenes und überprüfbares Wissen über Sachverhalte wird daher erst im Bewusstsein über die Grenzen disziplinären Wissens zu einem Umgangswissen in der Schule, das das Verstehen anregen kann. Anstatt im Rahmen einer heute vorherrschenden Verbesserungslogik nach belastbaren Beobachtungsstandards für den Unterricht zu suchen, ist es unerlässlich, beunruhigende und zum Nachdenken anregende Fragen ins Zentrum des Unterrichtens zu stellen. Diese können im naturwissenschaftlichen Unterricht einer achten Klasse etwa lauten: Wie erklärt man die Erderwärmung? Wie verhält sich die Natur zu ihrer Nutzung durch den Menschen? Was ist eine chemische Verbindung? Schafft die Chemie neue Stoffe? Was ist Licht? Was ist elektrischer Strom? Was ist und wie liest sich der genetische Code? Was ist Farbe? Wie kann man Farbe sehen, wenn die Dinge selbst nicht farbig sind? (Gruschka 2011, S. 141f.) Fragen wie diese appellieren an das Verstehen und sprengen das enge Korsett eines curricular vorgegebenen und auf fertige Resultate hin angelegten Unterrichts, der auf der verfestigten Struktur der jeweils zugrunde gelegten Fachsystematik beruht. Denn solche Wie- und Was-Fragen sind von einem so allgemeinem Charakter, dass sie die „Natur der Naturwissenschaften" (Höttecke 2001) berühren können, die im herkömmlichen Unterricht nicht thematisiert wird, indem z. B. die Was-Frage nach dem elektrischen Strom mit dem Ohmschen Gesetz „erledigt" wird und damit in der Beantwortung einen Fachjargon zu ihrer Voraussetzung macht, der ursprüngliches (neugieriges) Fragen der Kinder und Jugendlichen nicht mehr zulässt.

Sprachsensibles Lehren und Lernen ist daher vor dem Hintergrund bestimmter vergegenständlichender Fachsystematiken immer auch auf brauchbare Fragestellungen angewiesen, damit ein „ ... *zäh am Staunen*" (Wagenschein

2002) orientiertes Unterrichten ermöglicht werden kann. Selbstredend würde eine solche Perspektive auch einen Paradigmenwechsel in der Lehrer/innenausbildung notwendig machen, da eine für das sprachsensible Lehren und Lernen notwendige Rückkehr von sinnvollen Fragen und kontroversen Inhalten mit der derzeitigen Kompetenzorientierung unverträglich erscheint (Gruschka 2011, S. 39–65).

6. Die bildende Dimension des Sprechens

Mit der Einführung der konsekutiven Studienstruktur in der Lehrer/innenausbildung, verbunden mit der empirischen Wende in Pädagogik und Psychologie, sind bildungswissenschaftliche Abstriche zu verzeichnen. Denn neben dem obligatorischen Erwerb von i.d.R. methodischen Kenntnissen in Pädagogik und Psychologie geht der fakultative Erwerb zusätzlicher bildungswissenschaftlicher Kenntnisse in Philosophie, Soziologie oder Politikwissenschaft im breit gefächerten Angebot des so genannten Professionalisierungsbereichs unter. Darunter hat der reflexive Charakter der Lehrer/innenausbildung sehr gelitten, was aber durch eine Umorientierung dieser Ausbildung von Bildung auf Kompetenz und Evidenz viel Kritik herausgefordert hat (Bellmann und Müller 2011). Ansprüche des sprachsensiblen Lehrens und Lernens sind aber unter diesen Bedingungen schwerer zu verwirklichen, weil es sich dabei um eine *reflexive* Zielsetzung handelt, die es erforderlich macht, dass die Lehrperson dazu in der Lage ist, dasselbe unter verschiedenen Gesichtspunkten in den Blick nehmen zu können. Während alle zuvor angesprochenen Dimensionen (sozial, rhetorisch, vergegenständlichend) an externe Bedingungen geknüpft sind, handelt es sich bei der bildenden Dimension um einen unbedingten Anspruch an sich selbst. Denn die sozialen und rhetorischen Bedingungen werden in der sozialen Welt vorgefunden, während die vergegenständlichenden Bedingungen auf den theoretischen Behauptungen der Wissenschaften beruhen. Bei der bildenden Dimension verhält es sich aber anders, denn *ausbilden* können uns zwar andere, *bilden* aber können wir uns nur selber (Bieri 2017). Die Befähigung, dasselbe auf eine andere Weise in den Blick nehmen zu können, ist, da personenabhängig, allerdings hoch kontingent. Denn dabei handelt es sich um das berühmte „über den Tellerrand blicken können", von dem jede Lehrperson im Interesse einer Neugier erzeugenden Unterrichtsatmosphäre eine Ahnung haben und auf je eigene Weise Gebrauch machen können sollte. Dazu zwei Beispiele: Für den Unterricht in den naturwissenschaftlichen Fächern ist es didaktisch unverzichtbar, wenn dieser nicht auf naturwissenschaftliche Sachverhalte beschränkt bleibt, sondern auch etwas über deren Materialität, technische Anwendung, wissenschaftstheoretischen Grundlagen, ethische Folgen und historische Kontexte anzusprechen weiß (Muckenfuß 1995; Heering et al. 2000). Im Sportunterricht sollte nicht nur das Trainieren von bestimmten Bewegungsabläufen und Regeln, sondern Ethiken des Fair Play, der Missbrauch von Doping, die Abhängigkeit von Spielsucht und die Risiken von Sportwetten zum Thema gemacht werden können. Über solche kontextsensiblen Thematiken können auch weniger leistungsstarke SuS auf ihre Kosten kommen, was einer breiteren Beteiligung Vorschub leistet, die wiederum eine Sensibilisierung für die Wahrnehmung und Besonderheit der anderen fördern kann.

Die bildende Dimension von Sprechen und Erfahrung kann bezüglich ihrer Unbedingtheit auch existenzphilosophisch thematisiert werden. Erfahrung wäre demnach das Einswerden von Sprache und Welt, aber in Gestalt eines jeweiligen Sprechens, das, wie in den vorherigen Kapiteln ausgeführt, sozial, rhetorisch oder vergegenständlichend vermittelt sein kann. Der Charakter des „Umgreifenden" (Jaspers 1935, 2. Vorlesung) in Gestalt der gelebten Erfahrung dokumentiert sich dann in der Selbstverständlichkeit eines „Gehäuses" (Jaspers 1919, S. 214), in dem sich das intentional verfasste Leben in bestimmten Ordnungen (Sprache, Staat, Kultur, Religion, Utopie, etc.) ausdifferenziert und bewegt. Beunruhigende Formen eines Selbstverständlichkeitsverlusts, die das „Gehäuse" als lästige „Hülsen" bewusst machen können, wären dann das erklärte Ziel von Bildung, die damit auf Probleme, Krisen, Konflikte und Ambivalenzen reagieren kann, wie sie für die Spätmoderne in vielfältiger Weise zu verzeichnen sind. Auch hier ein Beispiel: Durch die alltägliche Selbstverständlichkeit von Rhetoriken z. B. des Internets, der Werbung und der Warenwelt können Schlüsselbegriffe der Umgangssprache, wie z. B. das „Gefühl" (Illouz 2018) ihr Widerlager in der Erfahrung verlieren und auf symptomatische Weise zweideutig werden. Die einen wollen dann das Problem aus der Welt schaffen (das Gefühl als Ware), an dem sich die Erfahrung reibt, die anderen die Erfahrung selbst (das wahre Gefühl). Dabei gehört es zum Wesen von „Selbstbildung *als* Erfahrung" (Schulz 2015a), dass sie auf Probleme in verschiedenen Gestalten (theoretisch, moralisch, ästhetisch etc.) kontextsensibel reagieren kann und es ein Kennzeichen der reflexiven Dimension von Bildung wäre, die jeweiligen Kontexte auch voneinander unterscheiden zu können. Für ein in diesem Sinne reflexives Lehrer/innenhandeln wäre dann ein Mindestmaß von bildungswissenschaftlichem Wissen und Können auch weiterhin erforderlich, um der Umsetzung eines sprachsensiblen Lehrens und Lernens ein Stück näher zu kommen.

7. Exkurs: Sprechen, Lernen und Erfahrung

Nach Aristoteles hat die Entstehung der Erfahrung mehrere Stufen (Buck 1989, S. 38ff.). Auf der untersten Stufe teilen wir unsere Wahrnehmungen, die nichts spezifisch Menschliches sind, mit anderen Lebewesen. Auf der zweiten Stufe kommt es zur Entstehung des Behaltenen aus der Wahrnehmung, des etwas identifizieren können – des Wiedererkennens als einer spezifischen menschlichen Leistung. Durch das vielfältige Wiedererkennen *desselben* entsteht dann die *eine* Erfahrung. Aus diesem ersten Allgemeinen stammen dann die Prinzipien von Können und Wissen.

„Lernen als Erfahrung" (Meyer-Drawe 2012, S. 187–214) lässt sich letztlich auf Wahrnehmungen zurückführen. Erfahrung vollzieht sich durch die Vermittlung meiner selbst (z. B. sprachlich) mit dem Wirklichen in der Welt, im ständigen Gegeneinander von Vereinigung und Distanzierung. Das Ganze hat die Struktur einer Umkehrung des Bewusstseins (Hegel 1975, S. 74–81). Denn das neue Bewusstsein trägt die „Wahrheit" über das alte in sich, die neue Gestalt macht die alte erst bemerkbar. In einem Lernvorgang bedeutet das Entdecken der „richtigen" Lösung zugleich ein auf sich zukommendes Bewusstsein. Mit jeder Lernerfahrung erfahre ich nicht nur etwas Sachliches, sondern stets auch etwas über mich selbst, über meine Vormeinung und mein *Vorverständnis* (Buck 1989, S. 47). In der Beziehungsarbeit von Unterricht haben wir es nie allein mit der von allem Subjektiven befreiten, wissenschaftlichen Erfahrung zu tun, sondern mit einer Erfahrung, die ihre eigene Geschichte *ist*. Wirklich erfahrener geworden zu sein, bedeutet, offener geworden zu sein für neue Erfahrung, d h. für die Möglichkeit der Enttäuschung von Vorverständnissen. Die Erfahrung ist der Grund einer notwendigen und sprachlich objektivierbaren Folge des Lernens, d. h. in der inneren Rückbezüglichkeit der Revision von Vorverständnissen liegt die eigentlich belehrende Kraft.

Buck geht es daher um eine Umkehrung unserer Auffassung vom Lehren und Lernen. Entgegen den lerntheoretischen Konzepten, nach denen das Lernen von den Lernleistungen – dem Wissen – her zu verstehen sei, sollen diese Leistungen vielmehr von der Prozessstruktur des Lernens her verstanden werden. Alles Lernen lässt sich beschreiben als das Verschwinden einer Differenz. Die Lernenden bringen dabei das für sie frühere Wissen und das schlechthin frühere Wissen allmählich zur Deckung, wobei sie von letzterem geleitet werden. Lernen hat stets die beiden Aspekte, dass es von der Erfahrung ausgeht und dass es identisch ist mit dem Gang der „fortschreitenden" Erfahrung. Aufgrund dieser Identität bleiben die Prozessstruktur von Erfahrung und Lernen gleichermaßen unbewusst und der Anspruch eines sprachsensiblen Lehren und Lernens würde sich darin verwirklichen, „aus der Welt des unlösbaren Verwachsenseins eine innere Welt" (Jaspers 1919, S. 126) von Sprechen, Lernen und Erfahrung entstehen zu lassen und nicht durch gut gemeinte, aber fehlgehende Objektivierungsansprüche wie etwa die Messung eines „Lernzuwachs" zu zerstören. Dies führt zu der paradoxen Konsequenz, dass Erfahrung als die *eine* allgemeine Erfahrung als etwas *gelernt* werden muss, dass sich aus den vielen Beobachtungen zusammensetzt und ergibt. Andererseits liegt aber gerade hierin auch wieder eine Gefährdung, denn diese eigentümliche Leistung der Erfahrung und auch von Sprache und Sprechen, sich auf Allgemeines beziehen zu können, befördert die Neigung zu einer vorschnellen Verallgemeinerung wie sie auch den zuvor kritisierten Vorverständnissen, Rhetoriken und Vergegenständlichungen auf eine unreflektierte Weise ebenfalls zu eigen ist. Eine diese Zusammenhänge ignorierende digitale Revolutionierung unseres Bildungssystems dürfte es bei einer fortschreitenden Technisierung des Lernens zusätzlich erschweren, die bei der Geschichtlichkeit und den Vorverständnissen des einzelnen Lerners ansetzende belehrende Kraft anzuerkennen, bei der ein sprachsensibles Lehren und Lernen aber seinen Ausgangspunkt suchen und finden sollte.

„Digitaltechnik ist für das Lehren und Lernen so ‚alternativlos' wie Atomtechnik für die Stromgewinnung. Wer nach Alternativen sucht, sollte allerdings weder Kraftwerksleiter noch Atomtechniker fragen. Wir brauchen aber, scheint es, erst ein digitales Fukushima, bevor die Vernunft einsetzt und vermeintliche Alternativlosigkeit widerlegt wird. Bis dahin sitzen Kinder vor dem Display oder Touchscreen, wischen und tippen auf der Glasscheibe statt aktiv in der realen Welt zu leben und zu lernen." (Lankau 2017, S. 142)

Literatur

Adorno, T. W. (1975): *Erziehung zur Mündigkeit.* 4. Aufl. Frankfurt a.M.: Suhrkamp.

Bachmaier, H. und Fischer, E. (1991): *Glanz und Elend der zwei Kulturen. Über die Verträglichkeit der Natur- und Geisteswissenschaften.* Konstanz: Universitätsverlag.

Bauman, Z. (1995): *Moderne und Ambivalenz. Das Ende der Eindeutigkeit.* Frankfurt: Fischer.

Bellmann, J. und Müller, T. (2011): *Wissen, was wirkt. Kritik der evidenzbasierten Pädagogik.* Wiesbaden: Springer VS.

Betancourt, M. (2018): *Kritik des digitalen Kapitalismus.* Darmstadt: WBG.

Bieri, P. (2017): *Wie wäre es, gebildet zu sein?* München: Komplett-Media.

Bundesministerium für Bildung und Forschung (BMBF) (2016): *Pisa & Co. Die wichtigsten Vergleichsstudien im Überblick.* Berlin: BMBF.

Buck, G. (1989): *Lernen und Erfahrung – Epagogik. Zum Begriff der didaktischen Induktion.* Erweiterte 3. Aufl. Darmstadt: Wissenschaftliche Buchgesellschaft.

Claus, S. und Pietzonka, M. (2013): *Studium und Lehre nach Bologna. Perspektiven der Qualitätsentwicklung.* Wiesbaden: Springer VS.

Combe, A. und Helsper, W. (1994): *Was geschieht im Klassenzimmer? Perspektiven einer hermeneutischen Schul- und Unterrichtsforschung. Zur Konzeptualisierung der Pädagogik als Handlungstheorie.* Weinheim: Deutscher Studien Verlag.

Dirim, I. und Mecheril, P. (2018): *Heterogenität, Sprache(n), Bildung: Die Schule der Migrationsgesellschaft.* Tübingen: utb.

Foucault, M. (1991): *Die Ordnung des Diskurses* (Inauguralvorlesung am Collège de France, 2. Dezember 1970). Frankfurt: Fischer.

Gadamer, H. G. (1960): Wahrheit und Methode. In: *Gesammelte Werke, Bd. 1: Hermeneutik I.* Tübingen: Mohr Siebeck.

Geissner, H. (1988): *Sprechwissenschaft. Theorie der mündlichen Kommunikation.* Frankfurt a.M.: Scriptor.

Gruschka, A. (2011): *Verstehen lehren. Ein Plädoyer für guten Unterricht.* Stuttgart: Reclam.

Habermas, J. (1981): *Theorie des kommunikativen Handelns. 2 Bände.* Frankfurt a.M.: Suhrkamp.

Hattie, J. (2009): *Visible learning. A synthesis of over 800 meta-analyses relating to achievement.* London und New York: Routledge

Hempel, C. G. und Oppenheim, P. (1948): Studies in the Logic of Explanation. In: *Philosophy of Science 15 (2)*, 135–175.

Heering, P., Rieß, F. und Schau, C. (2000): *Im Labor der Physikgeschichte. Zur Untersuchung historischer Experimentalpraxis.* Oldenburg: BIS.

Hegel, G. W. F. (1975): Phänomenologie des Geistes (1807). Frankfurt a.M.: Suhrkamp.

Horkheimer, M. (1991): Zur Kritik der instrumentellen Vernunft. In: *Gesammelte Schriften.* Band 6. Frankfurt: Fischer.

Horster, D. (1994): *Das Sokratische Gespräch in Theorie und Praxis.* Opladen: Leske + Budrich.

Höttecke, D. (2001): *Die Natur der Naturwissenschaften historisch verstehen. Fachdidaktische und wissenschaftshistorische Untersuchungen.* Berlin: Logos.

Illich, I. (1975): *Selbstbegrenzung. Eine politische Kritik der Technik.* Reinbek: Rowohlt.

Illouz, E. (2018): *Wa(h)re Gefühle. Authentizität im Konsumkapitalismus.* Berlin: Suhrkamp.

Jaspers, K. (1919): *Die Psychologie der Weltanschauungen.* Berlin: Julius Springer.

Jaspers, K. (1935): *Vernunft und Existenz.* Neuausgabe 1973. München: Piper.

Jaspers, K. (1948): *Der philosophische Glaube.* München: Piper.

Kant, I. 1781 (1976): *Kritik der reinen Vernunft.* Hamburg: Felix Meiner.

Lankau, R. (2017): *Kein Mensch lernt digital. Über den sinnvollen Einsatz neuer Medien im Unterricht.* Weinheim: Beltz.

Lankau, R. (2018): Offline lernt man vieles besser. Tablets und Handys haben im Unterricht nichts zu suchen. Sie sind dort nicht einmal rechtlich erlaubt. Wie lässt sich digitale Technik intelligent in der Schule einsetzen? In: *Frankfurter Allgemeine Zeitung 182 (4).*

Mau, S. (2017): *Das metrische Wir. Über die Quantifizierung des Sozialen.* Berlin: Suhrkamp.

McLuhan, M. (1962): *The Gutenberg Galaxy.* London: Routledge.

Mersch, D. (2013): *Ordo ab chao – Order from Noise.* Zürich: diaphanes.

Meyer-Drawe, K. (2012): *Diskurse des Lernens.* München: Fink.

Muckenfuß, H. (1995): *Lernen im sinnstiftenden Kontext. Entwurf einer zeitgemäßen Didaktik des Physikunterrichts.* Berlin: Cornelsen.

Ong, W. J. (1987): *Oralität und Literalität. Die Technologisierung des Wortes.* Opladen: Westdeutscher Verlag.

Schulte, J. (1989): *Wittgenstein. Eine Einführung.* Stuttgart: Reclam.

Schulz, R. (2015a): Subjektivierung *durch* oder *als* Erfahrung? In: Alkemeyer, T., Schürmann, V. und Volbers, J. (Hrsg.): *Praxis denken. Konzepte und Kritik.* Wiesbaden: Springer VS, 215–234.

Schulz, R. (2015b): Konkurrenz und Kompetenz. In: Kirchoff, T. (Hrsg.): *Konkurrenz. Historische, strukturelle und normative Perspektiven.* Bielefeld: transcript, 321–342.

Schulz, R. (2016): Bewertungskompetenz im konkurrenzgesellschaftlichen Diskurs. In: Menthe, J., Höttecke, D., Zabka, T., Hammann, M. und Rothgangel, M. (Hrsg.): *Befähigung zu gesellschaftlicher Teilhabe. Beiträge der fachdidaktischen Forschung.* Münster/New York: Waxmann, 205–217.

Schulz, R. (2017a): *Eine Kritik der verspielten Urteilskraft. Über die Dialektik von Verbessern (Gewissheit) und Verstehen (Ungewissheit).* (Abschiedsvorlesung). Oldenburger Universitätsreden 209. Oldenburg: BIS-Verlag.

Schulz, R. (2017b): Über den Unterschied von allgemeiner Bildung und lebenslangen Lernen. In: Alechnowicz-Skrzypek, I., Barcik, D. und Friesen, H. (Hrsg.): *Philosophie und Bildung. Philosophie als Lehrerin kritischen Denkens.* Freiburg/München: Alber, 103–110.

Simanowski, R. (2017): *Abfall. Das alternative ABC der neuen Medien.* Berlin: Matthes & Seitz.

Sinnreich, J. (1972): *Zur Philosophie der idealen Sprache.* München: dtv.

Snow, C. P. (1959): *Die zwei Kulturen.* Stuttgart: Klett.

von Weizsäcker, C. F. (1990): *Die Tragweite der Wissenschaft.* 6. Aufl. Stuttgart: Hirzel.

Wagenschein, M. (2002): „... *zäh am Staunen"*. *Pädagogische Texte zum Bestehen der Wissensgesellschaft*. Zusammengestellt und herausgegeben von Rumpf, H. Seelze-Velber: Kallmeyersche Verlagsbuchhandlung.

Welsch, W. (2006): *Ästhetisches Denken*. Stuttgart: Reclam.

Wittgenstein, L. (1960): *Tractatus logico-philosophicus. Logisch-philosophische Abhandlung*. Frankfurt a.M.: Suhrkamp.

Wittgenstein, L. (1971): *Philosophische Untersuchungen*. Frankfurt a.M.: Suhrkamp.